完美的章程
公司章程的快速起草与完美设计

李建立 著

THE PERFECT ARTICLES OF ASSOCIATION

北京大学出版社
PEKING UNIVERSITY PRESS

图书在版编目(CIP)数据

完美的章程:公司章程的快速起草与完美设计/李建立著.—北京:北京大学出版社,2016.6

ISBN 978-7-301-27033-2

Ⅰ.①完… Ⅱ.①李… Ⅲ.①公司—章程—制定 Ⅳ.①F276.6

中国版本图书馆 CIP 数据核字(2016)第 076299 号

书　　　名	完美的章程：公司章程的快速起草与完美设计
	Wanmei de Zhangcheng：Gongsi Zhangcheng de Kuaisu Qicao yu Wanmei Sheji
著作责任者	李建立　著
策 划 编 辑	陆建华
责 任 编 辑	苏燕英
标 准 书 号	ISBN 978-7-301-27033-2
出 版 发 行	北京大学出版社
地　　　址	北京市海淀区成府路 205 号　100871
网　　　址	http://www.pup.cn　http://www.yandayuanzhao.com
电 子 信 箱	yandayuanzhao@163.com
新 浪 微 博	@北京大学出版社　@北大出版社燕大元照法律图书
电　　　话	邮购部 62752015　发行部 62750672　编辑部 62117788
印 刷 者	北京中科印刷有限公司
经 销 者	新华书店
	730 毫米×1020 毫米　16 开本　29.75 印张　566 千字
	2016 年 6 月第 1 版　2019 年 3 月第 2 次印刷
定　　　价	88.00 元

未经许可，不得以任何方式复制或抄袭本书之部分或全部内容。

版权所有，侵权必究

举报电话：010-62752024　电子信箱：fd@pup.pku.edu.cn

图书如有印装质量问题，请与出版部联系，电话：010-62756370

完美公司章程
是自治、也是法治（代序）

生活中，我们常常说要"追求法治"。而所谓的"法治"，第一要务应当是公民法治意识的成熟。通俗一点就是说，我们在追求法治、追求法律权利时，是否确切地理解"权利"与"义务"是一对孪生兄弟。我们享受"法治"保护、主张法律"权利"时，是否思考过我们也要遵守"法治"，并履行相应的法律义务。

在商业活动中的，现代商事的主体主要是企业法人。所以，商业活动中，"法治"的第一要务也就是法人的法律意志问题。法人不是自然人，自然人有所谓的"天赋人权"。而对于法人，他无法获得此种天赋权利。特别是对公司法人来说，公司法人权利是一种拟制的"法人权"，他的法律意思是自然人依据法律规则——有关法律、法规和自己的公司章程形成"决议"产生的。也就是说，对于公司这一社会经济最基础的细胞来说，"公司法人"这一法律拟制人格的法治意识，就体现在它的公司章程之中，公司章程是公司"法人权"的源泉。例如"（法定）代表人"如何确定、如何撤销？何为公司利益、何为法定代表人利益的冲突？股东权利如何实现？董事责任如何追究？等等，都在公司章程中有所规定。

可以说，拥有一部完整、科学、详尽、完美的公司章程的公司，就是在公司法人社会中的"法律百事通"，而只有遗漏、粗糙、混乱劣质的公司章程的公司，随时会成为商事活动中的法盲。

李建立

2016年4月

目录

第一章 总则

第一节 综述 …………………… 001
　【示范条款】 ………………… 001
　　1.1.1 章程宗旨 …………… 001
　　1.1.2 公司性质 …………… 001
　　1.1.3 设立与登记 ………… 001
　　1.1.4 营业期限 …………… 001
　　1.1.5 公司责任和股东责任 …… 001
　【本节条款解读】 …………… 002
　【本节法律依据】 …………… 003

第二节 公司的名称 …………… 005
　【示范条款】 ………………… 005
　　1.2.1 公司名称 …………… 005
　【本节条款解读】 …………… 005
　【本节法律依据】 …………… 007

第三节 公司的住所 …………… 008
　【示范条款】 ………………… 008
　　1.3.1 公司住所 …………… 008
　【本节条款解读】 …………… 008
　【本节法律依据】 …………… 010

第四节 公司的注册资本 ……… 010
　【示范条款】 ………………… 010
　　1.4.1 公司的注册资本 …… 010
　【本节条款解读】 …………… 010
　【本节法律依据】 …………… 012
　【典型案例】 ………………… 013

　　案例1-1 以变更日和设立日两个外汇汇率中较低的汇率为折算汇率 ………… 013
　　案例1-2 按照变更日的外汇汇率为准表示注册资本,中间的差额由股东增资补足 ……… 015

第五节 公司的法定代表人 …… 017
　【示范条款】 ………………… 017
　　1.5.1 法定代表人 ………… 017
　　1.5.2 法定代表人缺位的替补 ……… 017
　　1.5.3 法定代表人的任免 … 017
　　1.5.4 法定代表人的变更 … 017
　　1.5.5 法定代表人的辞职 … 018
　　1.5.6 公司与法定代表人诉讼 ……… 018
　【本节条款解读】 …………… 018
　【本节法律依据】 …………… 022
　【典型案例】 ………………… 023
　　案例1-3 法定代表人产生不以变更登记为必要条件 …… 023
　　案例1-4 任免公司法定代表人未经登记仍有对内效力 ……… 025
　　案例1-5 法定代表人非法意思表示无效 …………… 030

第二章 经营宗旨和经营范围

【示范条款】 ………………… 035
  2.1.1 经营宗旨 ………………… 035
  2.1.2 经营范围 ………………… 035
【本节条款解读】 ………………… 035
【本节法律依据】 ………………… 035

第三章 公司治理

第一节 公司治理框架 ………………… 037
【示范条款】 ………………… 037
  3.1.1 公司章程的效力 ………………… 037
  3.1.2 公司治理结构 ………………… 037
  3.1.3 公司的机关 ………………… 037
【本节条款解读】 ………………… 037

第二节 公司印章 ………………… 039
【示范条款】 ………………… 039
  3.2.1 公司印章的使用与管理 ………………… 039
【本节条款解读】 ………………… 039
【本节法律依据】 ………………… 040
【细则示范】 ………………… 040
  细则 3-1 公司印章管理细则 …… 040

第三节 公司文件的效力 ………………… 043
【示范条款】 ………………… 043
  3.3.1 公司行为的代表 ………………… 043
  3.3.2 文件的效力 ………………… 043
【本节条款解读】 ………………… 044
【本节法律依据】 ………………… 044
【典型案例】 ………………… 045
  案例 3-1 两个董事会同时运行与争霸 ………………… 045

第四节 董事、监事、高级管理人员资格
  概述 ………………… 048
【示范条款】 ………………… 048
  3.4.1 董、监、高的资格 ………………… 048
  3.4.2 董事选举制 ………………… 048
  3.4.3 监事选举制 ………………… 049
  3.4.4 董事委派制 ………………… 049
  3.4.5 监事委派制 ………………… 049
【本节条款解读】 ………………… 049

第五节 董事、监事、高级管理人员的
  责任 ………………… 051
【示范条款】 ………………… 051
  3.5.1 董、监、高的责任 ………………… 051
  3.5.2 董事的忠实义务 ………………… 051
  3.5.3 董事的勤勉义务 ………………… 051
  3.5.4 董事辞职 ………………… 053
  3.5.5 董事离任 ………………… 053
  3.5.6 董、监、高的身份 ………………… 053
  3.5.7 董、监、高的赔偿责任 …… 054
  3.5.8 董、监、高的薪酬 ………………… 054
  3.5.9 绩效评价 ………………… 054
  3.5.10 董事会监事会述职 …… 054
  3.5.11 董事责任保险 ………………… 054
【本节条款解读】 ………………… 054
【本节法律依据】 ………………… 056
【职业责任保险及保险条款】 ……… 076

第六节 董事会秘书 ………………… 080
【示范条款】 ………………… 080
  3.6.1 董事会秘书的设立 ………………… 080
  3.6.2 董事会秘书的资格 ………………… 080
  3.6.3 董事会秘书的职责 ………………… 080
  3.6.4 董事会秘书的工作条件 … 081
  3.6.5 董事会秘书兼职 ………………… 081
  3.6.6 董事会秘书职责的专属性 ………………… 081
  3.6.7 董事会秘书的解聘 ………………… 081
  3.6.8 董事会秘书的离任 ………………… 081

3.6.9 董事会秘书的空缺 ……… 081
【本节条款解读】 ……………… 082
【本节法律依据】 ……………… 084
【细则示范】 …………………… 086
　　细则 3-2　董事会秘书工作细则
　　　　　　 ………………………… 086

第四章　股东出资

第一节　出资的认缴 ……………… 090
【示范条款】 …………………… 090
　　4.1.1　注册资本的认缴 ……… 090
　　4.1.2　出资额及出资比例 …… 090
　　4.1.3　分期出资 ……………… 090
【本节条款解读】 ……………… 091
第二节　货币出资 ………………… 091
【示范条款】 …………………… 091
　　4.2.1　现金人民币出资 ……… 091
　　4.2.2　现金外汇出资 ………… 091
　　4.2.3　以外币为记账本位币 … 092
【本节条款解读】 ……………… 092
【本节法律依据】 ……………… 093
第三节　非货币出资及评估 ……… 094
【示范条款】 …………………… 094
　　4.3.1　非现金出资 …………… 094
　　4.3.2　出资验收 ……………… 094
　　4.3.3　非现金出资的评估 …… 094
【本节条款解读】 ……………… 094
【本节法律依据】 ……………… 096
【典型案例】 …………………… 099
　　案例 4-1　以对公司的债权作为对
　　　　　　　公司的出资 ……… 099
第四节　验资 ……………………… 102
【示范条款】 …………………… 102
　　4.4.1　验资登记 ……………… 102
【本节条款解读】 ……………… 102

【本节法律依据】 ……………… 102
　　案例 4-2　非法资金出资应认定为
　　　　　　　没有出资 …………… 108
第五节　瑕疵出资的责任 ………… 111
【示范条款】 …………………… 111
　　4.5.1　出资不足 ……………… 111
　　4.5.2　瑕疵出资不影响公司
　　　　　设立 ……………………… 111
　　4.5.3　瑕疵出资的股东利益 … 111
　　4.5.4　瑕疵出资的赔偿 ……… 111
【本节条款解读】 ……………… 111
【本节法律依据】 ……………… 114

第五章　股权/股份

第一节　有限责任公司的出资证明书
　　　 …………………………… 122
【示范条款】 …………………… 122
　　5.1.1　股东权利 ……………… 122
　　5.1.2　出资证明书的签发 …… 122
　　5.1.3　出资证明书的效力 …… 122
　　5.1.4　出资证明书的变更 …… 122
　　5.1.5　出资证明书的补办 …… 122
【本节条款解读】 ……………… 123
【本节法律依据】 ……………… 124
第二节　有限责任公司的股权转让
　　　 …………………………… 130
【示范条款】 …………………… 130
　　5.2.1　股权内部转让 ………… 130
　　5.2.2　股权外部转让 ………… 130
　　5.2.3　过半数股东同意 ……… 130
　　5.2.4　转让股权的数量和价格
　　　　　 ……………………………… 130
　　5.2.5　优先受让权 …………… 131
　　5.2.6　未经同意之股权转让的法
　　　　　律效力 ………………… 131

5.2.7　股权转让的变更登记 …… 131
　　5.2.8　企业性质变更 …………… 131
　　5.2.9　股权的质押 ……………… 131
【本节条款解读】………………………… 131
【本节法律依据】………………………… 134

第三节　有限责任公司的股权继承
………………………………………… 138
【示范条款】……………………………… 138
　　5.3.1　股权的继承 ……………… 138
【本节条款解读】………………………… 139
【本节法律依据】………………………… 139

第四节　股份有限公司的股份发行
………………………………………… 140
【示范条款】……………………………… 140
　　5.4.1　公司股份 ………………… 140
　　5.4.2　同股同权 ………………… 140
　　5.4.3　不低价发行 ……………… 140
　　5.4.4　发起人的股份 …………… 140
　　5.4.5　股本结构 ………………… 140
　　5.4.6　不为股东提供资助 ……… 140
【本节条款解读】………………………… 140

第五节　股份有限公司的股份增发和回购
………………………………………… 141
【示范条款】……………………………… 141
　　5.5.1　股份增发 ………………… 141
　　5.5.2　股份增发的决议 ………… 141
　　5.5.3　股份回购的条件 ………… 141
　　5.5.4　股份回购的方式 ………… 142
　　5.5.5　回购股份的转让与注销
………………………………………… 142
【本节条款解读】………………………… 142
【本节法律依据】………………………… 144

第六节　股份有限公司的股份转让
………………………………………… 144
【示范条款】……………………………… 144
　　5.6.1　股份的转让 ……………… 144

　　5.6.2　自我股份的质押禁止 …… 144
　　5.6.3　股份转让限制 …………… 145
　　5.6.4　短期交易归入权 ………… 145
【本节条款解读】………………………… 145
【本节法律依据】………………………… 148

第六章　股　东

第一节　股东资格 ……………………… 149
【示范条款】……………………………… 149
　　6.1.1　股东名册 ………………… 149
　　6.1.2　股东名册的效力 ………… 149
　　6.1.3　股东名册的变更 ………… 149
【本节条款解读】………………………… 149
【本节法律依据】………………………… 151

第二节　股权登记日 …………………… 152
【示范条款】……………………………… 152
　　6.2.1　股权登记日 ……………… 152
【本节条款解读】………………………… 152
【本节法律依据】………………………… 154

第三节　股东权利义务概述 …………… 154
【示范条款】……………………………… 154
　　6.3.1　股东权利概述 …………… 154
　　6.3.2　股东义务概述 …………… 154
　　6.3.3　对股东的诉讼 …………… 155
【本节条款解读】………………………… 155

第四节　股东查阅复制权 ……………… 156
【示范条款】……………………………… 156
　　6.4.1　查阅资格 ………………… 156
　　6.4.2　委托查阅 ………………… 156
　　6.4.3　查阅复制范围 …………… 156
　　6.4.4　会计账簿查阅 …………… 156
　　6.4.5　不提供的查阅 …………… 156
　　6.4.6　查阅目的的正当性 ……… 157
　　6.4.7　查阅范围的相关性 ……… 157
　　6.4.8　保密义务 ………………… 157

6.4.9 查询的时间和地点 …………… 157
【本节条款解读】 ……………………… 157
【本节法律依据】 ……………………… 164
【典型案例】 …………………………… 171
　　案例6-1　何为不正当目的的股东
　　　　　　查询 ……………………… 171
　　案例6-2　股东查阅权的委托权
　　　　　　 ………………………… 177

第五节　股东质询建议权 ……………… 179
【示范条款】 …………………………… 179
　　6.5.1　股东质询建议权 …………… 179
【本节条款解读】 ……………………… 179

第六节　异议股东回购请求权 ………… 180
【示范条款】 …………………………… 180
　　6.6.1　回购条件 …………………… 180
　　6.6.2　回购申请 …………………… 181
　　6.6.3　价格基准 …………………… 181
　　6.6.4　价格协商 …………………… 181
　　6.6.5　诉讼定价 …………………… 181
　　6.6.6　回购资金 …………………… 181
　　6.6.7　转让与注销 ………………… 182
【本节条款解读】 ……………………… 182
【本节法律依据】 ……………………… 185

第七节　股东分红权 …………………… 186
【示范条款】 …………………………… 186
　　6.7.1　股东分红权 ………………… 186
【本节条款解读】 ……………………… 186
【本节法律依据】 ……………………… 187

第八节　征集股东投票权 ……………… 189
【示范条款】 …………………………… 189
　　6.8.1　公开征集投票权 …………… 189
　　6.8.2　征集投票权的方式 ………… 190
【本节条款解读】 ……………………… 190
【本节法律依据】 ……………………… 190
【细则示范】 …………………………… 191
　　细则6-1　公司征集投票权实施
　　　　　　　细则 …………………… 191

第九节　优先认股权 …………………… 195
【示范条款】 …………………………… 195
　　6.9.1　优先认股权 ………………… 195
【本节条款解读】 ……………………… 195
【典型案例】 …………………………… 195
　　案例6-3　优先认股权的权利份额
　　　　　　与行使时间 ……………… 195
　　案例6-4　有限公司股东优先购买
　　　　　　权的行使 ………………… 203

第十节　特殊表决权 …………………… 205
【示范条款】 …………………………… 205
　　6.10.1　特殊表决权 ………………… 205
【本节条款解读】 ……………………… 205
【典型案例】 …………………………… 205
　　案例6-5　全体股东可以约定不按
　　　　　　实际出资比例持有股权
　　　　　　 ………………………… 205
　　案例6-6　股东超级否决权的效力
　　　　　　 ………………………… 211

第十一节　股东的诉权 ………………… 217
【示范条款】 …………………………… 217
　　6.11.1　决议的无效与撤销 ………… 217
　　6.11.2　股东派生诉讼 ……………… 218
　　6.11.3　股东直接诉讼 ……………… 218
【本节条款解读】 ……………………… 218
【本节法律依据】 ……………………… 220
【典型案例】 …………………………… 224
　　案例6-7　虚构的股东会决议法院
　　　　　　判决不成立 ……………… 224
　　案例6-8　瑕疵股东会决议并非当
　　　　　　然无效 …………………… 228
　　案例6-9　对股东会决议行使撤销
　　　　　　权的期间分析 …………… 230

第十二节　控股股东行为规范 ………… 233
【示范条款】 …………………………… 233
　　6.12.1　控股股东的定义 …………… 233
　　6.12.2　实际控制人的定义 ………… 233

6.12.3 特殊诚信义务 …………… 233
6.12.4 公平关联交易 …………… 233
6.12.5 不干涉公司独立性 ……… 233
6.12.6 合法提名董事监事 ……… 234
6.12.7 合法行使决策权 ………… 234
【本节条款解读】………………… 234

第七章 股东大会

第一节 一般规定 ………………… 236
【示范条款】……………………… 236
7.1.1 股东大会的职责 ………… 236
7.1.2 对外担保 ………………… 237
7.1.3 会议地点和方式 ………… 237
7.1.4 会议的律师见证 ………… 237
【本节条款解读】………………… 238
【典型案例】……………………… 240
案例7-1 公司分红由股东会审议批准 ……………………… 240
案例7-2 上市公司股东大会的律师见证 …………………… 241
第二节 股东大会的召集与主持 … 244
【示范条款】……………………… 244
7.2.1 首次股东会的召集 ……… 244
7.2.2 临时会议的条件 ………… 244
7.2.3 董事会召集 ……………… 245
7.2.4 独立董事提议召集 ……… 245
7.2.5 监事会提议召集 ………… 245
7.2.6 监事会自行召集 ………… 245
7.2.7 股东提议召集 …………… 245
7.2.8 提议监事会召集 ………… 246
7.2.9 股东自行召集 …………… 246
7.2.10 自行召集的告知 ………… 246
7.2.11 自行召集的配合 ………… 246
7.2.12 自行召集的费用 ………… 246

7.2.13 年度会议与临时会议 …………………………… 247
7.2.14 审议事项 ………………… 247
【本节条款解读】………………… 247
【本节法律依据】………………… 249
第三节 股东大会的通知 ………… 249
【示范条款】……………………… 249
7.3.1 会议通知 ………………… 249
7.3.2 通讯表决的限制 ………… 249
7.3.3 通知内容 ………………… 250
7.3.4 网络形式应提示 ………… 250
7.3.5 股权登记日的选定 ……… 250
7.3.6 股东会提案 ……………… 250
7.3.7 通知地址 ………………… 250
7.3.8 提案的提出 ……………… 250
7.3.9 通知的时间 ……………… 251
7.3.10 股东会延期 ……………… 251
【本节条款解读】………………… 251
第四节 股东大会提案 …………… 252
【示范条款】……………………… 252
7.4.1 提案要求 ………………… 252
7.4.2 修改提案 ………………… 252
7.4.3 对提案的审核 …………… 252
7.4.4 临时提案 ………………… 252
7.4.5 提案审核 ………………… 253
7.4.6 涉及资产价值的提案 …… 253
7.4.7 利润分配方案 …………… 253
【本节条款解读】………………… 253
第五节 股东大会的召开 ………… 254
【示范条款】……………………… 254
7.5.1 会议秩序的保障 ………… 254
7.5.2 出席表决 ………………… 254
7.5.3 亲自出席 ………………… 254
7.5.4 委托出席 ………………… 255
7.5.5 转委托 …………………… 255
7.5.6 会议登记册 ……………… 255

7.5.7 参会资格验证 ·········· 255
7.5.8 出席列席人员 ·········· 255
7.5.9 通常会议主持 ·········· 256
7.5.10 会议的主持 ·········· 256
7.5.11 主持人变更 ·········· 256
7.5.12 股东召集的特殊情况
·········· 256
7.5.13 会议议事规则 ·········· 256
7.5.14 是否一股一票 ·········· 256
7.5.15 网络投票 ·········· 257
7.5.16 逐项表决 ·········· 257
7.5.17 议案的修改 ·········· 257
7.5.18 现场投票与网络投票
·········· 257
7.5.19 记名投票 ·········· 257
7.5.20 计票监票 ·········· 257
7.5.21 现场结束时间 ·········· 257
7.5.22 投票意见类型 ·········· 258
7.5.23 投票异议 ·········· 258
7.5.24 决议内容 ·········· 258
7.5.25 述职报告 ·········· 258
7.5.26 股东质询和建议 ·········· 258
7.5.27 表决权出席情况 ·········· 258
7.5.28 会议记录 ·········· 258
7.5.29 会议档案 ·········· 259
7.5.30 形成决议 ·········· 259
7.5.31 会议公证 ·········· 259
【本节条款解读】 ·········· 259

第六节 董事监事的选举 ·········· 261
【示范条款】 ·········· 261
7.6.1 候选人提案 ·········· 261
7.6.2 候选人简历说明 ·········· 261
7.6.3 候选人同意提名 ·········· 261
7.6.4 候选人情况 ·········· 261
7.6.5 候选人名单 ·········· 262
7.6.6 候选人情况 ·········· 262
7.6.7 累积投票制 ·········· 262

【本节条款解读】 ·········· 263
【本节法律依据】 ·········· 266
【细则示范】 ·········· 266
　　细则 7-1 董事及监事选举办法
·········· 266

第七节 股东大会的表决和决议 ·········· 271
【示范条款】 ·········· 271
7.7.1 股东大会决议 ·········· 271
7.7.2 普通决议 ·········· 271
7.7.3 特别决议 ·········· 271
7.7.4 非常授权管理 ·········· 272
7.7.5 关联交易 ·········· 272
7.7.6 真实陈述 ·········· 272
7.7.7 利润分配 ·········· 272
【本节条款解读】 ·········· 272
【本节法律依据】 ·········· 273
【细则示范】 ·········· 281
　　细则 7-2 股东大会议事规则 ·········· 281

第八章 董　事

第一节 董事一般规定 ·········· 287
【示范条款】 ·········· 287
8.1.1 董事股份 ·········· 287
8.1.2 董事的兼职 ·········· 287
8.1.3 非公司机关 ·········· 287
8.1.4 董事任期 ·········· 287
8.1.5 职务兼任 ·········· 288
8.1.6 董事操守 ·········· 288
8.1.7 董事权利 ·········· 288
8.1.8 董事行为 ·········· 289
8.1.9 董事关联关系 ·········· 289
8.1.10 出席会议 ·········· 289
8.1.11 董事辞职 ·········· 289
8.1.12 董事职位缺额 ·········· 289
8.1.13 负担义务的解除 ·········· 289

8.1.14 董事离职责任 …………… 290
8.1.15 自行纳税 …………………… 290
8.1.16 董事监事管理层的义务
　　　 ………………………………… 290
8.1.17 与董事的合同 …………… 290
【本节条款解读】 ……………………… 290

第二节 独立董事 ………………… 292
【示范条款】 …………………………… 292
8.2.1 独立董事概述 …………… 292
8.2.2 独立董事的特殊责任 … 292
【本节条款解读】 ……………………… 292
【本节法律依据】 ……………………… 293

第三节 职工董事 ………………… 298
【示范条款】 …………………………… 298
8.3.1 职工董事的产生 ………… 298
8.3.2 职工董事与工会 ………… 298
8.3.3 职工董事的劳动权 …… 298
【本节条款解读】 ……………………… 298
【本节法律依据】 ……………………… 299
【示范细则】 …………………………… 301
　细则8-1 职工董事和职工监事
　　　　　 制度 ………………………… 301

第九章 董 事 会

第一节 董事会一般规定 ………… 305
【示范条款】 …………………………… 305
9.1.1 董事会的设立 …………… 305
9.1.2 董事会的构成 …………… 305
9.1.3 董事会会议的召集和主持
　　　 ………………………………… 305
9.1.4 董事长职权 ……………… 305
9.1.5 副董事长 ………………… 305
9.1.6 董事会办公室 …………… 306
9.1.7 董事会议事规则 ………… 306
9.1.8 董事会闭会期间的授权 … 306
9.1.9 董事会职权 ……………… 306
9.1.10 公司担保 ………………… 307
9.1.11 对审计报告的说明 …… 307
9.1.12 关联交易 ………………… 307
9.1.13 风险投资 ………………… 307
9.1.14 重大决策 ………………… 307
【本节条款解读】 ……………………… 308
【交易所文件——董事会议事规则】
　 ………………………………………… 309
【细则示范】 …………………………… 315
　细则9-1 董事会议事规则 …… 315

第二节 董事会的召集与召开 …… 322
9.2.1 定期董事会 ……………… 322
9.2.2 定期会议的提案 ………… 322
9.2.3 临时董事会 ……………… 322
9.2.4 临时会议的提议程序 …… 323
9.2.5 董事会议通知 …………… 323
9.2.6 董事会议通知内容 …… 323
9.2.7 紧急召集 ………………… 323
9.2.8 会议通知的变更 ………… 324
9.2.9 出席人员 ………………… 324
9.2.10 列席人员 ………………… 324
9.2.11 董事陈述权 ……………… 324
9.2.12 电话会议 ………………… 324
9.2.13 亲自出席和委托出席
　　　　 ………………………………… 324
9.2.14 委托出席的限制 ……… 325
9.2.15 关联交易表决回避 …… 325
9.2.16 表决方式 ………………… 325
9.2.17 委托出席 ………………… 325
【本节条款解读】 ……………………… 326
【本节法律依据】 ……………………… 327

第三节 董事会的表决和决议 …… 328
【示范条款】 …………………………… 328
9.3.1 董事会表决 ……………… 328
9.3.2 董事会议档案 …………… 328
9.3.3 董事会会议记录 ………… 329

9.3.4　董事会决议的责任 ……… 329
　【本节条款解读】……………… 329
第四节　董事会专门委员会 ……… 330
　【示范条款】…………………… 330
　　9.4.1　专门委员会 …………… 330
　　9.4.2　战略委员会 …………… 330
　　9.4.3　审计委员会 …………… 330
　　9.4.4　提名委员会 …………… 331
　　9.4.5　薪酬与考核委员会 …… 331
　　9.4.6　专门委员会的费用 …… 331
　　9.4.7　专门委员会隶属 ……… 331
　【本节条款解读】……………… 331
　【细则示范】…………………… 333
　　细则9-2　董事会战略委员会实施
　　　　　　细则指引 …………… 333
　　细则9-3　董事会提名委员会实施
　　　　　　细则指引 …………… 335
　　细则9-4　董事会审计委员会实施
　　　　　　细则指引 …………… 337
　　细则9-5　董事会薪酬与考核委员
　　　　　　会实施细则指引 …… 340

第十章　总经理及其他高级管理人员

　【示范条款】…………………… 343
　　10.1.1　总经理的任免 ……… 343
　　10.1.2　董事兼任 …………… 343
　　10.1.3　总经理的资格 ……… 343
　　10.1.4　总经理的任期 ……… 343
　　10.1.5　总经理的职责 ……… 343
　　10.1.6　列席董事会议 ……… 344
　　10.1.7　总经理报告 ………… 344
　　10.1.8　职工待遇保障 ……… 344
　　10.1.9　总经理工作细则 …… 344
　　10.1.10　工作细则的内容 …… 344
　　10.1.11　总经理操守 ………… 344
　　10.1.12　总经理辞职 ………… 344
　　10.1.13　高级管理人员的责任 … 344
　【本节条款解读】……………… 345
　【细则示范】…………………… 346
　　细则10-1　总经理工作细则 …… 346

第十一章　监事与监事会

第一节　监事 ……………………… 354
　【示范条款】…………………… 354
　　11.1.1　监事概述 …………… 354
　　11.1.2　不得兼任董事和高级管理人员
　　　　　 …………………………… 354
　　11.1.3　监事任期及任命 …… 354
　　11.1.4　监事的撤换 ………… 354
　　11.1.5　监事撤换的禁止 …… 354
　　11.1.6　监事的失职 ………… 354
　　11.1.7　监事的辞职 ………… 355
　　11.1.8　监事责任 …………… 355
　【本节条款解读】……………… 355
第二节　监事会 …………………… 356
　【示范条款】…………………… 356
　　11.2.1　监事会的组成 ……… 356
　　11.2.2　职工监事 …………… 356
　　11.2.3　监事会的职权 ……… 356
　　11.2.4　对资产的监督 ……… 357
　　11.2.5　对人员的监督 ……… 357
　　11.2.6　对制度的监督 ……… 357
　　11.2.7　外部协助 …………… 357
　　11.2.8　监事会议 …………… 357
　　11.2.9　监事会议通知 ……… 357
　　11.2.10　监事会的议事方式 … 357
　　11.2.11　监事会的表决程序 … 358
　　11.2.12　监事会的议事规则 … 358
　　11.2.13　监事会议记录 ……… 358
　【本节条款解读】……………… 358

【交易所文件——监事会议事规则】
······ 359

【细则示范】 ············ 362
    细则 11-1 监事会议事规则 ······ 362

第十二章 财务与审计

第一节 财务会计制度 ······ 365
【示范条款】 ············ 365
    12.1.1 财务报告的编制 ······ 365
    12.1.2 财务报告的编制期限 ··· 365
    12.1.3 财务报告的内容 ······ 365
    12.1.4 财务报告的报送 ······ 365
    12.1.5 财务报告的报告依据
    ······ 365
    12.1.6 挪用公司资金 ······ 365
【本节条款解读】 ········ 366
【典型案例】 ············ 367
    案例 12-1 财务报告格式实例
    ······ 367

第二节 利润分配制度 ······ 373
【示范条款】 ············ 373
    12.2.1 利润分配顺序 ······ 373
    12.2.2 公积金 ············ 373
    12.2.3 利润分配政策 ······ 373
    12.2.4 分配议案的通过与执行
    ······ 374
    12.2.5 股利分配方式 ······ 374
    12.2.6 不当分配的退还义务
    ······ 374
    12.2.7 自身持股不参与分配
    ······ 374
【本节条款解读】 ········ 374
【本节法律依据】 ········ 375

第四节 内部审计 ············ 377
【示范条款】 ············ 377
    12.3.1 内审机构 ·········· 377
    12.3.2 内部审计职责 ······ 377
【本节条款解读】 ········ 377
【细则示范】 ············ 379
    细则 12-1 内部审计管理制度
    ······ 379

第五节 会计师事务所的聘任 ······ 387
【示范条款】 ············ 387
    12.4.1 外部独立审计 ······ 387
    12.4.2 审计机构的聘任 ···· 387
    12.4.3 审计机构的权利 ···· 387
    12.4.4 审计机构的空缺 ···· 387
    12.4.5 审计报酬 ·········· 387
    12.4.6 解聘议案 ·········· 388
    12.4.7 审计机构的解聘 ···· 388
    12.4.8 专项审计 ·········· 388
【本节条款解读】 ········ 388
【典型案例】 ············ 389
    案例 12-2 审计报告格式实例
    ······ 389

第十三章 合并、分立与减资

【示范条款】 ············ 391
    13.1.1 公司合并 ·········· 391
    13.1.2 公司合并告知 ······ 391
    13.1.3 合并的债务担保 ···· 391
    13.1.4 合并债务 ·········· 391
    13.1.5 公司分立 ·········· 391
    13.1.6 公司分立的债务负担
    ······ 391
    13.1.7 公司减资 ·········· 392
    13.1.8 减资债务担保 ······ 392
    13.1.9 变更登记 ·········· 392
【本节条款解读】 ········ 392
【本节法律依据】 ········ 396

第十四章　解散与清算

【示范条款】 …………………… 397
  14.1.1　公司解散的条件 ……… 397
  14.1.2　公司存续的调整 ……… 397
  14.1.3　清算组的设立 ………… 397
  14.1.4　清算组的职责 ………… 397
  14.1.5　清算通知 ……………… 398
  14.1.6　清算支付顺序 ………… 398
  14.1.7　清算转破产 …………… 398
  14.1.8　清算完成 ……………… 398
  14.1.9　清算组成员的责任 …… 398
  14.1.10　公司破产 …………… 398
【本节条款解读】 ……………… 399
【本节法律依据】 ……………… 401

第十五章　通知与公告

【示范条款】 …………………… 411
  15.1.1　会议通知的形式 ……… 411
  15.1.2　通知地址 ……………… 411
  15.1.3　股东会会议通知 ……… 411
  15.1.4　董事会会议通知 ……… 411
  15.1.5　监事会会议通知 ……… 411
  15.1.6　通知的送达 …………… 411
  15.1.7　会议通知的遗漏 ……… 412
  15.1.8　公司信息披露 ………… 412
  15.1.9　指定披露媒体 ………… 412
【本节条款解读】 ……………… 412

第十六章　修改章程

【示范条款】 …………………… 414
  16.1.1　章程修改的条件 ……… 414
  16.1.2　章程修改议案 ………… 414
  16.1.3　章程修改的生效 ……… 414
  16.1.4　章程修改的公告 ……… 414
【本节条款解读】 ……………… 414

第十七章　附　则

【示范条款】 …………………… 416
  17.1.1　章程附件及细则 ……… 416
  17.1.2　章程语种 ……………… 416
  17.1.3　章程中的数字 ………… 416
  17.1.4　章程解释 ……………… 416
  17.1.5　关联关系释义 ………… 416
  17.1.6　章程的实施 …………… 416
【本节条款解读】 ……………… 417
附录一 …………………………… 418
附录二 …………………………… 428

第一章 总　　则

第一节 综　　述

【示范条款】

1.1.1　章程宗旨

为维护公司、股东和债权人的合法权益,规范公司的组织和行为,根据《中华人民共和国公司法》(以下简称《公司法》)和其他有关规定,制定本章程。

1.1.2　公司性质

公司系依照[　法规名称　]和其他有关规定成立的[　有限责任公司/股份有限公司　](以下简称公司)。

1.1.3　设立与登记

公司以[　设立方式　]设立;在[　公司登记机关所在地名　]工商行政管理局注册登记,取得营业执照,营业执照证号为[　营业执照号码　]。

[注释]　"设立方式",是指发起设立或者募集设立,适用于股份有限公司。依法律、行政法规规定,公司设立必须报经批准的,说明批准机关和批准文件名称。

1.1.4　营业期限

公司营业期限为[　年数　]。

[注释]　或者:公司为永久存续的(有限责任公司/股份有限公司)。

1.1.5　公司责任和股东责任

(股份有限公司)公司全部资产分为等额股份,股东以其认购的股份为限对公司承担责任,公司以其全部资产对公司的债务承担责任。

(有限责任公司)股东以其认缴的出资为限对公司承担责任,公司以其全部资产对公司的债务承担责任。

【本节条款解读】

1. 公司章程是公司设立的必备条件和必经程序，是公司的"出生证明"

按照我国《公司法》的要求，订立公司章程是设立公司的条件之一。审批机关和登记机关要对公司章程进行审查，以决定是否批准或者登记。公司的设立程序以订立公司章程开始，以设立登记结束。在美国，公司章程被称为 certificate of incorporation 和 bylaws 两份文件，可以分别译为"章程大纲"和"章程细则"。而 certificate of incorporation，可直译为"设立证书""注册证书""公司注册证明"或者"公司登记执照"等。[①]

2. 公司章程具有公示性

公司章程应当在工商登记机关备案。公司章程的内容不仅要对投资人公开，还要对包括债权人在内的一般社会公众公开。公司章程一经公司股东会议批准，即对有关参与主体发生法律效力。在公司登记机关备案后，即对其他相对第三人产生法律效力。公司依公司章程，享有各项权利，并承担各项义务，符合公司章程的行为受国家法律保护；违反章程的行为，有关机关有权对其进行干预和处罚。

3. 公司章程是一种自治性规则

公司章程作为一种行为规范，是由公司依法自行制定的，是公司股东依据"意思自治原则"达成一致的结果，是由公司的最高权力组织——股东会议[②]制定，是股东意思自治的集中体现，是公司的"宪法"，也是股东之间的协议。只要该章程没有违背法律强制性和禁止性规定，章程可以更为详尽地规定公司运行和管理的规则，以便在日后操作中共同遵守。例如有关有限责任公司的股权转让，公司章程对股权转让作出了不同规定的，优先适用公司章程等。

4. 登记机关

公司登记须在国家规定的注册登记机关进行。依《公司登记管理条例》及相关法律文件的规定，我国的公司登记机关是国家工商行政管理局和地方各级工商行政管理局。由于工商行政管理机关的级别管辖不同，在登记管辖上也有较细致的分工。因此，办理不同的公司登记，应到有管辖权的工商行政管理机关办理登记。

[①] 参见徐文彬等译，《特拉华州普通公司法》，中国法制出版社2010年版，第3页。

[②] 公司的最高权力机关是公司股东直接行使权力的机关，按照我国《公司法》的规定，在有限责任公司称为"股东会"，在股份有限公司称为"股东大会"。本书中的"股东会议"包括有限责任公司的"股东会"和股份有限公司的"股东大会"。

无论是设立、变更、注销公司登记,均应在同一登记机关进行登记。而且,虽然企业迁移或跨地区设立分支机构需要在其他登记机关登记,但还须在原登记机关作变更登记。

5. 公司的营业期限

公司的营业期限是指公司存续的时间,分为有期限和无期限两种。其中,有期限又分为股东或发起人在章程上商定的营业期限,和依据法律法规及主管部门要求的经营期限;而无期限,也叫永久存续的经营,指法律不强制要求公司表明存续期。

一般而言,营业期限的法律意义主要体现在以下几个方面:

(1) 营业期限届满是公司解散的法定原因。期限届满股东会议没有达成修改公司章程使公司存续的决议的,公司即应进入清算程序,此时的期间是清算期间。对此《公司法》第180条第1项有明文规定。

(2) 营业期限届满股东会议通过决议修改章程使公司存续的,对股东会议该项决议投反对票的股东,可以请求公司按照合理的价格收购其股权,《公司法》第74条及142条有规定。

【本节法律依据】

❶《公司登记管理条例》(国务院2014年2月19日国务院令第648号)

第六条 国家工商行政管理总局负责下列公司的登记:

(一) 国务院国有资产监督管理机构履行出资人职责的公司以及该公司投资设立并持有50%以上股份的公司;

(二) 外商投资的公司;

(三) 依照法律、行政法规或者国务院决定的规定,应当由国家工商行政管理总局登记的公司;

(四) 国家工商行政管理总局规定应当由其登记的其他公司。

第七条 省、自治区、直辖市工商行政管理局负责本辖区内下列公司的登记:

(一) 省、自治区、直辖市人民政府国有资产监督管理机构履行出资人职责的公司以及该公司投资设立并持有50%以上股份的公司;

(二) 省、自治区、直辖市工商行政管理局规定由其登记的自然人投资设立的公司;

(三) 依照法律、行政法规或者国务院决定的规定,应当由省、自治区、直辖市工商行政管理局登记的公司;

(四) 国家工商行政管理总局授权登记的其他公司。

第八条 设区的市(地区)工商行政管理局、县工商行政管理局,以及直辖市的工商行政管理分局、设区的市工商行政管理局的区分局,负责本辖区内下列公司的登记:

(一)本条例第六条和第七条所列公司以外的其他公司;

(二)国家工商行政管理总局和省、自治区、直辖市工商行政管理局授权登记的公司。

前款规定的具体登记管辖由省、自治区、直辖市工商行政管理局规定。但是,其中的股份有限公司由设区的市(地区)工商行政管理局负责登记。

第九条 公司的登记事项包括:

(一)名称;

(二)住所;

(三)法定代表人姓名;

(四)注册资本;

(五)公司类型;

(六)经营范围;

(七)营业期限;

(八)有限责任公司股东或者股份有限公司发起人的姓名或者名称。

第十一条 公司名称应当符合国家有关规定。公司只能使用一个名称。经公司登记机关核准登记的公司名称受法律保护。

第十五条 公司的经营范围由公司章程规定,并依法登记。

公司的经营范围用语应当参照国民经济行业分类标准。

第二十五条 依法设立的公司,由公司登记机关发给《企业法人营业执照》。公司营业执照签发日期为公司成立日期。公司凭公司登记机关核发的《企业法人营业执照》刻制印章,开立银行账户,申请纳税登记。

❷《企业法人登记管理条例施行细则》(国家工商行政管理总局 2014 年 2 月 20 日第 63 号令)

第十三条 各级登记主管机关可以运用登记注册档案、登记统计资料以及有关的基础信息资料,向机关、企事业单位、社会团体等单位和个人提供各种形式的咨询服务。

第十八条 企业法人章程的内容应当符合国家法律、法规和政策的规定,并载明下列事项:

(一)宗旨;

(二)名称和住所;

（三）经济性质；

（四）注册资金数额及其来源；

（五）经营范围和经营方式；

（六）组织机构及其职权；

（七）法定代表人产生的程序和职权范围；

（八）财务管理制度和利润分配形式；

（九）劳动用工制度；

（十）章程修改程序；

（十一）终止程序；

（十二）其他事项。

外商投资企业的合营合同和章程按《中华人民共和国中外合资经营企业法》《中华人民共和国中外合作经营企业法》和《中华人民共和国外资企业法》的有关规定制定。

第二节 公司的名称

【示范条款】

1.2.1 公司名称

公司注册名称：北京市新天地贸易股份有限公司。

[注释] 可以根据具体情况，选择相应的名称模式，具体适用条件见【本节条款解读】。

【本节条款解读】

一个成功的企业，首先必须有自己的名称。公司的名称好比一面旗子，它所代表的是公司在大众中的形象，这是公司走向成功的第一步。公司名称若是响亮，就能让更多的人识别企业，了解产品；公司有了广泛的知名度和良好的信誉，才能吸引更多的客户，产生更大的效益。

1. 按照我国法律的要求，公司一般注册名称应当是"行政区划+字号+行业或者经营特点+组织形式"的结构（见"插图"）。

(1)"行政区划",是指企业所在地省(包括自治区、直辖市,下同)或者市(包括州,下同)或者县(包括市辖区,下同)行政区划名称。

(2)"字号",是指企业的商号,是构成企业的核心要素,应当由两个以上的汉字组成,它是一个企业区别于其他企业或其他社会组织的标志。企业名称在同一登记主管机关辖区内不得与已登记注册的同行业企业名称相同或者近似。

(3)"行业",是指企业应根据自己的经营范围或经营方式确定名称中的行业或经营特点字词。该字词应当具体反映企业生产、经营、服务的范围、方式或特点。《企业名称登记管理规定》第11条规定,企业"依照国家行业分类标准划分的类别,在企业名称中标明所属行业或者经营特点"。这里所说的国家行业分类标准,是指由国家统计局制定的《国民经济行业分类与代码》(GB/T4754-2002),将社会经济活动分为门类、大类、中类、小类。

(4)"组织形式",是指依据《公司法》要求在中国境内设立的有限责任公司和股份有限公司。"有限责任公司"的股东以其认缴的出资额为限对公司承担责任;"股份有限公司"的股东以其认购的股份为限对公司承担责任。有限责任公司,必须在公司名称中标明"有限责任公司"或者"有限公司"字样。股份有限公司,必须在公司名称中标明"股份有限公司"或者"股份公司"字样。

2. 如果已经取得公司的控股企业的许可,可以使用公司的控股企业的现有"字号"为公司的字号,控股企业的名称中不含行政区划,可以为"字号+行政区划+行业或者经营特点+组织形式"模式。

公司是由国务院批准设立,或者在国家工商总局登记,或者注册资金不少于5 000万人民币的,公司名称中可以不含"行政区划",由"字号+行业或者经营特点+组织形式"模式构成(见"插图")。

公司的名称中也可以不含"行业或者经营特点",由"字号+行政区划+组织形式"模式构成,或者由"字号+组织形式"模式构成。

3. 少数民族文字与外文名称。公司的名称应当使用汉字。在民族自治地方的公司,公司名称可以同时使用本民族自治地方通用的民族文字。公司名称也可以同时使用外文名称,其外文名称应当与中文名称相一致,并报登记主管机关登记注册。

【本节法律依据】

❶《企业名称登记管理规定》(国务院 2012 年 11 月 9 日第 628 号令)

第七条 企业名称应当由以下部分依次组成:字号(或者商号,下同)、行业或者经营特点、组织形式。

企业名称应当冠以企业所在地省(包括自治区、直辖市,下同)或者市(包括州,下同)或者县(包括市辖区,下同)行政区划名称。

第八条 企业名称应当使用汉字,民族自治地方的企业名称可以同时使用本民族自治地方通用的民族文字。

企业使用外文名称的,其外文名称应当与中文名称相一致,并报登记主管机关登记注册。

第九条 企业名称不得含有下列内容和文字:

(一)有损于国家、社会公共利益的;

(二)可能对公众造成欺骗或者误解的;

(三)外国国家(地区)名称、国际组织名称;

(四)政党名称、党政军机关名称、群众组织名称、社会团体名称及部队番号;

(五)汉语拼音字母(外文名称中使用的除外)、数字;

(六)其他法律、行政法规规定禁止的。

第十条 企业可以选择字号。字号应当由两个以上的字组成。

企业有正当理由可以使用本地或者异地地名作字号,但不得使用县以上行政区划名称作字号。

私营企业可以使用投资人姓名作字号。

❷《企业名称登记管理规定实施办法》(国家工商行政管理总局 2004 年 6 月 14 日第 10 号令)

第十二条　具备下列条件的企业法人,可以将名称中的行政区划放在字号之后,组织形式之前:

(一)使用控股企业名称中的字号;

(二)该控股企业的名称不含行政区划。

第十三条　经国家工商行政管理总局核准,符合下列条件之一的企业法人,可以使用不含行政区划的企业名称:

(一)国务院批准的;

(二)国家工商行政管理局登记注册的;

(三)注册资本(或注册资金)不少于 5 000 万元人民币的;

(四)国家工商行政管理总局另有规定的。

第十八条　企业名称中不使用国民经济行业类别用语表述企业所从事行业的,应当符合以下条件:

(一)企业经济活动性质分别属于国民经济行业 5 个以上大类;

(二)企业注册资本(或注册资金)1 亿元以上或者是企业集团的母公司;

(三)与同一工商行政管理机关核准或者登记注册的企业名称中字号不相同。

第三节　公司的住所

【示范条款】

1.3.1　公司住所

公司住所:北京市西城区长安大街 152535 号

邮政编码:100001

【本节条款解读】

公司住所,是指公司的主要办事机构所在地。公司主要办事机构一般是指公司董事会等公司机关的办公地。公司可以建立多处生产、营业场所,但是经公司登记机关登记的公司住所只能有一个,公司住所应当是在为其登记的公司登记机关的辖区内。公司的住所是公司章程载明的地点,是公司章程的必要记载事项,具有公示效力。公司住所记载于公司章程,才具有法律效力,是公司注册登记的必要事项之一。公司住所变更必须履行法定的变更登记手续,否则不得对抗第三人。

从法律上来看,公司住所具有以下几个方面的意义:

1. 公司住所是诉讼管辖的依据

《民事诉讼法》第21条第2款规定,对法人或其他组织提起的民事诉讼,由被告所在地人民法院管辖。因此,公司住所是有关公司利益案件确定地域管辖法院的依据。

2. 公司住所是送达和收受法律文书的地址

《民事诉讼法》第二节对送达作出了相应规定,诉讼文书应直接交给受送达人,直接送达诉讼文书有困难的,可委托其他人民法院代为送达或者邮寄送达。受送达人拒绝接受诉讼文书的,可以留置送达。无论是直接送达、委托送达、邮寄送达还是留置送达,对公司而言,均以其住所地为诉讼文书送达和收受的处所。因此,确定了公司住所地,法院就可以及时、迅速地送达各种诉讼文书,为公司或其他当事人维护自己的合法权益提供保障。

3. 公司住所是确定登记机关、税收机关等管理机关管辖的依据

根据《公司登记管理条例》第二章关于登记管辖的规定,除依法应由国家工商行政管理局或省、自治区、直辖市工商行政管理局核准注册的公司之外,其他公司由所在市县工商行政管理局核准登记。因此,确定了公司的住所地,也就确定了该公司的登记管理机关。公司在进行纳税申报时,也应向公司住所地的税务机关申报缴纳。

4. 公司住所是确定债权债务的接受地和履行地的依据

我国《民法通则》第88条第3款和《合同法》第62条第3款规定,对履行地点不明确的债务,给付货币的,在接受货币一方所在地履行,其他标的在履行义务一方的所在地履行。这里的所在地,就公司而言即为公司住所。

5. 公司住所是召开股东会议、债券持有人会议等会议的场所

一般来说,公司的股东会议、债券持有人会议都应在公司住所召开,这样才能方便全体股东、债券持有人、董事、监事以及高级管理人员的到会。在交通便利的情况下,公司董事会也可以根据实际情况将上述会议安排在非公司住所召开。但特殊情况下召集的股东会议等会议,如10%以上持股比例的股东自行召集的股东会议,由于这种自行召集本身就不是与公司具体管理机关董事会达成一致而召开的会议,为避免给其他股东的到会带来不便,股东会议应在公司住所地召开。

6. 公司住所是有关公司文件的备置场所

公司的股东名册、公司章程、财务会计报告等资料,应当置备于公司住所,供股

东查阅。

7. 在涉外民事法律关系中,公司住所是确认准据法的依据之一

在涉外民事诉讼中,当按属人法原则适用当事人本国法律时,一般按公司的住所确定适用何国法律。

【本节法律依据】

❶《公司登记管理条例》(国务院2014年2月19日第648号令)

第十二条　公司的住所是公司主要办事机构所在地。经公司登记机关登记的公司的住所只能有一个。公司的住所应当在其公司登记机关辖区内。

第二十四条　公司住所证明是指能够证明公司对其住所享有使用权的文件。

第二十九条　公司变更住所的,应当在迁入新住所前申请变更登记,并提交新住所使用证明。

公司变更住所跨公司登记机关辖区的,应当在迁入新住所前向迁入地公司登记机关申请变更登记;迁入地公司登记机关受理的,由原公司登记机关将公司登记档案移送迁入地公司登记机关。

❷《企业法人登记管理条例施行细则》(国家工商行政管理总局2014年2月20日第63号令)

第二十四条　住所、地址、经营场所按所在市、县、(镇)及街道门牌号码的详细地址注册。

第四节　公司的注册资本

【示范条款】

1.4.1　公司的注册资本

公司注册资本为[　人民币/港币/美元/欧元　][　数字　]元。

[注释]　通常情况下,公司注册资本都应当以人民币表示,只有外商投资企业的注册资本既可以人民币表示,亦可选择以其他可自由兑换的外币表示。

【本节条款解读】

1. 注册资本也叫法定资本,是公司章程规定的全体股东或发起人认缴或认购,并在公司登记机关依法登记的资本总额

注册资本一般以人民币表示,只有外商投资公司的注册资本既可以用人民币

表示,也可以用其他可自由兑换的外币表示。

人民币为注册资本币种:

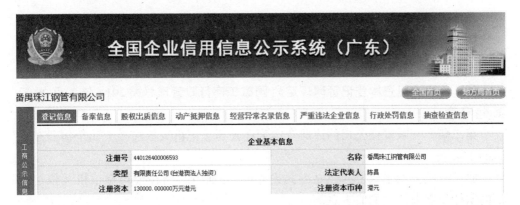

2. 外商投资公司的注册资本也可以用其他可自由兑换的外币表示:

《关于外商投资的公司审批登记管理法律适用若干问题的执行意见》(工商外企字〔2006〕第81号)第8条规定的,外商投资公司的注册资本可以用人民币表示,也可以用其他可自由兑换的外币表示。作为公司注册资本的外币与人民币或者外币与外币之间的折算,应按发生(缴款)当日中国人民银行公布的汇率的中间价计算。

3. 注册资本币种的转换

如果由于股权转让,外商投资公司的外方投资者退出,就会使外商投资公司转为非外商投资公司。这时,由于非外商投资公司只能以人民币表示注册资本,就必须一并办理注册资本币种的变更登记。又由于中国人民银行公布的外汇汇率是一个变量,公司设立日的汇率和外商投资公司转为非外商投资公司变更日的汇率就会有一个差异。同时,注册资本币种的变更也会发生在中外合资企业改制上市之时。这是由于我国上市公司的股票无论是 A 股[①],还是 B 股[②],均是以人民币为面值。其中,A 股是以人民币标明面值,并以人民币认购和买卖;B 股是以人民币表明面值,以外币认购和买卖。如果原中外合资企业的注册资本是以外汇表示,在申报上市时首要的工作就是将注册资本由美元表示,变更为以人民币表示。

所以外商投资公司转为非外商投资公司时,如何处理变更日的外汇汇率与设立日的外汇汇率差别,就成了一个比较复杂的问题。实践操作中,对于中国人民银行公布的外汇汇率这一变量,一种模式是以变更日和设立日两个外汇汇率中较低的汇率为折算汇率。另一种模式是按照变更日的外汇汇率为折算汇率表示注册资本。如果变更日的汇率较高,则差额作为资本公积;如果变更日的汇率较低,则其中汇率差异形成的差额由股东增资补足(具体见【本节典型案例】)。

【本节法律依据】

❶《公司登记管理条例》(国务院 2014 年 2 月 19 日第 648 号令)

第十三条 公司的注册资本应当以人民币表示,法律、行政法规另有规定的除外。

❷《公司注册资本登记管理规定》(国家工商行政管理总局 2014 年 2 月 20 日第 64 号令)

第二条 有限责任公司的注册资本为在公司登记机关依法登记的全体股东认缴的出资额。

股份有限公司采取发起设立方式设立的,注册资本为在公司登记机关依法登记的全体发起人认购的股本总额。

股份有限公司采取募集设立方式设立的,注册资本为在公司登记机关依法登记的实收股本总额。

法律、行政法规以及国务院决定规定公司注册资本实行实缴的,注册资本为股东或者发起人实缴的出资额或者实收股本总额。

第九条 公司的注册资本由公司章程规定,登记机关按照公司章程规定予以

[①] A 股,即人民币普通股,是指由中国境内公司发行,在中国境内(上海、深圳)证券交易所上市交易,供境内机构、组织或个人(从 2013 年 4 月 1 日起,境内、港、澳、台居民可开立 A 股账户)以人民币认购和交易的普通股股票。

[②] B 股的正式名称是人民币特种股票。它是以人民币标明面值,以外币认购和买卖,在中国境内(上海、深圳)证券交易所上市交易的外资股。B 股公司的注册地和上市地都在境内。

登记。

以募集方式设立的股份有限公司的注册资本应当经验资机构验资。

公司注册资本发生变化,应当修改公司章程并向公司登记机关依法申请办理变更登记。

❸《企业法人登记管理条例施行细则》(国家工商行政管理总局 2014 年 2 月 20 日第 63 号令)

第二十九条　注册资金数额是企业法人经营管理的财产或者企业法人所有的财产的货币表现。除国家另有规定外,企业的注册资金应当与实有资金相一致。

企业法人的注册资金的来源包括财政部门或者设立企业的单位的拨款、投资。

第三十条　外商投资企业的注册资本是指设立外商投资企业在登记主管机关登记注册的资本总额,是投资者认缴的出资额。

注册资本与投资总额的比例,应当符合国家有关规定。

❹《关于外商投资的公司审批登记管理法律适用若干问题的执行意见》(工商外企字〔2006〕第 81 号)

八、外商投资的公司的注册资本可以用人民币表示,也可以用其他可自由兑换的外币表示。作为公司注册资本的外币与人民币或者外币与外币之间的折算,应按发生(缴款)当日中国人民银行公布的汇率的中间价计算。

【典型案例】

▶ 案例 1-1　以变更日和设立日两个外汇汇率中较低的汇率为折算汇率

[基本情况]

江苏太平洋精锻科技股份有限公司①(以下简称"精锻科技")是于 2011 年 8 月 26 日在深圳证券交易所上市的上市公司,上市代码 300258。精锻科技的前身是一家中外合资企业,注册资本以美元表示。由于我国上市公司的股票均是以人民币为面值,也即注册资本以人民币表示,所以在申报上市时,首先要将注册资本由美元表示变更为以人民币表示。精锻科技的模式主要是于变更日和设立日两个外汇汇率中较低的汇率为折算汇率。

(一)1992 年 12 月,由江苏泰县粉末冶金厂和美国檀岛合资设立中外合资企业——江苏太平洋精密锻造有限公司(以下简称"太平洋有限",系精锻科技前身)。太平洋有限设立时注册资本 210 万美元,其中:泰县粉末冶金厂以实物资产

---

① 《江苏太平洋精锻科技股份有限公司首次公开发行股票并在创业板上市招股说明书》,载深圳证券交易所网站,http://disclosure.szse.cn/finalpage/2011-08-16/59820966.PDF,查询于 2015 年 8 月。

作价出资157.5万美元(占75%股权),美国檀岛以货币52.5万美元出资(占25%股权)。1993年12月30日,合营各方均按照合同条款规定缴足资本,并由扬州泰县会计师事务所出具泰会外[1993]039号《投入资本验证报告》验证。

(二)1996年1月11日,太平洋有限董事会决议通过,注册资本由210万美元变更为500万美元,由股东同比例增资。1996年8月19日,江苏姜堰会计师事务所出具苏姜会审(1996)052号《验资报告》"经审验,美国檀岛投资到位";1996年9月9日,江苏姜堰会计师事务所出具苏姜会审(1996)053号《验资报告》:"经审验,公司注册资本500万美元,合营各方均已按变更后合同、章程、协议缴足了股本。"

(三)2008年12月31日,太平洋有限董事会决议通过,美国檀岛将其所持25%的股权转让给夏汉关等11名自然人。2009年4月3日,姜堰市光明会计师事务所出具了姜明会验(2009)第052号《验资报告》:"经审验,截至2008年12月31日,美国檀岛将所持25%的股权,以87.5万美元的价格转让给夏汉关等11位自然人,并办理了相关股权交割手续。太平洋有限注册资本由500万美元变更为3 417.30万元人民币,企业形式由中外合资企业变更为内资企业。"

(四)2009年11月16日,太平洋有限股东会决议通过,将注册资本由3 417.3万元增加至3 797万元,江苏鼎鸿、青岛厚土、上海石基和汇智创投作为新股东,由江苏鼎鸿以货币出资1 518 800元(占增资后注册资本的4%),青岛厚土以货币出资759 400元(占增资后注册资本的2%),上海石基以货币出资759 400元(占增资后注册资本的2%),汇智创投以货币出资759 400元(占增资后注册资本的2%)。

2009年11月26日,苏州岳华会计师事务所有限公司出具苏州岳华验字[2009]1201号《验资报告》,对上述注册资本增资事宜予以验证确认。

(五)2009年12月,太平洋有限注册资本勘误更正

1. 2009年12月11日,太平洋有限召开股东会,就2009年4月由中外合资企业变更为内资企业时的注册资本更正事宜作出决议。由中外合资企业变更为内资企业时,因姜堰市光明会计师事务所在2009年4月3日出具的姜明会验字(2009)第052号《验资报告》中,将原注册资本500万美元按股权交割日的汇率折算为34 173 000元人民币,进行了工商变更登记。而注册资本、实收资本应按投入时的汇率折算为36 246 315元人民币,造成了注册资本少登记2 073 315元。股东会决议同意,对从中外合资企业变更为内资企业时的注册资本,按投入时入账汇率折算为36 246 315元人民币,各股东出资比例不变。

2009年12月25日,姜堰市光明会计师事务所出具姜明会验(2009)第221号《验资报告》,经更正认定,截至2008年12月31日,公司注册资本合计应为人民币3 624.6315万元,实收资本应为人民币3 624.6315万元。本验资报告将替代姜明

会验字(2009)第 052 号《验资报告》,对公司实收资本更正予以确认。

2. 2009 年 12 月 11 日,太平洋有限召开股东会,就 2009 年 11 月增资时的注册资本更正事宜作出决议,鉴于对 2009 年 4 月由中外合资企业变更为内资企业时的注册资本进行更正,2009 年 11 月,吸收江苏鼎鸿等 4 名投资人,增加注册资本后,将投资人投资后的注册资本更正为人民币 40 273 684 元,各股东投资比例不变。

2009 年 12 月 25 日,苏州岳华会计师事务所出具《验资报告》(苏州岳华验字[2009]1341 号),对苏州岳华验字[2009]1201 号《验资报告》(注:2009 年公司增资时的验资报告)中确认的实收资本予以更正。

就上述注册资本更正事宜,泰州市姜堰工商行政管理局出具了《公司勘误核准通知书》(公司变更〔2009〕第 12290004 号),并换发了企业法人营业执照。

[简要评析]

由于我国上市公司的股票均以人民币为面值,也即注册资本以人民币表示,所以在申报上市时首先要将注册资本由美元表示,变更为以人民币表示。精锻科技的模式主要是以变更日和设立日两个外汇汇率中较低的汇率为折算汇率。通过选择较低的折算汇率保障了注册资本的充实。该公司已经于 2011 年成功上市,得到了有关监管部门和社会公众的认可。

▶ 案例 1-2　按照变更日的外汇汇率为准表示注册资本,中间的差额由股东增资补足

[基本情况]

杭州兴源过滤科技股份有限公司①(以下简称"兴源过滤")是于 2011 年 9 月 27 日在深圳证券交易所上市的上市公司,上市代码 300266。兴源过滤的前身同样是一家中外合资企业,注册资本以美元表示,所以在申报上市时也是首先要将注册资本由美元表示,变更为以人民币表示。兴源过滤的模式主要是按照变更日的外汇汇率为准表示注册资本,中间的差额由股东增资补足。

1992 年 7 月 15 日兴源过滤的前身——杭州兴源过滤科技有限公司(以下简称"杭州兴源")成立,注册资本为 50 万美元,杭州会计师事务所于 1992 年 10 月 8 日出具杭会一[1992]字第 251 号《验资报告书》,验证各方出资均已到位。

---

① 《杭州兴源过滤科技股份有限公司首次公开发行股票并在创业板上市招股说明书》及《北京市观韬律师事务所关于杭州兴源过滤科技股份有限公司首次公开发行股票并在创业板上市的补充法律意见书》,载深圳证券交易所网站,http://disclosure.szse.cn/finalpage/2011-09-16/59962719.PDF 及 http://disclosure.szse.cn/finalpage/2011-09-06/59925305.PDF,查询于 2015 年 8 月。

2004年11月,经余杭区对外贸易经济合作局批准,杭州兴源由中外合资企业变更为内资企业,并按照变更登记时的汇率作了注册资本登记。根据《外商投资企业投资者股权变更的若干规定》,因企业投资者股权变更而使中方投资者获得企业全部股权的,在申请变更登记时,企业应按拟变更的企业类型的设立登记要求向登记机关提交有关文件。因此,杭州兴源本次企业类型变更时应当委托验资机构对变更前的实收资本进行验资。《中外合资经营企业法实施条例》(2001年修订)第23条第1款规定:"外国合营者出资的外币,按缴款当日中国人民银行公布的基准汇率折算成人民币或者套算成约定的外币。"杭州兴源本次企业类型变更时,系按照变更时的即时汇率(2004年11月外汇汇率:1美元=8.30人民币元)将注册资本50万美元折算为415万元人民币。而按照杭州兴源成立时的历史汇率折合人民币仅为271万元(1992年7月外汇汇率:1美元=5.42人民币元)。即时汇率与历史汇率不同而引起的注册资本差额部分属于增加注册资本,应经股东大会审议通过、进行验资并向公司登记主管机关提交《验资报告》,但杭州兴源本次变更未按照前述程序进行,本次变更程序存在瑕疵。

杭州兴源股东已于2004年10月9日将此次增加的注册资本及实收资本人民币144万元出资到位,但上述出资行为未经检验。2011年1月18日,中汇会计师对该事项进行了验资复核,并出具了中汇会专[2011]0051号验资复核报告。根据该验资复核报告,验证注册资本增加部分为人民币144万元,股东已于2004年10月9日出资到位。

中介机构认为:杭州兴源变更企业类型时的增资过程没有及时履行验资手续,存在法律瑕疵。但是,鉴于本次增资资金已于2004年10月9日出资到位,注册资本已经充实,该瑕疵对发行人的有效存续及本次发行上市不构成障碍。

[简要评析]

由于我国上市公司的股票均是以人民币为面值,也即注册资本以人民币表示,所以在申报上市时,首先要将注册资本由美元表示,变更为以人民币表示。兴源过滤的模式主要是按照变更日的外汇汇率为准表示注册资本,中间的差额由股东增资补足。通过股东的补足,保障注册资本充实。该公司也已经于2011年成功上市,得到了有关监管部门和社会公众的认可。

第五节 公司的法定代表人

【示范条款】

1.5.1 法定代表人
[董事长/执行董事或者总经理①]为公司的法定代表人。

1.5.2 法定代表人缺位的替补
董事长不能履行职务时,由公司副董事长接任法定代表人职责;副董事长不能履行法定代表人职务时,由总经理接任法定代表人职责;总经理不能履行法定代表人职务时,由董事会指派董事履行法定代表人职责。

[注释] 也可以以如下备选条款自行设定法定代表人缺位的替补。

1.5.2-A 总经理不能履行法定代表人职责时,由董事长履行法定代表人职责;董事长不能履行职务时,由公司副董事长接任法定代表人职责;副董事长不能履行法定代表人职务时,由董事会指派董事履行法定代表人职务。

1.5.2-B 总经理不能履行法定代表人职责时,由董事会指派董事履行法定代表人职务。

1.5.2-C 执行董事不能履行职务时,由监事会主席履行法定代表人职务;监事会主席不能履行法定代表人职务时,由总经理履行法定代表人职务。

1.5.3 法定代表人的任免
法定代表人由公司[董事会/股东会]任命及解除,[董事会/股东会]可以随时解除法定代表人的职务。一切与本条款相反的规定均视为未作订立。

[注释] 在股份有限公司中,法定代表人由董事会任命及解除,在有限责任公司中,法定代表人在章程中规定由董事会、股东会或者某一特定股东任命及解除。

1.5.4 法定代表人的变更
公司法定代表人变更,应当由[董事会秘书]在新法定代表人产生后[30]日内在工商登记机关办理有关的变更登记。

法定代表人依据本章程程序产生后,即发生法律效力,在公司内部产生法定代表人变更的法律效果。这里的"公司内部"包括公司、股东、董事、监事以及高级管

---

① 关于"总经理"在不同的公司,称谓并不相同,在《公司法》条文中,称为"经理",而在日常经济活动中,一般称"总经理""总裁"以及"首席执行官"等,本书统一称为"总经理"。

理人员等。

在未完成工商变更登记之前,新任法定代表人对第三人的公示效力,依法律规定。

1.5.5　法定代表人的辞职

法定代表人的辞呈应经由董事会秘书向其任命机关提交。

1.5.6　公司与法定代表人诉讼

公司与现任法定代表人发生诉讼,以及与公司发生诉讼的法人,其法定代表人与公司现任法定代表人为同一人时,公司的代表权由[　监事会主席　]行使。

[注释]　如果公司法定代表人是由公司总经理担任时,发生本条款之诉讼时,也可由公司董事长或者执行董事行使公司代表权。

【本节条款解读】

法定代表人,指依法律或章程规定代表法人行使职权的负责人。公司法定代表人是维护投资者利益,贯彻投资者意志的重要保障,因为法定代表人行使着公司的对外代表权,如果法定代表人不履行忠实义务,往往会给投资者造成较为严重的后果。因此,法定代表人在维护投资者利益方面发挥着至关重要的作用。

一、法定代表人是公司的"代表人"

在对外关系上,法定代表人对外以法人名义进行民事活动时,与法人之间并非代理关系,而是代表关系。法定代表人对外的职务行为即为法人行为,其后果由法人承担(《民法通则》第43条)。法定代表人是公司的机关,法定代表人执行公司对外业务中不具有独立的人格,代表公司所为的法律行为是公司自己的行为,自然应由公司承担其后果。[①]

《法国商事公司法》第113条[②]规定:"董事长负责全面领导公司的工作,并对此承担责任,在公司和第三人的关系中,董事长代表公司。除法律明确赋予股东会议的权力以及法律特别留给董事会的权力外,在公司宗旨的范围内,董事长拥有在任何情况下以公司名义进行活动的最广泛的权力。在与第三人的关系中,公司甚至对董事长的不属于公司宗旨范围内的行为负责,只有公司举证证明第三人已经知道,或者根据当时情况不可能不知道,该行为已经超越公司宗旨范围的情况才除外,仅仅公布章程不足以构成此种证据。限制这些权力的章程的规定或者董事会的决定不能对抗第三人。"

---

① 参见梁慧星:《民法总论》,法律出版社1996年版,第130页。
② 参见卞耀武主编:《法国公司法规范》,法律出版社1999年版,第113页。

二、法定代表人是"法定"的代表人

法定代表人的代表职权来自法律或组织章程的规定,是一种"规则"规定的明确授权,不另需法人的授权委托书。我国《民法通则》第 38 条规定:"依照法律或者法人组织章程规定,代表法人行使职权的负责人,是法人的法定代表人。"法定代表人的代表权是基于法律或者组织章程天然形成的,在法人的权利能力和行为能力范围内,法定代表人享有代表法人的绝对自由。也有学者认为,我国公司法上的代表人实际上具有法定和章定的双重属性。由于公司代表人应当登记,只是"登记代表人"或者"注册代表人",不宜在法律上直接称为"法定代表人"。[①]

三、法定代表人应是自然人

法定代表人只能是自然人,且该自然人只有代表法人从事民事活动和民事诉讼活动时才具有这种身份。法人是法律上拟制的人,本身不具有自然状态上的行为能力,法人的行为只有通过自然人才能得以体现和实施,自然人代表法人的行为最终由法人承担后果。所以,客观上要求在法人与自然人之间建立一种法律制度,以协调解决二者之间的法律关系,实现法人的意志。法定代表人制度的建立,解决了法人的意志如何通过自然人实施的问题。

四、我国实行的是单一法定代表人制

法定代表人是中国特色的法律制度。起源于全民所有制企业的需要,由 1986 年的《民法通则》所确认,与国外英美法系以及大陆法系的公司法均不一样。我国法定代表人制度的重要特征是唯一性,公司仅能由一个人代表,其行为视同为公司的行为,其他人经过授权后的行为是代理行为。一般认为法人的正职行政负责人为其唯一法定代表人。如公司的董事长、执行董事或经理(《公司法》第 13 条),而证券交易所的法定代表人为总经理(《证券法》第 107 条),全民所有制工业企业的法定代表人为厂长或经理等。

五、法定代表人越权

在法人意欲限制法定代表人的代表权时,应在公司章程中明文作出特别的规定。但是在发生了法定代表人超越组织章程规定的权限时,法人不得以对法定代表人的内部职权限制对抗善意第三人。《合同法》第 50 条明确规定:"法人或者其他组织的法定代表人、负责人超越权限订立的合同,除相对人知道或者应当知道其超越权限的以外,该代表行为有效。"这是因为从交易安全角度考虑,法定代表人越权,公司应当承担其交易后果。也就是说,法人对法定代表人代表权的限制并不发生必然的对外效力,即法定代表人的越权行为仍是有效代表行为,除非相对人是恶意的,知道或者应当知道法定代表人超越了代表权限。

---

① 参见施天涛:《公司法论》,法律出版社 2006 年版,第 357 页。

六、法定代表人的任命与解除

在我国一般公司规定董事长为公司的法定代表人,现行《公司法》允许公司董事长、总经理或者执行董事均可被指定为公司的法定代表人。法定代表人的任免机构一般应当为公司董事会,在有限责任公司,也可由股东会或者某一股东直接任命。由于法定代表人是公司的外在代表人,所以公司章程应当明晰法定代表人的任命和解除机关,并明晰"一切相反的规定均视为未作订立"。

《法国商事公司法》第110条[①]:"董事会从其成员中选举一名董事长。董事长应是一个自然人,否则,任命无效。董事会确定董事长的报酬。董事长的任期不得超过其担任董事职务的期限。董事长可连选连任。董事会可随时解除董事长的职务。一切相反的规定均视为未作订立。"

七、法定代表人的卸任

一般来说法定代表人的卸任情形有:

(1) 因任期届满而卸任。一般来说,法定代表人自聘任其的董事会届满而任期届满,部分有限责任公司章程规定法定代表人直接由股东会或者某一特定股东直接任命的除外。

(2) 因任命机关解聘而卸任。公司章程应明确,法定代表人因任命机关解聘而卸任,防止公司出现不必要的争议或者诉讼。

(3) 因辞职而卸任。法定代表人的辞呈应经由董事会秘书向其任命机关提交。

(4) 因不能履行职责或者死亡而卸任。

八、法定代表人的变更

公司依据公司章程形成了任命新法定代表人的决议之后,即具有法律效力,新法定代表人取得法定代表人的资格,并产生法定代表人变更的法律效果。对于公司股东、董事、监事、高级管理人员及其他公司职工之间因法定代表人任免产生的内部争议,应以有效的董事会或者股东会任免决议为准。

九、法定代表人变更的登记

《公司法》第13条规定,公司法定代表人变更,应当办理变更登记。对法定代表人变更事项进行登记,其意义在于向社会公示公司意志代表权的基本状态。法定代表人变更后,还要依法办理有关变更登记,虽然公司办理法定代表人变更登记手续不是法定代表人产生的必要条件,但是不进行变更登记对外不具有公示力。工商登记的法定代表人对外具有公示效力,如果公司以外的第三人因公司代表权

[①] 参见卞耀武主编,李萍译:《法国公司法规范》,法律出版社1999年版,第70页。

而产生外部争议,应以工商登记为准。

从工商机关对公司变更登记的审查形式来看,公司办理法定代表人变更登记手续,不是法定代表人产生的必要条件。因为作为公司登记的工商机关,办理登记的主要内容之一是对申请者所提供的申请内容,依法进行审查。我国目前的公司登记实际上采取的是形式审查为主,实质审查为辅的原则。国家工商行政管理总局《关于登记主管机关对申请人提交的材料真实性是否承担相应责任问题的答复》称:"申请人提交的申请材料和证明文件是否真实的责任由申请人承担。登记主管机关的责任是对申请人提交的有关申请材料和证明文件是否齐全,以及申请材料和证明文件及其所载的事项是否符合有关登记管理法律法规的规定进行审查。"股东会和董事会决议的效力,不属于行政审查权限范围。法定代表人的产生是依据公司法和公司章程的规定,董事会或者股东会形成决议,选举公司新的法定代表人,免去公司原法定代表人职务,即产生变更法定代表人之效果。

由于原法定代表人不予配合,而使公司法定代表人变更未办理工商登记变更手续的,新法定代表人可以持有关变更决议证明其法定代表人身份。

十、法定代表人的缺位

公司章程应当明确,法定代表人不能履行法定代表人职责时的具体替补程序,防止公司代表权出现真空。

法定代表人不能履行法定代表人职责一般是指,法定代表人被司法羁押、严重疾病或者死亡、丧失任职资格,以及公司不能与其取得业务联系等不能履行法定代表人职责等。

为防止严重情势之发生,公司也可以设定二到三级的替补流程,避免公司代表权出现真空。

《法国商事公司法》第112条规定:"在董事长临时不能分身或者死亡的情况下,董事会可以授权一名董事行使董事长职务。因临时不能分身的,授权限于限定的期限;授权可重复。因死亡的,授权的有效期至选出新董事长时止。"

十一、法定代表人与公司印鉴

法定代表人与公司发生冲突时,应当以法定代表人签署的有效文件为准。

股东、董事、经理及他人侵占公司印鉴,公司起诉要求其返还印鉴并赔偿损失的,人民法院应予支持。

前款之诉讼,以及印鉴被侵占期间公司需要参加的其他诉讼,公司以法定代表人签署之文件起诉或应诉的,人民法院应予准许。

十二、公司与法定代表人的诉讼

公司与现任法定代表人发生诉讼,以及与公司发生诉讼的法人,其法定代表人与公司现任法定代表人为同一人时,公司的代表权由董事长(或者监事会主席)担任。

【本节法律依据】

❶《公司登记管理条例》(国务院 2014 年 2 月 19 日第 648 号令)

第三十条　公司变更法定代表人的,应当自变更决议或者决定作出之日起 30 日内申请变更登记。

❷《企业法人登记管理条例施行细则》(国家工商行政管理总局 2014 年 2 月 20 日第 63 号令)

第二十五条　经登记主管机关核准登记注册的代表企业行使职权的主要负责人,是企业法人的法定代表人。法定代表人是代表企业法人根据章程行使职权的签字人。

企业的法定代表人必须是完全民事行为能力人,并且应当符合国家法律、法规和政策的规定。

❸ 山东省高级人民法院《关于审理公司纠纷案件若干问题的意见(试行)》(2007 年 1 月 15 日　鲁高法发[2007]3 号)

85. 股东、董事、经理及他人侵占公司印鉴,公司起诉要求其返还印鉴并赔偿损失的,人民法院应予支持。

前款之诉讼,以及印鉴被侵占期间公司需要参加的其他诉讼,公司以法定代表人签署之文件起诉或应诉的,人民法院应予准许。公司法定代表人变更但未办理工商登记变更手续的,新法定代表人可以持有关变更决议证明其法定代表人身份。

86. 公司股东会、股东大会或董事会根据公司章程规定决议变更法定代表人的,自决议生效之日,新法定代表人取得代表资格。但未变更工商登记的,不得对抗第三人。

诉讼中,公司法定代表人变更的,由新法定代表人继续进行诉讼。但原法定代表人已经进行的诉讼行为有效。

当事人因法定代表人变更产生争议并形成诉讼的,新法定代表人代表公司起诉或应诉的其他案件应中止审理。

❹ 江西省高级人民法院《关于审理公司纠纷案件若干问题的指导意见》(2007年12月6日 赣高法[2008]4号)

70. 法定代表人、股东、董事、经理及他人侵占公司印鉴、证照的,属于损害公司权益纠纷,公司起诉要求其返还印鉴、证照并赔偿损失的,人民法院应予支持。

前款之诉讼,以及印鉴、证照被侵占期间公司需要参加的其他诉讼,公司以法定代表人签署文件起诉或应诉的,人民法院应予准许。公司法定代表人变更但未办理工商登记变更手续的,新法定代表人可以持有关变更决议证明其法定代表人身份。

71. 公司股东会、股东大会或董事会根据公司章程规定决议变更法定代表人的,自决议生效之日,新法定代表人取得代表资格。但未变更工商登记的,不得对抗第三人。

诉讼中,公司法定代表人变更的,由新法定代表人继续进行诉讼。但原法定代表人已经进行的诉讼行为有效。

当事人因法定代表人变更产生争议并形成诉讼的,新法定代表人代表公司起诉或应诉的其他案件应中止审理。

【典型案例】

▶ **案例1-3 法定代表人产生不以变更登记为必要条件**

二审:安徽省滁州市中级人民法院(2010)滁民二终字第0052号民事判决
一审:安徽省明光市人民法院(2009)明民二初字第0440号民事判决

[基本案情]

安徽省明光市某公司(以下简称"光明公司")由常某某等12名股东出资成立。2008年4月6日,常某某等10人召开公司股东大会,作出选举新一届董事成员5名、监事2名,要求法定代表人金某某从作出股东大会决议之日起交出公司印章、账目及一切法人相关手续,并公布3年来的公司账目等决议。2009年7月25日,常某某等5名董事召开公司董事会,会议作出了选举常某某为公司法定代表人、任董事长职务,免去金某某法定代表人职务等决议。金某某以法定代表人变更必须经变更登记,而至今工商登记未变更为由,拒不依法履行股东大会和董事会决议,不向新任董事长移交公章、账目、营业执照等。原告于2009年8月27日提起诉讼。

[一审裁判]

明光市人民法院审理后认为:在2009年7月25日形成的董事会决议选举常

某某为光明公司法定代表人,免去金某某法定代表人职务后,根据新董事长产生后上届董事长任期终止的公司章程的规定,金某某已不再是光明公司的法定代表人。公司办理法定代表人变更手续,不是公司法定代表人产生的必要条件,也不是法定代表人履行职务的时间依据。从时间逻辑上看,也只是产生新的法定代表人后才涉及旧法定代表人的变更问题。法定代表人的产生办法由公司相关会议决议产生,该决议形成之日即发生效力,对公司全体股东具有约束力,此时决议形成的法定代表人,即具有相应的民事权利能力和民事行为能力。从登记机关对法定代表人的变更登记仅从形式上进行审查来看,公司未办理法定代表人名称变更手续,并不影响常某某享有光明公司法定代表人职权。

明光市人民法院判决:金某某于本判决生效之日起10日内将公司公章、合同专用章、财务专用章、发票专用章、董事会印章、法人印章、企业法人营业执照正本及副本、公司会计账簿(自公司成立至今的账簿)交付光明公司。

[二审裁判]

安徽省滁州市中级人民法院经审理认为:光明公司于2009年7月25日召开董事会,形成董事会决议,选举常某某为公司法定代表人、董事长,免去金某某法定代表人职务。在董事会选出常某某为公司新的法定代表人后,虽未经工商登记机关的变更登记,但公司法定代表人的具体决定权在公司,工商机关的变更登记虽具有对公司法定代表人资格的审查性质,但更为重要的作用是对外的公示。金某某也没有提供证据证明常某某具有法律禁止担任公司董事及法定代表人的情形,常某某依法可以担任公司的法定代表人。常某某的公司法定代表人资格虽未经工商登记机关的变更登记,对外不具有公示力,但其依据公司董事会的决议,并向相对人出示该董事会决议的情况下,其法定代表人身份可以认定。原审判决认定事实清楚,审判程序合法,适用法律及判决正确,应予维持。

滁州市中级人民法院终审判决:驳回上诉,维持原判。

[简要评议]

公司依据公司章程形成了任命新法定代表人的决议之后,即具有法律效力,新法定代表人取得法定代表人的资格,并产生法定代表人变更的法律效果。对公司、股东、董事、监事、高级管理人员及其他公司职工因法定代表人任免产生的内部争议,应以有效的董事会或者股东会任免决议为准。

▶ **案例1-4 任免公司法定代表人未经登记仍有对内效力**

二审:最高人民法院民事裁定书(2014)民四终字第20号民事裁定
一审:福建省高级人民法院(2013)闽民初字第43号民事判决

[基本案情]

大拇指环保科技集团(福建)有限公司(以下简称"大拇指公司")于2004年经福建省人民政府商外资字[2004]0009号文件批准,取得了《外商投资企业批准证书》,企业类型为外国法人独资的有限责任公司。该公司自成立始,公司的名称、住所、法定代表人、股东名称、投资总额与注册资本等进行了数次变更。

2005年9月起,该公司股东为中华环保科技集团有限公司(以下简称"环保科技公司"),是一家注册在新加坡的外国法人。

2008年7月16日,环保科技公司向大拇指公司缴纳了首期增资款50 560 381元;2009年5月19日,环保科技公司向大拇指公司缴纳了第二期增资款4 660 940元,至此,大拇指公司实收注册资本为185 221 300元。

2010年8月18日,大拇指公司向福州市中级人民法院(以下简称"福州中院")提起诉讼,请求判令环保科技公司支付第三期增资款4 900万元,福州中院判决支持了大拇指公司的诉讼请求,环保科技公司不服提起上诉后,福建省高级人民法院(以下简称"福建高院")于2011年8月31日作出(2011)闽民终字第446号(以下简称446号案)民事判决,驳回上诉,维持原判。

2011年1月20日,环保科技公司作出书面决议,将大拇指公司的法定代表人田某变更为何某某,大拇指公司没有办理相关营业执照变更登记。

2011年10月31日,环保科技公司按照生效判决支付了增资款49 395 110.40元。大拇指公司于2012年3月12日办理了营业执照变更登记,变更后,大拇指公司的注册资本为3.8亿元,实收资本234 616 431.40元。

2012年3月30日,环保科技公司作出书面决议和任免书,免去何某某大拇指公司董事长及法定代表人职务,委派保某某为大拇指公司董事长和法定代表人,任期均为3年。

大拇指公司于2012年4月27日向福州中院起诉称:环保科技公司实际缴付的出资额为234 616 431.40元,仍欠缴增资款45 383 568.60元。据此,请求判令环保科技公司履行股东出资义务,缴付增资款4 500万元。

2012年5月16日,环保科技公司向福州中院起诉大拇指公司,提出了确认环保科技公司任命保某某为大拇指公司公司法定代表人等决议合法有效的诉讼请求,即(2012)榕民初字第268号(以下简称"268号案")。

2012年5月31日,福州中院根据大拇指公司的申请,作出(2012)榕民初字第252-1号民事裁定,对环保科技公司的银行存款4 500万元进行了保全。2013年11月22日,福建高院应大拇指公司的请求,作出(2013)闽民初字第43-1号民事裁定,继续保全环保科技公司名下总价值不超过4 500万元的财产。

2012年11月28日和2013年7月10日,保某某以环保科技公司法定代表人名义,分别向福建省工商行政管理局、福州市鼓楼区对外贸易经济合作局递交《关于大拇指环保科技集团(福建)有限公司减资事宜的申请》。

2012年12月18日,大拇指公司在没有获得唯一股东——环保科技公司同意的情况下,将公司法定代表人变更登记为洪某。

2013年5月7日,环保科技公司向福州市鼓楼区人民法院(以下简称"鼓楼区法院")起诉福建省工商行政管理局和大拇指公司,请求撤销大拇指公司法定代表人由田某变更为洪某的行为及相关行政登记,案号为(2013)鼓行初字第167号(以下简称"167号案")。

2013年6月26日,环保科技公司向福州中院起诉孙某某、洪某,请求判令两人就擅自将大拇指公司法定代表人由田某变更为洪某等行为停止侵权、赔礼道歉、消除影响和赔偿损失,案号为(2013)榕民初字第753号(以下简称"753号案")。

至2013年7月25日,环保科技公司对大拇指公司尚有145 383 568.6元的出资款未到位。

2013年9月17日,福州中院作出"268号案"一审判决:确认环保科技公司于2012年3月30日作出的《书面决议》和《任免书》有效;大拇指公司应于判决生效之日起10日内办理法定代表人变更登记和备案等手续,将大拇指公司的法定代表人变更为保某某。

2013年12月5日,环保科技公司向鼓楼区法院起诉福州市鼓楼区对外贸易经济合作局不履行行政批准法定职责,该案已由鼓楼区法院受理。

2014年3月20日鼓楼区法院裁定167号案中止诉讼,理由是该案需以(2012)榕民初字第268号案的审理结果为依据。

[一审裁决]

一、关于大拇指公司起诉的意思表示是否真实的问题

大拇指公司系中国法人,其起诉状及其委托律师参加诉讼的授权委托书均加盖了该公司的公章,环保科技公司对大拇指公司公章的真实性没有提出异议,仅以环保科技公司作为唯一股东,已经就大拇指公司包括法定代表人、董事在内的管理层进行更换,新任的大拇指公司"法定代表人"已向法庭作出撤诉的意思表示,而因大拇指公司实际控制人拒不交出公章,导致新"法定代表人"无法就撤诉申请盖

章等为由,否定大拇指公司提起本案诉讼的意思表示。该院认为,在适用中国法律的前提下,工商登记的信息具有公示公信的效力。认定大拇指公司的法定代表人仍应以工商登记为准,在无证据证明保某某被登记为大拇指公司的法定代表人前,其代表大拇指公司作出撤诉的意思表示不具有法律效力,故不予认可。因此,环保科技公司关于大拇指公司起诉没有法律效力的抗辩主张不成立,不予采纳。

二、关于本案是否违反"一事不再理"原则的问题

2008年6月30日福建省对外贸易经济合作厅闽外经贸资[2008]251号批复对大拇指公司增资的申请予以核准后,增资财产权利归属大拇指公司。在没有证据显示大拇指公司未就增资款项全额、一次性提出请求将损害该公司及其债权人利益的情况下,大拇指公司作为独立法人,有独立的民事权利能力,有权在可增资范围内合法、善意地主张民事权利,自主决定诉讼金额。大拇指公司虽于2010年8月18日起诉提出4900万元的出资请求,且经生效的民事判决支持该诉讼请求,但其在本案另行提起的4500万元的出资请求,据以起诉的事实基础即未到位的增资款数额已经改变,并且4900万元的诉讼请求与本案4500万元的诉讼请求,分属于上述批复项下的增资款的不同组成部分,前者不能替代或涵盖后者。因此,本案大拇指公司的起诉不违反"一事不再理"原则。

三、关于本案是否应中止审理的问题

环保科技公司主张本案应中止诉讼,主要理由是本案的审理需要以前述268号案、167号案、753号案的审理结果为依据,环保科技公司还主张本案审理应等待环保科技公司通过大拇指公司名义申请减资的结果。一审庭审后,环保科技公司补充提交了其起诉福州市鼓楼区对外贸易经济合作局不履行行政批准的法定职责,请求行政机关立即履行大拇指公司减资行政初审法定职责的诉讼资料作为证据,坚持主张本案诉讼应中止。该院认为,环保科技公司在上述4个案件中的诉讼请求,前三案请求指向的是大拇指公司董事、监事、法定代表人委派、变更登记及是否有侵权行为等事项,与环保科技公司的减资请求无直接、实质的关联;第四个案件是环保科技公司起诉减资审批机关不作为的行政诉讼,请求是责令行政机关立即履行减资的行政初审法定职责,并非要求行政机关履行减资审批手续。即使环保科技公司的诉讼请求获得支持,行政机关履行的也只是初审的法定职责,并不必然引起大拇指公司减资申请得以核准的结果。换言之,大拇指公司的减资申请仍需行政机关依法审查后决定是否核准。目前,在没有证据显示行政机关已经就大拇指公司减资事项作出有效核准的情况下,福建省对外贸易经济合作厅于2008年6月30日作出的闽外经贸资[2008]251号批复仍具有法律效力,应以此作为定案的依据。因此,环保科技公司提出的4个诉讼案件,其结果如何,并不影响本案环保科技公司的出资义务,亦不影响本案出资纠纷的审理。本案的审理也无须等待

环保科技公司通过大拇指公司名义申请减资的结果。本案不具有《中华人民共和国民事诉讼法》第150条规定的中止诉讼的情形,对环保科技公司中止本案诉讼的抗辩主张不予支持。

四、关于本案的出资责任问题

环保科技公司系新加坡法人,在中国境内设立外商独资企业大拇指公司,作为股东,对大拇指公司的出资应适用中国法律。大拇指公司于2008年经报外商投资企业审批机关福建省对外贸易经济合作厅批准增资,增资的程序合法有效,环保科技公司应遵守中国法律按时、足额履行对大拇指公司的出资义务。根据查明的事实,环保科技公司对大拇指公司尚有145 383 568.6元的出资款未到位。环保科技公司未履行股东足额缴纳出资的法定义务,侵害了大拇指公司的法人财产权,大拇指公司有权要求环保科技公司履行出资义务,补足出资。就环保科技公司出资不足金额,大拇指公司在本案中仅主张环保科技公司缴纳4 500万元,并不违反法律规定,应予支持。

综上判决:环保科技公司应于判决生效之日起10日内向大拇指公司缴纳出资款4 500万元。

[二审裁判]

一、关于大拇指公司提起本案诉讼的意思表示是否真实的问题

大拇指公司是环保科技公司在中国境内设立的外商独资企业,按照2005年修订的《中华人民共和国公司法》和《中华人民共和国外资企业法》及其实施细则的有关规定,大拇指公司属于一人公司,其内部组织机构包括董事和法定代表人的任免权,均由其唯一股东环保科技公司享有。

环保科技公司作出了变更大拇指公司董事及法定代表人的任免决议。因此,本案中应当对环保科技公司作出的上述决议予以认可。

根据《中华人民共和国公司法》(2005年修订)第47条第2项的规定,公司董事会作为股东大会的执行机关,有义务执行股东大会或公司唯一股东的决议。大拇指公司董事会应当根据其唯一股东环保科技公司的决议,办理董事及法定代表人的变更登记。由于大拇指公司董事会未执行股东决议,造成了工商登记的法定代表人与股东任命的法定代表人不一致的情形,进而引发了争议。

《中华人民共和国公司法》(2005年修订)第13条规定,公司法定代表人变更应当办理变更登记。本院认为,法律规定对法定代表人变更事项进行登记,其意义在于向社会公示公司意志代表权的基本状态。工商登记的法定代表人对外具有公示效力,如果涉及公司以外的第三人因公司代表权而产生的外部争议,应以工商登记为准。而对于公司与股东之间因法定代表人任免产生的内部争议,则应以有效

的股东大会任免决议为准,并在公司内部产生法定代表人变更的法律效果。因此,环保科技公司作为大拇指公司的唯一股东,作出的任命大拇指公司法定代表人的决议,对大拇指公司具有拘束力。

本案起诉时,环保科技公司已经对大拇指公司的法定代表人进行了更换,新任命的大拇指公司法定代表人明确表示反对大拇指公司提起本案诉讼。因此,本案起诉不能代表大拇指公司的真实意思,应予驳回。环保科技公司关于本案诉讼的提起并非大拇指公司真实意思的上诉理由成立。

鉴于大拇指公司的起诉应予驳回,对于保某某代表大拇指公司申请撤诉是否应予准许、本案是否违反"一事不再理"原则,以及环保科技公司是否应当履行出资义务等问题,均无须再行审理。

综上,最高人民法院于2014年6月11日裁定:
一、撤销福建省高级人民法院(2013)闽民初字第43号民事判决;
二、驳回大拇指公司的起诉。

裁定为终审裁定。

[简要评议]

一、任免公司法定代表人未经登记仍有对内效力

《中华人民共和国公司法》(2005年修订)第13条规定,公司法定代表人变更应当办理变更登记。对法定代表人变更事项进行登记,其意义在于向社会公示公司代表权的基本状态。工商登记的法定代表人对外具有公示效力,如果公司以外的第三人因公司代表权而产生外部争议,应以工商登记为准。而对公司与股东之间因法定代表人任免产生的内部争议,则应以有效的股东会任免决议为准,并在公司内部产生法定代表人变更的法律效果。

二、"未变更工商登记的,不得对抗第三人"的"第三人"应为善意第三人

民法保护善意第三人是指,第三人在不知真实权利状态下对权力外观的合理信赖,在这种情况下,第三人作出法律行为,该法律行为有效,目的是为了保护交易安全。

在民法中,经常会出现真实的权利状况与公示出来的权利状况不一致的情况。例如:甲把电脑借给乙,乙把电脑卖给丙,这时公示出来的权利状况是乙占有这个电脑,所以在法律上可以推定乙是合法权利人,但实际上合法权利人是甲,但对于丙,甲与乙之间借用的债的关系是不公示的,丙无法了解甲与乙之间的债务关系,丙只能靠权利外观来判断,从而决定是否交易,以及与谁交易,如果丙不知道乙的权利有瑕疵,而与乙进行交易,丙就是善意第三人,法律保护善意第三人的目的,就在于保护交易安全。民法之核心是交易之法,如果不保护善意第三人,就会造成交

易萎缩。

《合同法》第50条规定:"法人或者其他组织的法定代表人、负责人超越权限订立的合同,除相对人知道或者应当知道其超越权限的以外,该代表行为有效。"

(1) 行为人为法人的法定代表人或其他组织的负责人;
(2) 法定代表人或负责人超越权限;
(3) 相对人善意;
(4) 相对人基于此信赖为法律行为,主要是合同行为。

本例中法院已经知晓有不同的情势,可以裁定中止,等待明确法定代表人。包括江苏省在内的多个高级人民法院的审判指导文件中均已经明确"诉讼中,公司法定代表人变更的,由新法定代表人继续进行诉讼。但原法定代表人已经进行的诉讼行为有效。当事人因法定代表人变更产生争议并形成诉讼的,新法定代表人代表公司起诉或应诉的其他案件应中止审理。"

并且,"法定代表人的确定"本身就可以成为一个单独"确权之诉"。在公司发生法定代表人的确认之诉时,人民法院应当受理。这时人民法院应当对谁是合法有效的法定代表人作出确认。

▶ 案例1-5　法定代表人非法意思表示无效

二审:最高人民法院(2008)民二终字第62号民事判决
一审:北京市高级人民法院(2007)高民初字第773号民事判决

[基本案情]

北京先农坛医药科学城投资有限公司(以下简称"先农坛公司")成立于2003年4月,法定代表人刘某某,注册资本5 000万元。

2004年12月,经股权转让后,先农坛公司的股权结构为:北京然自中医药科技发展中心(以下简称"然自中心")出资3 000万元,占注册资本60%;北京江山投资有限公司(以下简称"江山公司")出资2 000万元,占注册资本40%。然自中心为股份合作制企业,注册资金288万元,法定代表人刘某某。

2006年11月,先农坛公司召开股东会,决议主要内容为:

(1) 股东一致同意然自中心持有的先农坛公司60%的股权转让给广东黄河实业集团有限公司(以下简称"黄河公司");
(2) 江山公司放弃股权优先购买权;
(3) 股权转让后,江山公司承担先农坛公司在股权转让前所有的债权债务。

据此,2006年11月22日,然自中心与黄河公司签订了《股权转让协议书》,约定:

(1) 然自中心转让持有的先农坛公司60%的股权给黄河公司,价款2.6亿元;

(2) 黄河公司在协议书签署3日内支付定金1 000万元,2006年12月30日前支付9 000万元,2007年6月30日前支付6 000万元,2007年12月31日前支付1亿元;

(3) 然自中心在收到黄河公司的全部转让价款后,开始协助办理股东名册变更,自变更之日,黄河公司成为先农坛公司的股东;

(4) 违约责任:黄河公司每迟延支付转让款1日,支付然自中心1%的滞纳金,然自中心有权解除协议,黄河公司承担股份转让款2%的违约金。

该《股权转让协议书》后附有14份附件:2002年全国高科技健康产业工作委员会中医药专业委员会(以下简称"中医药专业委员会")与北京市宣武区人民政府签订协议,约定由中医药专业委员会在宣武区建立"北京先农坛国际科学医学城"。2003年3月18日,中医药专业委员会决定建立"北京先农坛医学科学城",并为此组建先农坛公司。2005年3月,中医药专业委员会与河北大厂回族自治县人民政府(以下简称"大厂县政府")签订协议,约定中医药专业委员会在大厂县成立中国中医药科学城,总投资215亿元,建设期6年分3期进行,第一期投资30亿元,建设期两年。后经大厂县政府申请,大厂县人大常委会批准,同意"中医药科学城规划方案",该项目规划面积46 800亩。

2006年11月24日,然自中心与黄河公司签订了协议书后,黄河公司将定金1 000万元打入然自中心账户。此后,黄河公司认为刘某某有诈骗嫌疑,遂向北京市公安局朝阳分局(以下简称"朝阳公安分局")报案,并通过申请冻结了1 000万元股权转让款。黄河公司未支付剩余股权转让款,双方亦未履行股东名称变更手续。

朝阳公安分局调查,双方签订协议书时,刘某某称其现身份为中共中央老干部局局长,曾任某集团军军长、某警备区司令员、某省军区司令员,并称其拥有大厂县46 800亩土地的一级开发权,用于开发中国中医药科学城,上一个五年计划国家发改委已有规划,已立项审批,包括国土资源部的审批,只要交了土地出让金,就可以进行一级开发。

经查,刘某某还称由于其身份特殊,不能直接卖项目,但可以通过股权转让的方式来实现,即先农坛公司是唯一可以开发科学城的企业,如果黄河公司购买然自中心在先农坛公司60%的股权,黄河公司拥有先农坛公司60%的股权,就会成为先农坛公司大股东,就控制了先农坛公司,从而实质取得项目土地的一级开发权。黄河公司请刘某某拿出国家发改委同意立项及土地部门的审批文件,刘某某以虚假理由骗取黄河公司信任,双方签订了《股权转让协议书》,即黄河公司在没有看到任何国家级批文的情况下签订了合同。黄河公司支付给然自中心1 000万元股权转让金后,提出与刘某某共管 1000 万元,被刘某某拒绝,引起了黄河公司的怀疑。后黄河公司了解到,中共中央老干部局局长不是刘某某,遂向公安机关报案。

2006 年 11 月 26 日,朝阳公安分局决定对刘某某以诈骗立案侦查。同年 11 月 27 日,对刘某某进行了拘留。同年 12 月 30 日,刘某某取保候审。2007 年 8 月 6 日,北京市朝阳区人民检察院以刘某某涉嫌诈骗对其批捕。

关于刘某某的身份,朝阳公安分局调查确认:刘某某自称的种种身份均为虚假,某集团军、某警备区、某省军区历任军、师职干部中,均无刘某某此人。

关于项目的真实性,朝阳公安分局调查确认:

(1) 全国高科技健康产业工作委员会、全国高科技健康产业工作委员会中医药专业委员会未在国家事业单位登记管理局办理事业单位法人登记。

(2) 案件中出现的 6 个名称"全国高科技健康产业工作委员会""CHC 全国高科技健康产业工作委员会""全国高科技健康产业工作委员会中医药专业委员会""CHC 全国高科技健康产业工作委员会中医药专业委员会""全国高技术产业化协作组织"以及"全国高科技产业化协作联合体",均未在民政部门登记注册。

关于项目土地开发的真实性,朝阳公安分局调查确认:国家发改委没有这个立项审批,国土资源部没有这个立项,河北省国土资源厅没有这个申请,河北省大厂县政府答复开发的手续要自己办理,河北省廊坊市也没有这个立项。

通过以上调查,朝阳公安分局确认,刘某某在为然自中心与黄河公司签订《股权转让协议书》时,虚构身份和事实。

2007 年 4 月 18 日,然自中心向北京市高级人民法院提起诉讼,请求判令:黄河公司给付股权转让款 9000 万元及滞纳金 9720 万元。

2007 年 10 月 30 日,黄河公司对然自中心提起反诉,请求判令:

(1) 撤销双方签订的《股权转让协议书》;

(2) 然自中心返还其 1000 万元并支付违约金 80.4 万元。

2007 年 12 月 10 日,然自中心申请撤回对黄河公司的起诉,北京市高级人民法院已裁定准许然自中心撤回起诉。

[一审裁判]

北京市高级人民法院审理认为,然自中心是本案当事人之一,刘某某作为该公司法定代表人,因本案股权转让事宜涉嫌诈骗,已被检察机关批准逮捕并全国通缉。最高人民法院《关于在审理经济纠纷案件中涉及经济犯罪嫌疑若干问题的规定》第 10 条规定:"人民法院在审理经济纠纷案件中,发现与本案有牵连,但与本案不是同一法律关系的经济犯罪嫌疑线索、材料,应将犯罪嫌疑线索、材料移送有关公安机关或检察机关查处,经济纠纷案件继续审理。"依据上述规定,本案关于刘某某涉嫌犯罪的部分,该院将相关案卷材料送至朝阳公安分局,不影响本案然自中心与黄河公司股权转让民事部分的审理。

然自中心法定代表人刘某某虚构特殊身份,虚构可一级开发土地的事实,采用欺诈手段,使黄河公司误以为真,作出错误的意思表示,在违背真实意思表示的情况下,签订了协议书。双方在签订协议书时,黄河公司的目的是为了取得 46 800 亩土地的开发权,双方是以高于所转让股权的价格转让的,且协议书附件已经对在大厂县境内开发中国中医药科学城有所体现,可见,股权转让协议的真正目的是取得所谓的 46 800 亩土地的一级开发权,但实际上,然自中心根本不具有该土地开发权。

《中华人民共和国合同法》第 54 条第 2 款规定:"一方以欺诈、胁迫的手段或者乘人之危,使对方在违背真实意思的情况下订立的合同,受损害方有权请求人民法院或者仲裁机构变更或者撤销。"依据该规定,本案双方签订的《股权转让协议书》的性质应确定为可撤销合同。黄河公司依据该协议书向然自中心交付了定金 1 000 万元,属于受损害方,有权在撤销权行使的期间内请求人民法院撤销该协议,请求侵害方然自中心返还定金 1 000 万元并赔偿损失。由于可撤销合同自始没有法律约束力,因此然自中心已经收取黄河公司的 1 000 万元股权转让款,应当返还给黄河公司,并赔偿黄河公司损失。对黄河公司关于撤销合同并返还股权转让款的请求,予以支持。由于双方之间的合同被撤销,不存在违约的问题,因此黄河公司在庭审中将违约金的请求变更为利息损失请求,符合法律规定,予以支持。关于刘某某涉嫌经济犯罪问题,该院依法将涉嫌犯罪的案件材料移送至公安机关,不影响本案民事部分的审理和判决。

综上,判决:

一、撤销然自中心与黄河公司 2006 年 11 月 22 日签订的《股权转让协议书》;

二、然自中心于该判决生效之日起 10 日内返还黄河公司股权转让款 1 000 万元并赔偿相应利息。

[二审裁判]

最高人民法院认为,黄河公司向原审法院提起诉讼,请求撤销其与然自中心签订的《股权转让协议书》,理由是该协议系受然自中心的法定代表人刘某某欺诈而为,违背了黄河公司的真实意思表示。为查明该事实,原审法院向侦查刘某某涉嫌犯罪的朝阳公安分局进行了调查。朝阳公安分局根据刘某某的供述以及对相关部门的调查,确认刘某某在为然自中心与黄河公司签订《股权转让协议书》时,虚构身份和事实。原审法院依据现有证据,作出关于刘某某以虚假身份采用欺诈的手段骗取了黄河公司的信任,签订了协议书,使然自中心从黄河公司获得 1 000 万元股权转让款的认定,并无不当。然自中心上诉主张认为本案认定事实证据不足,但其并不能提供否定上述事实的证据。故其上诉主张不能成立,本院不予支持。

根据本案查明的事实,刘某某作为然自中心的法定代表人,以然自中心的名义,采取欺诈手段与黄河公司签订民事合同,所获取的款项被然自中心占有。上述事实产生的法律后果是除刘某某个人涉嫌诈骗犯罪外,然自中心与黄河公司之间亦因合同被撤销形成了债权债务关系,然自中心依法应当承担相应的民事责任。故原审法院依据本院《关于在审理经济纠纷案件中涉及经济犯罪嫌疑若干问题的规定》第10条的规定,将刘某某涉嫌犯罪的部分移送公安机关,而继续审理本案民事纠纷部分并无不当,本院予以维持。然自中心以本案与公安机关认为的犯罪嫌疑基于同一法律关系,应当裁定驳回黄河公司起诉的上诉理由没有法律依据,本院不予支持。

综上,驳回上诉,维持原判。

[简要评议]

担任法人之法定代表人的自然人,以该法人的名义,采取欺诈手段与他人订立民事合同,从中获取的财产被该法人占有,由此产生的法律后果,是该自然人涉嫌合同诈骗犯罪,同时该法人与他人之间因合同被撤销而形成债权债务关系。人民法院应当依照最高人民法院《关于在审理经济纠纷案件中涉及经济犯罪嫌疑若干问题的规定》第10条的规定,将自然人涉嫌犯罪部分移交公安机关处理,同时继续审理民事纠纷部分。

《中华人民共和国合同法》第54条第2款规定:"一方以欺诈、胁迫的手段或者乘人之危,使对方在违背真实意思的情况下订立的合同,受损害方有权请求人民法院或者仲裁机构变更或者撤销。"鉴于《股权转让协议书》是在黄河公司受到欺骗,违背真实意思的情况下签订的,本案中判决撤销该协议认定事实清楚,适用法律正确。

第二章 经营宗旨和经营范围

【示范条款】

2.1.1 经营宗旨
公司的经营宗旨[宗旨内容]。

2.1.2 经营范围
经依法登记,公司的经营范围[经营范围内容]。

[注释] 公司的经营范围中属于法律、行政法规规定须经批准的项目,应当依法经过批准。

【本节条款解读】

经营宗旨,是指企业经营活动的主要目的和意图,表明企业思想和企业行为。是企业长期的发展方向、目标、目的以及自我设定的社会责任和义务。

经营范围,是指国家允许企业生产和经营的商品类别、品种及服务项目,反映企业业务活动的内容和生产经营方向,是企业业务活动范围的法律界限,体现企业民事权利能力和行为能力的核心内容。

【本节法律依据】

❶《企业经营范围登记管理规定》(国家工商行政管理总局令第76号2015年10月1日起施行)

第三条 经营范围是企业从事经营活动的业务范围,应当依法经企业登记机关登记。

申请人应当参照《国民经济行业分类》选择一种或多种小类、中类或者大类自主提出经营范围登记申请。对《国民经济行业分类》中没有规范的新兴行业或者具体经营项目,可以参照政策文件、行业习惯或者专业文献等提出申请。

企业的经营范围应当与章程或者合伙协议规定相一致。经营范围发生变化的,企业应对章程或者合伙协议进行修订,并向企业登记机关申请变更登记。

第四条 企业申请登记的经营范围中属于法律、行政法规或者国务院决定规定在登记前须经批准的经营项目(以下称前置许可经营项目)的,应当在申请登记前报经有关部门批准后,凭审批机关的批准文件、证件向企业登记机关申请登记。

企业申请登记的经营范围中属于法律、行政法规或者国务院决定等规定在登记后须经批准的经营项目(以下称后置许可经营项目)的,依法经企业登记机关核准登记后,应当报经有关部门批准方可开展后置许可经营项目的经营活动。

第五条 企业登记机关依照审批机关的批准文件、证件登记前置许可经营项目。批准文件、证件对前置许可经营项目没有表述的,依照有关法律、行政法规或者国务院决定的规定和《国民经济行业分类》登记。

前置许可经营项目以外的经营项目,企业登记机关根据企业的章程、合伙协议或者申请,参照《国民经济行业分类》及有关政策文件、行业习惯或者专业文献登记。

企业登记机关应当在经营范围后标注"(依法须经批准的项目,经相关部门批准后方可开展经营活动)"。

第六条 企业经营范围中包含许可经营项目的,企业应当自取得审批机关的批准文件、证件之日起20个工作日内,将批准文件、证件的名称、审批机关、批准内容、有效期限等事项通过企业信用信息公示系统向社会公示。其中,企业设立时申请的经营范围中包含前置许可经营项目的,企业应当自成立之日起20个工作日内向社会公示。

第七条 企业的经营范围应当包含或者体现企业名称中的行业或者经营特征。跨行业经营的企业,其经营范围中的第一项经营项目所属的行业为该企业的行业。

审批机关的批准文件、证件发生变更的,企业应当自批准变更之日起20个工作日内,将有关变更事项通过企业信用信息公示系统向社会公示。

第十三条 企业申请的经营范围中有下列情形的,企业登记机关不予登记:

(一)属于前置许可经营项目,不能提交审批机关的批准文件、证件的;

(二)法律、行政法规或者国务院决定规定特定行业的企业只能从事经过批准的项目而企业申请其他项目的;

(三)法律、行政法规或者国务院决定等规定禁止企业经营的。

第三章 公司治理

第一节 公司治理框架

【示范条款】

3.1.1 公司章程的效力

本公司章程自生效之日起,即成为规范公司的组织与行为、公司与股东、股东与股东之间权利义务关系的具有法律约束力的文件,是对公司、股东、董事、监事和高级管理人员具有法律约束力的文件。

依据本章程,股东可以起诉股东,股东可以起诉公司董事、监事以及高级管理人员,股东可以起诉公司,公司可以起诉股东、董事、监事以及高级管理人员。

3.1.2 公司治理结构

公司应建立能够确保股东充分行使权利的公司治理结构。公司的治理结构应确保所有股东,特别是中小股东享有平等地位。股东按其持有的(股权)股份①享有平等的权利,并承担相应的义务。

3.1.3 公司的机关

公司机关有:(有限责任公司)股东会、(股份有限公司)股东大会、董事会、监事会、总经理以及法定代表人等。

本章程所称高级管理人员是指公司的总经理、副总经理、董事会秘书、财务负责人等。

[注释] 公司可以根据实际情况,在章程中确定公司高级管理人员。

【本节条款解读】

公司治理结构,指为实现公司最佳经营业绩,基于公司所有权与经营权而形成相互制衡关系的结构性制度安排。

---

① 关于出资份额,在我国有限责任公司中称为"股权",股份有限公司中称为"股份"。

股东会议由全体股东组成,是公司的最高权力机构和最高决策机构。

公司内设机构由董事会、监事会和总经理等组成,分别履行公司战略决策职能、纪律监督职能和经营管理职能,在遵照职权相互制衡前提下,客观、公正、专业的开展公司治理,对股东会议负责,以争取实现公司最佳的经营业绩。

董事会是股东会议闭会期间的办事机构,下设战略委员会、审计委员会、提名委员会、薪酬与考核委员会等专门委员会。

总经理对董事会负责,下设副总经理、财务总监、法务总监等,一般实行总经理负责制,其他高级管理人员均对总经理负责。其中,基于公司财务的重要性和相对独立性,可以单列财务总监对总经理的汇报系统。

董事会秘书是公司秘书,服务于股东会议以及董事会。

内部审计分为对总经理报告制、对董事会报告制以及对股东会议报告制。对总经理报告制,可能会影响内部审计的客观性和相对独立性,而对股东会议报告制,则可能影响内部审计的及时性、效力和效果。

股东会议、董事会和监事会皆以形成决议的方式履行职能,总经理则以行政决定和执行力履行职能。

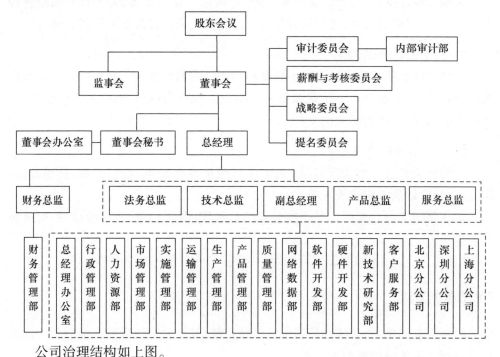

公司治理结构如上图。

第二节 公司印章

【示范条款】

3.2.1 公司印章的使用与管理

公司公章的使用由法定代表人审批,印章的管理按照董事会通过的有关印章管理制度执行。

【本节条款解读】

一、公司印章的重要性

1. 公司印章是公司身份和权力的证明。盖有公司印章的文件,是受法律保护的有效文件,同时意味着公司需对文件的内容承担法律责任。公司印章如被他人盗用或冒用,很可能给公司带来不必要的纠纷和责任。

2. 公司印章是公司经营管理活动中行使职权的重要凭证和工具,印章的管理,关系到公司正常的经营管理活动的开展,甚至影响到公司的生存。

二、公司印章的组成和使用范围

公司印章主要包括公司公章、业务专用章、部门专用章等。

(1) 凡属以公司名义对外发文、开具介绍信、报送报表,以及公司宣传、公司管理、公司决策、行政事务等有关文书等一律需要加盖公司公章。

(2) 凡属内部行文、通知以及部门与公司、部门与部门业务范围内的工作文件等,加盖部门印章。部门专用章不直接对外使用,对外一般不具有法律效力。

(3) 凡属经营类的合同、协议等文本,一般使用公司合同专用章或公司公章。

(4) 凡属财务会计业务的,用财务专用章。

(5) 凡属公司营业发票业务的,用发票专用章。

三、公司印章的管理

在现实生活中,经常有因印章管理不严而出现问题的情况。如在空白便笺上随便乱盖公司公章,被别有用心的人利用来填写欠条,因借条而惹上官司。公司印章保管牵涉到公司的命运,千万不可忽视。特别是规模较大的公司,其印章的管理更为重要。

只要是由法定代表人签署的文件或者签章文件,就可认为是公司的法律文书,这实质是在告诉我们,法定代表人签章的效力可以直接等同于公司的行为效力。

所以印章确实必须严加管理,并要有一套比较规范的制度:

（1）要建立专人保管制度，可增强管章人责任感，发生问题也有利于查找原因和追究责任。对财务章和会计人员向银行预留印鉴的私人印章，应由出纳和会计分别保管，切不可由出纳一人统管。

（2）应设立印章使用登记制度，登记簿应由印章保管人专人保管和登记。

（3）严禁将印章带出公司，严禁在空白贷款合同或协议便笺上盖公章。

具体的说，公司应由专人管理公章、业务章等，公司职员如需要使用印章，必须将需要盖公司公章的文件交印章管理员登记，共同在印章登记簿上签名确认，并经相关公司管理人员批准，编号登记。未使用的合同、协议、便笺必须交回，如已使用的，也必须由领用人补办登记批准手续。

【本节法律依据】

❶ 上海市高级人民法院《关于审理公司纠纷案件若干问题的解答》（2006年6月6日 沪高法民二[2006]8号）

四、因对公司印章控制权引发的纷争如何确定案件性质的问题

鉴于公司印章一般具有对外代表公司意志的表象，因此，因公司印章控制权引发的纷争，其实质涉及公司内部治理中对公司控制权的争夺，故此类案件，宜作为公司纠纷案件由民商事审判庭予以管辖，而不宜作为普通的财产返还诉讼案件确定管辖。此类案件的案由可确定为损害公司权益纠纷。

【细则示范】

▶ 细则3-1 公司印章管理细则

第一节 综 述

第一条 为保证公司印章使用的合法性、严肃性和可靠性，杜绝违法行为，维护公司利益，特制订本管理细则。

第二条 本管理细则中的公司印章是指在公司发行或管理的文件、凭证文书等与公司权利义务有关的文件上，因需以公司名称或有关部门名义证明其权威作用而使用的印章。

第三条 公司印章包括：（1）公章，包括行政章、法定代表人章等；（2）业务专用章，包括合同专用章、发票专用章等；（3）部门专用章；（4）其他公司印章。

第二节 公章的刻制、启用

第四条 公司公章的刻制由董事会秘书提出，报董事会审议，并由董事会秘书

为该印章的管理责任人。

第五条 公司业务专用章、部门业务章等其他公司印章的刻制由总经理提出，报董事会审议，并由总经理为该印章的管理责任人。总经理应当在议案中说明印章种类、名称、形式、使用范围及管理权限等。

第六条 公司印章的刻制，由董事会秘书处开具介绍信，并办理刻制手续。公章的形体和规格，应遵守国家有关规定。

第七条 新印章启用前由董事会秘书处做好戳记，并留样保存登记，建立印章登记台账，该印章登记台账应永久保存。

第八条 公司印章启用由董事会下发启用通知，注明启用日期、管理责任人、使用单位和使用细则。

第三节 印章的保管、交接

第九条 公司印章必须有专人保管。公司的公章由董事会秘书处保管，各业务专用公章、各部门公章由总经理授权具体保管部门，各部门指定专人专柜保管，并将保管公章人员名单报董事会秘书处备案。

第十条 公司印章保管须有记录，注明公章名称、颁发部门、枚数、收到日期、启用日期、领取人、保管人、批准人、图样等信息。

第十一条 公司任何人不得私自用章、不准携带公章外出、不准盖出空白信笺。对不符合本章程规定的，印章保管人员有权拒绝盖章或提出建议意见。对违反用章规定或弄虚作假获得用章造成后果或经济损失的，公司及公司股东均有权追究当事人的法律责任及由此引起的一切经济损失。

第十二条 严禁员工私自将公章带出公司使用。若因工作需要，确需将公章带出使用，需提交申请报告，由部门主管同意，并报董事会秘书处确认后方可带出。

公章外出期间，申请用印人只可将公章用于申请事由，并对公章的使用后果承担一切责任。

第十三条 公章保管人因事离岗时，须由部门主管指定人员暂时代管，以免贻误工作。

第十四条 公章保管必须安全可靠，须加锁保存，公章不可私自委托他人代管，更不得随意交与他人保管使用，否则承担由此引起的一切经济损失。

第十五条 公章管理人员应妥善保管公章，不得随意乱放。下班时间和节假日期间应采取防盗措施。公章保管有异常现象或遗失，应保护现场，及时汇报，配合查处。

第十六条 公章移交须办理手续，签署移交证明，注明移交人、接交人、监交人、移交时间、图样等信息。

第四节　印章的使用

第十七条　公司印章的使用由印章管理人掌握。印章管理人必须严格控制用印范围和仔细检查用印申请单上是否有批准人的印章，如因印章管理人的疏忽导致公司印章外流或其他不利于公司的事项发生，公司及股东有权追究该管理人的法律责任。

第十八条　建立公司公章用章登记制度，严格审批手续，不符合规定签发的文件，董事会秘书处有权拒绝用印。

第十九条　使用公司公章时依照以下手续进行：

1. 需盖章时，持需盖章文件及填写了使用目的、盖印期限、日期和盖印数量等规定内容的"用印申请书"，经所属部门的负责人批准报董事会秘书处。

2. 接到申请的董事会秘书处，确认手续完备和申请单上填写无误后，将其与文件一起交法定代表人批复。

3. 法定代表人在对上述过程及文件的效用进行审查，批复后由董事会秘书处盖章。

4. 由印章使用人员登记用章时间、何事用章、用章件数、批准人、经办人等项目，重要事项用章，原件需复印留底存查由董事会秘书处保管。

第二十条　公司业务专用章、部门业务章等其他公司印章的使用按照启用时，董事会批准的使用细则使用。

1. 合同章：合同章由财务部保管。主要用于公司签订各类合同，盖章前须领取并填写《印章使用申请表》，经由公司或分公司经理审批，财务经理审核后盖章并在《印章使用申请表》中签批，经手人在《印章使用登记簿》签字后用印。《印章使用申请表》与《印章使用登记簿》同期留档。

2. 法人私章：法人私章由分公司出纳保管，主要用于银行汇票、现金支票等业务，使用时凭审批的支付申请或取汇款凭证方可盖章。

3. 财务章：由财务部经理（或负责人）保管，主要用于银行汇票、现金支票等需要加盖银行预留印鉴的业务或发票上使用，发票专用章主要用于发票盖章。

4. 其他职能部门章：其他职能部门章，主要适用于各部门内部使用，已经刻制的职能部门章，需由部门负责人进行保管并严格该章的使用办法。

第二十一条　严禁填盖空白合同、协议、证明、介绍信、发票等空白印章文件。

因工作特殊确需开具上述文件时，须经总经理同意方可开具；待工作结束后，必须及时向公司汇报开具手续的用途，未使用的必须立即收回。

第二十二条　公章一般应在上班时间内使用，如无特殊情况，下班后停止使用公章。

第二十三条 违反以上规定者,公司将追究相关人员的责任,若给公司造成一定经济损失或不良社会影响,公司将追究其法律责任。

第二十四条 每年年终公司印章管理人负责将公章使用情况登记表复印件送董事会秘书处存档。

第五节 印章的停用

第二十五条 有下列情况,公章须停用:
1. 公司名称变动;
2. 公章使用损坏;
3. 公章遗失或被窃,声明作废。

第二十六条 公章停用时须经董事会批准,及时将停用公章送董事会秘书处封存或销毁。

第三节 公司文件的效力

【示范条款】

3.3.1 公司行为的代表

公司通过以下任一方式代表公司行为:
1. 加盖公司印章的书面文件。
2. 法定代表人以公司名义签字的文件。
3. 依据公司章程通过的股东大会(股东会)决议、董事会决议、监事会决议。
4. 以上方式的组合。

[注释] 代表公司行为的具体方式中可以不选择本条第3项。

3.3.2 文件的效力

依照第3.2.1条之规定作出的不同文件相互冲突时,除以下情事外,以法定代表人以公司名义签字的文件为准:
1. 依据公司章程第1.5.3条通过的关于任命新法定代表人的股东会决议、董事会决议或者股东直接任命文件。
2. 依据公司章程第1.5.6条公司的代表权由监事会主席行使的监事会决议。
3. 依据公司章程第11.2.6条通过的聘请律师事务所、会计师事务所的监事会决议。

【本节条款解读】

由于印章文化的传承,在我国,一般情况下都是以加盖公司公章的文件即为代表公司意思。最高人民法院《关于适用〈中华人民共和国合同法〉若干问题的解释(二)》第5条规定:"当事人采用合同书形式订立合同的,应当签字或者盖章。"这里的"签字"与"盖章"是一种"或者"的关系,说明了从司法角度和从对第三人效力角度来讲,法定代表人的签字与加盖公司公章具有同等法律效力。但是,在特殊情况下,如公司印鉴失控,在公司对公司印鉴控制人提出交付公司印鉴的权利主张时,简单以公司印鉴代表公司,就违背了公司的意思。

《美国纽约州民法典草案》第356条(行为模式)规定[①]:"法人可以通过以下四种行为方式表达公司法人意思主张:(1) 盖有法人印章的书面文件;(2) 经授权的代理人签字的书面文件;(3) 发起人、董事长或者其他管理人员的决议;(4) 经授权的代理人。"

目前已有省级高级人民法院的审判指导文件中明确:"股东、董事、经理及他人侵占公司印鉴,公司起诉要求其返还印鉴并赔偿损失的,人民法院应予支持。前款之诉讼,以及印鉴被侵占期间公司需要参加的其他诉讼,公司以法定代表人签署之文件起诉或应诉的,人民法院应予准许"。

【本节法律依据】

❶ 山东省高级人民法院《关于审理公司纠纷案件若干问题的意见(试行)》(2006年12月26日鲁高法发[2007]3号)

85. 股东、董事、经理及他人侵占公司印鉴,公司起诉要求其返还印鉴并赔偿损失的,人民法院应予支持。

前款之诉讼,以及印鉴被侵占期间公司需要参加的其他诉讼,公司以法定代表人签署之文件起诉或应诉的,人民法院应予准许。公司法定代表人变更但未办理工商登记变更手续的,新法定代表人可以持有关变更决议,证明其法定代表人身份。

❷ 江西省高级人民法院《关于审理公司纠纷案件若干问题的指导意见》(2007年12月6日赣高法[2008]4号)

70. 法定代表人、股东、董事、经理及他人侵占公司印鉴、证照的,属于损害

[①] 参见〔美〕戴维·达德利·菲尔德:《纽约州民法草案》,田甜译,中国大百科全书出版社2007年1月第1版,第73页。

公司权益纠纷,公司起诉要求其返还印鉴、证照并赔偿损失的,人民法院应予支持。

前款之诉讼,以及印鉴、证照被侵占期间公司需要参加的其他诉讼,公司以法定代表人签署文件起诉或应诉的,人民法院应予准许。公司法定代表人变更但未办理工商登记变更手续的,新法定代表人可以持有关变更决议,证明其法定代表人身份。

【典型案例】

▶ 案例3-1 两个监事会同时运行与争霸

黄河证券(民生证券)的两个监事会同时运行与争霸
民生证券有限责任公司监事会严正声明

依上级文件要求,为保证公司资金和其他资产的安全,自2003年5月23日起,民生证券有限责任公司对其印鉴实行"特殊时期印鉴管理办法",凡属民生证券有限责任公司对内对外发生的所有事项的公章使用,实行双人签字,共同负责,除加盖公章外,还必须具有席某某、钟某某二人同时签字方为有效。凡不具备上述条件的一切手续事项,均为无效手续。在此期间,任何人如违反要求,不履行职责或越权行使职权的,应承担相应的责任,触犯法律的,依法追究其法律责任。公司印鉴包括"公司行政公章、董事会章、公司合同专用章、公司财务专用章、公司各业务部门公章以及公司所属营业部公章"。

特此严正声明,敬请社会各界予以审查监督。

民生证券有限责任公司监事会
2003年6月9日

监事会办公室联系电话:010-××××××××

这是2003年6月民生证券有限责任公司(以下简称"民生证券")监事会的一纸公告。

民生证券的前身是黄河证券有限责任公司(以下简称"黄河证券"),黄河证券之前是一家只能从事经纪业务的地方性券商。2002年黄河证券经过增资扩股,获得主承销商资格、A股和B股交易资格、受托资产管理资格、证券投资咨询资格,成为几乎全牌照的全国性证券公司。随后更名为民生证券,并将公司注册地也迁至北京。期间,负责增资扩股计划的黄河证券原总经理席某某被股东会选举为董事长,而原董事长南某某成为新公司的监事长

这次增资扩股的过程中,山东泛海控股成为民生证券的第一大股东,但他们在

2002年2月直接投资控股民生证券后,并没有马上派代表参与公司的管理。显然,当时的股东泛海控股对席某某当选董事长是同意的。

2003年4月民生证券股东会在郑州如期举行,此时泛海控股已经通过直接和间接掌握了民生证券50%以上的股权。据当时的新闻介绍,会议前日,泛海控股一方面找公司董事长席某某等谈话,提出了改组董事会,由泛海控股的一名董事担任董事长,另一方面约见公司财务总监,要求配合他们的接管工作。但是,泛海控股的要求遭到了席某某的拒绝。

次日,在股东会议进行中,河南莲花味精集团等部分股东对泛海控股等股东的"变相抽逃资金"的行为提出质疑,认为其行为对民生证券的正常经营造成了严重影响,要求公司董事会就泛海控股等股东"变相抽逃资金"问题向有关部门报告,进行认真调查,待查清后才允许他们行使其股东权利。

同时在会议进行中,泛海控股委派的代表也提出了更换会议主持人、改组董事会以及改选董事长的"临时动议",并散发了事先印好的投票表决表。而部分股东代表则认为临时动议超出了本次会议的议题,不符合公司章程的规定,不应列入会议议题。

会议主持人席某某考虑到股东之间分歧较大,涉及问题比较重大,会议无法继续进行,当即宣布休会,与支持现任董事会的南阳金冠、莲花味精、新乡白鹭和花园集团等4家股东代表一起退出了会议。

之后,泛海控股、山东高新技术投资、中国船东互保协会、郑州银证实业、山东鲁信实业、河南旅游集团、山东国际信托、郑州银利实业、中国长城铝业和河南隆丰物业管理等10家股东单位代表(代表股权比例共计66.856%),继续会议,并一致通过了"关于更换股东会主持人的提案",决定由岳某某主持股东会会议,并最终形成了《股东会决议》和《股东会纪要》。

5月10日,泛海控股等上述10家股东代表继续召开会议。会议以现任董事会滥用股东资金、不合理分配法定公积金和风险准备金等为理由,通过了罢免席某某董事长职务、改组民生证券董事会、选举泛海控股副总裁岳某某等7人为公司董事的决议。

然而,5月12日,当"新一届董事会"来到位于北京市长安街远洋大厦的民生证券总部,宣布现任董事会已被股东会中止,准备交接工作时,原任董事会及管理层以"新董事会"不合法为由拒绝合作。

原任董事会认为,泛海控股除存在变相抽逃资金外,还存在收购股权近50%的违规现象;另外,占民生证券1.192%的隆丰股权在本次股东大会前已经被转让出去,因此,泛海控股等只代表股权65.664%(不足2/3),新董事会得不到法律承认。

民生证券两届董事会的纷争不断升级,甚至惊动了公安局的"110"系统,由警察来维持治安,公司陷入完全的混乱之中。双方互不相让,事情无法解决,最后只有汇报中国证监会。

支持原任董事会的股东代表联名上书中国证监会提出三项要求:

(1)要求监管层在泛海控股等单位的民生证券股东资格尚未被认定之前,制止泛海控股等单位自行通知召开股东会、临时提交修改公司章程、改组董事会等议案的不当行为。

(2)要求中国证监会立即制止泛海控股对民生证券其他股权的非法收购行为,防止"一股独大"。

(3)要求中国证监会依法查清泛海控股等单位的违法违规事实,严格落实有关规定,取消泛海控股、郑州银证的民生证券股东资格,并限期转让其持有的全部股权,给予其他股东单位一定的经济补偿。

泛海控股则要求中国证监会查处民生证券巨额结算资金缺口一事。

针对双方反映的问题,中国证监会在派出工作人员进行调查的同时,对公司实行"特殊时期印鉴管理办法",规定在此时期,公司对内对外所有事项的公章使用,均实行双人签字、共同负责,除加盖公章外,还必须具有席某某、钟某某二人同时签字方为有效。

[简要评议]

目前,中国证监会已经制定了《证券公司治理准则》《证券公司内部控制指引》等多个证券公司治理方面的规定,从而对证券公司各项制度、各项业务的风险防范与规范化建设首次确立一个完整体系。

《证券公司治理准则》中最受关注是证券公司与股东特别是控股股东的关系以及证券公司与客户的关系的规定。《证券公司治理准则》规定,证券公司不得通过购买股东持有的证券等方式向股东输送不当利益。证券公司知悉股东有虚假出资、出资不实、抽逃出资或变相抽逃出资等违法违规行为的,应当要求有关股东在1个月内纠正,并在10个工作日内向公司住所地中国证监会派出机构报告。

控股股东的权力受到了限制。《证券公司治理准则》规定,证券公司任一股东推选的董事占董事会成员1/2以上时,其推选的监事不得超过监事会成员的1/3。证券公司的控股股东应当依法行使出资人权利,不得超过其实际出资额及表决权比例行使股东权利。

证券公司的控股股东提名公司董事、监事候选人,应当遵循法律、法规和公司章程规定的条件和程序,不得超越股东会、董事会任免证券公司的董事、监事和高级管理人员。

证券公司的股东、实际控制人不得超越股东会、董事会干预证券公司的经营管理活动。证券公司的股东、实际控制人及其关联方与公司的关联交易不得损害证券公司及其客户的合法权益。

第四节　董事、监事、高级管理人员资格概述

【示范条款】

3.4.1　董、监、高的资格

公司董事、监事、高级管理人员为自然人,有下列情形之一的,不能担任公司的董事、监事或者高级管理人员:

1. 无民事行为能力或者限制民事行为能力;

2. 因贪污、贿赂、侵占财产、挪用财产或者破坏社会主义市场经济秩序,被判处刑罚,执行期满未逾 5 年,或者因犯罪被剥夺政治权利,执行期满未逾 5 年;

3. 担任破产清算的公司、企业的董事或者厂长、经理,对该公司、企业的破产负有个人责任的,自该公司、企业破产清算完结之日起未逾 3 年;

4. 担任因违法被吊销营业执照、责令关闭的公司、企业的法定代表人,并负有个人责任的,自该公司、企业被吊销营业执照之日起未逾 3 年;

5. 个人所负数额较大的债务到期未清偿;

6. 法律、行政法规或部门规章规定的其他内容。

(有限责任公司)股东向公司委派董事,公司股东大会(股东会)选举董事和监事,公司董事会聘任高级管理人员,均应遵守上述规定的条件。

如果公司未按上述条件委派、选举董事、监事或者聘任高级管理人员,则该委派行为、选举行为和聘任行为无效。

公司董事、监事、高级管理人员在任职期间出现上述所列情形的,公司应当解除其职务。

3.4.2　董事选举制

董事由股东大会(股东会)选举或更换,任期[　年数　]。董事任期届满,可连选连任。董事在任期届满以前,股东大会(股东会)不能无故解除其职务。

董事任期从就任之日起计算,至本届董事会任期届满时为止。董事任期届满未及时改选,在改选出的董事就任前,原董事仍应当依照法律、行政法规、部门规章和本章程的规定,履行董事职务。

[注释]　有限责任公司施行董事委派制的不适应本条款。

公司章程应规定规范、透明的董事选聘程序。董事会成员中可以有公司职工

代表,公司章程应明确本公司董事会是否可以由职工代表担任董事,以及职工代表担任董事的名额。董事会中的职工代表由公司职工通过职工代表大会、职工大会或者其他形式民主选举产生后,直接进入董事会。

3.4.3 监事选举制

监事由股东大会(股东会)选举或更换,任期[年数]。监事任期届满,可连选连任。监事在任期届满以前,股东大会(股东会)不能无故解除其职务。

监事任期从就任之日起计算,至本届监事会任期届满时为止。监事任期届满未及时改选,在改选出的监事就任前,原监事仍应当依照法律、行政法规、部门规章和本章程的规定,履行监事职务。

[注释] 有限责任公司施行监事委派制的不适用本条款。

公司章程应规定规范、透明的监事选聘程序。监事会成员中应当有公司职工代表,公司章程应明确职工代表担任监事的名额。监事会中的职工代表由公司职工通过职工代表大会、职工大会或者其他形式民主选举产生后,直接进入监事会。

3.4.4 董事委派制

(有限责任公司)董事由公司股东委派,任期由委派该董事的股东确定。

[注释] 有限责任公司可以施行董事委派制,由公司股东在公司章程中明确规定各股东委派董事名额、委派与解除程序等。

这时董事会成员中可以有公司职工代表,公司章程应明确本公司董事会是否可以由职工代表担任董事,以及职工代表担任董事的名额。董事会中的职工代表由公司职工通过职工代表大会、职工大会或者其他形式民主选举产生后,直接进入董事会。

3.4.5 监事委派制

(有限责任公司)监事由公司股东委派,任期由委派该监事的股东确定。

[注释] 有限责任公司可以施行监事委派制,由公司股东在公司章程中明确规定各股东委派监事名额、委派与解除程序等。

监事会成员中应当有公司职工代表,公司章程应明确职工代表担任监事的名额。监事会中的职工代表由公司职工通过职工代表大会、职工大会或者其他形式民主选举产生后,直接进入监事会。

【本节条款解读】

为了维护公司、股东、债权人的利益,维护社会经济秩序的稳定,有必要对公司的董事、监事、高级管理人员的任职资格作出限制。依据《公司法》的规定,对公司的董事、监事、高级管理人员的任职资格作出如下限制：

1. 无民事行为能力或者限制民事行为能力

我国《民法通则》第 11 条、第 12 条以及第 13 条对民事行为能力分为：

（1）完全无民事行为能力的人，指不满 10 周岁的未成年人和不能辨认自己行为的精神病人。

（2）限制民事行为能力的人，指 10 周岁以上不满 18 周岁的未成年人，可以进行与他的年龄、智力相适应的民事活动以及不能完全辨认自己行为的精神病人，可以进行与他的精神健康状况相适应的民事活动。

（3）16 周岁以上不满 18 周岁的公民，以自己的劳动收入为主要生活来源的，视为完全民事行为能力人。

也就是说，不满 18 周岁（16 周岁以上不满 18 周岁，以自己的劳动收入为主要生活来源的除外）的未成年人，以及精神病人（含不能辨认和不能完全辨认自己的行为），均不得担任公司董事、监事、高级管理人员。

2. 经济犯罪未逾 5 年，或者剥夺政治权利未逾 5 年

经济犯罪和丧失政治权利的人员应当限制其在一定期限内的商业行为能力。

3. 负有破产责任的董事、厂长、经理未逾 3 年

负有破产责任的人员亦应当限制其在一定期限内的商业行为能力。

4. 负有责任的吊销营业执照、责令关闭之法定代表人未逾 3 年

负有吊销、关闭责任的人员，同样应当限制其在一定期限内的商业行为能力。

5. 个人所负数额较大的债务到期未清偿

个人所负到期债务较大并不能清偿，反映出个人的经济状况和个人信誉均不好，不适合接受股东之管理委托，由此类人担任公司的管理职务，不利于维护公司利益和股东利益。

6. 行业特殊要求

在我国一些特殊行业，有关业务主管部门对不同的董事、监事、高级管理人员有特殊资格要求。中国证监会 2007 年 7 月 4 日中国证监会令第 47 号《期货公司董事监事和高管人员任职资格管理办法》，中国银监会 2010 年 7 月 27 日中国银监会令 2010 年第 6 号《融资性担保公司董事、监事、高管人员任职资格管理暂行法》，中国保监会 2010 年 1 月 8 日中国保监会令 2010 年第 2 号《保险公司董事、监事和高级管理人员任职资格管理规定》，中国证监会 2006 年 11 月 30 日中国证监会令第 39 号《证券公司董事、监事和高级管理人员任职资格监管办法》等等。

第五节　董事、监事、高级管理人员的责任

【示范条款】

3.5.1　董、监、高的责任

董事、监事、高级管理人员应当遵守法律、行政法规和公司章程,对公司负有忠实义务和勤勉义务。

3.5.2　董事的忠实义务

董事对公司负有下列忠实义务:

1. 不得利用职权收受贿赂或者其他非法收入、侵占公司的财产、接受他人与公司交易的佣金归为己有、挪用公司资金;

2. 不得将公司资金或者资产以其个人名义或者以其他个人名义另行存储;

3. 不得违反公司章程的规定,未经股东大会(股东会)或者董事会同意,将公司资金借贷给他人或者以公司财产为他人提供担保;

4. 不得违反公司章程的规定或者未经股东大会(股东会)同意,与本公司订立合同或者进行交易;

5. 不得未经股东大会(股东会)同意,利用职务便利为自己或他人谋取属于公司的商业机会,自营或者为他人经营与所任职公司同类的业务;

6. 不得利用公司的商标权、专利权、著作权、专有技术、商业秘密为自己或者为他人谋取利益;

7. 不得擅自披露公司秘密;

8. 不得违反对公司忠实义务的其他行为。

董事违反本条规定所得的收入或者约定取得的收益,应当归公司所有;给公司造成损失的,应当承担赔偿责任。

[注释]　除以上各项义务要求外,公司可以根据具体情况,在章程中增加对本公司董事的其他忠实义务要求。

3.5.3　董事的勤勉义务

董事对公司负有下列勤勉义务:

1. 董事应谨慎、认真、勤勉地行使公司赋予的权利,以保证公司的商业行为符合国家法律、行政法规以及国家各项经济政策的要求,商业活动不超过营业执照规定的业务范围。

2. 董事应公平对待所有股东。

3. 董事应从公司和全体股东最佳利益出发,对公司待决策事项可能产生的风险和收益做出审慎判断和决策,不得仅以对公司业务不熟悉或者对相关事项不了解为由主张免除责任。

4. 董事应保证有足够的时间和精力参与公司事务,对需提交董事会审议的事项能做出审慎周全的判断和决策。

5. 董事应关注董事会审议事项的决策程序,特别是关注相关事项的提议程序、决策权限、表决程序和回避事宜。

6. 董事原则上应亲自出席董事会会议并做出决策。董事因故不能亲自出席董事会会议的,可授权其他董事代为出席。授权事项和决策意向应具体明确,不得全权委托。

董事对表决事项的责任,不因委托其他董事出席而免除。

7. 一名董事不得在一次董事会会议上接受超过两名董事的委托代为出席会议。

在审议关联交易事项时,非关联董事不得委托关联董事代为出席会议,独立董事不得委托非独立董事代为出席会议。

8. 董事一年内亲自出席董事会会议次数少于当年董事会会议次数1/2的,公司监事会应对其履职情况进行审议,就其是否勤勉尽责做出决议。

9. 董事应就待决策的事项发表谨慎、明确的讨论意见并记录在册后,再行投票表决。董事会的会议记录和表决票应妥善保管。董事认为相关决策事项不符合法律法规相关规定的,应在董事会会议上提出。

10. 董事在将其分管范围内事项提交董事会会议审议时,应真实、准确、完整地向全体董事说明该事项的具体情况。

11. 董事应在董事会休会期间积极关注公司事务,进入公司现场,主动了解公司的经营运作情况。对于重大事项或者市场传闻,董事应要求公司相关人员及时予以说明或者澄清,必要时应提议召开董事会审议。

12. 董事应积极关注公司利益,发现公司行为或者其他第三方行为可能损害公司利益的,应要求相关方予以说明或者纠正,并及时向董事会报告,必要时应提议召开董事会审议。

13. 董事应监督公司治理结构的规范运作情况,积极推动公司各项内部制度建设,纠正公司日常运作中与法律法规、公司章程不符的行为,提出改进公司治理结构的建议。

14. 董事发现公司或者公司董事、监事、高级管理人员存在涉嫌违法违规行为时,应要求相关方立即纠正或者停止,并及时向董事会报告。

15. 公司董事长应遵守董事会会议规则,保证公司董事会会议的正常召开,及时将应由董事会审议的事项提交董事会审议,不得以任何形式限制或者阻碍其他董事独立行使其职权。

董事会休会期间,公司董事长应积极督促落实董事会已决策的事项,并将公司重大事项及时告知全体董事。

董事提议召开董事会会议的,公司董事长应在收到该提议的两日内审慎决定是否召开董事会会议,并将该提议和决定告知全体董事。

16. 独立董事应积极行使职权,重点关注公司的关联交易、对外担保、募集资金使用、社会公众股股东保护、并购重组、重大投融资活动、财务管理、高管薪酬、利润分配和信息披露等事项,必要时应根据有关规定主动提议召开董事会、提交股东大会审议或者聘请会计事务所审计相关事项。

17. 独立董事原则上应每年有不少于[10]天时间到公司现场了解公司的日常经营、财务管理和其他规范运作情况。

18. 董事应当如实向监事会提供有关情况和资料,不得妨碍监事会或者监事行使职权。

19. 法律、行政法规、部门规章及本章程规定的其他勤勉义务。

[注释] 公司可以根据具体情况,在章程中增加对本公司董事勤勉义务的要求。

3.5.4 董事辞职

董事可以在任期届满以前提出辞职,董事辞职应向董事会提交书面辞职报告。

如因董事的辞职导致公司董事会低于法定最低人数时,在改选出的董事就任前,原董事仍应当依照法律、行政法规、部门规章和本章程规定,履行董事职务。

除前款所列情形外,董事辞职自辞职报告送达董事会时生效。

3.5.5 董事离任

董事辞职生效或者任期届满,应向董事会办妥所有移交手续,其对公司和股东承担的忠实义务,在任期结束后并不当然解除,在本章程规定的合理期限内仍然有效。

[注释] 公司章程应规定董事辞职生效或者任期届满后承担忠实义务的具体期限。

3.5.6 董、监、高的身份

未经本章程规定或者董事会的合法授权,任何董事不得以个人名义代表公司或者董事会行事。董事以其个人名义行事时,在第三方会合理地认为该董事在代表公司或者董事会行事的情况下,该董事应当事先声明其立场和身份。

3.5.7 董、监、高的赔偿责任

董事、监事、高级管理人员执行公司职务时违反法律、行政法规、部门规章或本章程的规定,给公司造成损失的,应当承担赔偿责任。损害股东利益的,股东可以向人民法院提起诉讼。

3.5.8 董、监、高的薪酬

董事及高级管理人员的报酬数额和方式由董事会提出方案报请股东大会(股东会)决定,监事报酬数额和方式由监事会提出方案报请股东大会(股东会)决定。

3.5.9 绩效评价

公司应建立董事、监事和高级管理人员的绩效评价标准和程序。

董事和高级管理人员的绩效评价由董事会或其下设的薪酬与考核委员会负责组织。在董事会或薪酬与考核委员会对董事个人进行评价或讨论其报酬时,该董事应当回避。

监事的评价采取监事会自我评价与相互评价相结合的方式进行。在监事会对监事个人进行评价或讨论其报酬时,该监事应当回避。

3.5.10 董事会监事会述职

董事会、监事会应当向股东大会(股东会)报告董事、监事履行职责的情况、绩效评价结果及其薪酬情况。

3.5.11 董事责任保险

董事会可以根据公司具体业务运营拟定有关董事(含独立董事)责任保险制度、经股东大会(股东会)通过后执行。

【本节条款解读】

一、董事、高级管理人员的忠实义务

忠实义务,是指董事和高级管理人员在执行公司事务时,应当以公司的利益为最高准则,忠于公司利益,并在个人利益与公司利益相互冲突时,以公司利益为重,服从公司利益。不得以损害公司利益为代价而追求自己的利益或者他人的利益。主要有竞业禁止、不得进行抵触利益交易、不得利用公司机会、不得占用公司资金、不得泄露公司秘密等。

一般认为公司监事不负有忠实义务。

1. 非经法定程序不得同公司进行交易

这里的交易乃指利益冲突的交易,即董事直接或间接与公司所进行的交易,包

括与董事有利害关系的第三者与公司所做的交易。在有利益冲突之情形,董事难免从自身利益出发,而损害公司利益。

2. 不得要求公司贷与金钱或提供担保

禁止公司向董事贷与金钱或为董事提供担保,防止董事为谋私利加损害于公司。但为激励董事或其他员工为公司尽心尽力,同时促进公司的发展,下列情形可为董事或其他员工提供担保:

(1) 根据股东会议的批准向员工提供的贷款或担保;

(2) 在向股东会议披露开支目的、贷款额度和担保情况并获股东会议批准后,为让董事恪尽职守或填补其职务活动中的开支或为帮助专职员工获取基本居住条件时。

3. 不得利用公司机会

董事基于其所居职位,可以接触到大量的商业信息,对该类信息,董事应将其提供给公司,以促进公司的发展,不得置公司利益于不顾,而谋取私利。

4. 竞业禁止

董事若从事与公司所营业务具有竞争性的业务,则不仅仅在利益上与公司存在冲突,而且董事还可能滥用应当属于公司的商业机会。《联邦德国股份公司法》第88条第1项规定:"未经监事会许可,董事会成员既不允许经商,也不允许在公司业务部门中为本人或他人的利益从事商业活动。未经许可,他们不得担任其他商业公司的董事会成员,或者业务领导人,或者无限责任股东。监事会的许可只能授予某些商业部门或商业公司或某种商业活动。"

二、董事、监事和高管的勤勉义务

勤勉义务,也叫注意义务、善管义务,是董事、监事和高级管理人员在执行公司事务时,应以一个合理谨慎的人在相似的情形下所应表现的谨慎、勤勉和技能履行其职责。其产生的根源也是基于信托关系及委任关系,对于不同的主体,勤勉义务的表现形式也不同。

《德国有限责任公司法》43条要求:"董事在公司的事务上应尽通常商人之注意。"《美国标准公司法》第8.30节[①]规定:"董事行为准则:(a) 董事会的所有成员在履行其职责时应,(1) 善良行事;且(2) 以其合理地认为符合公司最大利益的方式行事。(b) 董事会或者委员会成员在行使其决策职能或者监察职能时,应当以一名在类型情况下合理人所应有的谨慎来履行职责。"

三、对董事的诉讼

董事违反忠实义务或勤勉义务而给公司造成损害,或董事直接侵害公司利益

---

① 参见沈四宝编译,《最新美国标准公司法》,法律出版社2006年1月第1版,第101页。

的,公司可以原告身份直接向法院起诉,请求董事承担责任。这一起诉的决定,可由公司的董事会作出,也可由公司的监事会作出,还可以由公司的股东会议决议作出。在英国和美国,董事会拥有强大的权力,可以决定公司对董事违反义务的行为是否提起诉讼。

四、董、监、高责任保险

在现代市场经济条件下,董事、经理等经营者的风险、义务、责任日益加重。为了最大限度地激励优秀的经营者大胆从事工商业活动,为股东谋取最大的盈利,现代公司治理中,西方国家已经逐步确立了对董事、经理经营中的某些过失责任运用保险机制,以分散其风险的董事经理责任保险制度。目前在我国,商业保险公司已经开设有上市公司董事、监事及高级管理人员责任保险,具体承保被保险人在履行董事、监事及高级管理人员的职责时,因主观过失行为导致的在公司公告招股说明书、财务会计报告等公开披露文件中,出现的虚假记载、误导性陈述或者重大遗漏,致使投资者(股东)在证券交易中遭受的损失。

【本节法律依据】

❶ 江苏省高级人民法院《关于审理适用公司法案件若干问题的意见(试行)》(2003年6月13日 苏高法审委[2003]2号)

79. 公司董事、经理有下列行为之一的,应认定为违反竞业禁止义务:

(1) 以自己的名义从事与公司业务相同的经营活动;
(2) 为他人从事与公司业务相同的经营活动;
(3) 担任与公司业务相同的其他企业的合伙人;
(4) 侵占他人提供给公司的商业机会;
(5) 利用公司为自己创造商业机会的;
(6) 利用公司的商标权、专利权。著作权、专有技术、商业秘密为自己或者自己兼任董事、经理的企业谋取利益;
(7) 其他违反竞业禁止义务的行为。

80. 对公司董事、经理从事竞业禁止行为所获得的收益,公司可以行使归入权。所获收益是指董事、经理已经取得或约定取得的收益。

81. 竞业禁止不适用于公司股东、监事。

❷《非上市公众公司监督管理办法》(2013年12月26日中国证券监督委员会令第96号)

第20条 公司及其他信息披露义务人应当按照法律、行政法规和中国证监会的规定,真实、准确、完整、及时地披露信息,不得有虚假记载、误导性陈述或者重大遗漏。公司及其他信息披露义务人应当向所有投资者同时公开披露信息。

公司的董事、监事、高级管理人员应当忠实、勤勉地履行职责,保证公司披露信息的真实、准确、完整、及时。

❸《上市公司收购管理办法》(2014年10月23日中国证券监督委员会令第108号)

第八条 被收购公司的董事、监事、高级管理人员对公司负有忠实义务和勤勉义务,应当公平对待收购本公司的所有收购人。被收购公司董事会针对收购所作出的决策及采取的措施,应当有利于维护公司及其股东的利益,不得滥用职权对收购设置不适当的障碍,不得利用公司资源向收购人提供任何形式的财务资助,不得损害公司及其股东的合法权益。

❹《上海证券交易所股票上市规则》(2014年修订)

略。

❺《深圳证券交易所股票上市规则》(2014年修订)

3.1.5 上市公司董事、监事和高级管理人员应当履行以下职责并在《董事(监事、高级管理人员)声明及承诺书》中作出承诺:

(一)遵守并促使上市公司遵守国家法律、行政法规、部门规章、规范性文件,履行忠实义务和勤勉义务;

(二)遵守并促使上市公司遵守本规则和本所其他相关规定,接受本所监管;

(三)遵守并促使上市公司遵守公司章程;

(四)本所认为应当履行的其他职责和应当作出的其他承诺。

监事还应当承诺监督董事和高级管理人员遵守其承诺。

高级管理人员还应当承诺及时向董事会报告有关公司经营或者财务方面出现的可能对公司股票及其衍生品种交易价格产生较大影响的事项。

3.1.6 上市公司董事应当履行的忠实义务和勤勉义务包括:

(一)原则上应当亲自出席董事会,以正常合理的谨慎态度勤勉行事并对所议事项表达明确意见,因故不能亲自出席董事会的,应当审慎地选择受托人;

(二)认真阅读公司的各项商务、财务报告和公共媒体有关公司的报道,及时了解并持续关注公司业务经营管理状况和公司已发生或者可能发生的重大事件及其影响,及时向董事会报告公司经营活动中存在的问题,不得以不直接从事经营管理或者不知悉为由推卸责任;

(三)《公司法》《证券法》规定的及社会公认的其他忠实和勤勉义务。

❻《上海证券交易所上市公司董事选任与行为指引》(2013年6月13日 上证公字〔2013〕21号)

第三章 董事的忠实义务

第十九条 董事应遵守对上市公司的忠实义务,基于上市公司和全体股东利益履行职责,不得为上市公司实际控制人、股东、员工、本人或者其他第三方的利益损害上市公司的利益。

第二十条 董事应向上市公司全面披露其近亲属姓名、本人及其近亲属是否与上市公司经营同类业务、是否与上市公司存在业务往来或者其他债权债务关系、是否持有本公司股份或其他证券产品等利益往来或者冲突事项。

第二十一条 董事应遵守上市公司利益优先的原则,对上市公司与实际控制人、个别股东或者特定董事提名人的交易或者债权债务往来事项审慎决策。关联董事应根据上市规则等相关规范性文件的规定回避表决。

第二十二条 未经股东大会同意,董事不得为本人及其近亲属寻求属于上市公司的商业机会。

第二十三条 董事拟自营、委托他人经营与上市公司同类的业务,应将该等事项提交股东大会审议;与上市公司发生交易或者其他债权债务往来的,应根据上市规则的规定将该等事项提交董事会或者股东大会审议。

第二十四条 董事应保守上市公司秘密,不得泄露上市公司尚未通过指定媒体对外披露的重大信息。

第二十五条 董事应根据相关法律法规的规定,及时向本所申报其近亲属情况、本人及其近亲属的证券账户以及持有其任职公司的股份以及债券、权证、股票期权等证券产品情况及其变动情况。

董事应根据相关法律法规的规定,谨慎买卖其任职公司的股票以及债券、权证、股票期权等证券产品,并提示其近亲属谨慎买卖其任职公司的股票以及债券、权证、股票期权等证券产品,不得利用内幕信息获取不法利益。

第四章 董事的勤勉义务

第二十六条 董事应积极履行对公司的勤勉义务,从公司和全体股东最佳利益出发,对上市公司待决策事项可能产生的风险和收益作出审慎判断和决策,不得仅以对公司业务不熟悉或者对相关事项不了解为由主张免除责任。

第二十七条 董事应保证有足够的时间和精力参与上市公司事务,对需提交董事会审议的事项能作出审慎周全的判断和决策。

第二十八条 董事应关注董事会审议事项的决策程序,特别是关注相关事项的提议程序、决策权限、表决程序和回避事宜。

第二十九条 董事原则上应亲自出席董事会会议并作出决策。

董事因故不能亲自出席董事会会议的,可授权其他董事代为出席。授权事项和决策意向应具体明确,不得全权委托。

董事对表决事项的责任,不因委托其他董事出席而免除。

第三十条 一名董事不得在一次董事会会议上接受超过两名董事的委托代为出席会议。

在审议关联交易事项时,非关联董事不得委托关联董事代为出席会议,独立董事不得委托非独立董事代为出席会议。

第三十一条 董事一年内亲自出席董事会会议次数少于当年董事会会议次数三分之二的,上市公司监事会应对其履职情况进行审议,就其是否勤勉尽责作出决议并公告。

董事一年内亲自出席董事会会议次数少于当年董事会会议次数二分之一,且无疾病、境外工作或学习等特别理由的,本所将公开认定其三年以上不适合担任上市公司董事。

第三十二条 董事审议提交董事会决策的事项时,应主动要求相关工作人员提供详备资料、作出详细说明,谨慎考虑相关事项的下列因素:

(一) 损益和风险;

(二) 作价依据和作价方法;

(三) 可行性和合法性;

(四) 交易相对方的信用及其与上市公司的关联关系;

(五) 该等事项对公司持续发展的潜在影响等事宜。

董事应就待决策的事项发表明确的讨论意见并记录在册后,再行投票表决。董事会的会议记录和表决票应妥善保管。

董事认为相关决策事项不符合法律法规相关规定的,应在董事会会议上提出。董事会坚持作出通过该等事项的决议的,异议董事应及时向本所以及其他相关监管机构报告。

第三十三条 董事在将其分管范围内的事项提交董事会会议审议时,应真实、准确、完整地向全体董事说明该等事项的具体情况。

第三十四条 董事应在董事会休会期间积极关注上市公司事务,进入公司现场,主动了解上市公司的经营运作情况。对于重大事项或者市场传闻,董事应要求上市公司相关人员及时予以说明或者澄清,必要时应提议召开董事会审议。

第三十五条 董事应积极关注上市公司利益,发现上市公司行为或者其他第三方行为可能损害上市公司利益的,应要求相关方予以说明或者纠正,并及时向董事会报告,必要时应提议召开董事会审议。

第三十六条 董事应积极配合上市公司信息披露工作,保证上市公司信息披露的真实、准确、完整、公平、及时、有效。

第三十七条 董事应监督上市公司治理结构的规范运作情况,积极推动上市公司各项内部制度建设,纠正上市公司日常运作中与法律法规、公司章程不符的行为,提出改进上市公司治理结构的建议。

第三十八条 董事发现上市公司或者上市公司董事、监事、高级管理人员存在涉嫌违法违规行为时,应要求相关方立即纠正或者停止,并及时向董事会、本所以及其他相关监管机构报告。

第三十九条 上市公司董事长应遵守董事会会议规则,保证公司董事会会议的正常召开,及时将应由董事会审议的事项提交董事会审议,不得以任何形式限制或者阻碍其他董事独立行使其职权。

董事会休会期间,上市公司董事长应积极督促落实董事会已决策的事项,并将上市公司重大事项及时告知全体董事。

董事提议召开董事会会议的,上市公司董事长应在收到该提议的两日内审慎决定是否召开董事会会议,并将该提议和决定告知全体董事。董事长决定不召开董事会会议的,应书面说明理由并报上市公司监事会备案。

第四十条 独立董事应积极行使职权,重点关注上市公司的关联交易、对外担保、募集资金使用、社会公众股股东保护、并购重组、重大投融资活动、财务管理、高管薪酬、利润分配和信息披露等事项,必要时应根据有关规定主动提议召开董事会、提交股东大会审议或者聘请会计师事务所审计相关事项。

独立董事原则上应每年有不少于十天时间到上市公司现场了解公司的日常经营、财务管理和其他规范运作情况。

❼ **《深圳证券交易所主板上市公司规范运作指引》(2015年修订)**

第三章 董事、监事和高级管理人员管理

第一节 总体要求

3.1.1 董事、监事和高级管理人员应当遵守有关法律、行政法规、部门规章、规范性文件、《股票上市规则》、本指引、本所其他相关规定和公司章程,并严格履行其作出的各项承诺。

3.1.2 董事、监事和高级管理人员作为上市公司和全体股东的受托人,对上市公司和全体股东负有忠实义务和勤勉义务。

3.1.3 董事、监事和高级管理人员应当忠实、勤勉地为上市公司和全体股东

利益行使职权,避免与公司和全体股东发生利益冲突,在发生利益冲突时应当将公司和全体股东利益置于自身利益之上。

3.1.4 董事、监事和高级管理人员不得利用其在上市公司的职权牟取个人利益,不得因其作为董事、监事和高级管理人员身份从第三方获取不当利益。

3.1.5 董事、监事和高级管理人员应当保护上市公司资产的安全、完整,不得挪用公司资金和侵占公司财产。

董事、监事和高级管理人员应当严格区分公务支出和个人支出,不得利用公司为其支付应当由其个人负担的费用。

3.1.6 董事、监事和高级管理人员与上市公司订立合同或者进行交易的,应当根据《股票上市规则》和公司章程的规定提交公司董事会或者股东大会审议通过,并严格遵守公平性原则。

3.1.7 董事、监事和高级管理人员不得利用职务便利为自己或者他人牟取属于上市公司的商业机会,不得自营或者为他人经营与公司相同或者类似的业务。

3.1.8 董事、监事和高级管理人员应当勤勉尽责地履行职责,具备正常履行职责所需的必要的知识、技能和经验,并保证有足够的时间和精力履行职责。

3.1.9 董事、监事和高级管理人员行使职权应当符合有关法律、行政法规、部门规章、规范性文件、《股票上市规则》、本指引、本所其他相关规定和公司章程的规定,并在公司章程、股东大会决议或者董事会决议授权范围内行使。

3.1.10 董事、监事和高级管理人员应当严格按照有关规定履行报告义务和信息披露义务,并保证报告和披露的信息真实、准确、完整,不存在虚假记载、误导性陈述或者重大遗漏。

3.1.11 董事、监事和高级管理人员应当严格遵守公平信息披露原则,做好上市公司未公开重大信息的保密工作,不得以任何方式泄露上市公司未公开重大信息,不得进行内幕交易、操纵市场或者其他欺诈活动。一旦出现泄露,应当立即通知公司并督促其公告,公司不予披露的,应当立即向本所报告。

3.1.12 董事、监事和高级管理人员应当积极配合本所的日常监管,在规定期限内回答本所问询并按本所要求提交书面说明和相关资料,按时参加本所的约见谈话,并按照本所要求按时参加本所组织的相关培训和会议。

3.1.13 董事、监事和高级管理人员获悉上市公司控股股东、实际控制人及其关联人出现下列情形之一的,应当及时向公司董事会或者监事会报告,并督促公司按照有关规定履行信息披露义务:

(一)占用公司资金,挪用、侵占公司资产的;

(二)要求公司违法违规提供担保的;

(三)对公司进行或者拟进行重大资产重组的;

（四）持股或者控制公司的情况已发生或者拟发生较大变化的；

（五）持有、控制公司5%以上的股份被质押、冻结、司法拍卖、托管、设置信托或者被依法限制表决权的；

（六）自身经营状况恶化，进入或者拟进入破产、清算等程序的；

（七）对公司股票及其衍生品种交易价格有较大影响的其他情形。

公司未及时履行信息披露义务，或者披露内容与实际情况不符的，相关董事、监事和高级管理人员应当立即向本所报告。

3.1.14　董事、监事和高级管理人员向上市公司董事会、监事会报告涉及本所《股票上市规则》及有关规定要求披露的事项，或者如披露可能对上市公司股票及其衍生品种交易价格产生影响的事项的，应当同时通报董事会秘书。

3.1.15　董事、监事和高级管理人员应当及时阅读并核查上市公司在中国证监会指定信息披露媒体（以下简称"中国证监会指定媒体"）上刊登的信息披露文件，发现与董事会决议、监事会决议不符或者与事实不符的，应当及时了解原因，提请董事会、监事会予以纠正，董事会、监事会不予纠正的，应当立即向本所报告。

第二节　任职管理

3.2.1　上市公司应当在公司章程中规定规范、透明的董事、监事和高级管理人员选聘程序，保证董事、监事和高级管理人员选聘公开、公平、公正、独立。

3.2.2　董事会秘书在董事会审议其受聘议案前，应当取得本所颁发的董事会秘书资格证书；独立董事在被提名前，应当取得中国证监会认可的独立董事资格证书。

3.2.3　董事、监事和高级管理人员候选人存在下列情形之一的，不得被提名担任上市公司董事、监事和高级管理人员：

（一）《公司法》第一百四十六条规定的情形之一；

（二）被中国证监会采取证券市场禁入措施，期限尚未届满；

（三）被证券交易所公开认定为不适合担任上市公司董事、监事和高级管理人员，期限尚未届满；

（四）本所规定的其他情形。

董事、监事和高级管理人员候选人存在下列情形之一的，上市公司应当披露该候选人具体情形、拟聘请该候选人的原因以及是否影响上市公司规范运作：

（一）最近三年内受到中国证监会行政处罚；

（二）最近三年内受到证券交易所公开谴责或者三次以上通报批评；

（三）因涉嫌犯罪被司法机关立案侦查或者涉嫌违法违规被中国证监会立案调查，尚未有明确结论意见。

上述期间,应当以公司董事会、股东大会等有权机构审议董事、监事和高级管理人员候选人聘任议案的日期为截止日。

3.2.4 上市公司董事会中兼任公司高级管理人员以及由职工代表担任的董事人数总计不得超过公司董事总数的二分之一。

公司董事、高级管理人员及其配偶和直系亲属在公司董事、高级管理人员任职期间不得担任公司监事。

3.2.5 董事、监事和高级管理人员候选人被提名后,应当自查是否符合任职资格,及时向上市公司提供其是否符合任职资格的书面说明和相关资格证书(如适用)。

公司董事会、监事会应当对候选人的任职资格进行核查,发现不符合任职资格的,应当要求提名人撤销对该候选人的提名。

3.2.6 上市公司董事会秘书属于《公司法》规定的高级管理人员。本所鼓励上市公司董事会秘书由公司董事、副总经理、财务负责人或者其他高级管理人员担任。

3.2.7 独立董事任职资格应当符合有关法律、行政法规、部门规章、规范性文件、《股票上市规则》、本指引和本所其他相关规定等。

3.2.8 董事、监事、高级管理人员候选人简历中,应当包括下列内容:

(一)工作经历,其中应当特别说明在公司股东、实际控制人等单位的工作情况;

(二)专业背景、从业经验等;

(三)是否存在本指引第3.2.3条所列情形;

(四)是否与持有公司5%以上股份的股东、实际控制人、公司其他董事、监事和高级管理人员存在关联关系;

(五)本所要求披露的其他重要事项。

3.2.9 董事、监事和高级管理人员候选人在股东大会、董事会或者职工代表大会等有权机构审议其受聘议案时,应当亲自出席会议,就其任职资格、专业能力、从业经历、违法违规情况、与上市公司是否存在利益冲突,与公司控股股东、实际控制人以及其他董事、监事和高级管理人员的关系等情况进行说明。

3.2.10 董事、监事和高级管理人员辞职应当提交书面辞职报告。除下列情形外,董事、监事和高级管理人员的辞职自辞职报告送达董事会或者监事会时生效:

(一)董事、监事辞职导致董事会、监事会成员低于法定最低人数;

(二)职工代表监事辞职导致职工代表监事人数少于监事会成员的三分之一;

(三)独立董事辞职导致独立董事人数少于董事会成员的三分之一或者独立

董事中没有会计专业人士。

在上述情形下,辞职报告应当在下任董事或者监事填补因其辞职产生的空缺后方能生效。在辞职报告尚未生效之前,拟辞职董事或者监事仍应当按照有关法律、行政法规和公司章程的规定继续履行职责。

出现第一款情形的,上市公司应当在两个月内完成补选。

3.2.11 董事、监事和高级管理人员应当在辞职报告中说明辞职时间、辞职原因、辞去的职务以及辞职后是否继续在上市公司任职(如继续任职,说明继续任职的情况)等情况。

辞职原因可能涉及公司或者其他董事、监事、高级管理人员违法违规或者不规范运作的,提出辞职的董事、监事和高级管理人员应当及时向本所报告。

3.2.12 董事、监事和高级管理人员在任职期间出现本指引第3.2.3条第一款所列情形之一的,相关董事、监事和高级管理人员应当在该事实发生之日起一个月内离职。

3.2.13 董事、监事和高级管理人员在离职生效之前,以及离职生效后或者任期结束后的合理期间或者约定的期限内,对上市公司和全体股东承担的忠实义务并不当然解除。

董事、监事和高级管理人员离职后,其对公司的商业秘密负有的保密义务在该商业秘密成为公开信息之前仍然有效,并应当严格履行与公司约定的禁止同业竞争等义务。

第三节　董事行为规范

3.3.1 董事应当在调查、获取作出决策所需文件情况和资料的基础上,充分考虑所审议事项的合法合规性、对上市公司的影响(包括潜在影响)以及存在的风险,以正常合理的谨慎态度勤勉履行职责并对所议事项表示明确的个人意见。对所议事项有疑问的,应当主动调查或者要求董事会提供决策所需的更充足的资料或者信息。

3.3.2 董事应当关注董事会审议事项的决策程序,特别关注相关事项的提议程序、决策权限、表决程序和回避事宜。

3.3.3 董事应当亲自出席董事会会议,因故不能亲自出席董事会会议的,应当审慎选择并以书面形式委托其他董事代为出席,独立董事不得委托非独立董事代为出席会议。涉及表决事项的,委托人应当在委托书中明确对每一事项发表同意、反对或者弃权的意见。董事不得作出或者接受无表决意向的委托、全权委托或者授权范围不明确的委托。董事对表决事项的责任不因委托其他董事出席而免除。

一名董事不得在一次董事会会议上接受超过两名董事的委托代为出席会议。在审议关联交易事项时，非关联董事不得委托关联董事代为出席会议。

3.3.4 出现下列情形之一的，董事应当作出书面说明并对外披露：

（一）连续两次未亲自出席董事会会议；

（二）任职期内连续十二个月未亲自出席董事会会议次数超过期间董事会会议总次数的二分之一。

3.3.5 董事审议授权事项时，应当对授权的范围、合法合规性、合理性和风险进行审慎判断，充分关注是否超出公司章程、股东大会议事规则和董事会议事规则等规定的授权范围，授权事项是否存在重大风险。

董事应当对授权事项的执行情况进行持续监督。

3.3.6 董事在审议重大交易事项时，应当详细了解发生交易的原因，审慎评估交易对上市公司财务状况和长远发展的影响，特别关注是否存在通过关联交易非关联化的方式掩盖关联交易的实质以及损害公司和中小股东合法权益的行为。

3.3.7 董事在审议关联交易事项时，应当对关联交易的必要性、公平性、真实意图、对上市公司的影响作出明确判断，特别关注交易的定价政策及定价依据，包括评估值的公允性、交易标的的成交价格与账面值或者评估值之间的关系等，严格遵守关联董事回避制度，防止利用关联交易调控利润、向关联人输送利益以及损害公司和中小股东的合法权益

3.3.8 董事在审议重大投资事项时，应当认真分析投资项目的可行性和投资前景，充分关注投资项目是否与上市公司主营业务相关、资金来源安排是否合理、投资风险是否可控以及该事项对公司的影响。

3.3.9 董事在审议对外担保议案前，应当积极了解被担保方的基本情况，如经营和财务状况、资信情况、纳税情况等。

董事在审议对外担保议案时，应当对担保的合规性、合理性、被担保方偿还债务的能力以及反担保措施是否有效等作出审慎判断。

董事在审议对上市公司的控股子公司、参股公司的担保议案时，应当重点关注控股子公司、参股公司的各股东是否按股权比例进行同比例担保。

3.3.10 董事在审议计提资产减值准备议案时，应当关注该项资产形成的过程及计提减值准备的原因、计提资产减值准备是否符合上市公司实际情况、计提减值准备金额是否充足以及对公司财务状况和经营成果的影响。

董事在审议资产核销议案时，应当关注追踪催讨和改进措施、相关责任人处理、资产减值准备计提和损失处理的内部控制制度的有效性。

3.3.11 董事在审议涉及会计政策变更、会计估计变更、重大会计差错更正等议案时，应当关注变更或者更正的合理性、对上市公司定期报告会计数据的影响、

是否涉及追溯调整、是否导致公司相关年度盈亏性质改变、是否存在利用该等事项调节各期利润误导投资者的情形。

3.3.12 董事在审议对外提供财务资助议案前,应当积极了解被资助方的基本情况,如经营和财务状况、资信情况、纳税情况等。

董事在审议对外财务资助议案时,应当对提供财务资助的合规性、合理性、被资助方偿还能力以及担保措施是否有效等作出审慎判断。

3.3.13 董事在审议为控股子公司(上市公司合并报表范围内且持股比例超过50%的控股子公司除外)、参股公司提供财务资助时,应当关注控股子公司、参股公司的其他股东是否按出资比例提供财务资助且条件同等,是否存在直接或者间接损害上市公司利益的情形,以及公司是否按规定履行审批程序和信息披露义务。

3.3.14 董事在审议出售或者转让在用的商标、专利、专有技术、特许经营权等与上市公司核心竞争能力相关的资产时,应当充分关注该事项是否存在损害公司和中小股东合法权益的情形,并应当对此发表明确意见。前述意见应当在董事会会议记录中作出记载。

3.3.15 董事在审议委托理财事项时,应当充分关注是否将委托理财的审批权授予董事或者高级管理人员个人行使,相关风险控制制度和措施是否健全有效,受托方的诚信记录、经营状况和财务状况是否良好。

3.3.16 董事在审议证券投资、风险投资等事项时,应当充分关注上市公司是否建立专门内部控制制度,投资风险是否可控以及风险控制措施是否有效,投资规模是否影响公司正常经营,资金来源是否为自有资金,是否存在违反规定的证券投资、风险投资等情形。

3.3.17 董事在审议变更募集资金用途议案时,应当充分关注变更的合理性和必要性,在充分了解变更后项目的可行性、投资前景、预期收益等情况后作出审慎判断。

3.3.18 董事在审议上市公司收购和重大资产重组事项时,应当充分调查收购或者重组的意图,关注收购方或者重组交易对方的资信状况和财务状况,交易价格是否公允、合理,收购或者重组是否符合公司的整体利益,审慎评估收购或者重组对公司财务状况和长远发展的影响。

3.3.19 董事在审议利润分配和资本公积金转增股本(以下简称"利润分配")方案时,应当关注利润分配的合规性和合理性,方案是否与上市公司可分配利润总额、资金充裕程度、成长性、公司可持续发展等状况相匹配。

3.3.20 董事在审议重大融资议案时,应当关注上市公司是否符合融资条件,并结合公司实际,分析各种融资方式的利弊,合理确定融资方式。涉及向关联人非公开发行股票议案的,应当特别关注发行价格的合理性。

3.3.21 董事在审议定期报告时,应当认真阅读定期报告全文,重点关注定期报告内容是否真实、准确、完整,是否存在重大编制错误或者遗漏,主要会计数据和财务指标是否发生大幅波动及波动原因的解释是否合理,是否存在异常情况,董事会报告是否全面分析了上市公司报告期财务状况与经营成果并且充分披露了可能影响公司未来财务状况与经营成果的重大事项和不确定性因素等。

董事应当依法对定期报告是否真实、准确、完整签署书面确认意见,不得委托他人签署,也不得以任何理由拒绝签署。

董事对定期报告内容的真实性、准确性、完整性无法保证或者存在异议的,应当说明具体原因并公告,董事会和监事会应当对所涉及事项及其对公司的影响作出说明并公告。

3.3.22 董事应当严格执行并督促高级管理人员执行董事会决议、股东大会决议等相关决议。在执行相关决议过程中发现下列情形之一时,董事应当及时向上市公司董事会报告,提请董事会采取应对措施:

(一)实施环境、实施条件等出现重大变化,导致相关决议无法实施或者继续实施可能导致公司利益受损;

(二)实际执行情况与相关决议内容不一致,或者执行过程中发现重大风险;

(三)实际执行进度与相关决议存在重大差异,继续实施难以实现预期目标。

3.3.23 董事应当及时关注公共传媒对上市公司的报道,发现与公司实际情况不符、可能或者已经对公司股票及其衍生品种交易产生较大影响的,应当及时向有关方面了解情况,督促公司查明真实情况并做好信息披露工作,必要时应当向本所报告。

3.3.24 出现下列情形之一的,董事应当立即向本所报告并披露:

(一)向董事会报告所发现的公司经营活动中的重大问题或者其他董事、监事、高级管理人员损害上市公司利益的行为,但董事会未采取有效措施的;

(二)董事会拟作出涉嫌违反法律、行政法规、部门规章、规范性文件、《股票上市规则》、本指引、本所其他相关规定或者公司章程的决议时,董事明确提出反对意见,但董事会坚持作出决议的;

(三)其他应当报告的重大事项。

3.3.25 董事应当积极关注上市公司事务,通过审阅文件、问询相关人员、现场考察、组织调查等多种形式,主动了解公司的经营、运作、管理和财务等情况。对于关注到的重大事项、重大问题或者市场传闻,董事应当要求公司相关人员及时作出说明或者澄清,必要时应当提议召开董事会审议。

3.3.26 董事应当保证上市公司所披露信息的真实、准确、完整,董事不能保证公司披露的信息真实、准确、完整或者存在异议的,应当在公告中作出相应声明并说明理由,董事会、监事会应当对所涉及事项及其对公司的影响作出说明并公告。

3.3.27　董事应当监督上市公司的规范运作情况,积极推动公司各项内部制度建设,主动了解已发生和可能发生的重大事项及其进展情况对公司的影响,及时向董事会报告公司经营活动中存在的问题,不得以不直接从事或者不熟悉相关业务为由推卸责任。

3.3.28　董事发现上市公司或者公司董事、监事、高级管理人员存在涉嫌违法违规行为时,应当要求相关方立即纠正或者停止,并及时向董事会报告,提请董事会进行核查,必要时应当向本所以及其他相关监管机构报告。

第四节　董事长行为规范

3.4.1　董事长应当积极推动上市公司内部各项制度的制定和完善,加强董事会建设,确保董事会工作依法正常开展,依法召集、主持董事会会议并督促董事亲自出席董事会会议。

3.4.2　董事长应当遵守董事会议事规则,保证上市公司董事会会议的正常召开,及时将应当由董事会审议的事项提交董事会审议,不得以任何形式限制或者阻碍其他董事独立行使其职权。

董事长应当严格遵守董事会集体决策机制,不得以个人意见代替董事会决策,不得影响其他董事独立决策。

3.4.3　董事长不得从事超越其职权范围的行为。

董事长在其职权范围(包括授权)内行使权力时,对上市公司经营可能产生重大影响的事项应当审慎决策,必要时应当提交董事会集体决策。

对于授权事项的执行情况,董事长应当及时告知其他董事。

3.4.4　董事长应当积极督促董事会决议的执行,并及时将有关情况告知其他董事。

实际执行情况与董事会决议内容不一致,或者执行过程中发现重大风险的,董事长应当及时召集董事会进行审议并采取有效措施。

董事长应当定期向总经理和其他高级管理人员了解董事会决议的执行情况

3.4.5　董事长应当保证全体董事和董事会秘书的知情权,为其履行职责创造良好的工作条件,不得以任何形式阻挠其依法行使职权。

3.4.6　董事长在接到有关上市公司重大事项的报告后,应当立即敦促董事会秘书及时履行信息披露义务。

第五节 独立董事行为规范

3.5.1 独立董事应当独立公正地履行职责,不受上市公司主要股东、实际控制人或者其他与公司存在利害关系的单位和个人的影响。若发现所审议事项存在影响其独立性的情况,应当向公司申明并实行回避。任职期间出现明显影响独立性情形的,应当及时通知公司,提出解决措施,必要时应当提出辞职。

3.5.2 独立董事应当充分行使下列特别职权:

(一)需要提交股东大会审议的关联交易应当由独立董事认可后,提交董事会讨论。独立董事在作出判断前,可以聘请中介机构出具独立财务顾问报告;

(二)向董事会提议聘用或者解聘会计师事务所;

(三)向董事会提请召开临时股东大会;

(四)征集中小股东的意见,提出利润分配提案,并直接提交董事会审议;

(五)提议召开董事会;

(六)独立聘请外部审计机构和咨询机构;

(七)在股东大会召开前公开向股东征集投票权,但不得采取有偿或者变相有偿方式进行征集。

独立董事行使上述职权应当取得全体独立董事的二分之一以上同意。

3.5.3 独立董事应当对下列上市公司重大事项发表独立意见:

(一)提名、任免董事;

(二)聘任、解聘高级管理人员;

(三)董事、高级管理人员的薪酬;

(四)公司现金分红政策的制定、调整、决策程序、执行情况及信息披露,以及利润分配政策是否损害中小投资者合法权益;

(五)需要披露的关联交易、对外担保(不含对合并报表范围内子公司提供担保)、委托理财、对外提供财务资助、变更募集资金用途、上市公司自主变更会计政策、股票及其衍生品种投资等重大事项;

(六)公司股东、实际控制人及其关联企业对公司现有或者新发生的总额高于三百万元且高于公司最近经审计净资产值的5%的借款或者其他资金往来,以及公司是否采取有效措施回收欠款;

(七)重大资产重组方案、股权激励计划;

(八)公司拟决定其股票不再在本所交易,或者转而申请在其他交易场所交易或者转让;

(九)独立董事认为有可能损害中小股东合法权益的事项;

(十)有关法律、行政法规、部门规章、规范性文件、本所业务规则及公司章程规定的其他事项。

独立董事发表的独立意见类型包括同意、保留意见及其理由、反对意见及其理由和无法发表意见及其障碍，所发表的意见应当明确、清楚。

3.5.4 独立董事对重大事项出具的独立意见至少应当包括下列内容：

（一）重大事项的基本情况；

（二）发表意见的依据，包括所履行的程序、核查的文件、现场检查的内容等；

（三）重大事项的合法合规性；

（四）对上市公司和中小股东权益的影响、可能存在的风险以及公司采取的措施是否有效；

（五）发表的结论性意见。对重大事项提出保留意见、反对意见或者无法发表意见的，相关独立董事应当明确说明理由。

独立董事应当对出具的独立意见签字确认，并将上述意见及时报告董事会，与公司相关公告同时披露。

3.5.5 独立董事发现上市公司存在下列情形之一的，应当积极主动履行尽职调查义务并及时向本所报告，必要时应当聘请中介机构进行专项调查：

（一）重要事项未按规定提交董事会审议；

（二）未及时履行信息披露义务；

（三）公开信息中存在虚假记载、误导性陈述或者重大遗漏；

（四）其他涉嫌违法违规或者损害中小股东合法权益的情形。

3.5.6 独立董事原则上每年应当保证有不少于十天的时间，对上市公司生产经营状况、管理和内部控制等制度的建设及执行情况等进行现场了解，董事会决议执行情况等进行现场检查。现场检查发现异常情形的，应当及时向公司董事会和本所报告。

3.5.7 独立董事应当切实维护上市公司和全体股东的利益，了解掌握公司的生产经营和运作情况，充分发挥其在投资者关系管理中的作用。本所鼓励独立董事公布通信地址或者电子信箱与投资者进行交流，接受投资者咨询、投诉，主动调查损害公司和中小投资者合法权益的情况，并将调查结果及时回复投资者。

3.5.8 出现下列情形之一的，独立董事应当及时向中国证监会、本所及上市公司所在地证监会派出机构报告：

（一）被公司免职，本人认为免职理由不当的；

（二）由于公司存在妨碍独立董事依法行使职权的情形，致使独立董事辞职的；

（三）董事会会议材料不充分，两名以上独立董事书面要求延期召开董事会会议或者延期审议相关事项的提议未被采纳的；

（四）对公司或者其董事、监事、高级管理人员涉嫌违法违规行为向董事会报告后,董事会未采取有效措施的；

（五）严重妨碍独立董事履行职责的其他情形。

独立董事针对上述情形对外公开发表声明的,应当于披露前向本所报告,经本所审核后在中国证监会指定媒体上公告。本所对上述公告进行形式审核,对其内容的真实性不承担责任。

3.5.9 独立董事应当向上市公司年度股东大会提交述职报告并披露。述职报告应当包括下列内容：

（一）全年出席董事会方式、次数及投票情况,列席股东大会次数；

（二）发表独立意见的情况；

（三）现场检查工作；

（四）提议召开董事会、提议聘用或者解聘会计师事务所、独立聘请外部审计机构和咨询机构等情况；

（五）保护中小股东合法权益方面所做的其他工作。

3.5.10 独立董事应当对其履行职责的情况进行书面记载,本所可随时调阅独立董事的工作档案。

3.5.11 独立董事任职期间,应当按照相关规定参加本所认可的独立董事后续培训。

第六节 监事行为规范

3.6.1 监事应当对上市公司董事、高级管理人员遵守有关法律、行政法规、部门规章、规范性文件、《股票上市规则》、本指引、本所其他相关规定和公司章程以及执行公司职务的行为进行监督。董事、高级管理人员应当如实向监事提供有关情况和资料,不得妨碍监事行使职权。

3.6.2 监事在履行监督职责过程中,对违反法律、行政法规、部门规章、规范性文件、《股票上市规则》、本指引、本所其他相关规定、公司章程或者股东大会决议的董事、高级管理人员,可以提出罢免的建议。

3.6.3 监事发现董事、高级管理人员及上市公司存在违反法律、行政法规、部门规章、规范性文件、《股票上市规则》、本指引、本所其他相关规定、公司章程或者股东大会决议的行为,已经或者可能给公司造成重大损失的,应当及时向董事会、监事会报告,提请董事会及高级管理人员予以纠正,并向中国证监会、本所或者其他有关部门报告。

3.6.4 监事应当对独立董事履行职责的情况进行监督,充分关注独立董事是否持续具备应有的独立性,是否有足够的时间和精力有效履行职责,履行职责时是否受到上市公司主要股东、实际控制人或者非独立董事、监事、高级管理人员的不当影响等。

3.6.5 监事应当对董事会专门委员会的执行情况进行监督，检查董事会专门委员会成员是否按照董事会专门委员会议事规则履行职责。

3.6.6 监事审议上市公司重大事项，参照本章第三节董事对重大事项审议的相关规定执行。

第七节 高级管理人员行为规范

3.7.1 上市公司高级管理人员应当严格执行公司董事会决议、股东大会决议等相关决议，不得擅自变更、拒绝或者消极执行相关决议。高级管理人员在执行相关决议过程中发现公司存在第3.3.22条所列情形之一的，应当及时向总经理或者董事会报告，提请总经理或者董事会采取应对措施。

3.7.2 上市公司出现下列情形之一的，总经理或者其他高级管理人员应当及时向董事会报告，充分说明原因及对公司的影响，并提请董事会按照有关规定履行信息披露义务：

（一）公司所处行业发展前景、国家产业政策、税收政策、经营模式、产品结构、主要原材料和产品价格、主要客户和供应商等内外部生产经营环境出现重大变化的；

（二）预计公司经营业绩出现亏损、扭亏为盈或者同比大幅变动，或者预计公司实际经营业绩与已披露业绩预告情况存在较大差异的；

（三）其他可能对公司生产经营和财务状况产生较大影响的事项。

3.7.3 董事会秘书应当切实履行《股票上市规则》规定的各项职责，采取有效措施督促上市公司建立信息披露事务管理制度，做好信息披露相关工作。

3.7.4 高级管理人员进行上市公司重大事项决策，参照本章第三节董事对重大事项审议的相关规定执行。

第八节 股份及其变动管理

3.8.1 上市公司董事、监事、高级管理人员和证券事务代表在买卖本公司股票及其衍生品种前，应当知悉《公司法》《证券法》等法律、行政法规、部门规章、规范性文件、《股票上市规则》、本指引和本所其他相关规定中关于内幕交易、操纵市场、短线交易等禁止行为的规定，不得进行违法违规的交易。

3.8.2 上市公司董事、监事、高级管理人员和证券事务代表及前述人员的配偶在买卖本公司股票及其衍生品种前，应当将其买卖计划以书面方式通知董事会秘书，董事会秘书应当核查公司信息披露及重大事项等进展情况，如该买卖行为可能违反《公司法》《证券法》《上市公司收购管理办法》《股票上市规则》、本指引、本所其他相关规定和公司章程等规定的,董事会秘书应当及时书面通知相关董事、监事、高级管理人员和证券事务代表,并提示相关风险。

3.8.3 上市公司董事、监事、高级管理人员和证券事务代表应当在下列时间内委托公司向本所和中国证券登记结算有限责任公司深圳分公司(以下简称"中国结算深圳分公司")申报其个人及其亲属(包括配偶、父母、子女、兄弟姐妹等)的身份信息(包括姓名、身份证件号码等):

(一) 新上市公司的董事、监事、高级管理人员和证券事务代表在公司申请股票上市时;

(二) 新任董事、监事在股东大会(或者职工代表大会)通过其任职事项后两个交易日内;

(三) 新任高级管理人员在董事会通过其任职事项后两个交易日内;

(四) 新任证券事务代表在公司通过其任职事项后两个交易日内;

(五) 现任董事、监事、高级管理人员和证券事务代表在其已申报的个人信息发生变化后的两个交易日内;

(六) 现任董事、监事、高级管理人员和证券事务代表在离任后两个交易日内;

(七) 本所要求的其他时间。

以上申报数据视为相关人员向本所和中国结算深圳分公司提交的将其所持本公司股份按相关规定予以管理的申请。

3.8.4 上市公司及其董事、监事、高级管理人员和证券事务代表应当保证其向本所和中国结算深圳分公司申报数据的真实、准确、及时、完整,同意本所及时公布相关人员买卖本公司股份及其衍生品种的情况,并承担由此产生的法律责任。

3.8.5 上市公司应当按照中国结算深圳分公司的要求,对董事、监事、高级管理人员和证券事务代表及其亲属股份相关信息进行确认,并及时反馈确认结果。如因确认错误或者反馈更正信息不及时等造成任何法律纠纷,均由公司自行解决并承担相关法律责任。

3.8.6 董事、监事、高级管理人员在委托上市公司申报个人信息后,中国结算深圳分公司根据其申报数据资料,对其身份证件号码项下开立的证券账户中已登记的本公司股份予以锁定。

上市已满一年公司的董事、监事、高级管理人员证券账户内通过二级市场购买、可转债转股、行权、协议受让等方式年内新增的本公司无限售条件股份,按75%自动锁定;新增有限售条件的股份,计入次年可转让股份的计算基数。

上市未满一年公司的董事、监事、高级管理人员证券账户内新增的本公司股份,按100%自动锁定。

3.8.7　每年的第一个交易日,中国结算深圳分公司以上市公司董事、监事和高级管理人员在上年最后一个交易日登记在其名下的在本所上市的本公司股份为基数,按25%计算其本年度可转让股份法定额度;同时,对该人员所持的在本年度可转让股份额度内的无限售条件的流通股进行解锁。

当计算可解锁额度出现小数时,按四舍五入取整数位;当某账户持有本公司股份余额不足一千股时,其本年度可转让股份额度即为其持有本公司股份数。

因公司进行权益分派、减资缩股等导致董事、监事和高级管理人员所持本公司股份变化的,本年度可转让股份额度作相应变更。

3.8.8　董事、监事和高级管理人员拥有多个证券账户的,应当按照中国结算深圳分公司的规定合并为一个账户,在合并账户前,中国结算深圳分公司按本指引的规定对每个账户分别做锁定、解锁等相关处理。

3.8.9　对涉嫌违法违规交易的董事、监事和高级管理人员,中国结算深圳分公司可以根据中国证监会、本所的要求对登记在其名下的本公司股份予以锁定。

3.8.10　上市公司董事、监事和高级管理人员所持股份登记为有限售条件股份的,当解除限售的条件满足后,董事、监事和高级管理人员可以委托公司向本所和中国结算深圳分公司申请解除限售。解除限售后中国结算深圳分公司自动对董事、监事和高级管理人员名下可转让股份剩余额度内的股份进行解锁,其余股份自动锁定。

3.8.11　在锁定期间,董事、监事和高级管理人员所持本公司股份依法享有的收益权、表决权、优先配售权等相关权益不受影响。

3.8.12　上市公司董事、监事和高级管理人员离任并委托公司申报个人信息后,中国结算深圳分公司自其申报离任日起六个月内将其持有及新增的本公司股份予以全部锁定,到期后将其所持本公司无限售条件股份全部自动解锁。

3.8.13　上市公司董事、监事、高级管理人员和证券事务代表应当在买卖本公司股份及其衍生品种的两个交易日内,通过公司董事会在本所指定网站上进行披露。披露内容包括:

(一)本次变动前持股数量;

(二)本次股份变动的日期、数量、价格;

(三)本次变动后的持股数量;

(四)本所要求披露的其他事项。

董事、监事、高级管理人员和证券事务代表以及董事会拒不披露的,本所在指定网站公开披露以上信息。

3.8.14　上市公司董事、监事和高级管理人员违反《证券法》的相关规定,将其所持本公司股票在买入后六个月内卖出，或者在卖出后六个月内又买入的，公司董事会应当收回其所得收益，并及时披露下列内容：

（一）相关人员违规买卖股票的情况；

（二）公司采取的处理措施；

（三）收益的计算方法和董事会收回收益的具体情况；

（四）本所要求披露的其他事项。

持有公司5%以上股份的股东违反《证券法》关于短线交易的相关规定的，公司董事会应当按照上款规定履行义务。

3.8.15 上市公司董事、监事、高级管理人员、证券事务代表及前述人员的配偶在下列期间不得买卖本公司股票及其衍生品种：

（一）公司定期报告公告前三十日内，因特殊原因推迟年度报告、半年度报告公告日期的，自原预约公告日前三十日起算，至公告前一日；

（二）公司业绩预告、业绩快报公告前十日内；

（三）自可能对本公司股票及其衍生品种交易价格产生较大影响的重大事件发生之日或者进入决策程序之日，至依法披露后两个交易日内；

（四）中国证监会及本所规定的其他期间。

公司董事、监事、高级管理人员及证券事务代表应当督促其配偶遵守前款规定，并承担相应责任。

3.8.16 上市公司可以根据公司章程的规定，对董事、监事、高级管理人员、证券事务代表及其配偶等人员所持本公司股份规定更长的禁止转让期间、更低的可转让股份比例或者附加其他限制转让条件的，应当及时向本所申报。中国结算深圳分公司按照本所确定的锁定比例锁定股份。

3.8.17 上市公司董事、监事和高级管理人员应当确保下列自然人、法人或者其他组织不发生因获知内幕信息而买卖本公司股票及其衍生品种的行为：

（一）公司董事、监事、高级管理人员的配偶、父母、子女、兄弟姐妹；

（二）公司董事、监事、高级管理人员控制的法人或者其他组织；

（三）公司证券事务代表及其配偶、父母、子女、兄弟姐妹；

（四）中国证监会、本所或者公司根据实质重于形式的原则认定的其他与公司或者公司董事、监事、高级管理人员、证券事务代表有特殊关系，可能获知内幕信息的自然人、法人或者其他组织。

上述自然人、法人或者其他组织买卖本公司股份及其衍生品种的，参照本指引第3.8.13条的规定执行。

❽《深圳证券交易所中小板上市公司规范运作指引》(2015年修订)
略。

❾《深圳证券交易所创业板上市公司规范运作指引》(2015年修订)
略。

❿《到境外上市公司章程必备条款》》(国家体改委证委发[1994]21号)
略。

⓫《到香港上市公司章程必备条款》(国家体改委体改生[1993]92号)
略。

【职业责任保险及保险条款】

××××保险公司
董事、监事及高级管理人员职业责任保险条款

保险对象

第一条 凡依照中华人民共和国法律(以下简称"依法")设立的上市公司的董事、监事及公司章程中规定的高级管理人员,均可作为本保险的被保险人。

保险责任

第二条 在本保险单明细表中列明的保险期限或追溯期及承保区域范围内,被保险人在履行董事、监事及高级管理人员的职责时,因过失导致在公司公告招股说明书、公司债券募集办法、财务会计报告、上市报告文件、定期报告(年报、中报、季报)、临时报告中,存在虚假记载、误导性陈述或者有重大遗漏,致使投资者(股东)在证券交易中遭受损失,在本保险期限内,由投资者(股东)首次向被保险人提出索赔申请,依法应由被保险人承担民事赔偿责任时,保险人根据本保险合同的约定负责赔偿。

发生保险责任范围内的事故后,被保险人为控制或减少损失所支付的必要的、合理的费用,保险人依照本条款规定负责赔偿。

第三条 保险责任范围内的事故发生后,事先经保险人书面同意的法律费用,包括事故鉴定费、查勘费、取证费、仲裁或诉讼费、案件受理费、律师费等,保险人在约定的限额内也负责赔偿。

责任免除

第四条 下列原因造成的损失、费用和责任,保险人不负责赔偿:

（一）投保人、被保险人的故意行为或非执业行为；

（二）由被保险人或以被保险人名义提出的索赔；

（三）被保险人以受托人、管理人的身份在管理或经营退休金、年金、分红、职工福利基金或其他职工福利项目时违反职责或合同义务的行为引起的索赔；

（四）被保险人在所属公司以外的其他组织兼任职务时引起的索赔；

（五）在中华人民共和国境外以及港、澳、台地区提起的诉讼；

（六）被保险人因获知其他交易者无法得知的内幕消息，而买卖本公司证券的行为；

（七）为获取不当利益，而对政府职能部门、社会团体及利益关系人支付款项、佣金、赠与、贿赂的行为；

（八）担保行为。

第五条 下列各项损失、费用和责任，保险人也不负责赔偿：

（一）被保险人对投资者（股东）的身体伤害及有形财产的毁损或灭失；

（二）对投资者（股东）的精神伤害；

（三）罚款或惩罚性赔款；

（四）被保险人与他人签订协议所约定的责任，但不包括没有该协议被保险人仍应承担的民事赔偿责任。

第六条 其他不属于本保险责任范围内的一切损失、费用和责任，保险人不负责赔偿。

投保人、被保险人义务

第七条 投保人、被保险人应履行如实告知义务，提供投保人员名单，并如实回答保险人提出的询问。如果投保人故意或者因过失未履行如实告知义务，足以影响保险人决定是否同意承保或者提高保险费率的，保险人有权解除本保险合同。投保人故意不履行如实告知义务的，保险人对于保险合同解除前发生的保险事故，不承担赔偿保险金的责任，并不退还保险费；投保人因过失未履行如实告知义务，对保险事故的发生有严重影响的，保险人对于保险合同解除前发生的保险事故，不承担赔偿保险金的责任，但可以退还保险费。

第八条 除另有约定外，投保人应当按照约定一次性交清保险费，对于保险费交付之前发生的事故，保险人不负责赔偿。

第九条 在本保险期限内，被保险人发生变化或所属公司与他人合并或被他人兼并、分立、向他人出售其全部或主要资产、收购或成立新的子公司，以及其他保险单明细表中列明的事项变更时，被保险人应在五个工作日内书面通知保险人。

第十条 被保险人应当遵守国家及政府有关部门制定的相关法律、法规及规定,加强管理,采取合理的预防措施,尽力避免或减少保险责任范围内事故的发生。

第十一条　发生本保险责任范围内的事故时,被保险人应当立即采取必要的措施,控制或减少损失;立即通知保险人,并书面说明事故发生的原因、经过和损失程度;保护事故现场,允许并且协助保险人进行事故调查。

第十二条　被保险人获悉可能引起诉讼、行政处罚或仲裁时,应立即以书面形式通知保险人;当接到法院传票或其他法律文书后,应当于3日内将其复印件送交保险人。

第十三条　保险人对被保险人就有关情况进行查验时,被保险人应积极协助并提供保险人需要的用以评估有关风险的详情和资料。但上述查验并不构成保险人对被保险人的任何承诺。保险人对于发现的任何缺陷或危险书面通知被保险人后,被保险人应及时采取整改措施。

第十四条　投保人、被保险人如不履行第九条至第十三条约定的任何一项义务,保险人有权不承担赔偿责任,或从解约通知书送达投保人之日起终止本保险合同。

赔 偿 处 理

第十五条　保险人接到被保险人的索赔申请后,有权聘请专业技术人员参与调查、处理。

第十六条　发生保险责任范围内的事故后,未经保险人书面同意,被保险人或其代表对索赔方不得作出任何承诺、拒绝、出价、约定、付款或赔偿。必要时,保险人可以被保险人的名义对诉讼进行抗辩或处理有关索赔事宜。

第十七条　保险人对被保险人每次索赔的赔偿金额以法院判决的应由被保险人偿付的金额为准,但不得超过本保险单明细表中列明的职业责任每次索赔赔偿限额。每次索赔的免赔额按每次赔偿金额的5%或1 000元计,两者以高者为准。在本保险有效期限内,保险人对被保险人多次索赔的累计赔偿金额不得超过本保险单明细表中列明的职业责任累计赔偿限额。

第十八条　保险人对法律费用的每次索赔赔偿金额以实际发生的费用金额为准,但不得超过本保险单明细表中列明的法律费用每次索赔赔偿限额。在本保险有效期限内,保险人对被保险人多次索赔的法律费用累计赔偿金额不得超过本保险单明细表中列明的法律费用累计赔偿限额。

第十九条　被保险人向保险人申请赔偿时,应提交下列单证材料:

(一)保险单正本;

(二)有关责任人的资格或执业证明、上市公司与责任人的劳动关系证明;

(三)投资者(股东)的书面索赔申请;

（四）事故情况说明、赔偿项目清单；

（五）法院判决书；

（六）依法应当由被保险人承担的有关费用的证明材料，以及保险人认为必要的其他单证材料。

第二十条 发生本保险责任范围内的事故，应由第三方[投资者（股东）除外]负责赔偿的，被保险人应采取一切必要的措施向第三方索赔。保险人自向被保险人赔付之日起，取得在赔偿金额范围内代位行使被保险人向第三方请求赔偿的权利。在保险人向第三方行使代位请求赔偿的权利时，被保险人应积极协助，并提供必要的文件和所知道的有关情况。

未经保险人书面同意，被保险人不得接受第三方就有关损失做出的付款或赔偿安排或放弃向第三方索赔的权利。否则，保险人有权不负赔偿责任并解除本保险合同。

第二十一条 保险人进行赔偿后，累计赔偿限额应相应减少。被保险人需增加时，应补交保险费，由保险人出具批单批注。应补交的保险费为：原保险费×保险事故发生日至保险期限终止日之间的天数/保险期限（天）×增加的累计赔偿限额/原累计赔偿限额×费率浮动比例。

第二十二条 本保险单负责赔偿损失、费用或责任时，若另有其他保障相同的保险存在，不论是否由被保险人或他人以其名义投保，也不论该保险赔偿与否，本保险单仅负责按比例分摊赔偿的责任。对应由其他保险人承担的赔偿责任，本保险人不负责垫付。

第二十三条 被保险人对保险人请求赔偿的权利，自其知道或者应当知道保险事故发生之日起二年不行使而消灭。

争 议 处 理

第二十四条 本保险合同的争议解决方式由当事人从下列两种方式中选择一种，并列明于本保险单明细表中：

（一）因履行本保险合同发生争议，由当事人协商解决。协商不成的，提交仲裁委员会仲裁；

（二）因履行本保险合同发生争议，由当事人协商解决。协商不成的，依法向人民法院起诉。

本保险合同的争议处理适用中华人民共和国法律。

其 他 事 项

第二十五条 本保险合同生效后，投保人或被保险人可随时书面申请解除本保险合同,保险人亦可提前十五天发出书面通知解除本保险合同,保险费按日平均计收。

第六节 董事会秘书

【示范条款】

3.6.1 董事会秘书的设立

董事会设董事会秘书。董事会秘书是公司高级管理人员,对董事会负责。

3.6.2 董事会秘书的资格

董事会秘书应当具有必备的专业知识和经验,由董事会聘用。董事会秘书应具备下述条件:

1. 具有大学专科以上学历,从事秘书、管理、股权事务等工作三年以上;
2. 具备财务、税务、法律、金融、企业管理等方面的知识;
3. 具有良好的个人品质,严格遵守法律、法规及职业操守,能够忠诚地履行职责,并具有良好的沟通技巧和灵活的处事能力。

本章程第 3.4.1 条规定不得担任公司公司董事、监事、高级管理人员的情形适用于董事会秘书。

3.6.3 董事会秘书的职责

董事会秘书的主要职责是:

1. 准备和递交国家有关部门要求董事会和股东大会(股东会)出具的报告和文件;
2. 组织筹备董事会会议和股东大会(股东会)会议,参加股东大会(股东会)会议、董事会会议、监事会会议及高级管理人员相关会议,负责董事会会议和股东大会(股东会)会议记录,保证记录的准确性,并在会议记录上签字,负责保管会议文件和记录;
3. 接待、联系股东,向股东及时提供公司有关资料及告知有关通知;
4. 负责公司股权管理事务,保管公司股东名册资料,保管公司董事、监事、高级管理人员、控股股东及其董事、监事、高级管理人员持有本公司股份的资料;
5. 帮助公司董事、监事、高级管理人员了解法律法规、公司章程等有关规定;
6. 协助董事会依法行使职权,在董事会决议违反法律法规、公司章程及本所有关规定时,把情况记录在会议记录上,并将会议记录立即提交公司全体董事和监事;

7. 公司章程规定的其他职责。

3.6.4 董事会秘书的工作条件

公司应当为董事会秘书履行职责提供便利条件,董事、监事、财务负责人及其他高级管理人员和相关工作人员应当支持、配合董事会秘书的工作。

董事会秘书为履行职责,有权了解公司的财务和经营情况,参加有关会议,查阅公司文件,并要求公司有关部门和人员及时提供相关资料和信息。

3.6.5 董事会秘书兼职

公司董事或者其他高级管理人员可以兼任公司董事会秘书。公司监事不得兼任公司董事会秘书,公司聘请的会计师事务所的注册会计师和律师事务所的律师不得兼任公司董事会秘书。

3.6.6 董事会秘书职责的专属性

董事会秘书由董事长提名,经董事会聘任或者解聘。

董事兼任董事会秘书的,如某一行为需由董事、董事会秘书分别作出时,则该兼任董事及公司董事会秘书的人不得以双重身份作出。

3.6.7 董事会秘书的解聘

公司董事会解聘董事会秘书应当具有充分理由,主要指董事会秘书有下列情形之一的:

1. 在执行职务时出现重大错误或疏漏,给公司或投资者造成重大损失;

2. 违反国家法律法规、公司章程和本所有关规定,给公司或投资者造成重大损失;

3. 不宜担任董事会秘书的其他情形。

董事会秘书对解聘处罚不服的,可以向股东大会(股东会)申诉。

3.6.8 董事会秘书的离任

董事会秘书离任前,应当接受董事会、监事会的离任审查,在监事会的监督下移交有关档案文件、正在办理的事项以及其他待办理事项。

公司在董事会秘书聘任时应当与其签订保密协议,要求其承诺一旦在离任后持续履行保密义务直至有关信息公开披露为止。

3.6.9 董事会秘书的空缺

董事会秘书发生空缺时,公司应当尽快确定聘任新的董事会秘书。公司在正式聘任新董事会秘书之前,由公司[指定一名董事或者高级管理人员]代行董事会秘书职责。

【本节条款解读】

一、董事会秘书

董事会秘书是指掌管董事会文书并协助董事会成员处理日常事务的人员,负责董事会及股东会议会议的记录和会议文件的保管等事宜。对外负责公司联系股东及信息披露事宜,对内负责筹备董事会会议和股东会议。董事会秘书是公司高级管理人员,对董事会负责。

二、董事会秘书的资格要求

董事会秘书是公司高级管理人员,首先要符合有关高级管理人员任职资格的规定,并且董事会秘书还应该具备一定的专业知识,不仅应掌握有关法律、法规,还应熟悉公司章程、信息披露规则,掌握财务、税务、金融、企业管理及行政管理等方面的知识。

与对董事的丰富经验要求和行业专家要求不同,对董事会秘书要求的是一种比较全方位的商业综合技能。董事会秘书的主要工作即为运用自己的综合商业知识技能,为董事提供后勤、助理以及秘书等方面的帮助。

三、董事会秘书的职责

(1)负责公司股东会议和董事会会议的筹备、文件保管,即按照法定程序筹备股东会议和董事会会议,准备和提交有关会议文件和资料以及会议安排。

(2)负责保管公司股东名册、董事名册,大股东及董事、监事和高级管理人员持有本公司股票的资料,股东会议、董事会会议文件和会议记录等。

(3)负责办理信息披露事务。督促公司制定并执行信息披露管理制度和重大信息的内部报告制度,促使公司和相关当事人依法履行信息披露义务,按照有关规定向有关机构定期报告和临时报告。

(4)负责有关保密工作,制订保密措施,促使董事、监事和其他高级管理人员以及相关知情人员在信息披露前保守秘密,并在内幕信息泄露时及时采取补救措施。

(5)协助和安排董事、监事、高级管理人员的培训和学习。

(6)协调董事之间、董事与监事之间、董事与高级管理人员之间的联络和沟通。

(7)如遇不当之情事,应及时汇报全体董事及监事会。

四、董事会秘书的作用

董事会秘书制度的运用,对公司治理有着重要作用。就公司内部治理而言,董事会秘书具有广泛的公司内部运作程序的职权。公司程序性和辅助性事务的集中行使改变了公司权力分散于单个机关或个人的不利局面,使公司董事等经营人员能够将更多精力投入公司经营中去,使得公司信息沟通和决策执行的渠道更为畅通,可以提高公司的运作效率,促进公司的运作更加规范。同时,权力的集中行使也会使董事会秘书成为公司大量具体经营活动的直接经手人和见证人,对公司经营管理人员的权力具有制约作用,可以保护投资者的合法权益,实现股东利益的安全。再就外部治理而言,董事会秘书作为公司机关,代表公司与公司登记机关和监督机关进行沟通,可以使与公司相关主体的知情权得到保障。

五、董事会秘书的任免

董事会秘书人选的确定必须经董事长提名,董事会聘任,董事长只有提名权,董事会才有聘任权。

董事会秘书在执行职务时,因个人行为造成重大错误或失误,给公司和投资者造成重大损失或违反法律、法规、公司章程及证券交易所的规章制度,造成严重后果和恶劣影响,以及出现其他不宜担任董事会秘书的情形时,由董事会终止对其的聘任。

董事会秘书对解聘处罚不服的,可以向股东会议申诉。

六、董事会秘书的职业操守

1. 扎实的专业知识

董事会秘书应具备扎实的专业知识,只有这样,才能有效地行使董事会秘书的职责,向董事会提供全面的专业意见,保障公司规范化运作,从而确立董事会秘书在公司的地位及作用。

2. 良好的职业操守

董事会秘书应当遵守公司章程,承担高级管理人员的有关法律责任,对公司负有诚信和勤勉义务,不得利用职权为自己或他人谋取利益。董事会秘书作为专业人士,遵守职业操守,保持个人的品格和地位是履行专业职能的首要条件。

3. 合格的保密意识

董事会秘书作为公司的高级管理人员,知道很多公司在决策与投资方面的安排,有义务保守公司的秘密,避免对公司股价有影响的消息通过非正常的渠道传播。当得知公司作出或者可能作出违反有关法律、法规的决议时,应及时提醒公司有关人员,并拿出解决问题的办法。这样做,一方面可以提升公司董事会对董事会秘书的信任程度,另一方面也能有效地防范风险。

4. 协助指导公司依法运营

协助董事及经理在行使职权时切实遵守境内外法律、法规、公司章程及其他有关规定。在知悉公司作出或可能作出违反有关规定的决议时,有义务及时提醒。

5. 做好董事之间及与监事会的联络

注重工作方法,对董事一视同仁,提供同等专业意见,与董事保持良好的关系,提高董事对董事会秘书的信任程度。争取董事会成员对董事会秘书工作的理解和支持,建立良好的工作环境。

6. 及早提供工作预案

提高工作技巧,对董事会的议案要事先提出专业意见,在有可能违反有关法律、法规的情况下,在会前要表明自己的观点,协助董事会在不违反有关法律、法规的前提下,提出解决问题的方案。不要等到董事会议上再提出反对意见,避免在董事会议上引起争议。如需要请专业会计师或专业律师提供意见时,应在会前安排专业人士到场。

【本节法律依据】

❶《上海证券交易所股票上市规则》(2014 年 10 月 17 日 上证发〔2014〕65 号)

3.2.1 上市公司应当设立董事会秘书,作为公司与本所之间的指定联络人。公司应当设立由董事会秘书负责管理的信息披露事务部门。

3.2.2 董事会秘书应当对上市公司和董事会负责,履行如下职责:

(一)负责公司信息对外公布,协调公司信息披露事务,组织制定公司信息披露事务管理制度,督促公司和相关信息披露义务人遵守信息披露相关规定;

(二)负责投资者关系管理,协调公司与证券监管机构、投资者、证券服务机构、媒体等之间的信息沟通;

(三)组织筹备董事会会议和股东大会会议,参加股东大会会议、董事会会议、监事会会议及高级管理人员相关会议,负责董事会会议记录工作并签字;

(四)负责公司信息披露的保密工作,在未公开重大信息泄露时,及时向本所报告并披露;

(五)关注媒体报道并主动求证报道的真实性,督促公司董事会及时回复本所问询;

(六)组织公司董事、监事和高级管理人员进行相关法律、行政法规、本规则及相关规定的培训,协助前述人员了解各自在信息披露中的职责;

(七)知悉公司董事、监事和高级管理人员违反法律、行政法规、部门规章、其他规范性文件、本规则、本所其他规定和公司章程时,或者公司作出或可能作出违反相关规定的决策时,应当提醒相关人员,并立即向本所报告;

(八)负责公司股权管理事务,保管公司董事、监事、高级管理人员、控股股东

及其董事、监事、高级管理人员持有本公司股份的资料,并负责披露公司董事、监事、高级管理人员持股变动情况;

(九)《公司法》、中国证监会和本所要求履行的其他职责。

3.2.3 上市公司应当为董事会秘书履行职责提供便利条件,董事、监事、财务负责人及其他高级管理人员和相关工作人员应当支持、配合董事会秘书的工作。

董事会秘书为履行职责,有权了解公司的财务和经营情况,参加涉及信息披露的有关会议,查阅涉及信息披露的所有文件,并要求公司有关部门和人员及时提供相关资料和信息。

董事会秘书在履行职责的过程中受到不当妨碍或者严重阻挠时,可以直接向本所报告。

3.2.4 董事会秘书应当具备履行职责所必需的财务、管理、法律等专业知识,具有良好的职业道德和个人品质,并取得本所颁发的董事会秘书培训合格证书。具有下列情形之一的人士不得担任董事会秘书:

(一)《公司法》第一百四十七条规定的任何一种情形;

(二)最近三年受到过中国证监会的行政处罚;

(三)最近三年受到过证券交易所公开谴责或者三次以上通报批评;

(四)本公司现任监事;

(五)本所认定不适合担任董事会秘书的其他情形。

3.2.9 上市公司解聘董事会秘书应当有充分的理由,不得无故将其解聘。

董事会秘书被解聘或者辞职时,公司应当及时向本所报告,说明原因并公告。

董事会秘书有权就被公司不当解聘或者与辞职有关的情况,向本所提交个人陈述报告。

3.2.10 董事会秘书具有下列情形之一的,上市公司应当自相关事实发生之日起一个月内将其解聘:

(一)第3.2.4条规定的任何一种情形;

(二)连续三个月以上不能履行职责;

(三)在履行职责时出现重大错误或者疏漏,给投资者造成重大损失;

(四)违反法律、行政法规、部门规章、其他规范性文件、本规则、本所其他规定和公司章程等,给投资者造成重大损失。

3.2.11 上市公司在聘任董事会秘书时,应当与其签订保密协议,要求董事会秘书承诺在任职期间以及离任后,持续履行保密义务直至有关信息披露为止,但涉及公司违法违规行为的信息不属于前述应当予以保密的范围。

董事会秘书离任前,应当接受董事会和监事会的离任审查,在监事会的监督下移交有关档案文件、正在办理的事项以及其他待办事项。

3.2.12 董事会秘书被解聘或者辞职后,在未履行报告和公告义务,或者未完成离任审查、档案移交等手续前,仍应承担董事会秘书的责任。

3.2.13 董事会秘书空缺期间,上市公司应当及时指定一名董事或者高级管理人员代行董事会秘书的职责,并报本所备案,同时尽快确定董事会秘书的人选。公司指定代行董事会秘书职责的人员之前,由公司法定代表人代行董事会秘书职责。

董事会秘书空缺时间超过三个月的,公司法定代表人应当代行董事会秘书职责,直至公司聘任新的董事会秘书。

❷《深圳证券交易所股票上市规则》(2014年修订)

略。

【细则示范】

▶ 细则3-2 董事会秘书工作细则

第一章 总 则

第一条 为了进一步提高公司治理水平,规范公司董事会秘书的运作和职责权限,根据《中华人民共和国公司法》(以下简称《公司法》)等法律法规、以及本公司章程(以下简称"公司章程")的有关规定,并结合公司的实际情况,制定本工作制度。

第二条 公司董事会设董事会秘书,董事会秘书是公司高级管理人员,对公司和董事会负责,应忠实、勤勉地履行职责,不得利用职权为自己或他人谋取利益。法律、法规及公司章程对公司高级管理人员的有关规定,适用于董事会秘书。

第三条 公司董事会秘书负责以公司名义办理信息披露、公司治理、股权管理等相关职责范围内的事务,享有相应的工作职权。

第四条 公司设立董事会办公室,由董事会秘书分管,配备专职人员协助董事会秘书工作,处理公司规范运作、公司治理、信息披露、投资者关系管理等事务。

第二章 董事会秘书的聘任、解聘及任职资格

第五条 董事会秘书由董事长提名,由董事会聘任或者解聘。董事会秘书任期三年,聘期自聘任之日起,至本届董事会任期届满止,可连聘连任。

公司董事会应当在原任董事会秘书离职后三个月内聘任董事会秘书。

第六条 董事会秘书的任职资格

1. 具有良好的职业道德和个人品质;

2. 具备履行职责所必需的财务、管理、法律等专业知识；

3. 具备履行职责所必需的工作经验；

4. 取得有关法律法规规范性文件的资格要求。

第七条 有下列情形之一的人士不得担任公司董事会秘书：

1. 有《公司法》第 146 条规定的任何一种情形的；

2. 公司现任监事；

3. 不适合担任董事会秘书的其他情形。

第八条 公司解聘董事会秘书应当具备充足的理由，不得无故将其解聘。

第九条 公司董事会秘书具有下列情形之一的，公司应当自相关事实发生之日起一个月内将其解聘：

1. 本制度第七条规定的任何一种情形；

2. 连续三个月以上不能履行职责；

3. 在履行职责时出现重大错误或疏漏，后果严重的；

4. 违反法律法规或其他规范性文件，后果严重的；

5. 公司董事会认为不宜继续担任董事会秘书的其他情形。

第十条 董事会秘书辞职时，应提前一个月通知公司董事会并说明原因。

第十一条 公司董事会秘书被解聘或辞职离任的，应当接受公司董事会和监事会的离任审查，并办理有关档案文件、具体工作的移交手续。

董事会秘书辞职后未完成离任审查、文件和工作移交手续的，仍应承担董事会秘书职责。

第十二条 公司董事会秘书空缺期间，董事会应当指定一名董事或高级管理人员代行董事会秘书的职责。

董事会未指定代行董事会秘书职责的人员或董事会秘书空缺期间超过三个月之后，由公司法定代表人代行董事会秘书职责，直至公司聘任新的董事会秘书。

第十三条 公司董事或其他高级管理人员可以兼任公司董事会秘书。董事兼任董事会秘书的，如某一行为需由董事、董事会秘书分别作出时，则该兼任董事及董事会秘书的人不得以双重身份作出。

第三章 董事会秘书的职责

第十四条 公司董事会秘书负责公司信息披露管理事务，包括：

1. 负责公司信息对外发布；

2. 制定并完善公司信息披露事务管理制度；

3. 督促公司相关信息披露义务人遵守信息披露相关规定，协助相关各方及有关人员履行信息披露义务；

4. 负责公司未公开重大信息的保密工作；

5. 关注媒体报道，主动向公司及相关信息披露义务人求证，督促董事会及时披露或澄清。

第十五条 公司董事会秘书应协助公司董事会加强公司治理机制建设，包括：

1. 组织筹备并列席公司董事会会议及其专门委员会会议、监事会会议和股东大会会议；

2. 建立健全公司内部控制制度；

3. 积极推动公司避免同业竞争，减少并规范关联交易事项；

4. 积极推动公司建立健全激励约束机制；

5. 积极推动公司承担社会责任。

第十六条 公司董事会秘书负责公司投资者关系管理事务，完善公司投资者的沟通、接待和服务工作机制。

第十七条 董事会秘书负责公司股权管理事务，包括：

1. 保管公司股东持股资料；

2. 督促公司董事、监事、高级管理人员及其他相关人员遵守公司股份买卖的相关规定；

3. 其他公司股权管理事项。

第十八条 公司董事会秘书应协助公司董事会制定公司资本市场发展战略，协助筹划或者实施公司资本市场再融资或者并购重组事务。

第十九条 公司董事会秘书负责公司规范运作培训事务，组织公司董事、监事、高级管理人员及其他相关人员接受相关法律法规和其他规范性文件的培训。

第二十条 公司董事会秘书应提示公司董事、监事、高级管理人员履行忠实、勤勉义务。

第二十一条 公司应当为董事会秘书履行职责提供便利条件，公司董事、监事、高级管理人员和相关工作人员应当配合董事会秘书的履职行为。

第二十二条 公司董事会秘书为履行职责，有权了解公司的财务和经营情况，查阅其职责范围内的所有文件，并要求公司有关部门和人员及时提供相关资料和信息。

第二十三条 公司召开总经理办公会以及其他涉及公司重大事项的会议，应及时告知董事会秘书列席，并提供会议资料。

第二十四条 公司董事会秘书应当与公司签订保密协议，承诺在任期期间及离任后，持续履行保密义务直至有关信息对外披露为止，但涉及公司违法违规行为的信息不属于前述应当履行保密义务的范围。

第五章 考　核

第二十五条　董事会秘书在任职期间因工作失职、渎职或违法违规,给公司造成不良影响的,公司视情节轻重可以对其采取责令检讨、通报批评、警告、经济处罚、限制股权激励、损失赔偿等内部问责措施。

第六章 附　则

第二十六条　本细则未尽事宜,或者与本细则生效后颁布、修改的有关法律、法规、规范性文件相冲突的,按有关法律、法规、规范性文件的规定执行。

第二十七条　本细则自公司董事会通过之日起施行。

第二十八条　本细则解释权属公司董事会。

第四章 股东出资

第一节 出资的认缴

【示范条款】

4.1.1 注册资本的认缴

公司注册资本由全体股东认缴。股东应当按期足额缴纳各自所认缴的出资额。

4.1.2 出资额及出资比例

股东姓名或者名称及其认缴的出资额：

股东姓名或者名称	认缴的出资额	股权比例
合计		100%

4.1.3 分期出资

股东的出资分_____期缴纳。

首次出资：

股东姓名或者名称	本次出资金额	出资方式	出资时间	本次出资比例
合计				100%

第二次出资：

股东姓名或者名称	本次出资金额	本次出资后累计出资金额	出资方式	出资时间	本次出资后累计出资比例
合计					100%

第三次出资：

股东姓名或者名称	本次出资金额	本次出资后累计出资金额	出资方式	出资时间	本次出资后累计出资比例
合计					100%

【本节条款解读】

股东出资是一个国家公司法律体系的核心制度之一。我国《公司法》施行的是法定资本制度，又称为注册资本制度，强调的是资本的确定和真实。按照现行《公司法》法定资本制度中有两个概念，注册资本和实收资本。其中，注册资本，是指在公司登记机关依法登记的全体股东认缴的出资额或全体发起人认购或实收的股本总额。实收资本，是指在公司登记机关依法登记的全体股东或者发起人实际交付的出资额或者股本总额。

第二节 货币出资

【示范条款】

4.2.1 现金人民币出资

股东以人民币货币出资的，将货币足额存入公司在银行开立的账户。

4.2.2 现金外汇出资

股东以美元（港币、欧元、英镑等非人民币）出资的，将货币足额存入公司在银行开立的账户,折合汇率以出资日中国人民银行公布的外汇牌价中间价为准。

4.2.3 以外币为记账本位币

(外商投资企业)公司注册资本以美元(港币、欧元、英镑等非人民币)为记账本位币时,股东以人民币等非记账本位币出资的,将货币足额存入公司在银行开立的账户。折合汇率以出资日中国人民银行公布的外汇牌价中间价为准。

【本节条款解读】

一、货币出资

货币出资,也叫现金出资,是指股东(发起人)直接以流通货币单位出资。现金出资是最常见的资本出资方式。现金出资的价值确定、准确、客观,是一种最通常、最便捷、最明晰的出资方式,且可以任意切割份额,无须重新估价,具有非现金出资无法比拟的便利。

二、以借贷取得的货币出资

1. 股东以自身名义借贷的现金出资。我国《中外合作经营企业合营各方出资的若干规定》第 2 条、第 3 条规定,合营各方向合营企业认缴的出资,必须是合营者自己所有的资金,合营企业的任何一方都不得用以合营企业名义取得的贷款作为自己的出资。但法律并不禁止投资人用以自己名义取得的贷款进行投资。

2. 股东由公司担保取得的借款可以用作出资。我国《公司法》第 148 条规定:"董事、高级管理人员不得违反公司章程的规定,未经股东会、股东大会或董事会的同意,将公司资金借贷给他人或者以公司财产为他人提供担保。"但此种禁止性规定并不能否定股东对已取得的借款享有事实上的所有权,股东仍可以该货币作为其自有资金出资。

三、以可自由兑换货币的非本位货币出资

《公司法》没有明确确定"货币"的范围是否包括非本位币。从理论上认为,货币出资应当包括非本位货币出资。从实践来看,美元、欧元、港币等在国际市场能够自由兑换的货币完全可以作为公司的出资标的。

关于非本位货币出资的计价原则。实践中,一般根据出资时的外汇牌价将非本位币折算为本位币计价。新《企业会计制度》第 80 条第 3 款规定:投资者投入的外币,合同没有约定汇率的,按收到出资额当日的汇率折合;合同约定汇率的,按合同约定的汇率折合,因汇率不同产生的折合差额,作为资本公积处理。

这里需要注意,折算汇率不宜直接确定一个固定汇率。因为汇率随时变动,如果事先约定的确定汇率在实际出资当日低于外汇牌价,就会出现一个补交出资差额的问题,并且这种补交责任,是各发起股东的连带责任。

四、以不可自由兑换货币的出资

不能自由兑换的货币,特别是战争地区以及严格外汇管制国家的货币不能视为公司法上的货币。根据公司经营的需要,如公司主要业务活动本身就是与该外汇管制国家进行贸易往来,该"外汇管制货币"是公司经营所需要。这些"外汇管制货币"可以作为出资,但是这些"外汇管制货币"出资不应按照"货币"出资流程,而应该以"非货币财产"出资流程,对该"外汇管制货币"进行价值评估作价后,以评估作价金额入资。

五、货币出资的缴收机关

我国《公司法》第 28 条规定,股东以货币出资的,应当将货币出资足额存入拟设立公司在银行开设的账户。《公司注册资本登记管理暂行规定》中进一步规定,该账户为新设立公司所在地银行的"专用账户"。该"专用账户"的开立、撤消及资金划拨,按照中国人民银行的有关规定办理。即,现金出资应当向设立中公司缴纳,由该设立中公司在银行开设的受到严格监控的"专用账户"接受。需要注意的是,实践中,有时会发生由银行出具虚假缴款证明的案例,按照司法解释,此时,银行将对该虚假出资承担连带责任。

【本节法律依据】

❶《中国注册会计师审计准则第 1602 号——验资》(财政部 2006 年 2 月 15 日 财会【2006】4 号)

第十二条 设立验资的审验范围一般限于与被审验单位注册资本实收情况有关的事项,包括出资者、出资币种、出资金额、出资时间、出资方式和出资比例等。

第十三条 变更验资的审验范围一般限于与被审验单位注册资本及实收资本增减变动情况有关的事项。

增加注册资本及实收资本时,审验范围包括与增资相关的出资者、出资币种、出资金额、出资时间、出资方式、出资比例和相关会计处理,以及增资后的出资者、出资金额和出资比例等。

减少注册资本及实收资本时,审验范围包括与减资相关的减资者、减资币种、减资金额、减资时间、减资方式、债务清偿或债务担保情况、相关会计处理,以及减资后的出资者、出资金额和出资比例等。

第十四条 对于出资者投入的资本及其相关的资产、负债,注册会计师应当分别采用下列方法进行审验:

(一)以货币出资的,应当在检查被审验单位开户银行出具的收款凭证、对账单及银行询证函回函等的基础上,审验出资者的实际出资金额和货币出资比例是否符合规定。对于股份有限公司向社会公开募集的股本,还应当检查证券公司承销协议、募股清单和股票发行费用清单等。

第三节 非货币出资及评估

【示范条款】

4.3.1 非现金出资

股东以实物、知识产权、土地使用权等可以用货币估价并可以依法转让的非货币财产作价出资的,应经具有评估资格的资产评估机构评估作价,并依法办理财产权的转移手续。

4.3.2 出资验收

股东非现金出资时,应当依法办理财产权的转移手续,由公司董事会查验并提交验收议案,验收议案需经公司股东大会(股东会)普通决议(或者特别决议等)审议通过。

4.3.3 非现金出资的评估

有关出资已经由[名称]评估事务所出具[报告标号]评估报告。

【本节条款解读】

一、非货币出资的要件

《公司法》第27条规定:"股东可以用货币出资,也可以用实物、知识产权、土地使用权等可以用货币估价并可以依法转让的非货币财产作价出资;但是,法律、行政法规规定不得作为出资的财产除外。"可见非货币出资需要满足以下要求:

1. 对公司的有用性

用于出资的非货币财产应当具有确定的商业价值,即"对公司的有用性"。《中外合资经营企业法实施条例》第24条第1款规定:"作为外国合营者出资的机器设备或者其他物料,应当是合营企业生产所必需的。"

2. 可以用货币估价

用于出资的非货币财产应当具有货币价值上的可计量性和价值确定性。无法以货币估价的财产不能确认股东是否履行了出资义务,也无法考量股东的具体出资比例。

3. 可以依法转让

用于出资的非货币财产应当具有可转让性。

二、实物出资

实物出资一般是指以房屋、建筑物、机器设备和材料等实物出资。需要注意验证其产权归属,并按照国家有关规定在资产评估或价值鉴定或各出资者商定的基础上审验其价值。

三、知识产权出资

从我国加入的WTO《知识产权协定》(即TRIPS)来看,知识产权范围包括:著作权及其相关权利;商标权、地理标记权、工业品外观设计权、专利权、集成电路布图设计权、未公开信息专有权(商业秘密权)。《著作权法》明确规定著作权的14项财产性权利可以转让。而且计算机软件一直是归类为著作权进行保护的。

中国参加的《保护工业产权巴黎公约》第1条第2款规定,工业产权的保护对象包括发明专利、实用新型、外观设计、商标、服务标记、厂商名称(即商号)、货源标记、原产地名称等。按照我国已经加入的WTO规则,法律应当按上述范围全面保护工业产权。

实践中已经出现了作为著作权之一的计算机软件等知识产权出资入股的需求和现象。《独立审计实务公告第1号——验资》第11条第3款允许所有"知识产权"的出资入股。

四、净资产出资

关于净资产出资,实务中经常存在。国有企业整体改制或者部分改制基本上都是以净资产出资的方式完成。根据《公司法》第95条的规定:"有限责任公司变更为股份有限公司时,折合的实收股本总额不得高于公司净资产额。"就是净资产出资的一种,在会计实务中已经广泛适用。

对净资产出资也应注意,一般的会计报表是基于公司持续经营的假设编制的,"净资产=总资产-负债"中的总资产包含:待摊费用、待处理流动资产净损失、待处理固定资产净损失、开办费、长期待摊费用等无实际权益的会计计量性质的"资产"。如果一个不能满足公司持续经营的会计主体的会计报表,前述这些所谓的会计计量性质的"资产"就需要重新考量。

五、以对"第三人"的债权出资

公司登记机关对债权出资并未采取完全禁止的态度,一般要求此类出资必须履行必要的法律手续,但"无法实现的债权不能用作出资"以及"预期债权"不能作为出资。

最高人民法院采取的是"原则禁止、例外许可"制度。见最高人民法院《关于企业开办单位所划拨的债权能否作为该企业的注册资本的请示答复》。

需要注意,按照现行《合同法》第80条的规定,原债权人转让权利时,应当通知债务人。

六、以对公司的债权出资

一般认为这时的债权,应当是真实发生、需要偿付的债权,并且必须要有充实的实体资产支撑。禁止用已经"资不抵债"的债权作为出资。在验资时,应当与对应的实体资产一起,进行评估或者审计。

规范公司制度初期的所谓"拨改贷"资金转为国家资本金,就是债权出资的一种。国家针对4家资产管理公司①施行的《关于实施债权转股权若干问题的意见》以及《金融资产管理公司条例》中"债转股",也是债权出资的一种。

七、净资产出资中的以对"第三人"的债权出资

在实务中,广泛存在的所谓净资产出资方式中,出资者是以持有的总资产交付给拟设立公司,按净资产值计价入股。其中,总资产中的流动资产就包含有应收账款、预付账款、其他应收款等对第三人的债权。

八、股权出资

出资人以其他公司股权出资,应当符合下列条件:
1. 出资的股权由出资人合法持有并依法可以转让;
2. 出资的股权无权利瑕疵或者权利负担;
3. 出资人已履行关于股权转让的法定手续;
4. 出资的股权已依法进行了价值评估。

九、价格评估问题

股东非货币出资应当由评估机构评估,确定其资产价值,国有资产评估结果依法须由有关行政主管部门确认的,由法律、行政法规、规章规定的部门进行确认;非国有资产评估结果或者依法不需进行确认的国有资产评估结果,由股东或者发起人认可,验资机构进行验证。

【本节法律依据】

❶ 最高人民法院《关于适用〈中华人民共和国公司法〉若干问题的规定(三)》(2014年2月20日 法释[2014]2号)

第七条 出资人以不享有处分权的财产出资,当事人之间对于出资行为效力产生争议的,人民法院可以参照物权法第一百零六条的规定予以认定。

以贪污、受贿、侵占、挪用等违法犯罪所得的货币出资后取得股权的,对违法犯罪行为予以追究、处罚时,应当采取拍卖或者变卖的方式处置其股权。

第十一条 出资人以其他公司股权出资,符合下列条件的,人民法院应当认定

---

① 4家资产管理公司,指中国长城资产管理公司、中国信达资产管理公司、中国华融资产管理公司和中国东方资产管理公司。

出资人已履行出资义务：

（一）出资的股权由出资人合法持有并依法可以转让；

（二）出资的股权无权利瑕疵或者权利负担；

（三）出资人已履行关于股权转让的法定手续；

（四）出资的股权已依法进行了价值评估。

股权出资不符合前款第（一）（二）（三）项的规定，公司、其他股东或者公司债权人请求认定出资人未履行出资义务的，人民法院应当责令该出资人在指定的合理期间内采取补正措施，以符合上述条件；逾期未补正的，人民法院应当认定其未依法全面履行出资义务。

股权出资不符合本条第一款第（四）项的规定，公司、其他股东或者公司债权人请求认定出资人未履行出资义务的，人民法院应当按照本规定第九条的规定处理。

❷《公司注册资本登记管理规定》（国家工商行政管理总局2014年2月20日第64号令）

第五条 股东或者发起人可以用货币出资，也可以用实物、知识产权、土地使用权等可以用货币估价并可以依法转让的非货币财产作价出资。

股东或者发起人不得以劳务、信用、自然人姓名、商誉、特许经营权或者设定担保的财产等作价出资。

第六条 股东或者发起人可以以其持有的在中国境内设立的公司（以下称股权所在公司）股权出资。

以股权出资的，该股权应当权属清楚、权能完整、依法可以转让。

具有下列情形的股权不得用作出资：

（一）已被设立质权；

（二）股权所在公司章程约定不得转让；

（三）法律、行政法规或者国务院决定规定，股权所在公司股东转让股权应当报经批准而未经批准；

（四）法律、行政法规或者国务院决定规定不得转让的其他情形。

第七条 债权人可以将其依法享有的对在中国境内设立的公司的债权，转为公司股权。

转为公司股权的债权应当符合下列情形之一：

（一）债权人已经履行债权所对应的合同义务，且不违反法律、行政法规、国务院决定或者公司章程的禁止性规定；

（二）经人民法院生效裁判或者仲裁机构裁决确认；

（三）公司破产重整或者和解期间，列入经人民法院批准的重整计划或者裁定认可的和解协议。

用以转为公司股权的债权有两个以上债权人的，债权人对债权应当已经作出分割。

债权转为公司股权的，公司应当增加注册资本。

第八条　股东或者发起人应当以自己的名义出资。

❸《中国注册会计师审计准则第1602号——验资》（财政部2006年2月15日　财会【2006】4号）

第十条　注册会计师执行验资业务，应当编制验资计划，对验资工作作出合理安排。

第十一条　注册会计师应当向被审验单位获取注册资本实收情况明细表或注册资本、实收资本变更情况明细表。

第十二条　设立验资的审验范围一般限于与被审验单位注册资本实收情况有关的事项，包括出资者、出资币种、出资金额、出资时间、出资方式和出资比例等。

第十三条　变更验资的审验范围一般限于与被审验单位注册资本及实收资本增减变动情况有关的事项。

增加注册资本及实收资本时，审验范围包括与增资相关的出资者、出资币种、出资金额、出资时间、出资方式、出资比例和相关会计处理，以及增资后的出资者、出资金额和出资比例等。

减少注册资本及实收资本时，审验范围包括与减资相关的减资者、减资币种、减资金额、减资时间、减资方式、债务清偿或债务担保情况、相关会计处理，以及减资后的出资者、出资金额和出资比例等。

第十四条　对于出资者投入的资本及其相关的资产、负债，注册会计师应当分别采用下列方法进行审验：

（一）以货币出资的，应当在检查被审验单位开户银行出具的收款凭证、对账单及银行询证函回函等的基础上，审验出资者的实际出资金额和货币出资比例是否符合规定。对于股份有限公司向社会公开募集的股本，还应当检查证券公司承销协议、募股清单和股票发行费用清单等。

（二）以实物出资的，应当观察、检查实物，审验其权属转移情况，并按照国家有关规定在资产评估的基础上审验其价值。如果被审验单位是外商投资企业，注册会计师应当按照国家有关外商投资企业的规定，审验实物出资的价值。

（三）以知识产权、土地使用权等无形资产出资的，应当审验其权属转移情况，并按照国家有关规定在资产评估的基础上审验其价值。如果被审验单位是外商投资企业,注册会计师应当按照国家有关外商投资企业的规定,审验无形资产出资的价值。

（四）以净资产折合实收资本的,或以资本公积、盈余公积、未分配利润转增注册资本及实收资本的,应当在审计的基础上按照国家有关规定审验其价值。

（五）以货币、实物、知识产权、土地使用权以外的其他财产出资的,注册会计师应当审验出资是否符合国家有关规定。

（六）外商投资企业的外方出资者以本条第(一)项至第(五)项所述方式出资的,注册会计师还应当关注其是否符合国家外汇管理有关规定,向企业注册地的外汇管理部门发出外方出资情况询证函,并根据外方出资者的出资方式附送银行询证函回函、资本项目外汇业务核准件及进口货物报关单等文件的复印件,以询证上述文件内容的真实性、合规性。

第十五条 对于出资者以实物、知识产权和土地使用权等非货币财产作价出资的,注册会计师应当在出资者依法办理财产权转移手续后予以审验。

第十六条 对于设立验资,如果出资者分次缴纳注册资本,注册会计师应当关注全体出资者的首次出资额和出资比例是否符合国家有关规定。

第十七条 对于变更验资,注册会计师应当关注被审验单位以前的注册资本实收情况,并关注出资者是否按照规定的期限缴纳注册资本。

第十八条 注册会计师在审验过程中利用专家协助工作时,应当考虑其专业胜任能力和客观性,并对利用专家工作结果所形成的审验结论负责。

第十九条 注册会计师应当向出资者和被审验单位获取与验资业务有关的重大事项的书面声明。

第二十条 注册会计师应当对验资过程及结果进行记录,形成验资工作底稿。

【典型案例】

▶ 案例4-1　以对公司的债权作为对公司的出资

河南豫光金铅股份有限公司(以下简称"豫光金铅")是于2002年7月30日在上海证券交易所上市的上市公司,上市代码600531。豫光金铅的前身是河南豫光金铅集团有限责任公司(以下简称"豫光集团"),在1999年11月8日,豫光集团、中国黄金总公司等5家发起人发起设立豫光金铅时,各发起人通过协商,中国黄金总公司以636万元对豫光集团的债权和404万元现金(共1040万元)对豫光金铅出资。

笔者担任了该公司首次公开发行股票及上市的专项法律顾问,为该公司出具了《关于河南豫光金铅股份有限公司2001年股票公开发行与上市的法律意见书》

《律师工作报告》以及《补充法律意见书》等。笔者在就中国证券监督管理委员会证发反馈函[2001]279号《关于河南豫光金铅股份有限公司公开发行股票申请文件反馈意见的函》(以下简称《反馈意见》)出具了如下法律意见：

……

二、关于《反馈意见》第19条："请律师就黄金公司债权转为投资636万元的合法性出具明确法律意见。"

(一)经办律师调查的情况

1. 1993年4月，中国黄金总公司(以下简称"黄金公司")与河南省济源黄金冶炼厂(河南豫光金铅集团有限责任公司前身)签订借款合同一份，约定黄金公司为支持黄金产业的发展，提供给济源黄金冶炼厂636万元借款。黄金公司分别于1993年5月6日、7月6日、8月7日、9月2日及1994年9月22日和12月26日汇入河南省济源黄金冶炼厂账户80万元、20万元、20万元、366万元、50万元、100万元。6笔汇款共计人民币636万元。

2. 1999年11月3日，经亚太资产评估事务所亚资评报字[1999]第38号资产评估报告(以下简称"评估报告")确认，河南豫光金铅集团有限责任公司(以下简称"豫光集团")拟申报投入股份公司(筹)的资产和负债为："在评估基准日1999年8月31日持续经营前提下，企业申报的总资产38 165.03万元，负债25 999.53万元，净资产12 165.49万元；调整后总资产账面值为38 165.03万元，负债为25 999.53万元，净资产为12 165.49万元；评估后的总资产为37 106.64万元，负债为25 999.53万元，净资产为11 107.10万元。"

评估报告的附件之一——武汉三正会计师事务所有限责任公司1999年9月29日武会股字(99)054号审计报告确认，拟成立的股份公司1999年8月31日资产负债表为：总资产为381 650 301.03元，负债为259 995 380.76元(其中长期应付款6 360 000.00元)，所有者权益为121 654 920.27元。

评估报告在其附件《资产评估说明》中确认拟投入资产中"长期应付款"项目为："申报值6 360 000.00元，内容为应付黄金公司的款项，经查所签订的合同等有关资料，账实相符，情况属实，调整后账面值为申报值"(《资产评估说明》P13)；"调整后的账面值为6 360 000.00元，情况属实，以核实后的账面值为评估值"(《资产评估说明》P41)。

评估报告的"资产评估结果分类汇总表"第59项列明：长期应付款6 360 000.00元。

评估报告的"长期应付款清查评估明细表"第1项列明：机构名称：中国黄金总公司；账面价值6 360 000.00元；调整后价值6 360 000.00元；评估价值6 360 000.00元。

3. 1999年11月8日，豫光集团、黄金公司、济源市财务开发公司、河南省济源市金翔铅盐有限公司、天水荣昌工贸有限责任公司等5家发起人发起设立股份公司时,各发起人通过协商,在发起人协议第13条第2项约定:由黄金公司以636万元债权和404万元现金(共1 040万元)作为对股份公司的出资。

4. 1999年12月8日,河南省国有资产管理局豫国资企字(1999)第30号批复确认:河南豫光金铅股份有限公司(筹)总股本为8 181.62万股(每股净资产1.54元),其中黄金公司持有676万股(其中债权转投资636万元,现金404万元),占总股本的8.26%,为国有法人股。

5. 1999年12月21日,河南省人民政府豫股批字[1999]28号《关于设立河南豫光金铅股份有限公司的批复》批准同意"黄金公司入股676万股"(由债权转投资636万元、现金出资404万元折股)的出资方式。

6. 1999年12月24日,武汉三正会计师事务所有限责任公司武会股字(99)062号验资报告确认:截至1999年12月24日,股份公司(筹)已收到其发起股东投入的资本总额人民币12 587.1万元,其中股本8 181.62万元,资本公积4 405.48万元。与上述投入资本相关的货币资金为844万元,净资产为11 743.10万元(豫光集团11 107.10万元、黄金公司投入636万元),与投入的净资产相关的资产总额为37 106.64万元(即:评估报告评估确认的资产总额37 106.64万元),负债总额为25 363.54万元。

7. 2000年1月6日,发行人经河南省工商行政管理局依据《公司法》(2005年修订)第7条:"依法设立的公司,由公司登记机关发给公司营业执照。"之规定,获得了股份公司营业执照。

(二) 补充调查的材料

1. 1993年4月28日,黄金公司与河南省济源黄金冶炼厂的借款合同。

2. 1993年5月6日、7月6日、8月7日、9月2日及1994年9月22日和12月26日汇票进账单或信汇凭证。

(三) 结论意见

1. 黄金公司该笔债权转投资636万元的出资形式,在现行有效的法律法规和规范性文件中没有禁止性规定。

2. 黄金公司债权转投资,是财产权利形式发生变化,并不发生价值的变化,且履行了必要和充分的法律手续。

3. 2001年1月21日修订的《独立审计实务第1号——验资》第十二条第(四)项已经确认了验资实务中"出资者的债权转增实收资本(股本)"[①]的具体验资

---

① 《公司法》(2005年修订)第7条:"依法设立的公司由公司登记机关发给公司营业执照。"2006年2月15日发布的《中国注册会计师审计准则第1602号——验资》第14条第5款规定:"以货币、实物、知识产权、土地使用权以外的其他财产出资的,注册会计师应当审验出资是否符合国家有关规定。"

方式。

4. 经办律师认为,黄金公司债权转投资行为,符合国家和股份公司各发起人利益,不损害其他主体的利益,不违反现行有效的法律法规和规范性文件的规定,履行了必要和充分的法律手续,不存在法律纠纷,因此是合法的。

……

该公司已经于2002年成功上市,得到了有关监管部门和社会公众的认可。

第四节 验　　资

【示范条款】

4.4.1　验资登记

股东的首次出资经依法设立的验资机构验资后,授权公司董事会向公司登记机关报送公司登记申请书、公司章程、验资证明等文件,申请设立登记。

【本节条款解读】

一、权属转移

现行《公司法》第28条第1款规定:"股东应当按期足额缴纳公司章程中规定的各自所认缴的出资额。股东以货币出资的,应当将货币出资足额存入有限责任公司在银行开设的账户;以非货币财产出资的,应当依法办理其财产权的转移手续。"

二、非货币财产的权属证明

用于出资的非货币财产都必须出具有效的权属证明。1988年《中外合资经营企业合营各方出资的若干规定》第2条第2款规定:凡是以实物出资,出资者应当出具拥有所有权和处置权的有效证明。实践中,往往以第三人出具的货物所有权凭证、购货发票等作为证明。

【本节法律依据】

❶ 最高人民法院《关于适用〈中华人民共和国公司法〉若干问题的规定(三)》(2014年2月20日 法释[2014]2号)

第八条　出资人以划拨土地使用权出资,或者以设定权利负担的土地使用权出资,公司、其他股东或者公司债权人主张认定出资人未履行出资义务的,人民法院应当责令当事人在指定的合理期间内办理土地变更手续或者解除权利负担;逾期未办理或者未解除的,人民法院应当认定出资人未依法全面履行出资义务。

第九条 出资人以非货币财产出资,未依法评估作价,公司、其他股东或者公司债权人请求认定出资人未履行出资义务的,人民法院应当委托具有合法资格的评估机构对该财产评估作价。评估确定的价额显著低于公司章程所定价额的,人民法院应当认定出资人未依法全面履行出资义务。

第十条 出资人以房屋、土地使用权或者需要办理权属登记的知识产权等财产出资,已经交付公司使用但未办理权属变更手续,公司、其他股东或者公司债权人主张认定出资人未履行出资义务的,人民法院应当责令当事人在指定的合理期间内办理权属变更手续;在前述期间内办理了权属变更手续的,人民法院应当认定其已经履行了出资义务;出资人主张自其实际交付财产给公司使用时享有相应股东权利的,人民法院应予支持。

出资人以前款规定的财产出资,已经办理权属变更手续但未交付给公司使用,公司或者其他股东主张其向公司交付、并在实际交付之前不享有相应股东权利的,人民法院应予支持。

❷《中国注册会计师审计准则第1602号——验资》(财政部2006年2月15日 财会[2006]4号)

第十四条 对于出资者投入的资本及其相关的资产、负债,注册会计师应当分别采用下列方法进行审验:

(一)以货币出资的,应当在检查被审验单位开户银行出具的收款凭证、对账单及银行询证函回函等的基础上,审验出资者的实际出资金额和货币出资比例是否符合规定。对于股份有限公司向社会公开募集的股本,还应当检查证券公司承销协议、募股清单和股票发行费用清单等。

(二)以实物出资的,应当观察、检查实物,审验其权属转移情况,并按照国家有关规定在资产评估的基础上审验其价值。如果被审验单位是外商投资企业,注册会计师应当按照国家有关外商投资企业的规定,审验实物出资的价值。

(三)以知识产权、土地使用权等无形资产出资的,应当审验其权属转移情况,并按照国家有关规定在资产评估的基础上审验其价值。如果被审验单位是外商投资企业,注册会计师应当按照国家有关外商投资企业的规定,审验无形资产出资的价值。

(四)以净资产折合实收资本的,或以资本公积、盈余公积、未分配利润转增注册资本及实收资本的,应当在审计的基础上按照国家有关规定审验其价值。

(五)以货币、实物、知识产权、土地使用权以外的其他财产出资的,注册会计师应当审验出资是否符合国家有关规定。

（六）外商投资企业的外方出资者以本条第（一）项至第（五）项所述方式出资的，注册会计师还应当关注其是否符合国家外汇管理有关规定，向企业注册地的外汇管理部门发出外方出资情况询证函，并根据外方出资者的出资方式附送银行询证函回函、资本项目外汇业务核准件及进口货物报关单等文件的复印件，以询证上述文件内容的真实性、合规性。

第十五条　对于出资者以实物、知识产权和土地使用权等非货币财产作价出资的，注册会计师应当在出资者依法办理财产权转移手续后予以审验。

第三十四条　验资报告具有法定证明效力，供被审验单位申请设立登记或变更登记及据以向出资者签发出资证明时使用。

验资报告不应被视为对被审验单位验资报告日后资本保全、偿债能力和持续经营能力等的保证。委托人、被审验单位及其他第三方因使用验资报告不当所造成的后果，与注册会计师及其所在的会计师事务所无关。

❸《独立审计实务公告第1号——验资》(中国注册会计师协会1996年1月1日)

第十条　注册会计师验资的范围包括实收资本（股本），形成实收资本（股本）的货币资金、实物资产和无形资产，以及相关的负债等。

第十一条　对于投资者投入的资本，注册会计师应按其不同的出资方式，分别采用下列方法验证：

（一）以货币资金投入的，应在被审验单位开户银行出具的收款凭证及银行对账单等的基础上审验投入资本。对于股份有限公司向社会公开募集的股本，还应审验承销机构的承销协议和募股清单。

（二）以房屋、建筑物、机器设备和材料等实物资产投入的，注册会计师应清点实物，验证其财产权归属。实物的作价应按照国家有关规定，分别在资产评估确认或价值鉴定或各投资者协商一致并经批准的价格基础上审验。

（三）以工业产权、非专利技术和土地使用权等无形资产投入的，注册会计师应验证其财产权归属。无形资产的作价应按照国家有关规定，分别在资产评估确认或各投资者协商一致并经批准的价格基础上审验。

第十二条　在验资过程中，注册会计师应对投资主体、出资方式、出资比例、出资期限、投资币种等重要事项予以关注。

第十三条　注册会计师应当对被审验单位的实收资本（股本）及相关资产、负债的会计记录进行审核，发现误差，应提请被审验单位调整。如被审验单位拒绝进行调整，注册会计师应当根据需要调整事项的性质和重要程度，确定是否在验资报告中予以反映。

❹ **北京市高级人民法院《关于审理公司纠纷案件若干问题的指导意见》(2008年4月21日 京高法发[2008]127号)**

第一条 出资人或者发起人以房屋、土地使用权、船舶、车辆、知识产权等非货币财产出资,未依有关法律规定办理权属转移手续的,应认定股东未履行出资义务。但在一审法庭辩论终结前补办有关权属转移手续的除外。

上述财产补办了权属转移手续,且在此之前财产已经交付公司实际使用的,人民法院应当认定实际交付的时间为履行出资义务的时间。

❺ **江苏省高级人民法院《关于审理适用公司法案件若干问题的意见(试行)》(2003年6月3日 苏高法审委[2003]2号)**

五、关于股东瑕疵出资及其民事责任的认定

(一)股东瑕疵出资的审查认定

39. 就股东是否存在出资瑕疵,在原告提供足以对股东出资存在瑕疵产生合理怀疑的证据后,由股东举证证明其已出资到位。

40. 股东以其对第三人享有的债权作为出资的,应当认定为无效。但以转让不受限制的非记名公司债券等债权性质的有价证券用作出资的,或用以出资的债权在一审庭审终结前已经实现的,应当认定为有效出资。

41. 股东以土地承包经营权、采矿权等用益物权出资的,应当承认其出资效力,但未履行法定手续的除外。

42. 股东以其在其他公司的股权作为出资的为有效出资,但未履行股权转让法定手续或损害其他股东优先购买权的除外。

43. 企业改制过程中,股东以其所有的、经过评估确认的企业净资产作为出资的,应认定其出资效力。

44. 以房屋、土地使用权、车辆、船舶等作价出资,已交给公司使用但未办理权属转让法定手续的,不应认定其出资效力。但在要求公司股东承担瑕疵出资责任的诉讼中,一审庭审终结前已办理有关权属转让法定手续的,可认定股东已履行出资义务;诉讼中未涉及股东瑕疵出资责任的,在权利人主张时已补办有关权属转让法定手续的,应认定股东已履行出资义务。

股东既未将上述财产交付公司使用,也未在诉讼前办理有关权属转让法定手续的,应认定股东未履行出资义务。

45. 股东以实物、工业产权、非专利技术、土地使用权等出资,未依法进行评估作价且出资人不能证明其作价与实际价额相符的,债权人主张股东出资不足的,人民法院应当在委托中介机构评估后,对股东是否足额出资作出认定。

46. 公司成立后股东补资的,一般应予准许。人民法院不应以未履行验资手续为由认定补资无效,但股东补资意思应当表示明确,且有合法的原始凭证入账,财务账册相关科目有合法记载。

47. 股东补资后公司短期内将该笔资金和财产用于清偿其关联企业等特定债权人的债务或转给其他与其无债权债务关系的单位或个人的,可以公司与股东恶意串通认定补资无效。

股东诉讼前补资或者补资前公司实有资本已达到法定最低限额的,应对前款中的特定债权人范围从严确定;股东在诉讼中补资或者补资前公司实有资本未达到法定最低限额的,应从宽确定。

48. 债权人应承担股东补资存在规避法律意图的初步举证责任,证明程度为根据举证对其资金流向和使用足以产生合理怀疑。然后由公司及其出资人就资金流向和使用承担举证责任。

❻ 山东省高级人民法院《关于审理公司纠纷案件若干问题的意见(试行)》(2007年1月15日 鲁高法发[2007]3号)

7. 股东不得以劳务、信用、自然人姓名、商誉、特许经营权或者设定担保的财产作价出资。

8. 集体土地使用权不得作为出资。但符合《中华人民共和国土地管理法》第六十条规定情形的除外。

9. 股东以其享有的划拨土地使用权出资,在一审法庭辩论终结前依法补办土地使用权出让手续并缴纳土地出让金的,人民法院可以认定股东履行了出资义务。

10. 股东以房屋、土地使用权、船舶、车辆、知识产权等财产作价出资,未依有关法律规定办理权属转让手续的,应认定股东未履行出资义务。但在一审法庭辩论终结前补办有关权属转让手续的除外。

上述财产补办了权属转让手续,且在此之前财产已经交付公司实际使用的,人民法院可以认定实际交付的时间为履行出资义务的时间。

股东以上述财产作价出资,拒不办理权属转让手续的,公司可以请求人民法院判令股东限期办理权属转让手续或承担同等价值的给付。

❼ 浙江省高级人民法院民事审判第二庭《关于公司法适用若干疑难问题的理解》[浙法民二(2010)15号]

3. 对公司或第三人的债权作为公司注册资本投入,其效力如何?

《公司法》第二十四条和第八十条对股东的出资方式作了列举性的规定,即股东可以用货币出资,也可以用实物、工业产权、非专利技术、土地使用权作价出资。债权出资不在此列。债权为请求权,而任何请求权的行使都有风险性。鉴于:普通债权并不都具有始存性、普遍性和可变现性,如果容许其作为注册资本投入,将与我国公司资本确定原则和资本充实原则不符。因此,债权不宜作为公司的注册资本投入,但法律、行政法规和司法解释有特别规定的除外。

4. 集体土地使用权能否出资?

以土地使用权出资,实质上就是土地使用权从出资者向公司的让渡,而依据现行法律的规定,能够作为财产权进行转让的只是国有土地的使用权。因此,如果集体组织欲以集体所有的土地对外投资,则必须首先将集体土地通过国家征用的途径变为国有土地,再从国家手里通过土地出让的方式获得国有土地的使用权,才能进行有效的出资。

5. 未完全履行土地使用权出资义务应如何救济?

土地使用权的出资不仅需要交付,还需采取法定的权利移转形式即过户登记。实践中,只实际交付土地而未办产权登记或只办理了产权登记而未实际交付土地的情况相当普遍,它们都属于出资义务的部分履行或未完全履行

(1) 已办理土地过户手续但未交付土地

由于土地的交付是土地使用权出资的重要要求,只是完成了土地的过户登记而未实际交付土地,将构成对公司利益和股东权益事实上的侵犯。出资者将对公司的出资承担违约责任,公司或其他股东亦有权要求该出资者履行土地交付义务和赔偿由此给公司造成的财产损失。同时,因出资的土地使用权由公司享有,公司债权人亦有权诉请对此项土地使用权予以强制执行。

(2) 已交付土地但未办理土地过户登记手续

此种情况下,公司虽获得了土地占有和利用的实际财产利益,但这种占有和利用却未得到法律的肯定和保护,是极不稳定和极不安全的。这种出资只是事实上的出资而非法律上的出资,构成出资义务的不履行行为。因此,公司或其他股东应有权要求该出资人履行土地的登记过户义务,若出资人拒绝登记,甚至以未办登记过户为由而要求收回土地的行为属于违约行为,当事人同样可通过诉讼寻求司法救济,请求强制登记过户。

(3) 既未交付土地,亦未办理土地过户手续

此行为属于完全不履行土地出资义务的行为,构成公司法上的违法行为,并产生相应的法律责任,包括该股东继续出资的责任、其他股东或公司的发起人连带认缴的责任,以及由此给公司造成的损害赔偿责任。

❽ 江西省高级人民法院《关于审理公司纠纷案件若干问题的指导意见》(2007年12月6日 赣高法[2008]4号)

8. 股东以房屋、土地使用权、船舶、车辆、知识产权等财产作价出资,未依有关

法律规定办理权属转让手续,应认定股东未履行出资义务。但在一审法庭辩论终结前补办有关权属转让手续的除外。股东内部另有约定的,股东可依据约定追究相关股东的责任,但不得以内部约定对抗外部第三人。

上述财产补办了权属转让手续,且在此之前财产已经交付公司实际使用的,人民法院可以实际交付的时间为履行出资义务的时间。

股东以上述财产作价出资,拒不办理权属转让手续的,公司可以请求人民法院判令股东限期办理权属转让手续或承担同等价值的给付。

❾《规范股份有限公司土地估价结果确认工作若干问题》(国家土地管理局1996年6月14日)

略。

❿《关于加强专利资产评估管理工作若干问题的通知》(国家国有资产管理局 国家专利局1996年10月18日 国资办发[1996]49号)

略。

⓫《探矿权采矿权评估管理暂行办法》(国土资源部1999年3月30日 国土资发[1999]75号)

略。

▶ 案例4-2　非法资金出资应认定为没有出资

二审:最高人民法院[2005]民二终字第148号民事判决
一审:天津市高级人民法院

[基本案情]

1996年10月28日,中国欧美进出口公司(以下简称"欧美公司")与湖北益丰贸易公司(以下简称"益丰公司")签订两份编号为益协96-079号和益协96-081号委托代理进口协议书,约定由欧美公司代理益丰公司进口热轧卷板。同时,上海君合贸易公司(以下简称"君合公司")为益丰公司提供担保,并于1997年10月15日、10月16日向欧美公司出具两份担保书承诺承担保证责任。

截至1997年10月21日,上述两份合同项下产生的费用和代理手续费共计人民币579 950.98元,益丰公司和君合公司均未偿付。

1998年11月17日,益丰公司因未年检被湖北省工商行政管理局吊销营业执照,但至今公司资产未经清算。

君合公司成立于1997年2月,注册资本金为人民币3 000万元,股东为石德毅和黄丰,也已经被工商行政管理机关吊销了营业执照,公司资产至今未经清算。

1997年3月6日,石某某指示经办人关某将君合公司的资金3000万元划入石某某之妻乔某某在上海财政证券公司的个人账户。

上海财政证券公司1997年1月27日通过中国工商银行上海市分行黄浦支行,向欧美公司付款人民币1500万元,1997年6月27日向欧美公司付款人民币2000万元,1997年11月13日向欧美海南公司付款人民币1350万元。

另外,黄某亦将益丰公司的资金非法占为己有,后用于股票及期货生意、注册公司、还债。

另外,石某某系本案涉案款项之直接用款人。

欧美公司向天津市高级人民法院提起诉讼,要求益丰公司、君合公司等赔偿损失。

[一审裁决]

益丰公司和君合公司双方确实存在进口代理合同关系,欧美公司履行了合同义务。君合公司就本案益丰公司所涉债务向欧美公司提供了担保。因此,欧美公司和益丰公司之间的进口代理合同成立,益丰公司理应偿付欧美公司。

石某某和黄某作为君合公司的股东,本应以自己所有的合法资产投入君合公司,而二人出资所用款项系另案所确定的赃款,并被追缴。因此,作为股东的出资人应将注册资金补足。股东之间对此应承担连带责任。因此,石德毅应在公司注册资金3000万元的范围内向君合公司的债权人承担赔偿责任。

天津市高级人民法院的判决:

一、益丰公司和君合公司在判决生效后10日内偿还欧美公司信用证项下欠款本金2 715 570.10美元,利息279 677.31美元(截至1998年8月14日)及自1998年8月15日至判决给付之日止的利息。

二、益丰公司和君合公司在判决生效10日内给付欧美公司代理费和银行手续费人民币579 950.98元。

三、就上述君合公司的债务,石某某在3 000万元的范围内向欧美公司承担赔偿责任。

四、驳回欧美公司的其他诉讼请求。

[二审裁决]

本案二审中双方当事人争议的问题:一是石某某是否向君合公司投入注册资本金? 二是石某某是否存在抽逃君合公司资金的行为? 争议的焦点是:石某某是否应就君合公司的债务向欧美公司承担赔偿责任。

从君合公司的台账可以看出,1997年2月27日用于注册君合公司的3 000万元款项,是黄某将益丰公司与欧美公司签订的代理进口合同项下信用证所涉及的部分款项,在扣除相应的远期信用证贴现费用后,将余款汇入君合公司,君合公司结汇后获取款项中的一部分。石某某和黄某作为君合公司的股东,本应以自己所有的合法资产投入君合公司,而二人出资所用款项系刑事案件所确定的赃款,并被追缴。因此,不能认定君合公司的股东黄某、石某某在注册君合公司时投入了注册资本金。

1997年1月27日,上海财政证券公司支付欧美公司1500万元,虽然该笔款项发生在君合公司注册之前,但由于该笔款项交付给了欧美公司,而并非用于注册君合公司,所以,不能认定该1500万元为石某某注册君合公司的出资;上海财政证券公司于1997年6月27日向欧美公司付款2000万元,1997年11月13日向欧美海南公司付款1350万元属实,但该两笔款项同样不属于君合公司的注册资本金。如上所述,君合公司的注册资金来源于上述代理进口合同信用证项下的款项,并非由石某某将款项交付给欧美公司,再由欧美公司转交君合公司作为注册资本。所以,对石某某关于上述1500万元、2000万元、1350万元系先由其交付给欧美公司,再由欧美公司交付君合公司作为石某某的个人出资,石某某已经足额出资的主张,本院不予支持。

股东挪用或抽逃资金的前提是注册资金来源合法,没有合法的资金来源,就谈不上抽逃或挪用的问题。君合公司用于注册的3000万元,经北京市高级人民法院(2001)高刑终字第227号刑事裁定书认定,系黄某刑事诈骗案件赃款中的一部分。验资后,该款项被汇往石某某之妻的股票账户,无论是受黄某的指令还是属于君合公司的经营行为,不管资金如何流动,都改变不了其赃款的属性。原审判一方面认定君合公司的注册资金系赃款,导致公司注册资金的缺失,另一方面又认定款项汇往石某某之妻的股票账户属于股东抽逃或挪用公司资金,的确存在矛盾之处。

君合公司注册登记时,该公司的股东并没有实际出资,应当认定其不具有法人资格。股东黄某、石某某应当对君合公司的债务承担无限连带责任。原审判决根据《中华人民共和国公司法》第28条的规定,判令股东石某某应在公司注册资金3000万元的范围内向君合公司的债权人承担赔偿责任适用法律不当,但鉴于注册资金3000万元的范围基本能够满足债权人本案的诉讼请求,欧美公司也没有提出上诉,本院对原判适用法律中存在的问题不再予以审查。

最高人民法院判决:驳回上诉,维持原判。

[简要评议]

如果公司注册资金来源非法,应当认定公司不具有法人资格。注册资金在验资后被转走,无论是受董事长的指令还是用于公司的其他经营活动,都属于诈骗资金的非法流动,不应认定为抽逃或挪用。股东应当以自己所有的合法资产投入公司,负担刑事责任的非法资金不能认定为股东投入的注册资本金。而股东挪用或抽逃资金的前提是注册资金来源合法,没有合法的资金来源,就谈不上抽逃或挪用资金问题。

第五节　瑕疵出资的责任

【示范条款】

4.5.1　出资不足

(有限责任公司)成立后,发现作为设立公司出资的非货币财产的实际价额显著低于公司章程所定价额的,应当由交付该出资的股东补足其差额;公司设立时的其他股东承担连带责任。

(股份有限公司)成立后,发起人未按照公司章程的规定缴足出资的,应当补缴;其他发起人承担连带责任。成立后,发现作为设立公司出资的非货币财产的实际价额显著低于公司章程所定价额的,应当由交付该出资的发起人补足其差额;其他发起人承担连带责任。

4.5.2　瑕疵出资不影响公司设立

瑕疵出资不影响公司的设立。

4.5.3　瑕疵出资的股东利益

瑕疵出资的股东在补足差额之前,不得享有未补足部分的股权利益,包括投票权、利润分配请求权、新股优先认购权、剩余财产分配请求权等。

4.5.4　瑕疵出资的赔偿

瑕疵出资的股东,应当承担在补足差额之前,给公司带来的利益损失。

前款利益损失包括资金利息损失,具体损失由公司董事会负责核算和追索。

【本节条款解读】

一、瑕疵出资的股东具有股东资格

股东应当足额出资是股东对公司的基本义务,也是法定义务。我国现行《公司法》是法定资本制下的认缴制,即认购出资可分期缴纳,不要求一次性履行出资义务,只要全体股东认缴的出资额符合章程规定则公司即为设立。瑕疵出资的股东是指已经记载于股东名册,但该股东违反《公司法》和公司章程的规定,未足额出资或者出资的财产有瑕疵。由于股东是否足额出资并非公司成立的要件,所以,瑕疵出资的出资人也应取得股东资格,享有股东权利。

二、瑕疵出资的类型

1. 出资不足的瑕疵,是指股东只足额缴纳了第一期出资,而以后各期均未缴纳或只缴纳了部分,导致公司注册资本不实。

2. 出资价值瑕疵,是指实物、权利等出资的评估价值,高于评估对象实际价值之情形。

3. 出资权利瑕疵,是指用于出资的有形或无形财产的所有权、使用权等存在权利上的瑕疵,如已出卖给他人或已抵押给他人等。

4. 出资形式瑕疵,是指以不符合法定要求的出资形式进行出资的情形。如《法国商事公司法》第38条第2款规定,有限责任公司之股份原则上不得以技艺出资方式认购;再如我国《公司法》第27条第1款规定,股东可以用货币出资,也可以用实物、知识产权、土地使用权等可以用货币估价并可以依法转让的非货币财产作价出资;但是,法律、行政法规规定不得作为出资的财产除外。因此,违反以上规定的其他形式的出资,便构成出资形式瑕疵。

三、瑕疵出资的股东权利是应受限制的

瑕疵出资的股东虽然载明于公司股东名册,由于瑕疵出资中的出资并未全部到位,股东权也是有瑕疵的股东权利,依据权利义务相一致原则,其股东权利只能在出资范围内行使,未出资部分不得行使。否则,有悖公平原则,会侵害其他股东的权利,也不利于出资的缴纳和追缴,不利于维护经济秩序和保障交易安全。基于股权平等原则和瑕疵出资股东出资违约的事实,瑕疵出资股东的权利应受到限制。瑕疵出资股东的利润分配请求权、新股优先认购权、剩余财产分配请求权等股东权利应当受到相应的合理限制。即使瑕疵出资者事后补足了出资,也只能在补足出资后行使该部分出资的股东权利。

最高人民法院《关于适用〈中华人民共和国公司法〉若干问题的规定(三)》[2014年2月20日法释[2014]2号,以下简称《公司法解释(三)》]第16条规定,股东未履行或者未全面履行出资义务或者抽逃出资,公司根据公司章程或者股东会决议对其利润分配请求权、新股优先认购权、剩余财产分配请求权等股东权利作出相应的合理限制,该股东请求认定该限制无效的,人民法院不予支持。据此可见,出资瑕疵的股东,其股东权利应当受到限制。

四、瑕疵出资的损害赔偿责任

损害赔偿责任,是指股东因出资不符合章程约定,应当承担在补足差额之前,给公司带来的利益损失。这种利益损失包括资金利息损失,具体损失由公司董事会负责核算和追索。

五、瑕疵出资的填补义务

《公司法》第 30 条规定：有限责任公司成立后，发现作为设立公司出资的非货币财产的实际价额显著低于公司章程所定价额的，应当由交付该出资的股东补足其差额；公司设立时的其他股东承担连带责任。

《公司法》第 93 条规定：股份有限公司成立后，发起人未按照公司章程的规定缴足出资的，应当补缴；其他发起人承担连带责任。股份有限公司成立后，发现作为设立公司出资的非货币财产的实际价额显著低于公司章程所定价额的，应当由交付该出资的发起人补足其差额；其他发起人承担连带责任。

有限责任公司设立时的股东，以及股份有限公司的发起人要对公司出资的充实承担担保责任，共同承担的相互担保出资义务履行，确保公司资本的充足和可靠，确保公司实收资本与章程所定资本相一致。

六、瑕疵出资股权转让的有效性

股权是一种财产权利，经过工商注册登记的股权具有公示、证权的效力。虽然股权取得的前提是认缴和出资，但股权又独立于出资，公司的股权与股东并不一一对应。出资瑕疵的股权，并不是非法的权利，仍然具有可转让性，典型的转让方式是通过契约方式向公司之外的人转让股权。

瑕疵出资股权在签订转让协议之前，受让股东往往因对公司的信息掌握不充分，对转让股东是否已足额缴纳股款并不了解。致使股权转让协议履行后，受让股东才发现转让股东未足额缴纳出资。但转让股东转让的股权是真实的，转让股东不负有合同无效的责任，受让股东不能要求合同无效，返还价款。出资瑕疵的股东对公司负有补足的义务，这种义务对于股权转让后并没有法定的理由予以免除而可以转移给受让股东。并且，以土地使用权或其他特定物出资也只能由转让股东的履行才能达到章程规定的结果。还应由转让股东向公司承担补足出资的责任，而受让股东不负有补足出资的义务。

七、瑕疵出资股权转让中受让股东的责任

1. 通常情况下，受让股东并不了解前手股东是否负有瑕疵出资的补足责任，也不宜对受让股东设定考察拟转让股权是否负有瑕疵出资之负担，股权和出资之间是各自独立的。所以受让股东不负有其前手转让人的补足出资义务而享有完全的股东权利，这在上市公司的股权转让中更清晰和明了。

2. 对于约定分期缴纳的股款还没有到期限的就已转让的股权，对于未缴纳部分由新的股东负有缴纳股款的义务，但对于公司债权人来讲，原股东应有补充缴纳的义务。

3. 通过继承取得股东资格的，根据《继承法》第 33 条的规定，补足出资义务应由继承人承担。

4. 对于明知出资瑕疵而受让股权的人,根据《公司法解释(三)》第18条规定,有限责任公司的股东未履行或者未全面履行出资义务即转让股权,受让人对此知道或者应当知道,公司请求该股东履行出资义务、受让人对此承担连带责任的,人民法院应予支持;公司债权人依照本规定第13条第2款向该股东提起诉讼,同时请求前述受让人对此承担连带责任的,人民法院应予支持。

由此可见,瑕疵股权的受让人在所受让的股权同时满足以下三个条件的前提下,应对瑕疵出资股东之责任承担连带责任:① 受让的股权性质仅为有限责任公司股权;② 受让股权的原股东出资瑕疵仅限于未出资或未足额出资情形,不包括抽逃出资情形;③ 受让人对原股东未出资或未足额出资是明知或应当明知的。

所以,在处理股权转让过程中,对股权转让的受让方而言,在股权转让合同中明确约定转让方对于完全履行出资义务的保证条款尤显必要,可在一定程度上规避受让方的责任。

【本节法律依据】

❶《中华人民共和国公司法》(2013年12月28日主席令第8号)

第30条 有限责任公司成立后,发现作为设立公司出资的非货币财产的实际价额显著低于公司章程所定价额的,应当由交付该出资的股东补足其差额;公司设立时的其他股东承担连带责任。

第93条 股份有限公司成立后,发起人未按照公司章程的规定缴足出资的,应当补缴;其他发起人承担连带责任。

股份有限公司成立后,发现作为设立公司出资的非货币财产的实际价额显著低于公司章程所定价额的,应当由交付该出资的发起人补足其差额;其他发起人承担连带责任。

❷ 最高人民法院《关于适用〈中华人民共和国公司法〉若干问题的规定(三)》(2014年2月20日 法释[2014]2号)

第十二条 公司成立后,公司、股东或者公司债权人以相关股东的行为符合下列情形之一且损害公司权益为由,请求认定该股东抽逃出资的,人民法院应予支持:

(一)制作虚假财务会计报表虚增利润进行分配;

(二)通过虚构债权债务关系将其出资转出;

(三)利用关联交易将出资转出;

(四)其他未经法定程序将出资抽回的行为。

第十三条 股东未履行或者未全面履行出资义务,公司或者其他股东请求其向公司依法全面履行出资义务的,人民法院应予支持。

公司债权人请求未履行或者未全面履行出资义务的股东在未出资本息范围内对公司债务不能清偿的部分承担补充赔偿责任的,人民法院应予支持;未履行或者未全面履行出资义务的股东已经承担上述责任,其他债权人提出相同请求的,人民法院不予支持。

股东在公司设立时未履行或者未全面履行出资义务,依照本条第一款或者第二款提起诉讼的原告,请求公司的发起人与被告股东承担连带责任的,人民法院应予支持;公司的发起人承担责任后,可以向被告股东追偿。

股东在公司增资时未履行或者未全面履行出资义务,依照本条第一款或者第二款提起诉讼的原告,请求未尽公司法第一百四十七条第一款规定的义务而使出资未缴足的董事、高级管理人员承担相应责任的,人民法院应予支持;董事、高级管理人员承担责任后,可以向被告股东追偿。

第十四条 股东抽逃出资,公司或者其他股东请求其向公司返还出资本息、协助抽逃出资的其他股东、董事、高级管理人员或者实际控制人对此承担连带责任的,人民法院应予支持。

公司债权人请求抽逃出资的股东在抽逃出资本息范围内对公司债务不能清偿的部分承担补充赔偿责任、协助抽逃出资的其他股东、董事、高级管理人员或者实际控制人对此承担连带责任的,人民法院应予支持;抽逃出资的股东已经承担上述责任,其他债权人提出相同请求的,人民法院不予支持。

第十五条 出资人以符合法定条件的非货币财产出资后,因市场变化或者其他客观因素导致出资财产贬值,公司、其他股东或者公司债权人请求该出资人承担补足出资责任的,人民法院不予支持。但是,当事人另有约定的除外。

第十六条 股东未履行或者未全面履行出资义务或者抽逃出资,公司根据公司章程或者股东会决议对其利润分配请求权、新股优先认购权、剩余财产分配请求权等股东权利作出相应的合理限制,该股东请求认定该限制无效的,人民法院不予支持。

第十七条 有限责任公司的股东未履行出资义务或者抽逃全部出资,经公司催告缴纳或者返还,其在合理期间内仍未缴纳或者返还出资,公司以股东会决议解除该股东的股东资格,该股东请求确认该解除行为无效的,人民法院不予支持。

在前款规定的情形下,人民法院在判决时应当释明,公司应当及时办理法定减资程序或者由其他股东或者第三人缴纳相应的出资。在办理法定减资程序或者其他股东或者第三人缴纳相应的出资之前,公司债权人依照本规定第十三条或者第十四条请求相关当事人承担相应责任的,人民法院应予支持。

第十八条 有限责任公司的股东未履行或者未全面履行出资义务即转让股

权,受让人对此知道或者应当知道,公司请求该股东履行出资义务、受让人对此承担连带责任的,人民法院应予支持;公司债权人依照本规定第十三条第二款向该股东提起诉讼,同时请求前述受让人对此承担连带责任的,人民法院应予支持。

受让人根据前款规定承担责任后,向该未履行或者未全面履行出资义务的股东追偿的,人民法院应予支持。但是,当事人另有约定的除外。

第十九条 公司股东未履行或者未全面履行出资义务或者抽逃出资,公司或者其他股东请求其向公司全面履行出资义务或者返还出资,被告股东以诉讼时效为由进行抗辩的,人民法院不予支持。

公司债权人的债权未过诉讼时效期间,其依照本规定第十三条第二款、第十四条第二款的规定请求未履行或者未全面履行出资义务或者抽逃出资的股东承担赔偿责任,被告股东以出资义务或者返还出资义务超过诉讼时效期间为由进行抗辩的,人民法院不予支持。

第二十条 当事人之间对是否已履行出资义务发生争议,原告提供对股东履行出资义务产生合理怀疑证据的,被告股东应当就其已履行出资义务承担举证责任。

❸ **北京市高级人民法院《关于审理公司纠纷案件若干问题的指导意见》(2008年4月21日 京高法发[2008]127号)**

第二条 有限责任公司股东未履行或未完全履行出资义务,公司请求其补足出资,或者公司债权人请求其在瑕疵出资范围内对公司债务承担连带清偿责任,人民法院应予支持;出资义务人以诉讼时效抗辩的,不予支持。

❹ **江苏省高级人民法院《关于审理适用公司法案件若干问题的意见(试行)》(2003年6月13日 苏高法审委[2003]2号)**

50. 股东虚假出资的,应当对公司承担补足出资的责任,其中对因股东作为出资的实物、工业产权、非专利技术、土地使用权的实际价额显著低于公司章程所定价额导致的出资不足部分,公司设立时的其他股东应与该股东对公司承担连带责任。

51. 股东虚假出资导致公司实有资本低于法定最低限额的,公司不具备独立的法人资格,公司财产不足以清偿债务的,股东之间按照合伙关系对公司债务承担连带清偿责任。

补资前公司实有资本未达法定最低限额的,对补资前形成的债务,在公司财产不足以清偿债务时,补资前的公司股东应当承担连带清偿责任。

52. 股东虚假出资导致公司实有资本虽然没有达到公司章程记载的数额但达到法定最低限额的,公司具备法人资格,公司财产不足以清偿债务的,出资不足的股东应当在出资不足的范围内对公司的债务承担补充清偿责任;其中对因股东作为出资的实物、工业产权、非专利技术、土地使用权的实际价额显著低于公司章程所定价额导致的出资不足部分,公司的债权人有权诉请公司设立时的其他股东承担连带责任。

已足额缴纳出资的股东在承担责任后可以以违反出资协议为由向未足额出资的股东行使追偿权,未足额出资的股东按其实际出资额与应出资额的差额的比例承担责任。股东之间有特别约定的从约定。

股东之间的追偿诉讼与债权人诉公司和股东的诉讼应分案处理。

53. 股东抽逃出资的,公司有权诉请其返还出资并赔偿损失,帮助该股东抽逃出资的其他股东、董事、经理等共同侵权人承担连带责任。

股东抽逃出资的,公司不能清偿债务时,公司债权人有权诉请其在所抽逃出资的范围内就公司债务承担清偿责任。

54. 公司法关于有限责任公司股东出资违约责任和差额填补责任的规定适用于股份有限公司发起人。

❺ 山东省高级人民法院《关于审理公司纠纷案件若干问题的意见(试行)》(2007年1月15日 鲁高法发[2007]3号)

11. 本意见所称瑕疵出资包括虚假出资和抽逃出资。股东未按期足额缴纳出资、在公司成立前非法将其缴纳的出资款全部或部分抽回,或者作为出资的非货币财产的实际价额显著低于公司章程所定价额的,构成虚假出资;股东在公司成立后非法将其缴纳的出资全部或部分抽回的,构成抽逃出资,但根据出资款的来源、抽逃的时间等足以证明股东有虚假出资意图的视为虚假出资。

公司违反《公司法》第一百六十七条第一款、第二款规定分配利润,或者制作虚假财务会计报表虚增利润进行分配的,违法分配的利润视为抽逃出资。

12. 公司或公司债权人主张股东瑕疵出资,并举出对瑕疵出资行为产生合理怀疑的初步证据或有关线索的,应由该股东对不存在瑕疵出资承担举证责任。

股东出资或补充出资后,未经依法设立的验资机构验资并出具证明的,由该股东对出资或补充出资是否到位承担举证责任。

股东以非货币财产出资或补充出资时未经评估作价的,公司或公司债权人主张财产实际价额显著低于公司章程所定价额,并申请评估鉴定的,人民法院应予准许。但该股东有充分证据证明财产实际价额与公司章程所定价额相符的除外。

13. 股东瑕疵出资的,公司有权要求其补缴出资,并赔偿损失。

公司怠于行使上述权利的,公司其他股东可根据《公司法》第一百五十二条之规定提起诉讼。

14. 公司设立时,发起人虚假出资的,其他发起人承担连带补缴责任。该责任不因其他发起人转让股权而免除。

股东抽逃出资的,帮助抽逃出资的股东、董事、经理、其他高级管理人员承担连带责任。

公司新增资本时,股东虚假出资的,负有责任的董事、经理、其他高级管理人员承担连带责任。

以上三款规定的责任人承担责任后,可向瑕疵出资的发起人或股东追偿,也可以要求其他连带责任人清偿其应当分担的份额。

15. 股东瑕疵出资的,公司不能清偿债务时,公司债权人有权要求该股东在瑕疵出资范围内对公司债务承担补充赔偿责任。

前款所称"不能清偿"是指对公司的存款、现金、有价证券、成品、半成品、原材料、交通工具、房屋、土地使用权等可以方便执行的财产执行完毕后,债务仍未得到清偿的状态。

16. 本意见第十三条、十四条、十五条规定的责任人已经承担了与其责任范围相符的公司债务的,其对公司或公司债权人不再承担责任。

17. 瑕疵出资股东可以补充出资。但在公司债权人要求瑕疵出资股东对公司债务承担责任的诉讼中,股东向公司补充出资的,不产生对抗该债权人的法律效力。

18. 瑕疵出资股东对公司享有到期债权的,该股东或公司可以依据《合同法》第九十九条、一百条之规定以该债权抵消相应的瑕疵出资。但下列情形除外:

(1) 公司已经进入破产程序的;

(2) 公司债权人已经提起要求瑕疵出资股东对公司债务承担责任的诉讼的。

19. 公司股东会、股东大会形成利润分配决议且利润分配符合法定条件的,对于瑕疵出资股东依法所应分取的利润,该股东或公司可主张以其抵消相应的瑕疵出资。

公司股东会、股东大会未形成利润分配决议或决议不分配利润的,瑕疵出资股东仅以公司有可分配利润为由主张已经补缴出资的,人民法院不予支持。

20. 公司章程规定股东分期缴纳出资的,出资期限届满前,公司或公司债权人向该股东主张权利的,人民法院不予支持。

公司进入破产或清算程序的,股东未到期的出资义务视为到期。

21. 公司未按照《公司法》第一百七十八条之规定通知债权人,或者未按照债权人的要求清偿债务或提供相应的担保即减少注册资本的,公司债权人可以要求股东在各自收回出资的范围内对减资前的公司债务连带承担补充赔偿责任。

22. 股东虚假出资导致公司的实收资本低于《公司法》规定的最低注册资本限

额的,股东应对公司债务承担无限清偿责任。公司设立时的其他发起人承担连带责任。

23. 公司追究股东瑕疵出资民事责任的,不受《民法通则》第一百三十五条诉讼时效的限制。

公司债权人要求股东在瑕疵出资范围内对公司债务承担补充赔偿责任的,诉讼时效自债权人知道或应当知道股东瑕疵出资之日起算。公司债权人在债务履行期届满前知道或应当知道股东瑕疵出资的,诉讼时效自债务履行期届满之次日起算。

❻ 江西省高级人民法院《关于审理公司纠纷案件若干问题的指导意见》(2007年12月6日 赣高法[2008]4号)

9. 本意见所称瑕疵出资包括虚假出资和抽逃出资。股东未按期足额缴纳出资、在公司成立前非法将其缴纳的出资款全部或部分抽回,或者作为出资的非货币财产未经评估作价且实际价额显著低于公司章程所定价额的,构成虚假出资;股东在公司成立后非法将其缴纳的出资全部或者部分抽回的,构成抽逃出资,但根据出资款的来源、抽逃的时间等足以证明股东有虚假出资意图的视为虚假出资。

公司违反《公司法》第一百六十七条第一款、第二款规定分配利润,或者制作虚假财务会计报表虚增利润进行分配的,违法分配的利润视为抽逃出资。

10. 公司债权人主张股东瑕疵出资,并举出对瑕疵出资行为产生合理怀疑的初步证据或有关线索的,应由该股东对不存在瑕疵出资承担举证责任。

股东出资或补充出资后,未经依法设立的验资机构出具证明的,由该股东对出资或补充出资是否到位承担举证责任。股东以非货币财产出资或补充出资未经评估作价的,公司或公司债权人主张财产实际价额显著低于公司章程所定价额,并申请评估鉴定的,人民法院应予准许。但该股东有充分证据证明财产实际价额与公司章程所定价额相符的除外。

11. 股东瑕疵出资的,公司有权要求其补缴出资,并赔偿损失。

公司怠于行使上述权利的,公司其他股东可根据《公司法》第一百五十二条之规定提起诉讼。

12. 公司设立时,发起人虚假出资的,其他发起人承担连带补缴责任。该责任不因其他发起人转让股权而免除。

股东抽逃出资的,帮助抽逃出资的股东、董事、经理、其他高级管理人员承担连带责任。

公司新增资本时,股东虚假出资的,负有责任的股东、董事、经理、其他高级管理人员承担连带责任。

以上三款规定的责任人承担责任后,可向瑕疵出资的发起人或股东追偿,也可以向其他连带责任人要求清偿其应当分担的份额。

13. 股东瑕疵出资的,公司不能清偿债务时,公司债权人有权要求该股东在瑕疵出资范围内对公司债务承担补充赔偿责任。

前款所称"不能清偿"是指对公司的存款、现金、有价证券、成品、半成品、原材料、交通工具、房屋、土地使用权等可以执行的财产执行完毕后,债务仍未能得到清偿的状态。

14. 本意见第 11 条、第 12 条、第 13 条规定的责任人已经承担了与其责任范围相符的公司债务的,其对公司或公司债权人不再承担责任。

15. 瑕疵出资股东可以补充出资。但在公司债权人要求瑕疵出资股东对公司债务承担责任的诉讼中,股东向公司补充出资的,不产生对抗债权人的法律效力。

16. 公司股东会、股东大会形成利润分配决议且利润分配符合法定条件的,对于瑕疵出资股东依法所应分取的利润,该股东或公司可主张以其抵消相应的瑕疵出资。

公司股东会、股东大会未形成利润分配决议或决议不分配利润的,瑕疵出资股东仅以公司有可分配利润为由主张已经补缴出资的,人民法院不予支持。

17. 公司章程依法规定股东分配缴纳出资的,出资期限届满前,公司或公司债权人向该股东主张权利的,人民法院不予支持。

公司进入破产或清算程序的,股东未到期的出资义务视为到期。

18. 公司未按照《公司法》第一百七十八条之规定通知债权人,或者未按照债权人的要求清偿债务或提供相应的担保即减少注册资本的,公司债权人可以要求股东在各自收回出资的范围内对减资前的公司债务连带承担补充赔偿责任。

19. 股东虚假出资导致公司的实收资本低于《公司法》规定的最低注册资本限额,公司不具备独立的法人资格,股东应对公司债务承担无限清偿责任。公司设立时其他发起人承担连带责任。

20. 公司追究股东瑕疵出资民事责任的,诉讼时效期间的计算适用《民法通则》第一百三十七条之规定。

公司债权人要求股东在瑕疵出资范围内对公司债务承担补充赔偿责任的,诉讼时效自债权人知道或应当知道股东瑕疵出资之日起算。公司债权人在债务履行期限届满前知道或应当知道股东瑕疵出资的,诉讼时效自债务履行期限届满之次日起算。

❼ 陕西省高级人民法院民二庭《关于公司纠纷、企业改制、不良资产处置及刑民交叉等民商事疑难问题的处理意见》(2007年12月06日 陕高法[2007]304号)

二、虚假出资与抽逃出资的责任

虚假出资是指股东表面上出资而实际未出资或未足额出资，本质特征是股东未支付相应对价或未足额支付对价而取得公司股权。抽逃出资则是指股东在公司成立后将所缴出资全部或部分暗中撤回。

关于虚假出资股东的民事责任承担问题。虚假出资的股东除了要对公司其他股东承担违约责任，以及对公司的差额补充责任外，还要对公司债权人承担债务清偿责任。虚假出资的股东对公司债权人的民事责任可以分为两种情形：(1) 各股东实际缴纳的注册资本之和未达到法定最低限额的。此种情况下的公司仍属于公司设立阶段，尚不具备独立的法人资格，各股东在公司设立过程中的关系视同合伙，所以对此期间发生的虚假出资行为，应当按照合伙关系对共同的债务承担无限连带责任。(2) 各股东实际缴纳的注册资本之和未达到公司章程规定的数额，但已达到法定最低限额的，此种情况下，由于公司已经达到法定的最低资本限额，已经具备独立法人资格，由未履行出资义务的股东在其出资不足的范围内向债权人承担清偿责任，已经履行出资义务的股东在未履行出资义务的股东不能履行的范围内，向债权人承担连带清偿责任。

关于抽逃出资股东的民事责任问题。首先，抽逃出资的股东应对已足额出资股东承担违约责任。其次，对公司负有归还所抽逃的出资的责任。再次，对公司债权人承担清偿责任。具体来说：股东在公司成立之初尚未正常经营之前即将资本抽逃，使公司所余净资产达不到法定最低注册资本额的，在公司不能清偿债务时，应由股东承担无限清偿责任。在公司成立后，股东以各种方式抽逃资本的，在公司不能清偿债务时，股东应在所抽逃出资范围内承担清偿责任。

在债权人要求虚假出资或抽逃出资的股东承担民事责任的案件中，一般来说，股东虚假出资或抽逃出资的行为不易为外人察觉，公司的业务往来账册、资产负债表等关键证据均保存于公司内部，作为原告的债权人难免存在举证方面的困难和障碍，因而对虚假出资或抽逃出资的正确认定是审判过程中的难点。所以，对股东是否虚假出资或抽逃出资，虽然原则上仍应当由债权人举证，但不宜过于苛刻，只要其能举出使人对股东虚假出资或抽逃出资的行为产生合理怀疑的初步证据或者有关线索即可。然后，人民法院可以要求被告提供相关证据，以证明其不存在虚假出资或抽逃出资的行为；否则，可以认定其存在虚假出资或抽逃出资的行为。

第五章 股权/股份

第一节 有限责任公司的出资证明书

【示范条款】

5.1.1 股东权利

股东作为公司的所有者,享有法律、行政法规和公司章程规定的合法权利。

5.1.2 出资证明书的签发

公司成立后,公司董事会应在[　　]个工作日向股东签发出资证明书,载明下列事项:

1. 公司名称;
2. 公司成立日期;
3. 公司注册资本;
4. 股东的姓名或者名称;
5. 股东住所或者通知地址;
6. 缴纳的出资额和出资日期;
7. 出资证明书的编号和核发日期;
8. 由公司法定代表人签名并加盖公司印章。

5.1.3 出资证明书的效力

出资证明书是证明股东权益的凭证,从出资证明书的核发之日起,股东便可对公司行使股东权。

5.1.4 出资证明书的变更

发生公司增加资本、股东股权转让等出资情况变更事项时,公司董事会应当在收回原出资证明书后[　　]日内向股东签发变更后的出资证明书。

5.1.5 出资证明书的补办

股东出资证明书丢失或者毁损的,公司可以补发新的出资证明书。

补发新的出资证明书时,公司可以要求丢失或者毁损出资证明书的股东向公司出具充分的保函,如果该丢失或者毁损,或者新的出资证明书导致针对公司不当权利请求时,应当对公司进行赔偿。

【本节条款解读】

一、应当在公司成立后签发出资证明书

有限责任公司向股东签发的出资证明书载明股东的权益,是代表股东权益的书面凭证。按照《公司法》第31条的规定,有限责任公司应当于公司成立后向股东签发出资证明书,不能在公司成立前签发。出资证明书的签发是以公司成立为前提的,首先有公司的成立,才有公司股东,才有股东利益,才有代表股东利益的证明文书。

二、出资证明书所载事项

1. 公司的名称

公司名称不仅仅是公司章程的绝对必要记载事项,也是此证明书应当对哪一公司主张权利的具体指向。

2. 公司登记日期

公司登记日期即公司领取营业执照的日期,从公司的登记日期起,公司的股东就可以对公司行使股东权,如果没有公司登记日期,就难以表明股东行使股东权的日期,会给股东行使股东权造成一定的困难。

3. 公司的注册资本

公司的注册资本为在公司登记机关登记的全体股东认缴的出资额。出资证明书载明公司注册资本,股东便可清楚其出资额所占公司注册资本的比例,便于掌握其在公司权益分配中所应享有的份额,以行使自己的股东权。

4. 股东的姓名或者名称

有限责任公司必须将股东的姓名记载于出资证明书之上,因为有限责任公司本身是一种资合和人合相结合的公司,并且更重于人的因素,一旦产生纠纷,出资证明书上没有股东的姓名或者名称,就可能引起诉讼的困难,不利于保护股东或者债权人的利益。

5. 股东住所或者通知地址

股东住所或者通知地址是送达股东文件以及有关通知的地址。

6. 缴纳的出资额和出资日期

《公司法》第32条第2款规定:"公司应当将股东的姓名或者名称向公司登记机关登记;登记事项发生变更的,应当办理变更登记。"据此,公司登记机关只负责登记公司股东的姓名或者名称,不再登记股东的出资额。股东的出资额仅以公司签发的出资证书为凭。

7. 出资证明书的编号和核发日期

出资证明书的核发日期是一个极为重要的法律事实,从出资证明书的核发之日起,股东便可对公司行使股东权。

8. 由公司法定代表人签名并加盖公司印章

公司的出资证明书必须加盖公司的印章。公司的出资证明书没有加盖公司印章的,不具有法律效力,不受法律的保护。《公司法》之所以规定出资证明书需加盖公司印章,一方面表明股东已经向公司缴纳了出资,公司的股东权益一旦被侵犯即受法律的保护;另一方面也证明公司收到了股东所缴纳的财产,这就要求公司必须履行自己的义务,即保证公司股东的权益。

三、出资证明书的遗失

如果出资证明书遗失,公司应当签发新的证书或者遗失证明文件,但是为防止出现两份重复的出资证明文件,引来双重的股东权利要求,公司可以要求遗失文件的股东承诺"遗失责任",即如果该丢失或者毁损的出资证明书重新出现导致针对公司的不当权利请求时,原遗失股东应当对公司进行补偿。

《美国特拉华州普通公司法》第 167 条[①]规定:[股份证书遗失、被盗或者损毁;发行新证书或者无证书股份]宣称公司发行的股份证书丢失或者毁损的,公司可以发行新的股份证书或者无证书股份。发行新的股份证书或者无证书股份的公司可以要求丢失或者毁损的股份证书的主人或者合法代表人向公司出具充分的保函,如果该丢失或者毁损,或者新证书或者无证书股份的发行导致针对公司的权利请求时,应对公司进行补偿。

【本节法律依据】

❶《中华人民共和国公司法》(2013 年 12 月 28 日主席令第 8 号)

第三十二条 有限责任公司应当置备股东名册,记载下列事项:

(一) 股东的姓名或者名称及住所;

(二) 股东的出资额;

(三) 出资证明书编号。

记载于股东名册的股东,可以依股东名册主张行使股东权利。

公司应当将股东的姓名或者名称向公司登记机关登记;登记事项发生变更的,应当办理变更登记。未经登记或者变更登记的,不得对抗第三人。

---

① 参见徐文彬等译:《美国特拉华州公司法》,中国法制出版社 2010 年 9 月第 1 版,第 63 页。

❷ 最高人民法院《关于适用〈中华人民共和国公司法〉若干问题的规定(三)》(2014年2月17日 法释[2014]2号)

第二十一条 当事人向人民法院起诉请求确认其股东资格的,应当以公司为被告,与案件争议股权有利害关系的人作为第三人参加诉讼。

第二十二条 当事人之间对股权归属发生争议,一方请求人民法院确认其享有股权的,应当证明以下事实之一:

(一) 已经依法向公司出资或者认缴出资,且不违反法律法规强制性规定;

(二) 已经受让或者以其他形式继受公司股权,且不违反法律法规强制性规定。

第二十三条 当事人依法履行出资义务或者依法继受取得股权后,公司未根据公司法第三十一条、第三十二条的规定签发出资证明书、记载于股东名册并办理公司登记机关登记,当事人请求公司履行上述义务的,人民法院应予支持。

第二十七条 股权转让后尚未向公司登记机关办理变更登记,原股东将仍登记于其名下的股权转让、质押或者以其他方式处分,受让股东以其对于股权享有实际权利为由,请求认定处分股权行为无效的,人民法院可以参照物权法第一百零六条的规定处理。

原股东处分股权造成受让股东损失,受让股东请求原股东承担赔偿责任、对于未及时办理变更登记有过错的董事、高级管理人员或者实际控制人承担相应责任的,人民法院应予支持;受让股东对于未及时办理变更登记也有过错的,可以适当减轻上述董事、高级管理人员或者实际控制人的责任。

❸ 北京市高级人民法院《关于审理公司纠纷案件若干问题的指导意见(试行)》(2004年2月24日 京高法发[2004]50号)

11. 如何确认有限责任公司股东资格?

股东资格是投资人取得和行使股东权利并承担股东义务的基础。依据《公司法》的相关规定,有限责任公司股东资格的确认,涉及实际出资数额、股权转让合同、公司章程、股东名册、出资证明书、工商登记等。确认股东资格应当综合考虑多种因素,在具体案件中对事实证据的审查认定,应当根据当事人具体实施民事行为的真实意思表示,选择确认股东资格的标准。

❹《北京市高级人民法院关于审理公司纠纷案件若干问题的指导意见》(2008年4月21日 京高法发[2008]127号)

第三条 当事人在民事诉讼中直接请求确认有关行政机关关于股权登记或者审批行为无效,或者请求撤销该具体行政行为的,人民法院应告知其通过行政诉讼解决,裁定驳回民事诉讼。

第四条 公司内部关系中股东之间、股东与公司之间的诉讼,当事人请求确认公司工商登记的股东不具有股东资格、判令公司办理变更股权工商登记的,法院应根据公司法的相关规定、公司股东应当具备的各项条件对相关主体是否具有股东资格进行判断,并作出实体认定和判决,不能以案件属于行政诉讼受案范围、不属于民事诉讼范畴为由裁定驳回起诉。

❺ **江苏省高级人民法院《关于审理适用公司法案件若干问题的意见(试行)》**(2003年6月13日 苏高法审委[2003]2号)

26. 公司或其股东(包括挂名股东、隐名股东和实际股东)与公司以外的第三人就股东资格发生争议的,应根据工商登记文件的记载确定有关当事人的股东资格,但被冒名登记的除外。

27. 股东(包括挂名股东、隐名股东和实际股东)之间就股东资格发生争议时,除存在以下两种情形外,应根据工商登记文件的记载确定有关当事人的股东资格:
(1) 当事人对股东资格有明确约定,且其他股东对隐名者的股东资格予以认可的;
(2) 根据公司章程的签署、实际出资。出资证明书的持有以及股东权利的实际行使等事实可以作出相反认定的。

实际出资并持有出资证明书,且能证明是由于办理注册登记的人的过错致使错误登记或者漏登的,应当认定该出资人有股东资格。

28. 股东(包括挂名股东、隐名股东和实际股东)与公司之间就股东资格发生争议,应根据公司章程、股东名册的记载作出认定,章程、名册未记载但已依约定实际出资并实际以股东身份行使股东权利的,应认定其具有股东资格,并责令当事人依法办理有关登记手续。

29. 认定工商登记文件记载的股东以外的人为股东的,不得违反法律和行政法规有关股东身份的禁止或限制性规定。

30. 股权转让人、受让人以及公司之间因股东资格发生争议的,应根据股东名册的变更登记认定股东资格。公司未办理股东名册变更登记前,受让人实际已参与公司经营管理,行使股东权利的,应认定受让人具有股东资格,并责令公司将受让人记载于股东名册。

股权转让合同约定办理完毕工商和(或)股东名册变更登记手续股权方发生转移,未办理完毕工商和(或)股东名册变更登记手续之前,仍应认定转让人为公司股东。

❻ **山东省高级人民法院《关于审理公司纠纷案件若干问题的意见(试行)》**(2007年1月15日 鲁高法发[2007]3号)

24. 请求确认股东资格的案件,应当以公司为被告,与案件争议股权有利害关系的人可以作为第三人参加诉讼。

25. 当事人就股东资格发生争议提起诉讼的,案由应确定为股东资格确认纠纷。

26. 当事人对股东资格发生争议时,人民法院应结合公司章程、股东名册、工商登记、出资情况、出资证明书、是否实际行使股东权利等因素,充分考虑当事人实施民事行为的真实意思表示,综合对股东资格作出认定。

27. 股东名册记载之股东,人民法院应认定其具有股东资格。但有其他证据证明股东名册记载错误的除外。

28. 公司未置备股东名册,或股东名册未予记载,但在公司章程上签名并为公司章程记载为股东的,人民法院应认定其具有股东资格。

股东仅以未被股东名册记载为由主张收回出资或拒绝承担补缴出资义务的,人民法院不予支持。

29. 出资人虽未签署公司章程,但已经按照发起人协议或投资协议实际出资,并被工商登记记载为股东,出资人主张不具有股东资格,要求收回出资的,人民法院不予支持。

30. 出资人按照发起人协议或投资协议向公司出资后,未签署公司章程,其出资额亦未构成公司注册资本的组成部分,出资人要求确认股东资格的,人民法院不予支持。

上述情形,出资人向公司要求收回出资并支付相应利息的,人民法院应予支持。但出资人已经实际行使股东权利的,公司可以要求该出资人退还行使股东权利期间所取得的财产利益。

32. 当事人仅以股东瑕疵出资为由主张其不具备股东资格的,人民法院不予支持。

33. 公司经股东会决议增资,并与第三人签订增资协议收取股款后,拒不办理股东名册和工商登记变更手续的,该第三人申请解除增资协议,要求收回出资并支付相应利息的,人民法院应予支持。但第三人已经实际行使股东权利的,公司可以要求该第三人退还行使股东权利期间所取得的财产利益。

34. 公司未经股东会决议与第三人签订增资协议收取股款,并办理股东名册、工商登记变更手续的,该第三人请求确认股东资格的,人民法院不予支持。但股东会事后决议追认,或者享有公司三分之二以上表决权的股东实际认可该第三人享有并行使股东权利的除外。

35. 股权转让合同生效后,受让人的股东资格自转让人或受让人将股权转让事实通知公司之日取得。但股权转让合同对股权的转让有特殊约定,或者股权转让合同无效、被撤销或解除的除外。

股东将同一股权多次转让的,人民法院应认定取得工商变更登记的受让人具有股东资格。

股东将同一股权多次转让,且均未办理工商登记变更手续的,股权转让通知先到达公司的受让人取得股东资格。

39. 股东资格未被工商登记所记载的,不具有对抗第三人的法律效力。

工商登记所记载之股东不得以其实际不具备股东资格为由对抗第三人,但被冒名登记的除外。

公司债权人依照有关法律规定向被工商登记记载为股东的名义出资人主张权利的,人民法院应予支持。实际出资人直接享有并行使股东权利的,债权人有权要求实际出资人和名义出资人承担连带责任。

40. 人民法院依法对股权采取冻结保全措施的,股东的表决权、知情权等共益权以及新股认购权、优先购买权等不受影响。

41. 股东请求公司签发出资证明书、记载于股东名册和公司章程、办理工商登记变更手续,公司拒绝办理,股东起诉请求公司履行义务的,人民法院应予支持。

42. 人民法院的生效裁判文书已对股东资格或股权变动予以确认,第三人以未办理工商登记变更手续为由进行抗辩的,人民法院不予支持。但未办理工商登记变更手续前,生效裁判文书所确认的股东不得对股权进行处分。

43. 当事人请求人民法院确认股东资格的,不受《民法通则》第一百三十五条诉讼时效的限制。

❼ 上海市高级人民法院《关于审理涉及公司诉讼案件若干问题的处理意见(二)》(2003年12月18日 沪高法民二[2003]15号)

二、处理股权确认纠纷的相关问题

1. 有限责任公司出资人履行出资义务或者股权转让的受让人支付受让资金后,公司未向其签发出资证明书、未将其记载于公司股东名册或者未将其作为公司股东向公司登记机关申请登记的,出资人或者受让人提起诉讼,请求判令公司履行签发、记载或申请登记义务的,人民法院应予支持。

❽ 江西省高级人民法院《关于审理公司纠纷案件若干问题的指导意见》(2007年12月6日 赣高法[2008]4号)

21. 请求确认股东资格的案件,应当以公司为被告,与案件争议股权有利害关系的人可以作为第三人参加诉讼。

22. 当事人就股东资格发生争议提起诉讼的,案由应确定为股东资格确认纠纷。

23. 当事人对股东资格发生争议时,人民法院应结合公司章程、股东名册、工商登记、出资情况、出资证明书、是否实际行使股东权利、履行股东义务等因素,充分考虑当事人实施民事行为的真实意思表示,综合对股东资格作出认定。

24. 公司内部或股东之间要求确认股东资格的,对股东名册记载之股东,人民法院应当认定其具有股东资格。但有其他证据证明股东名册记载不当的除外。

25. 公司未置备股东名册,或股东名册未予记载,但在公司章程上签名并为公司章程记载为股东的,人民法院应认定其具有股东资格。

股东仅以未被股东名册记载为由主张收回出资或拒绝承担补缴出资义务的,人民法院不予支持。

26. 出资人虽未签署公司章程,但已经按照发起人协议或投资协议实际出资的,并被工商登记记载为股东或被记载于公司股东名册,出资人主张不具有股东资格,要求收回出资的,人民法院不予支持。

33. 股东资格未被工商登记所记载的,不具有对抗第三人的法律效力。

工商登记所记载之股东不得以其实际不具备股东资格为由对抗第三人,但被冒名登记的除外。

公司债权人依照有关法律规定向被工商登记记载为股东的名义出资人主张权利的,人民法院应予支持。实际出资人直接享有并行使股东权利的,债权人有权要求实际出资人和名义出资人承担连带责任。

34. 依法受让股权或已实际出资的股东请求公司签发出资证明书、记载于股东名册和公司章程、办理工商登记变更手续,公司拒绝办理的,股东起诉请求公司履行义务的,人民法院应予支持。

35. 当事人请求人民法院确认股东资格的,不受《民法通则》第一百三十五条诉讼时效的限制。

❾ **陕西省高级人民法院民二庭《关于公司纠纷、企业改制、不良资产处置及刑民交叉等民商事疑难问题的处理意见》(2007年12月6日 陕高法[2007]304号)**

一、股权确认和股权转让问题

关于股权确认的标准,在审判实践中争议很大,主要有以下三种观点:一是以是否实际出资作为股权确认的标准;二是以股东名册的记载作为确认股东资格的依据;三是以公司登记机关的登记内容作为股权确认的根据。对此问题,我们倾向于认为股东出资证明、股东名册、工商登记均是确认股东资格的重要依据,最终依据哪一标准确认股东资格主要取决于争议当事人的不同而有所区别:对于公司与股东之间发生的股权纠纷,一般应以股东名册作为认定股东资格的依据;对当事人均为股东的,则应侧重审查投资的事实;在第三人对公司股东的认定上,则应主要审查工商登记,因为工商登记对善意第三人具有宣示股东资格的功能,第三人基于对工商登记的信赖作出商业判断。对于实际股东的问题，我们认为虽然名义股东与实际股东之间的约定不能对抗公司，但如果公司或公司的绝大多数股东均明知名义股东与实际股东之间的关系而未表示异议，则实际股东可以直接向公司主张权利。关于瑕疵出资股东的资格问题，如果瑕疵出资并不导致公司设立无效，一般情况下不宜轻易否定瑕疵股东的资格。

第二节　有限责任公司的股权转让

【示范条款】

5.2.1　股权内部转让

股东之间可以相互转让其部分出资，但是转让前应当告知其他股东，通知方式由股东会决定。

5.2.2　股权外部转让

股东向股东以外的人转让其出资时，应当将注明拟转让的股权数量及转让价格的转让意向书面通知董事会，董事会在收到通知后[　5 日　]内通知其他股东，在收到通知后[　20 日　]内召开股东会审议、并将审议结果通知该股东。

前款书面转让意向不得撤销或者变更。如因该股东原因撤销或者变更该转让意向，给公司或者其他股东带来损失的，由该股东承担赔偿责任。

5.2.3　过半数股东同意

依据第 5.2.2 条的规定，在召开的股东会中，其他股东的表决意见种类有四种：

1. 同意转让但不购买拟转让股权；
2. 同意转让并购买拟转让股权；
3. 不同意转让并购买拟转让股权；
4. 不同意转让并且不购买拟转让股权。

由于法律规定不同意的股东应当购买拟转让股权，对于其他股东作出的前款第 4 种表决，视为同意转让并不购买拟转让股权。

股东会决议经其他股东过半数同意通过。

5.2.4　转让股权的数量和价格

对外转让的股权不得超过书面转让意向中的股权数量，不得低于书面转让意向中的股权价格。

5.2.5 优先受让权

依据第5.2.2条的规定,在召开的股东会中,同意转让并购买拟转让股权的股东,以及不同意转让并购买拟转让股权的股东,对该拟转让股权有优先受让权。

多个股东拥有并主张优先受让权的,协商确定各自的购买比例。协商不成的,按照他们各自的出资比例分配。

5.2.6 未经同意之股权转让的法律效力

在其他股东已经明确表示反对转让并提出购买其不同意转让的股权,或者虽同意转让股权但明确表示行使优先购买权的情况下,拟转让股权的股东仍不顾其他股东的反对,强行将股权转让给非股东,该行为为无效行为。

除前款情况外,其他未经半数股东同意向非股东转让股权的行为属于可撤销行为,没有对股权转让表示同意或放弃优先购买权的其他股东,有权自知道或者应当知道股权转让事由之日起1年之内行使撤销权。

5.2.7 股权转让的变更登记

公司应该积极协助股东按照本章程规定转让的股权变更登记,并及时出具新的出资证明书等。

5.2.8 企业性质变更

股权转让导致公司股权全部归于一人的,公司应当及时到工商行政管理部门申请变更企业形态为一人有限责任公司。

5.2.9 股权的质押

公司不接受本公司的股权作为质押权的标的。

【本节条款解读】

一、有限责任公司股权内部转让自由

有限责任公司是股东基于彼此的信赖而建立起来的,兼有资合与人合的特点,为了维持公司股东彼此信赖的需要,为了维护公司内部的稳定性,保持股东间良好的合作关系,股东在转让股权时,应首先考虑在公司现有的股东间进行。根据《公司法》的有关规定,公司股东内部股权的相互转让不受限制,可以转让部分,也可以转让全部,但须交易方以外的其他股东同意,不存在优先购买权的问题,只要通知公司及其他股东即可。

股权的内部转让不会导致股东组成的变更,涉及的法律关系较为简单,这既不会影响到公司的资合性质,也因未增加新的股东,股东之间原有信赖关系并未遭到

破坏，故其人合性依然完好无损。因为股权的内部转让采取自由主义，故《公司法》没有设定也没有必要设定强制性的规范，只要转让方和受让方就转让的比例、价格、时间等事项达成协议即可，其他股东无权干涉。

二、外部转让

股东对非公司股东转让股权，应当告知其他股东，并取得其他股东过半数同意。

1. 转让人应书面通知其他股东征求意见

就外部股权转让事项，转让人应当通知其他股东征求意见，并以书面形式作出。采用书面形式，可以做到有据可查，避免实践中股权转让后，其他股东以未收到股权转让通知妨碍其优先购买权为由，主张股权转让协议无效，或主张撤销股权转让协议。

转让意向也不得撤销或者变更。公司董事会收到转让意向，需要及时通知股东，安排股东会议。如果拟转让股东随意撤销或者变更转让意向，势必影响公司持续运行和股东利益，所以有必要规定，如因该拟转让股东原因撤销或者变更该转让意向，给公司或者其他股东带来损失的，由该拟转让股东承担赔偿责任。

2. 应经其他股东过半数同意

对外转让股权，因其必然会增加新股东，而原股东对新股东的诚信品格及经营能力并不了解，因而首先会对其持怀疑态度。只有当新股东与原股东建立起了信任关系，公司才能继续正常经营，故转让人与受让人之间转让股权应当经原股东过半数同意。

3. 限制不同意转让的股东的否决权

为了平衡各股东之间利益，保障转让人的合法权益，我国《公司法》明文规定：对不同意对外转让的股东应当购买；如不购买，推定其为同意转让。不同意外部转让的股东，应当在30日内作出明确答复；如果不作答复，推定为同意转让。这样就可以防止其他股东无期限拖延，从而使转让人的转让意愿得以顺利实现。

4. 其他股东享有优先购买权

考虑有限责任公司人合性特点，我国《公司法》赋予其他股东优先购买权。所谓优先购买权，是指在同等条件下，公司股东对转让人所转让的股权享有先于股东外受让人先行购买的权利。两个以上股东主张行使优先购买权的，协商确定各自的购买比例，协商不成的，按照转让时各自的出资比例行使优先购买权。这样的明确规定，避免了优先购买权的冲突，可以使优先购买权顺利实现，从而保障股权顺利对外转让。

为保障优先受让权的落实，实际股权交易时的股权价格不得低于书面转让意向中的股权价格。同时考虑到股东提出书面转让意向时，并不一定有已经协商一致的全额认购股权受让意向对象。所以在实际交易时,应当允许拟转让股东在不低于书面转让意向中转让价格的情况下,拟转让的股权只是部分转让成交。

三、未经同意之股权转让的法律效力

《公司法》第71条规定了股东转让出资的条件,如果发生未经多数股东同意便向非股东转让股权的情况,法律效力如何?我国《公司法》并无明确的规定。法律没有规定或不明确的内容,可以通过公司章程来完成,这时可以通过章程自治之机制,明确法律责任和不同的法律效果。

1. 如果是在其他股东已经明确表示反对转让并提出购买其不同意转让的股权,或者虽同意转让股权但明确表示行使优先购买权的情况下,拟转让股权的股东仍不顾其他股东的反对,强行将股权转让给非股东,该行为应定性为无效行为。

2. 除前述情况外,其他未经半数股东同意向非股东转让股权的行为属于可撤销行为,没有对股权转让表示同意或放弃优先购买权的其他股东,有权自知道或者应当知道股权转让事由之日起1年之内行使撤销权。

规定股权转让是为了保障股权转让的顺利进行,而不是限制转让,因此《公司法》第71条的设计主要体现了程序性的规定。仅因程序缺陷便认定股权转让为无效行为,也不符合经济与效率原则,不利于优化社会资源的配置。

另外,违反该程序性规定,未必影响当事人的实体权利。因为未征求其同意的这些股东可能同意股权转让或放弃优先购买权,并通过明示或默示的方式作出。明示方式,如声明同意转让并放弃优先购买权,默示方式,如明知股权转让发生不表示反对或同意变更股东名称登记等。而且同意股权转让,既可以在股权转让之前表态,也可以事后进行追认。

但未经其他股东同意的股权转让行为可能损害反对者购买该股权的权利,通过设立撤销权的方式,可以对各方当事人的利益予以公平的维护。这时,撤销权的行使主体和行使期限应有限制,在股权转让关系中,没有对股权转让表示同意或放弃优先购买权的其他股东享有撤销权;行使撤销权必须在法定期间内,即自知道或者应当知道撤销事由之日起1年之内。

四、股权转让与股权变更登记

为了规范公司行为,我国《公司法》及《公司登记管理条例》专门规定了公司登记程序。有限责任公司股权转让后,应当依法办理公司内部股东变更登记以及工商变更登记。

按照《公司法》第73条的规定,有限责任公司股权转让后,公司应当注销原股东的出资证明书,向新股东签发出资证明书,并相应修改公司章程和股东名册中有关股东及出资额的记载。对公司章程的该项修改不需再由股东会表决。公司内部变更登记完成后,公司还应当自股权转让之日起30日内到工商行政管理部门申请变更登记。

需要注意的是,有限责任公司股权转让后,未经工商变更登记,股权转让的效力不受影响,只是不得对抗第三人。

就股权转让而言,我国《公司法》及《公司登记管理条例》并未规定股权转让合同必须在办理工商登记后才能生效,因此,登记不是股权转让的必要充分条件。公司股权转让变更登记与公司设立登记的性质完全不一样,它是一种宣示性登记。这种宣示性登记,以公司确认和变更股权为基础,工商登记仅是向外宣示而已。当工商登记的内容与公司股东名册登记内容不一致时,公司股东名册的登记内容应当作为确认股权的依据,当事人不得以工商登记的内容对抗公司股东名册的记录。股权变更以后没有进行工商变更登记的,不得对抗第三人。

五、公司不接受本公司的股权作为质押权的标的

质押,属于担保的一种形式,即债务人或者第三人在不转移所有权的前提下,将某一动产或权利转由债权人占有和控制,以保证债权人的权利的实现;在债务人不履行债务时,债权人有权以该动产或者权利折价或者以变卖、拍卖该动产或者权利的价款优先受偿。因此,质押权的设立,是以债权人可以取得质押权标的物的所有权为前提的。而《公司法》规定,除了法定特殊情况外,公司是不得拥有本公司股权的,因此本公司的股权是不能作为质押权标的用来对公司债权进行担保的;即使设立了以本公司股权为质押权标的的担保,最后也无法实现。因此,《公司法》禁止公司接受本公司的股权作为质押权标的。

【本节法律依据】

❶ 江苏省高级人民法院《关于审理适用公司法案件若干问题的意见(试行)》(2003年6月13日 苏高法审委[2003]2号)

61. 办理公司变更登记和工商变更登记是股权转让的法定程序,不是股权转让合同的生效要件。人民法院不应以当事人未办理有关变更登记手续而认定股权转让合同无效。但当事人不能以股权转让合同为由对抗工商部门就同一标的已完成的股东变更登记。

❷ 山东省高级人民法院《关于审理公司纠纷案件若干问题的意见(试行)》(2007年1月15日 鲁高法发[2007]3号)

44. 当事人以未办理股东名册或工商登记变更手续为由主张股权转让合同无效或不生效的,人民法院不予支持。但股权转让合同对合同生效条件有特殊约定的除外。

转让已被人民法院采取冻结措施的股权的,股权转让合同无效。

45. 股东未按照《公司法》第七十二条第一款的规定征得其他股东过半数同意而向非股东转让股权的,其他股东可以申请人民法院撤销股权转让合同。

46. 公司半数以上其他股东不同意向非股东转让股权的,拟转让股权的股东可以要求异议股东在不少于三十日的期限内购买拟转让的股权。异议股东在上述期限内未作购买的意思表示的,视为同意向非股东转让股权。

拟转让股权的股东与异议股东就价格条件不能协商一致时,当事人主张以评估方式确定股权转让价格的,人民法院应予支持。

异议股东为两人以上且相互之间对于购买比例不能协商一致的,按照异议股东之间的出资比例购买。

47. 股东经其他股东过半数同意转让股权,但未向其他股东告知转让价格等内容而与非股东订立股权转让合同,或者股权实际转让价格低于告知其他股东的价格的,其他股东可以申请人民法院撤销股权转让合同。

人民法院撤销股权转让合同的,申请撤销的其他股东应当承继股权转让合同的权利义务。未申请撤销的其他股东也主张购买该股权的,按照《公司法》第七十二条第三款处理。

48. 股东告知其他股东转让价格等主要条件,并要求其他股东在限定期限内予以答复,其他股东未予答复的,视为放弃优先购买权。限定答复的期限不得少于三十日。

49. 股东向非股东转让股权时,其他股东主张优先购买部分股权的,视为放弃优先购买权。但转让人同意其他股东部分购买,且受让人同意继续购买剩余股权的除外。

50. 瑕疵出资股东转让股权的,人民法院不得以出资存在瑕疵为由认定股权转让合同无效。

股东转让股权时隐瞒瑕疵出资事实的,受让人可以受欺诈为由请求撤销股权转让合同。

51. 瑕疵出资股东转让股权后,瑕疵出资的民事责任由转让人与受让人连带承担。

转让人或受让人不得以内部关于责任承担的约定对抗公司和公司债权人。

53. 公司章程规定股东因退休、解聘、调动等原因离开公司时应将股权转让给其他股东,但未规定具体受让人,且当事人无法协商一致的,股东会确定的股东有权受让该股权。公司章程对股权转让价格未作规定,且当事人不能协商一致时,一方请求以评估方式确定股权转让价格的,人民法院应予支持。

54. 股权转让后,公司拒不办理工商登记变更手续的,转让人或受让人有权提起诉讼,要求公司办理工商登记变更手续。

55. 股东以股权转让未征得其同意或侵害其优先购买权为由申请撤销股权转让合同的,应列转让人为被告,受让人为第三人。

❸ **上海市高级人民法院《关于审理涉及公司诉讼案件若干问题的处理意见(一)》(2003年6月12日 沪高法[2003]216号)**

三、处理股权转让纠纷的相关问题

1. 股权转让合同的成立和效力应当依照《合同法》的相关规定认定。工商登记只是股权变更的公示方式,不作为股权转让合同成立和生效的要件。

2. 有限责任公司股东向他人转让股权的,根据《公司法》第35条的规定,应当征得公司半数以上其他股东同意;未经同意转让股权且合同签订后公司其他股东也不认可的,股权转让合同对公司不产生效力,转让人应当向受让人承担违约责任。受让人明知股权交易未经公司其他股东同意而仍与转让人签订股权转让合同,公司其他股东不认可的,转让人不承担违约责任。经其他股东同意签订的股权转让合同生效后,公司应当办理有关股东登记的变更手续,受让人得以股东身份向公司行使权利;公司不办理相关手续的,受让人可以公司为被告提起确权诉讼,不得向转让人主张撤销合同。

3. 股东以优先购买权被侵害提起确认转让无效诉讼的,应列转让方为被告,受让方为第三人。

❹ **上海市高级人民法院《关于审理涉及公司诉讼案件若干问题的处理意见(二)》(2003年12月18日 沪高法民二[2003]15号)**

四、处理股权转让纠纷的相关问题

1. 有限责任公司股东对外转让股权的,应当向公司和其他股东告知拟受让人和拟转让价格条件,并征求其是否同意转让的意见。公司和其他股东应于30日内予以答复,逾期未答复者视为同意转让;公司和其他股东再起诉请求撤销该转让行为的,人民法院不予支持。

2. 有限责任公司股东未足额出资即转让股权,公司或者其他股东请求转让人将转让股权价款用于补足出资的,人民法院应予支持,并且可以追加受让人为第三人参与诉讼。

有限责任公司股东未足额出资即转让股权,受让人以转让标的存在瑕疵或者受到欺诈为由主张撤销合同的,人民法院不予支持,有法律规定的特殊情形除外。

❺ **江西省高级人民法院《关于审理公司纠纷案件若干问题的指导意见》(2007年12月6日 赣高法[2008]4号)**

36. 股东未按照《公司法》第七十二条第二款的规定征得其他股东过半数同意而向非股东转让股权的,公司或其他股东可以申请人民法院撤销股权转让合同。

公司章程对此另有规定的,从其规定。

37. 股东经其他股东过半数同意转让股权,但未向其他股东告知转让价格等主要内容而与非股东订立股权转让合同,或者股权实际转让价格低于告知其他股东的价格的,其他股东可以申请人民法院撤销股权转让合同。

人民法院撤销股权转让合同的,申请撤销的其他股东应当承继股权转让合同的权利和义务。未申请撤销的其他股东也主张购买该股权的,按照《公司法》第七十二条第三款处理。

38. 股东告知其他股东转让价格等主要条件,要求其他股东在限定期限内予以答复,其他股东未予答复的,视为放弃优先购买权。限定答复的期限不得少于三十日,公司章程对此日期有明确规定的,从其规定。

39. 股东向非股东转让股权时,其他股东主张优先购买部分股权的,视为放弃优先购买权。但转让人同意其股权可部分转让的,其他股东应享有该部分的优先购买权。

40. 瑕疵出资股东转让股权的,人民法院不得以出资存在瑕疵为由认定股权转让合同无效。

股东转让股权时隐瞒瑕疵出资事实的,受让人可以受欺诈为由请求撤销股权转让合同。

41. 瑕疵出资股东转让股权后,瑕疵出资的民事责任由转让人与受让人连带承担。转让人或受让人不得以内部关于责任承担的约定对抗公司或公司债权人。

43. 公司章程规定股权转让的条件,限制股东转让股权,如果该规定不违反法律、行政法规强制性规定的,人民法院应当认定其效力。

44. 公司章程规定股东因退休、解聘、调动等原因离开公司时应将股份转让给其他股东,但未规定具体受让人,且当事人无法协商一致的,股东有权受让该股权,但须股东会表决通过。公司章程对股权转让价格未作规定,且当事人不能协商一致时,一方请求以评估方式确定股权转让价格的,人民法院应予支持。

45. 股权转让后,公司拒不办理工商登记变更手续的,转让人或受让人有权提起诉讼,要求公司办理工商登记变更手续。

46. 股东以股权转让未征得其同意或侵害其优先购买权为由申请撤销股权转让合同的,应列转让人为被告,受让人为第三人。

❻ 陕西省高级人民法院民二庭《关于公司纠纷、企业改制、不良资产处置及刑民交叉等民商事疑难问题的处理意见》(2007年12月6日 陕高法[2007]304号)

一、股权确认和股权转让问题

············

关于未经其他股东过半数同意时,股权转让合同的效力问题。一种观点认为,该合同为效力待定合同,经过半数以上的其他股东同意才生效;另一种观点认为,该合同是附履行条件的合同,合同成立后就生效。至于其他股东过半数同意的规定,仅仅是对合同履行所附的条件。目前审判实践中较为通行的观点认为:该合同既非效力待定合同,也非附履行条件的合同,其效力始于成立之时。股东对外转让股权,签订合同就应当履行,转让人有义务向公司的其他股东征求同意,为合同的履行创造条件,如果合同不能履行,转让人应承担违约后果,除非合同约定免除其责任。

❼ 上海高级人民法院《关于审理涉及公司诉讼案件若干问题的处理意见(三)》(2004年3月18日 沪高法民二[2004]2号)

(三)处理多个股东之间行使优先购买权产生纠纷的问题

股东无论对内或者对外转让股权时,其他股东在同等条件下均有优先购买权。在多个股东同时要求行使优先购买权时,如果公司能够形成股东会议决议的,从其决议;没有股东会议决议的,可按各个股东的出资比例进行配售。

第三节 有限责任公司的股权继承

【示范条款】

5.3.1 股权的继承

自然人股东死亡后,其继承人有下列情况之一的,不能继承被继承人所持有的股权,由公司以合理的价格回购。

1. 不具有中国国籍,也不具有在中国的长期居住权;

2. 无民事行为能力或者限制民事行为能力;

3. 因贪污、贿赂、侵占财产、挪用财产或者破坏社会主义市场经济秩序,被判处刑罚,执行期满未逾5年,或者因犯罪被剥夺政治权利,执行期满未逾5年;

4. 担任破产清算的公司、企业的董事或者厂长、经理,对该公司、企业的破产负有个人责任的,自该公司、企业破产清算完结之日起未逾3年;

5. 担任因违法被吊销营业执照、责令关闭的公司、企业的法定代表人,并负有个人责任的,自该公司、企业被吊销营业执照之日起未逾3年;

6. 个人所负数额较大的债务到期未清偿；

7. 一份股权有两个以上继承人，必须分割股权的。

[注释] 章程制定者可以自行选择是否选取以上条款，或者另行规定。

【本节条款解读】

有限责任公司具有人合性和资合性，是基于股东之间的相互信任设立的，如法律不加限制地允许股东的继承人继承股东资格，可能会因新旧股东的不合而产生纠纷。为保护继承人合法的继承权，我国《公司法》规定，股东的合法继承人可以继承股东资格。考虑到有限责任公司的"人合"特点，我国《公司法》同时又规定，如果公司章程另外规定合法继承人不准继承股东资格的，被继承人所持有的股权，由公司以合理的价格回购，相应价格拨付给其合法继承人。这样两面兼顾，维护了社会和谐。而对是否限制以及限制股权的继承，则可由章程制定者自行考量。示范条款中的限制性规定，由章程制定者自行选择。

【本节法律依据】

❶ 北京市高级人民法院《关于审理公司纠纷案件若干问题的指导意见（试行）的通知》（2004年2月24日 京高法发[2004]50号）

12. 有限责任公司自然人股东死亡，其继承人能否直接主张继承股东资格？

有限责任公司作为具有人合性质的法人团体，股东资格的取得必须得到其他股东作为一个整体即公司的承认或认可。有限责任公司的自然人股东死亡后，其继承人依法可以继承的是与该股东所拥有的股权相对应的财产权益。如果公司章程规定或股东会议决议同意该股东的继承人可以直接继受死亡股东的股东资格，在不违反相关法律规定的前提下，法院应当判决确认其股东资格，否则应当裁定驳回其起诉。

❷《上海市高级人民法院关于审理涉及公司诉讼案件若干问题的处理意见（三）》（2004年3月18日 沪高法民二[2004]2号）

（二）处理股权因被继承、析产或者赠与而与其他股东优先购买权产生纠纷的问题

继承人、财产析得人或受赠人因继承、析产或者赠与可以获得有限责任公司的股份财产权益，但不当然获得股东身份权，除非其他股东同意其获得股东身份。未取得股东身份的继承人、财产析得人或受赠人将股份对外转让的，其他股东在同等条件下享有优先购买权。

第四节　股份有限公司的股份发行

【示范条款】

5.4.1　公司股份

公司的资本划分为股份,每一股的金额相等。

公司的股份采取股票的形式,股票是公司签发的证明股东所持股份的凭证。

5.4.2　同股同权

公司股份的发行,实行公开、公平、公正的原则,同种类的每一股份应当具有同等权利。

同次发行的同种类股票,每股的发行条件和价格应当相同;任何单位或者个人所认购的股份,每股应当支付相同价额。

5.4.3　不低价发行

股票发行价格可以按票面金额,也可以超过票面金额,但不得低于票面金额。

5.4.4　发起人的股份

公司发起人为[　各发起人姓名或者名称　]、认购的股份数分别为[　股份数量　]、出资方式和出资时间为[　具体方式和时间　]。

[注释]　已成立1年或1年以上的公司,发起人已将所持股份转让的,无须填入发起人的持股数额。

5.4.5　股本结构

公司股份总数为[　股份数额　],公司的股本结构为:普通股[　数额　]股,其他种类股[　数额　]股。

5.4.6　不为股东提供资助

公司或公司的子公司(包括公司的附属企业)不以赠与、垫资、担保、补偿或贷款等形式,对购买或者拟购买公司股份的人提供任何资助。

【本节条款解读】

一、同股同权

我国《公司法》第126条规定,股份的发行,实行公平、公正的原则,同种类的每一股份应当具有同等权利。具体而言,股份有限公司发行股份时应当做到:

1. 当公司向社会公开募集股份时,应就有关股份发行的信息依法公开披露。

其中,包括公告招股说明书,财务会计报告等。

2. 同次发行的股份,每股的发行条件和价格应当相同。任何单位或者个人所认购的股份,每股应当支付相同价额。

3. 发行的同种股份,股东所享有的权利和利益应当是相同的。

二、不低价发行股票

我国《公司法》第127条规定:"股票发行价格可以按票面金额,也可以超过票面金额,但不得低于票面金额。"

股票的发行价格是指股票发行时所使用的价格,也是投资者认购股票时所支付的价格。股票的发行可以分为平价发行、溢价发行和折价发行。平价发行是指股票的发行价格与股票的票面金额相同,也称为等价发行、券面发行。溢价发行是指股票的实际发行价格超过其票面金额,以超过票面金额发行股票所得溢价款,应列入公司资本公积金。折价发行是指股票发行价格低于股票的票面价格。由于折价发行不符合资本充实性原则,在我国,禁止折价发行股票。

第五节 股份有限公司的股份增发和回购

【示范条款】

5.5.1 股份增发

公司根据经营和发展的需要,依照法律、法规的规定,经股东大会分别作出决议,可以采用下列方式增加资本:

1. 公开发行股份;
2. 非公开发行股份;
3. 向现有股东派送红股;
4. 以公积金转增股本;
5. 法律、行政法规规定的其他方式。

5.5.2 股份增发的决议

公司发行新股,股东大会应当对下列事项作出决议:

1. 新股种类及数额;
2. 新股发行价格;
3. 新股发行的起止日期;
4. 向原有股东发行新股的种类及数额。

5.5.3 股份回购的条件

公司在下列情况下,可以依照法律法规和本章程的规定,收购本公司的股份:

1. 减少公司注册资本；
2. 与持有本公司股票的其他公司合并；
3. 将股份奖励给本公司职工；
4. 股东按照第6.6.1条的规定要求公司收购其股份的。

除上述情形外，公司不进行买卖本公司股份的活动。

5.5.4 股份回购的方式

公司收购本公司股份，可以选择下列方式之一进行：
1. 证券交易所集中竞价交易方式；
2. 要约方式；
3. 法律法规认可的其他方式。

5.5.5 回购股份的转让与注销

公司因本章程第5.5.3条第1、2、3项的原因收购本公司股份的，应当经股东大会决议。

公司依照第5.5.3条规定的收购本公司股份后，属于第1项情形的，应当自收购之日起10日内注销；属于第2项、第4项情形的，应当在6个月内转让或者注销。

公司依照第5.5.3条第3项规定的收购的本公司股份，应不超过本公司已发行股份总额的5%；用于收购的资金应当从公司的税后利润中支出；所收购的股份应当1年内转让给职工。

【本节条款解读】

一、股份的增发

股份有限公司增资，原股东享有优先认购权。所谓股东新股优先认购权是指股东基于其公司股东的资格和地位，在公司发行新股时，优先于一般人按照自己原有的持股比例认购新股的权利。股东可以行使该权利，也可以转让他人。依据《公司法》第133条第4项的规定，股份公司新发行股份(增资)，原股东享有优先认购权。公司发行新股的股东大会决议，应当确定本次股份增发向原有股东发行新股的种类及数额。

二、股份回购

股份回购是指公司利用现金等方式，购回本公司发行在外的一定数额的股份的行为。公司在股份回购完成后可以将所回购的股份注销。根据《公司法》第142的规定，公司在下列情形下，可以收购本公司股份：

1. 减少公司注册资本

按照《公司法》有关条款的规定,公司成立以后股东是不得抽回出资的。在这种情况下,公司成立以后,要减少公司的注册资本,只能通过以公司的名义购买本公司股份,再将该部分股份注销的形式。因此,对于公司以减少注册资本的形式收购本公司股份,法律是允许的。

2. 与持有本公司股份的其他公司合并

公司的股份可以为其他公司所持有,当公司与拥有本公司股份的其他公司进行吸收合并时,被合并的其他公司的所有资产都归公司所有,其他公司所拥有的本公司股份自然也为本公司所有。

3. 将股份奖励给本公司职工

近年来,为了激励公司职工,很多股份有限公司都推行职工持股计划,即奖励职工持有部分本公司股份,以把职工利益与公司利益联系在一起,激励职工更好地为公司工作。为了推行这一计划,公司就需要收购本公司的股份,再将其发放给职工。

4. 因股东行使回购请求权,而收购本公司股份。《公司法》第74条规定了有限责任公司股东的回购请求权,即在公司出现法定情形时,股东可以请求公司以合理价格回购其所拥有的股权,从而达到离开公司的目的。这是针对有限责任公司股权流动性差而作出的规定,以防止在出现公司损害股东利益时,股东没有救济措施又不能通过向他人转让股权而离开公司的情况。股份有限公司的股份是可以自由转让的,股东对公司经营情况不满,可以直接转让其股权而离开公司。因此,法律对股份有限公司股东的股份回购请求权,只作了有限度的规定,即股东在对股东大会作出的公司合并、分立决议持异议时,可以要求公司收购其股份。当股东行使这项权利时,公司就会拥有本公司的股份。

公司因减少注册资本、与其他公司合并、推行职工持股计划而收购本公司股份,都应当由股东大会作出决议,这也是和股东大会的职权相吻合的。而股东的股份回购请求,属于股东的权利,股东依法提出这一要求时,公司就应收购其股份,不需要股东大会作出决议。

三、股份回购后的处置

我国实行的是法定资本制,坚持资本充实原则。虽然允许公司在特定情况下收购本公司股份,但按照《公司法》有关条款的规定,回购的股份不享有表决权、不得参加红利分配。绝大多数情况下,公司将回购的股票作为"库藏股"保留,不再属于发行在外的股票,且不参与每股收益的计算和分配。实际上这部分股份是处于虚置状态的,因此,公司在依法回购本公司股份后,应当及时处理,防止股份长期虚置,影响公司运营。

根据《公司法》第 142 条的规定,公司因减少注册资本而收购本公司股份的,应当自购之日起 10 日内将该部分股份注销;公司因与其他公司合并以及因股东行使回购请求权而收购本公司股份的,应当自收购之日起 6 个月内转让或者注销;公司为推行职工持股计划而收购本公司股份的,应当在 1 年内转让给职工。

公司为奖励职工而收购本公司股份的,只是公司经营计划的一部分,不应对公司的股份构成以及公司运营情况产生大的影响。因此《公司法》规定,公司为将股份奖励给职工而收购本公司股份的,收购的股份数额不得超过已经发行股份总额的 5%。同时,为了不影响公司的正常经营和资金使用,规定公司用于收购的资金应当从公司的税后利润中支出。

【本节法律依据】

❶《上市公司非公开发行股票实施细则》(中国证监会 2011 年 8 月 1 日 证监会令第 73 号)

略。

❷《上市公司证券发行管理办法》(中国证监会 2006 年 5 月 6 日证监会第 30 号令)

略。

❸《上市公司回购社会公众股份管理办法》(中国证监会 2005 年 6 月 16 日证监发[2005]51 号)

略。

❹《创业板上市公司社会公众股份管理办法》(中国证监会 2014 年 5 月 14 日证监会第 100 号令)

略。

第六节 股份有限公司的股份转让

【示范条款】

5.6.1 股份的转让

公司的股份可以依法转让。

5.6.2 自我股份的质押禁止

公司不接受本公司的股票作为质押权的标的。

5.6.3 股份转让限制

发起人持有的本公司股份,自公司成立之日起 1 年内不得转让。

公司董事、监事、高级管理人员应当向公司申报所持有的本公司的股份及其变动情况,在任职期间每年转让的股份不得超过其所持有本公司同一种类股份总数的 25%。上述人员离职后半年内,不得转让其所持有的本公司股份。

［注释］ 公司章程可以对公司董事、监事、高级管理人员转让其所持有的本公司股份作出其他限制性规定。

5.6.4 短期交易归入权

公司董事、监事、高级管理人员,持有本公司股份 5% 以上的股东,将其持有的本公司股票在买入后 6 个月内卖出,或者在卖出后 6 个月内又买入,由此所得收益归本公司所有,本公司董事会将收回其所得收益。但是,证券公司因包销购入售后剩余股票而持有 5% 以上股份的,卖出该股票不受 6 个月时间限制。

公司董事会不按照前款规定执行的,股东有权要求董事会在［ 30 ］日内执行。公司董事会未在上述期限内执行的,股东有权为了公司的利益,以自己的名义直接向人民法院提起诉讼。

公司董事会不按照第一款的规定执行的,负有责任的董事依法承担连带责任。

【本节条款解读】

一、股份转让

股份有限公司是最典型的资合公司,公司资本分成均等的股份并由股票的形式表现出来。股份有限公司股东股权的转让表现为股票的转让与交易。

为了规范股份有限公司的股权转让,使股票交易市场走向有序化,我国《公司法》对股份有限公司股票转让与交易作了必要的限制,即必须在依法设立的证券交易所进行。其中,记名股票由股东以背书方式或法律、行政法规规定的其他方式转让,并由公司将受让人的姓名或者名称及住所记载于股东名册;而不记名股票的转让,则由股东在依法设立的证券交易所将该股票权利交付给受让人即发生转让的效力。这就意味着,股票的转让必须经过证券经纪商,而不得在交易双方之间直接进行。

二、公司不接受本公司的股权作为质押权的标的

质押,属于担保的一种形式,即债务人或者第三人在不转移所有权的前提下,将某一动产或权利转由债权人占有和控制,以保证债权人的权利的实现;在债务人不履行债务时,债权人有权以该动产或者权利折价或者以变卖、拍卖该动产或者权利的价款优先受偿。因此,质押权的设立,是以债权人可以取得质押权标的物的所

有权为前提的。

《公司法》第142条规定,除法定情形外,公司不得收购本公司股份。第4款规定:"公司不得接受本公司的股票作为质押权的标的。"限制公司收购自身股份主要是因为如果公司持有自身股份将导致公司资本减少,损害公司债权人的利益;此外,如果允许公司收购自身的股份,就有可能出现公司利用回购公司股票操纵股票价格的情形,从而影响证券交易的安全。限制公司接受本公司的股票为质押权的标的,同样是因为这样可能导致公司资本的减少,影响公司资本的充实性。并且即使是设立了以本公司股权为质押标的质押担保,实际上公司也不能实现这种担保,对公司的债权人保护没有任何的意义。

三、发起人的股份转让限制

《公司法》第141条第1款规定:"发起人持有的本公司股份,自公司成立之日起一年内不得转让。公司公开发行股份前已发行的股份,自公司股票在证券交易所上市交易之日起一年内不得转让。"

由于发起人对公司具有重要的影响,为了保护公司和其他股东、公众的利益,防止发起人利用设立公司进行投机活动,保证公司成立后一段时间内的稳定经营,各国公司法规定发起人的股份在一定时间内不得转让。《关于设立外商投资股份有限公司若干问题的暂行规定》第8条规定:"发起人股份的转让,须在公司设立登记三年后进行,并经公司原审批机关批准。"

四、公司董事、监事、高级管理人员股份的转让限制

公司董事、监事、高级管理人员应当向公司申报所持有的本公司的股份及其变动情况,在任职期间每年转让的股份不得超过其所持有本公司股份总数的25%;所持本公司股份自公司股票上市交易之日起1年内不得转让。上述人员离职后半年内,不得转让其所持有的本公司股份。公司章程可以对公司董事、监事、高级管理人员转让其所持有的本公司股份作出其他限制性规定。

《公司法》第141条第2款规定:"公司董事、监事、高级管理人员应当向公司申报所持有的本公司的股份及其变动情况,在任职期间每年转让的股份不得超过其所持有本公司股份总数的百分之二十五;所持本公司股份自公司股票上市交易之日起一年内不得转让。上述人员离职后半年内,不得转让其所持有的本公司股份。公司章程可以对公司董事、监事、高级管理人员转让其所持有的本公司股份作出其他限制性规定。"这一限制,一方面为了防止该类人员利用内幕信息从事股票交易非法牟利;另一方面可以将其利益与公司的经营管理状况进行联系,促使其尽力经营公司事业。

五、短线交易的利益归入权

短线交易是指上市公司的董事、监事、高级管理人员及大股东,在法定期间内,

对公司上市股票买入后再行卖出或卖出后再行买入,以谋取不正当利益的行为。短线交易收益归入权,是指公司依法享有的,请求短线交易主体返还其所获得收益,将公司有关短线交易所得收益归公司所有的权利。短线交易与归入权是密不可分的。短线交易是归入权产生的前提,归入权的产生是短线交易的法律后果。

我国《证券法》第47条规定:"上市公司董事、监事、高级管理人员、持有上市公司股份百分之五以上的股东,将其持有的该公司的股票在买入后六个月内卖出,或者在卖出后六个月内又买入,由此所得收益归该公司所有,公司董事会应当收回其所得收益。但是,证券公司因包销购入售后剩余股票而持有百分之五以上股份的,卖出该股票不受六个月时间限制。公司董事会不按照前款规定执行的,股东有权要求董事会在三十日内执行。公司董事会未在上述期限内执行的,股东有权为了公司的利益以自己的名义直接向人民法院提起诉讼。公司董事会不按照第一款的规定执行的,负有责任的董事依法承担连带责任。"

短线交易的归入权制度的立法目的,在于预防内幕人利用内幕信息从事内幕交易。它是一种民事救济手段,通过使短线交易行为人承担民事责任,有效地预防内幕交易的发生,保障证券市场稳定健康的发展。因此,短线交易归入权制度,是维护证券市场稳定和保障投资者利益的一项重要制度。

六、短线交易归入权的行使

公司作为短线交易收益归入权的权利主体已无疑义,但公司是法律拟制的法人主体,需要通过其内部机关具体行使权利。在我国归入权由如下主体行使内容为:

1. 公司董事会直接收回短线交易利润。
2. 公司董事会不收回的,股东有权要求董事会在30日之内执行。
3. 30日之内董事会不执行的,股东有权以自己的名义向法院提出起诉。

可见,我国归入权行使主体是公司董事会,当董事会怠于行使权力时,股东可以直接以自己的名义起诉。我国公司董事会及股东都是行使归入权的主体。

设定公司股东在特定条件下可作为短线交易收益归入权的行使主体,提起股东派生诉讼。原因在于:

1. 董事会决议的作出采取表决制,现实中董事本身即可能为短线交易的获益者,基于自身利益的考虑,很可能怠于作出行使短线交易收益归入权的决议或使决议无法达成。
2. 股东作为公司的所有者,其自身利益与公司利益在根本上是一致的,与董事相比,更有主张短线交易收益归入权的可能性。
3. 短线交易的判断标准极为客观,一目了然,因而发生股东滥诉的可能性较小。

【本节法律依据】

❶《上市公司董事、监事和高级管理人员所持本公司股份及其变动管理规则》(中国证监会 2007 年 4 月 5 日 证监公司字〔2007〕56 号)

略。

❷《深圳证券交易所上市公司董事、监事和高级管理人员所持本公司及其变动管理规则》(2007 年 5 月 8 日 深证上〔2007〕61 号)

略。

第六章 股　　东

第一节　股东资格

【示范条款】

6.1.1　股东名册

公司董事会应当置备股东名册,记载下列事项:

1. 股东的姓名或者名称及住所;

2. (有限责任公司)股东的出资额、或者(股份有限公司)股东所持股份数;

3. (有限责任公司)出资证明书编号、或者(股份有限公司)股东所持股票的编号。

4. 股东取得其(股权)股份的日期。

(股份有限公司)发行无记名股票的,公司应当记载其股票数量、编号及发行日期。

6.1.2　股东名册的效力

股东名册是证明股东持有公司股份的充分证据,记载于股东名册的股东,可以依股东名册主张行使股东权利。

6.1.3　股东名册的变更

公司董事会应当将股东的姓名或者名称向公司登记机关登记;股权登记事项发生变更的,应当自收到有关股权变动文书(包括并不限于新增出资完成、股权转让通知等)之日起[30]日内办理变更登记。

未经登记或者变更登记的,不得对抗第三人。

【本节条款解读】

一、股东名册

股东名册是指由公司置备的,记载股东个人信息和股权信息的法定簿册。股权具有可转让性,而股权转让又是在广大投资者(包括公司股东内部和原股东之外)之间进行的,公司根本无法确切地知道在某个时间点上的真实股东是谁。在公司需要根据章程规定,向股东报告财务状况、发放股息、派发新股或者通知召开股东会议等时,就需要一个确定的股东名单,这就是股东名册。《公司法》第32条规定:"有限责任公司应当置备股东名册,记载下列事项:(一)股东的姓名或者名称及住所;(二)股东的出资额;(三)出资证明书编号。"第130条规定:"(股份有限)公司发行记名股票的,应当置备股东名册,记载下列事项:(一)股东的姓名或者名称及住所;(二)各股东所持股份数;(三)各股东所持股票的编号;(四)各股东取得股份的日期。发行无记名股票的,公司应当记载其股票数量、编号及发行日期。"

　　一般情况下,股东名册上载明的股东即应推定为公司的股东,但股东名册并不是判断股东资格的唯一证据,因为股东名册的记载是公司的法定义务,对义务的履行只能由公司证明,并且股东名册的记载只在公司内部,即公司与股东之间具有公示作用,而不具有创设权利的功能,股东资格的取得依出资等一系列法律行为来实现。所以股东名册仅是证明股东资格证据的一种,即使股东名册未作记载的股东,并不必然不具有股东资格,因为不能排除公司履行义务不当情形的存在。因此,公司不能以股东名册未记载为由而对抗真正权利人主张股东资格。虽未在股东名册记载,但能以其他证据如工商行政机关的登记等证明出资人或者受让人股东身份的,应认定出资人或者受让人具有股东资格。

　　二、股东名册的权利推定效力

　　在与公司的关系上,只有在股东名册上记载的人,才能成为公司股东,此即股东名册的权利推定效力。在股东名册上记载为股东的人,无须向公司提示股票或者出资证明书,也没有必要向公司举证自己的实质性权利,仅凭股东名册记载本身就可主张自己为股东。公司也没有义务查证股权的实际持有人,仅向股东名册上记载的名义上的股东履行各种义务即可。股东名册的权利推定效力,是股东名册最重要的法律效力,任何取得公司股份的人只有在其姓名记入公司股东名册时,才能成为公司的股东。公司只与登记在册的股东打交道,哪怕该股东的股份已经转让给他人,在受让人未将其姓名登记在股东名册之前,公司可以认为名义所有人是股份的唯一所有人。《德国股份法》第67条第2款规定:"在与公司的关系上,只有在股票名册上作为股东登记的人,才视为公司股东。"正因为股东名册具有权利推定效力,因此股东名册上记载的股东具有形式上的股东资格或者说具有名义所有人的地位。

　　三、股东名册具有免责效力

　　由于股东名册具有权利推定效力,股东名册上记载的股东具有形式上的股东资格。因此公司向形式上的股东发出会议通知、分配红利、分配剩余财产、确认表决权、确认新股认购权,即使该形式上的股东并非实质上的股东,公司也是被免责的。股东名册的免责效力也及于股东的住所等其他记载事项,如公司对股东的通知或者催告,发至股东名册上记载的住所即可。如果股东名册上记载的住所不准确或者发生变更,以致股东不能收到通知的,公司不承担责任。

四、股东名册的工商登记

工商登记并非股东资格取得的必要条件,在公司内部确认股东资格不需要以工商登记为必要。而工商登记主要是对第三人产生效力。我国《公司法》规定,公司股东登记具有对抗第三人的效力,如果公司出资人未经工商登记或股东转让股权后未作变更工商登记,就不具有对抗第三人的效力,更直接地说,工商登记是保护善意第三人最重要的形式条件,公司、股东和股份受让人以外的善意第三人,完全可以仅以工商登记来认定出资人或受让人的股东资格,而不考虑其他形式条件或实质条件。

在当股东名册记载与工商登记的股东不一致时,一般应分为对内关系和对外关系两种情况认定股东资格:

1. 在对内关系,即股东资格的争议发生于公司与股东、股东与股东或股份出让人与受让人之间,也就是不存在第三人时,工商登记只具有对外公示的功能和证明的效力,应当以股东名册作为认定股东资格的依据。

2. 在对外关系上,工商登记是对抗第三人最主要的证据。公司设立时,全体股东须共同签署公司章程并经工商登记,股权登记事项发生变更时,公司也应当及时办理工商变更登记。所以,在工商登记中记载有股东名称或姓名的人可以对抗公司、其他股东和第三人而主张其具有股东资格。同样,善意第三人完全可以仅以工商登记来认定出资人或受让人的股东资格,而不考虑其他形式条件或实质条件。这主要是为了保护善意第三人,从而保护交易的安全。

【本节法律依据】

❶《中华人民共和国公司法》(2013年12月28日主席令第8号)

第三十二条 有限责任公司应当置备股东名册,记载下列事项:

(一) 股东的姓名或者名称及住所;

(二) 股东的出资额;

(三) 出资证明书编号。

记载于股东名册的股东,可以依股东名册主张行使股东权利。

公司应当将股东的姓名或者名称向公司登记机关登记;登记事项发生变更的,应当办理变更登记。未经登记或者变更登记的,不得对抗第三人。

第七十三条　依照本法第七十一条、第七十二条转让股权后，公司应当注销原股东的出资证明书，向新股东签发出资证明书，并相应修改公司章程和股东名册中有关股东及其出资额的记载。对公司章程的该项修改不需再由股东会表决。

❷《公司登记管理条例》（国务院 2014 年 2 月 19 日第 648 号令）

第三十四条　有限责任公司变更股东的，应当自变更之日起 30 日内申请变更登记，并应当提交新股东的主体资格证明或者自然人身份证明。

有限责任公司的自然人股东死亡后，其合法继承人继承股东资格的，公司应当依照前款规定申请变更登记。

有限责任公司的股东或者股份有限公司的发起人改变姓名或者名称的，应当自改变姓名或者名称之日起 30 日内申请变更登记。

第二节　股权登记日

【示范条款】

6.2.1　股权登记日

公司召开股东会议、分配股利、清算及从事其他需要确认股东身份的行为时，由董事会或股东会议召集人确定股权登记日，股权登记日收市后登记在册的股东为享有相关权益的股东。

【本节条款解读】

股东名册上的记载随着股权的转让处于不断变化之中。而公司在召开股东会议或者决定盈余分配时，必须保持公司股东的确定性，以便股东会议得以顺利召开，分配方案得以确定并顺利实施。股东名册的封闭和股权登记日制度就是保持公司股东确定性的两种方法。

股东名册的封闭是指公司为确定得参加股东会议的人选，或者其他可行使股东权或质权的权利人，而在一定期间停止股东名册的记载。

股东名册的封闭适用于发行无记名股票的股份有限公司。

股权登记日是指公司为确定得参加股东会议的人选，或者其他可行使股东权的权利人而规定的"某个日期"，股权登记日结束时在册的股东为公司股东。公司在送股、派息、配股或召开股东会议的时候，需要定出某一天，界定哪些主体可以参加分红、参与配股或者具有收受会议通知、参加会议以及投票权等权利，定出的这一天就是股权登记日。也就是说，在股权登记日这一天结束时仍持有该公司的股权(股票)的投资者,是可以享有此次分红或参与此次配股的股东,这部分股东名册由公司或者公司委托的证券登记公司统计在案,届时将所应送的红股、现金红利或者配股权划到这部分股东的账上。也只有股权登记日在册的股东,才有股东会议的收受会议通知权、参加股东会议权和表决投票权。

股权登记日适用于有限责任公司和发行记名股票的股份有限公司。需要说明的是,在我国,上市公司发行的均为记名股票,股东名单在中国证券登记结算有限公司登记,该公司在上海和深圳设有分公司,分别负责登记上海证券交易所和深圳证券交易所两个交易所上市公司的股东名单。

《美国特拉华州普通公司法》第213条[①]规定:

"(一) 为了便于公司确认有权收到股东会议通知或者会议延期通知的股东,董事会可以确定一个通知权登记日,通知权登记日不得早于董事会通过确定股东通知权登记日决议的日期,且不得早于会议召开日期之前60日,不得少于会议召开日之前10日。

董事会确定了通知权登记日的,该日期也是确定有会议表决权的股东的表决权登记日,除非董事会在确定通知权登记日的同时作出决定,由一个迟于该登记日期的、在会议召开日或者之前的日期作为确认有会议表决权的股东的表决权登记日。

董事会没有确定登记日期的,确认具有接收股东会议通知权的通知权登记日或者确定股东表决权的表决权登记日,为会议通知发出日的前一日下班之时,股东放弃接收通知权的,为会议召开日的前一日下班之时。

对具有股东会议通知权的通知权登记日或者具有表决权的表决权登记日的确认,适用于会议延期;但对于在延期会议上有表决权的股东确认,董事会可以确定新的登记日期,并应当同时将具有延期会议通知权的通知权登记日,规定为确认根据本款上述规定的有权在延期会议上表决的股东的表决权登记日,或者规定为早于该通知权登记日的日期。

(二) 为了便于公司确认有权不经开会而只以书面形式对公司行为表示同意的股东,董事会可以确定一个书面表决表决权登记日,该日期不得早于董事会通过股东登记日期的决议日期,也不得迟于决议通过日之后的10日……

(三) 为了便于公司确认有权接收股息或者其他分配的支付或者权利分配的股东,或者针对股份改变、转换或者置换,或者为了其他合法行为的目的有权行使权利的股东,董事会可以确定一个股权登记日,登记日期不得早于董事会确定该股权登记日的决议通过日,也不得超过该决议通过日之后60日。

---

① 徐文彬等译:《特拉华州普通公司法》,中国法制出版社2010年9月第1版,第84页。

没有确定上述股权登记日的,为了上述目的确认股东的股权登记日,为董事会相关决议通过的当日下班之时。"

【本节法律依据】

❶《上市公司股东大会规则》(2014 年修订)(中国证监会 2014 年 10 月 20 日 [2014]46 号)

略。

第三节 股东权利义务概述

【示范条款】

6.3.1 股东权利概述

公司股东享有下列权利:

1. 依照其所持有的股份份额获得股利和其他形式的利益分配;
2. 依法请求、召集、主持、参加或者委派股东代理人参加股东大会(股东会),并行使相应的表决权;
3. 选举和被选举为董事、监事;
4. 对公司的经营进行监督,提出建议或者质询;
5. 依照法律、法规及本章程的规定转让、赠与或质押所持有的股份;
6. 依据法律法规和本章程的规定,行使查询复制权;
7. 公司终止或者清算时,按其所持有的股份份额参加公司剩余财产的分配;
8. 对股东大会(股东会)作出的公司合并、分立决议持异议的股东,要求公司收购其股份;
9. 法律法规或本章程规定的其他权利。

6.3.2 股东义务概述

公司股东承担下列义务:

1. 遵守法律法规和本章程;
2. 依其所认购的股份和入股方式缴纳股金;
3. 除法律法规规定的情形外,不得退股;
4. 不得滥用股东权利损害公司或者其他股东的利益;
5. 公司股东滥用股东权利给公司或者其他股东造成损失的,应当依法承担赔偿责任;

6. 公司股东滥用公司法人独立地位和股东有限责任,逃避债务,严重损害公司债权人利益的,应当对公司债务承担连带责任;

7. 法律法规和本章程规定应当承担的其他义务。

6.3.3 对股东的诉讼

如果有证据表明股东违反以上义务导致公司利益受损,公司或其他股东均可向该名股东追究相应的法律责任及由此引起的一切经济损失。

【本节条款解读】

一、股东权利概述

《公司法》第4条规定:"公司股东依法享有资产收益、参与重大决策和选择管理者等权利。"总体来说股东权利分为自益权和公益权两类。

1. 自益权,即股东基于自己的出资而享受利益的权利。如获得股息红利的权利,公司解散时分配财产的权利以及不同意其他股东转让出资额时的优先受让权。这是股东为了自己的利益而行使的权利。

2. 共益权,即股东基于自己的出资而享有的参与公司经营管理的权利,如表决权、监察权、请求召开股东会的权利、查阅会计表册权,等等。这是股东为了公司利益,同时兼为自己利益行使的权利。

二、股东义务概述

股东义务是指股东应当履行有限责任公司章程上规定的股东各项义务,股东义务主要有:

1. 遵守公司章程。

2. 按期缴纳所认缴的出资。

3. 对公司债务负有限责任

有限责任公司的股东以其认缴的出资额为限对公司承担责任;股份有限公司的股东以其认购的股份为限对公司承担责任。股东对公司的债务只以其出资额为限负有间接责任,即股东不必以自己个人的财产对公司债务承担责任。

4. 出资填补义务

有限责任公司成立后,发现作为设立公司出资的非货币财产的实际价额显著低于公司章程所定价额的,应当由交付该出资的股东补足其差额;公司设立时的其他股东承担连带责任。

股份有限公司成立后,发起人未按照公司章程的规定缴足出资的,应当补缴;其他发起人承担连带责任。公司成立后,发现作为设立公司出资的非货币财产的实际价额显著低于公司章程所定价额的,应当由交付该出资的发起人补足其差额;

其他发起人承担连带责任。

5. 在公司核准登记后,不得擅自抽回出资。
6. 对公司及其他股东诚实信任。
7. 其他依法应当履行的义务。

第四节　股东查阅复制权

【示范条款】

6.4.1　查阅资格

在公司股东名册登记在册的股东,有权依据章程的规定查询或者复制有关公司信息。

6.4.2　委托查阅

股东委托专业机构查阅的,仅限于委托依法在中国注册并合法年检的律师事务所或会计师事务所。

[注释]　是否对股东查询复制权的委托权进行一定的限制,由章程制定者自行选择。

6.4.3　查阅复制范围

(有限责任公司)股东有权查阅、复制公司章程、股东会会议记录、董事会会议决议、监事会会议决议和财务会计报告。

(股份有限公司)股东有权查阅公司章程、股东名册、公司债券存根、股东大会会议记录、董事会会议决议、监事会会议决议、财务会计报告。

[注释]　章程制定者可以适当考量是否扩大股东的查询复制范围。

6.4.4　会计账簿查阅

(有限责任公司)股东有权要求查阅公司会计账簿。股东要求查阅公司会计账簿的,应当向公司董事会提出书面申请,说明查阅目的及查询范围。

6.4.5　不提供的查阅

非经司法程序、或者股东(大)会决议,董事会无权向股东提供如下事项的查阅:董事会会议记录、监事会会议记录、总经理办公会议记录、销售策划和经营计划等策略、计划、议事记录、决策过程等。

[注释]　章程制定者可以结合公司的商业秘密及交易安全之需要,明确限定不对股东提供查询复制的范围。

6.4.6 查阅目的的正当性

公司董事会有权审查股东会计账簿查询的目的是否正当,审查的依据和理由包括并不限于:

1. 是否承诺保密义务;
2. 股东的查询目的是否明晰、查询目的与查询范围是否相关;
3. 查询信息获得的必要性和无法从其他渠道获得;
4. 股东是否在与公司有竞争关系的公司有投资或者有任职。

公司董事会认为股东查阅会计账簿不具有正当目的,可能损害公司合法利益的,可以拒绝提供查阅,并应当自股东提出书面请求之日起[15]日内书面答复股东并说明理由。

6.4.7 查阅范围的相关性

股东应当在会计账簿书面查阅申请中说明希望查阅的范围,希望查阅的范围应当与查询目的直接联系。

公司有权对无关信息进行技术性屏蔽。

6.4.8 保密义务

股东对查阅内容有保密义务,股东不得传播或者不当利用查阅的信息。

6.4.9 查询的时间和地点

股东查阅应在公司通常的营业时间,在公司主要办公地或者公司规定的合理地点查阅或者复制。

董事会有权限制股东查阅时间长短,及要求股东支付合理的查询、复制费用。

【本节条款解读】

由于所有权与经营权的分离,公司一般来说是由控股股东以及少数参与经营的股东或者职业经理人具体经营。而人数较多的中小股东,一般是不参加具体公司经营的,他们远离于公司经营事务之外。这些中小股东需要获取公司的经营信息,以便维护自己的所有权利益。也只有在了解公司情况的基础上,才能在公司的重大经营决策时,通过股东会议行使自己的表决权,达到维护股东利益的目的。所以法律应当赋予这些不执行公司业务股东的知情权,以便他们能够了解公司的经营状况、盈利情况。同时,股东知情权也有利于股东加强对公司经营管理人员的监督,考量经营者是否以公司的利益最大化为己任。"查账权不仅可以还小股东一个明白,还可以还控制股东和公司高管一个清白。"①股东知情权的有效行使,是股东权有效实现的基本保障。

股东的知情权,又分为股东查询权和股东质询权。本节讨论股东查询权,股东质询权下一节讨论。

一、股东查询权的法律规定

《公司法》第33条规定:(有限责任公司)"股东有权查阅、复制公司章程、股东会会议记录、董事会会议决议、监事会会议决议和财务会计报告。股东可以要求查阅公司会计账簿。股东要求查阅公司会计账簿的,应当向公司提出书面请求,说明目的。公司有合理根据认为股东查阅会计账簿有不正当目的,可能损害公司合法利益的,可以拒绝提供查阅,并应当自股东提出书面请求之日起十五日内书面答复股东并说明理由。公司拒绝提供查阅的,股东可以请求人民法院要求公司提供查阅。"

《公司法》第96条规定:"股份有限公司应当将公司章程、股东名册、公司债券存根、股东大会会议记录、董事会会议记录、监事会会议记录、财务会计报告置备于本公司。"

《公司法》第97条规定:(股份有限公司)"股东有权查阅公司章程、股东名册、公司债券存根、股东会会议记录、董事会会议决议、监事会会议决议、财务会计报告,对公司的经营提出建议或者质询。"

《公司法》第165条规定:"有限责任公司应当按照公司章程规定的期限将财务会计报告送交各股东。股份有限公司的财务会计报告应当在召开股东大会年会的二十日前置备于本公司,供股东查阅;公开发行股票的股份有限公司必须公告其财务会计报告。"

从上述法律规定可以看出:有限责任公司的股东不仅可以查阅,还可以复制,而股份有限公司的股东只有查阅权;有限责任公司的股东有会计账簿查阅权,而股份有限公司的股东没有会计账簿查阅权。这是基于:

1. 有限责任公司的股东人数一般较少,而股份有限公司股东人数较多,大量的股东涌向公司要求查阅,会给公司具体经营带来不便。

2. 有限责任公司具有人合性,股权转让受到一定限制,股东之间的信任和监督对公司的经营管理至关重要。较广泛的股东查阅权,有助于增进股东之间的信任。而股份有限公司主要是资合性,股份的转让不受限制。股份有限公司更应该从信息的公开披露方面努力和加强,而不应赋予股东过高的主动权利,从而避免股东恶意行为的发生。

---

① 刘俊海:《新公司法的制度创新:立法争点与解释难点》,法律出版社2006年11月第1版,第203页。

二、股东查询权的主体资格

主张股东知情权诉讼的应当而且只能是公司在册的股东,包括经过工商备案登记而具有公示效力的股东和未经工商备案但公司的股东名册中明确记载的股东。除此之外的人,包括已转让股权的股东,均不具有主张查阅权的主体资格。

查阅权的主体应仅限于现任股东,是因为查阅权是股东基于股东资格而取得,随着股东身份的丧失而消灭的权利。已转让股权的股东在股权转让后立即丧失公司股东资格,因而无权查阅原公司的文档。

1. 查询权的存在以股东身份的存在为前提,股份转让后就不再是公司的股东,行使知情权的实质要件已经丧失。

2. 已经转让股权的人,已经与公司脱离了股权关系,这种已经与公司脱离股权关系的"知情",可能会危及公司和现有股东的利益。

三、有限责任公司股东的查阅复制权

依据《公司法》33条的规定:有限责任公司股东查阅复制权的范围包括:公司章程、股东会会议记录、董事会会议决议、监事会会议决议和财务会计报告。

1. 公司章程本身是一个需要在公司登记机关备案的文件,是一种公示性文件。股东对其拥有查询复制权,自然是不言而喻。

2. 就股东会来说,股东本身就是股东会的有权出席会议人员,是股东会整个会议过程的核心和灵魂。股东对于股东会是一种出席权利,而董事、监事、高级管理人员的出席(列席),是一种出席(列席)义务。所以会议主持人及会议记录人对股东会的会议记录,更多是一种职责,而"股东"才是构成股东会会议记录的本源。故此,股东有权拥有股东会会议记录的查阅权和复制权。

3. 董事会会议决议是董事会会议的成果,这种成果本身是为股东服务的。并且董事会会议决议的结果也应当由公司具体执行,是由公司承担其执行责任的。股东作为公司所有权的主体,有权利得知公司的具体执行任务。

4. 监事会会议决议是监事会会议的成果,这种成果本身也是为股东服务的。监事会会议决议的结果也应当由公司具体执行,并由公司承担其执行责任的。股东作为公司所有权的主体,有权利得知公司的具体执行任务。

5. 财务会计报告是反映公司财务状况以及经营成果和现金流量的经营状况之文件。从《公司法》第165条规定看,有限责任公司本身就有义务依照公司章程规定的期限,将财务会计报告送交公司股东。

上述公司资料对公司经营管理的影响较小,所以任何股东均可以在不需要说明目的的情况下查看。

四、有限责任公司股东对会计账簿的查阅权

会计账簿按用途有序时账簿（现金日记账、银行存款日记账）、分类账簿（总分类账和明细分类账）、备查账簿（可以由公司根据需要进行设置）。由于会计账簿是公司重要的财务资料，甚至涉及公司的商业秘密，所以股东必须基于正当目的才可以查看。

五、股份有限公司股东的查阅权

根据《公司法》第97条规定：（股份有限公司）"股东有权查阅公司章程、股东名册、公司债券存根、股东大会会议记录、董事会会议决议、监事会会议决议、财务会计报告，对公司的经营提出建议或者质询。"

1. 关于公司章程、股东大会会议记录、董事会会议决议、监事会会议决议、财务会计报告的查阅权，参见前述"三、有限责任公司股东的查阅复制权"。

2. 关于财务会计报告，《公司法》第165条规定："股份有限公司的财务会计报告应当在召开股东大会年会的二十日前置备于本公司，供股东查阅；公开发行股票的股份有限公司必须公告其财务会计报告。"这是和股东的查阅权相一致的。

公司法没有再明确股份有限公司股东的复制权，公司股东在制定或者修订章程时，可以自由酌定是否确立复制权。

上述公司资料对公司经营管理的影响较小，所以任何股东均可以在不需要说明目的的情况下查看。

六、会计凭证、会计账簿、财务会计报告的区别

我们可以从我国《会计法》的规定来看"会计凭证""会计账簿""财务会计报告"的区别和关系。

1. 会计凭证是记录经济业务事项的发生和完成情况，明确经济责任，并作为记账依据的书面证明。任何一个企业对所发生的每一项经济业务事项都必须按照规定的程序和要求，由经办人员填制或取得会计凭证。会计凭证分为原始凭证和记账凭证。

2. 会计账簿是由具有一定格式、相互联系的账页所组成，用来分时、分类地全面记录一个企业经济业务事项的会计簿籍。会计账簿分为总分类账和明细分类账。

3. 财务会计报告是由三张主表和相关附表、附注组成。资产负债表是反映企业在某一特定日期财务状况的报表；利润表是反映一定会计期间经营成果的报表；现金流量表是反映企业一定会计期间现金和现金等价物流入和流出的报表。

会计凭证、会计账簿、财务会计报告之间的联系：

1. 会计账簿是根据会计凭证来登记的。可以说没有会计凭证，就无法完成会计账簿的登记。会计凭证是分清经济业务责任的最重要的依据。

2. 财务会计报告是根据会计账簿来填制的。没有会计账簿也就无法完成财务会计报告的填制。

3. 会计凭证是整个会计数据的来源,保证会计凭证的真实准确才能保证会计账簿和会计报表的真实准确。

4. 会计账簿是对会计凭证的分类汇总,只有会计凭证没有会计账簿就不能直观地看出具体的收入、成本、费用、银行存款和现金等科目的变动。

5. 财务会计报告是根据会计账簿而填制的,财务会计报告可以在不需要了解具体经济业务的情况下,简单明确地看出企业的财务状况。比如资产负债表可以看出企业的资金结构。利润表可以看出企业的盈利状况。现金流量表可以看出企业每个月现金的流向及其金额。

《会计法》第13条规定:会计凭证、会计账簿、财务会计报告和其他会计资料,必须符合国家统一的会计制度的规定。说明了"会计凭证""会计账簿""财务会计报告"三者在会计业务方面是一种递进生成的关系,而法律分类上是并列的关系。财政部《会计基础工作规范》第三章会计核算就是由四个小节构成:第一节"会计核算一般要求"、第二节"填制会计凭证"、第三节"登记会计账簿"、第四节"编制财务报告",更说明了这种分类关系。

按照财政部《会计档案管理办法》的分类,这三类会计资料的范围包括:"(一)会计凭证类:原始凭证,记账凭证、汇总凭证,其他会计凭证。(二)会计账簿类:总账,明细账,日记账,固定资产卡片,辅助账簿,其他会计账簿。(三)财务报告类:月度、季度、年度财务报告,包括会计报表、附表、附注及文字说明,其他财务报告。"

七、查阅权是否涉及会计凭证

关于有限责任公司股东的会计账簿的查询权是否包括"会计凭证",特别是"原始凭证"。由上文所指会计凭证,会计账簿,财务会计报告是三个不同的概念,一般情况下,查阅权只涉及会计账簿和财务会计报告,并不涉及会计凭证:

1. 会计凭证较会计账簿涉及更多的商业秘密,若不加限制的任由股东查阅,公司可能因此会遭受商业秘密的损失。

2. 较大的公司每天都有大量的会计凭证,如果说查就查,将严重影响公司的日常经营。

3. 公司的会计凭证账册档案多,查账工作量大,成本高。

4. 股东在查阅凭证账册时,因为不可能时刻都在监控之下,如果期间发生凭证的灭失或涂改,难以明确责任。

禁止股东查阅某些文件,主要是基于公司经营安全的考虑,但禁止过多,过于倾向保护公司利益就会忽略股东利益的保护,而处于弱势地位的往往是股东。股东不可以查阅会计凭证,也引发了这样的问题,会计账簿是依据原始凭证制作的,倘若股东在查阅会计账簿后对某项支出有疑问,不能查阅会计凭证,将导致无以核对;其次,财务会计报告存在造假的情况,账簿也同样存在造假的情况,而查阅会计凭证,能使真相大白。在股东的查询权主张中,可以有条件地允许股东对会计凭证的查询。

八、查询的正当性要求

"正当性目的"要求是诚信原则在商事领域的延伸和演化,是对股东知情权的实质性检验标准。股东只有具有善意、正当、合理的目的,才可能正确行使查阅或质询的权利,才可能避免恶意股东的侵权行为。例如,调查公司的财务状况,调查股利分配政策的妥当性,调查股份的真实价值,调查公司管理层经营活动中的不法、不妥行为,调查董事的失职行为、调查公司合并、分立或开展其他重组活动的必要性与可行性,调查股东提起代表诉讼的证据,消除在阅读公司财务会计报告中产生的疑点等,均属股东查阅会计账簿的正当目的。

不正当目的,即股东权保护自身或公司合法权益之外的其他一切目的,诸如为公司的竞争对手刺探公司秘密,为敲诈公司经营者而吹毛求疵、寻找公司经营中的细微技术瑕疵等。但是,公司不能仅以某股东对经营者不甚友好即推定其财务账簿查阅权之行使有不正当的目的。

要求股东查询的正当性是因为股东查账权的行使,有时可能给公司正常经营带来损害:

1. 如果股东过于频繁地行使查账权,可能使公司经营管理者疲于应付,妨碍公司业务的正常运转。

2. 如果股东缺乏必要的专业知识,对公司会计账簿的查阅并不能必然使其真正了解公司财务状况,反而可能带来不必要的误解,并误导股东正确行使权利,对公司正确决策产生不利影响,也可能给公司经营管理者带来更繁重的解释负担。

3. 保守公司商业秘密同样是股东应负的法律义务,但并不是说股东有权知悉公司的商业秘密。如果股东通过查账所知悉的公司商业秘密得不到有效保护,则可能损害公司正当的商业利益。

《美国标准商事公司法》第16.02节[①]规定:"1. 该要求的作出是善意的、出于正当目的;2. 就其目的和要求检查的记录作出了合理的具体陈述;且3. 该记录与其目的有直接联系。"

九、查询股东的保密义务

股东查阅权立法始终要平衡公司和股东之间的利益,法律在赋予股东查阅权

[①] 沈四宝编译:《最新美国标准公司法》,法制出版社2006年3月第1版,第237页。

的同时,也应当课以股东必要的义务,防止股东滥用查阅权而危及公司利益。查阅权保护的是股东的知情权,股东获得相关信息后,如何合理利用该信息则成为查阅权立法当中应当考虑的重要问题之一。

依据中国现行公司法的规定和司法实践,就有限责任公司而言,股东可以查阅的资料除了会计账簿之外的其他信息,多数可以通过公开渠道获得,当然有限责任公司的部分股东会会议记录、董事会会议决议、监事会会议决议也不必到相关主管机关登记或者备案,因而会计账簿和那些未曾登记或者备案的股东会会议记录、董事会会议决议、监事会会议决议应当纳入保密的范围;就股份有限公司而言,又分为两种情况,非上市公司应当适用前述关于有限责任公司股东保密义务之要求,上市公司由于股东查阅的资料均已公开,已无保密义务之必要。当然,如果修改现行公司法,扩展股东查阅权的范围,允许股东依正当目的查阅公司的任何账簿记录,则保密义务应根据该等账簿记录是否已经公开而采取不同的要求。必须注意的是,美国特拉华州给行使查阅权之股东以保密义务,并不是简单的保密,而是限制股东传播或者利用该信息。

十、查询条件和查询费用

通常情况下,股东应在正常的营业时间内到公司的主要办公地点或公司规定的其他合理地点进行查阅。这样可以避免股东查阅给公司在营业时间、地点之外增加额外的负担,公司亦不应在查阅地点上给股东设置不利障碍。从保障公司合法权益、防止泄露商业秘密的角度考虑,不得将有关财会资料带离公司经营场所,即查阅和检查应在公司的营业场所内进行。

一般情况下,股东查阅公司文件,应由申请股东自己负担费用,并且这笔费用不得超过公司向股东提供的劳动和材料成本。

十一、国外立法参考

《美国特拉华州普通公司法》第 220 条[①]规定:"[账簿和记录的查阅]……

(二)股东经宣誓并提出书面要求、说明目的后,有权在通常的上班时间亲自或者通过律师或者其他代理人,为任何适宜目的检查并复制、摘抄下列文件:

(1)公司股份账簿、股东名单、其他账簿和记录;

…………

股东不是股份公司股份的登记持有人的,或者不是非股份公司成员的,经宣誓提出的查阅要求,应当载明以何种身份作为股东,附上拥有收益性股份的证明文件,并声明文件真实、正确。适宜目的,指与股东身份有关的利益合理联系的目的。律师或者其他代理人主张查阅权的,经宣誓作出的查阅要求应当附有授权书,或者

---

① 徐文彬译:《特拉华州普通公司法》,中国法制出版社 2010 年 9 月第 1 版,第 91 页。

授权行为人代表股东从事该行为的其他书面文件。经宣誓提出的查阅要求应当提交于公司位于本州的注册办事处,或者公司的主营业地。

(三)股东、股东代表的律师或者其他代理人根据本条第(二)款规定提出查阅要求的,如果公司、公司高级职员或者代理人拒绝,或者自提出要求后5个工作日内没有答复,股东可以向衡平法院申请,要求签发命令强制查阅。衡平法院有确定申请人查阅权的专属管辖权。衡平法院可以以简易程序命令公司允许股东查阅公司股份账簿、现有股东名单、其他账簿和记录,允许进行复制或者摘抄;也可以以股东首先向公司支付取得、提供该名单的合理费用为条件,以及法院认为适宜的其他条件,命令公司向股东提供自某个具体日期的股东名单。

股东要求查阅股东账簿或者股东名单以外的公司账簿和记录的,需要首先证明:

(1)自己的股东身份;

(2)已经满足本条规定的文件查阅要求的形式和方式;

(3)要求的查阅是为了适宜目的。

股东要求查阅公司股份账簿或者股东名单,并且证明了自己的股东身份,满足了本条规定的文件查阅要求的形式和方式的,由公司承担查阅不是为了适宜目的的举证责任。法院可以斟酌规定查阅的限制或者条件,或者提供法院认为公平适宜的其他救济或者进一步的救济。法院可以命令将账簿、文件和记录、有关摘录、或者经充分认证的副本,按照规定的条款和条件存放在本州。"

【本节法律依据】

❶《中华人民共和国会计法》(1999年10月31日 中华人民共和国主席令[第二十四号])

第十三条 会计凭证、会计账簿、财务会计报告和其他会计资料,必须符合国家统一的会计制度的规定。

使用电子计算机进行会计核算的,其软件及其生成的会计凭证、会计账簿、财务会计报告和其他会计资料,也必须符合国家统一的会计制度的规定。

任何单位和个人不得伪造、变造会计凭证、会计账簿及其他会计资料,不得提供虚假的财务会计报告。

第十四条 会计凭证包括原始凭证和记账凭证。

办理本法第十条所列的经济业务事项,必须填制或者取得原始凭证并及时送交会计机构。

会计机构、会计人员必须按照国家统一的会计制度的规定对原始凭证进行审核,对不真实、不合法的原始凭证有权不予接受,并向单位负责人报告;对记载不准确、不完整的原始凭证予以退回,并要求按照国家统一的会计制度的规定更正、补充。

原始凭证记载的各项内容均不得涂改;原始凭证有错误的,应当由出具单位重开或者更正,更正处应当加盖出具单位印章。原始凭证金额有错误的,应当由出具单位重开,不得在原始凭证上更正。

记账凭证应当根据经过审核的原始凭证及有关资料编制。

第十五条 会计账簿登记,必须以经过审核的会计凭证为依据,并符合有关法律、行政法规和国家统一的会计制度的规定。会计账簿包括总账、明细账、日记账和其他辅助性账簿。

会计账簿应当按照连续编号的页码顺序登记。会计账簿记录发生错误或者隔页、缺号、跳行的,应当按照国家统一的会计制度规定的方法更正,并由会计人员和会计机构负责人(会计主管人员)在更正处盖章。

使用电子计算机进行会计核算的,其会计账簿的登记、更正,应当符合国家统一的会计制度的规定。

第二十条 财务会计报告应当根据经过审核的会计账簿记录和有关资料编制,并符合本法和国家统一的会计制度关于财务会计报告的编制要求、提供对象和提供期限的规定;其他法律、行政法规另有规定的,从其规定。

财务会计报告由会计报表、会计报表附注和财务情况说明书组成。向不同的会计资料使用者提供的财务会计报告,其编制依据应当一致。有关法律、行政法规规定会计报表、会计报表附注和财务情况说明书须经注册会计师审计的,注册会计师及其所在的会计师事务所出具的审计报告应当随同财务会计报告一并提供。

第二十一条 财务会计报告应当由单位负责人和主管会计工作的负责人、会计机构负责人(会计主管人员)签名并盖章;设置总会计师的单位,还须由总会计师签名并盖章。

单位负责人应当保证财务会计报告真实、完整。

❷《会计基础工作规范》(1996年6月17日 财政部财会字[1996]19号)

第二十九条 移交人员在办理移交时,要按移交清册逐项移交;接替人员要逐项核对点收。

(二)会计凭证、会计账簿、会计报表和其他会计资料必须完整无缺。如有短缺,必须查清原因,并在移交清册中注明,由移交人员负责。

第四十二条 会计凭证、会计账簿、会计报表和其他会计资料的内容和要求必须符合国家统一会计制度的规定,不得伪造、变造会计凭证、会计账簿,不得设置账外账,不得报送虚假会计报表。

第四十四条 实行会计电算化的单位,对使用的会计软件及其生成的会计凭证、会计账簿、会计报表和其他会计资料的要求,应当符合财政部关于会计电算化的有关规定。

第四十五条 各单位的会计凭证、会计账簿、会计报表和其他会计资料,应当建立档案,妥善保管。会计档案建档要求、保管期限、销毁办法等依据《会计档案管理办法》的规定进行。

第五十六条 各单位应当按照国家统一会计制度的规定和会计业务的需要设置会计账簿。会计账簿包括总账、明细账、日记账和其他辅助性账簿。

第六十五条 各单位必须按照国家统一会计制度的规定,定期编制财务报告。

财务报告包括会计报表及其说明。会计报表包括会计报表主表、会计报表附表、会计报表附注。

❸《会计档案管理办法》(1998年8月21日 财会字[1998]32号)

第五条 会计档案是指会计凭证,会计账簿和财务报告等会计核算专业材料,是记录和反映单位经济业务的重要史料和证据。

具体包括:

(一)会计凭证类:原始凭证,记账凭证,汇总凭证,其他会计凭证。

(二)会计账簿类:总账,明细账,日记账,固定资产卡片,辅助账簿,其他会计账簿。

(三)财务报告类:月度、季度、年度财务报告,包括会计报表、附表、附注及文字说明,其他财务报告。

(四)其他类:银行存款余额调节表,银行对账单,其他应当保存的会计核算专业资料,会计档案移交清册,会计档案保管清册,会计档案销毁清册。

❹ 最高人民法院《关于适用〈公司法〉若干问题的规定(四)》(法院系统征求意见稿)

二、关于股东知情权纠纷(共七条)

第十条(行使知情权应具备股东身份)

原告起诉请求查阅其具有公司股东身份之前或者之后的公司档案材料的,人民法院应予以受理。

原告起诉时应当依照本规定第二条提供证据证明其股东身份,公司有证据证明原告起诉时或者在诉讼中已经不具有公司股东身份的,人民法院应驳回起诉。

第十一条(查阅原始凭证)

有限责任公司股东起诉请求查阅公司会计账簿及与之相关的原始凭证等会计

资料,公司不能提供证据证明股东查阅目的不正当的,人民法院应裁定由公司提供给股东查阅。

第十二条(是否允许查阅的裁定,不得上诉)

股东起诉请求查阅公司档案材料范围符合公司法或者公司章程及本规定的,人民法院应裁定在确定的时间、在公司住所地或者原告股东与公司另行协商确定的地点由公司提供有关档案材料供股东查阅。

股东请求查阅范围不符合公司法或者公司章程及本规定的,人民法院应裁定驳回起诉。

对本条第一款、第二款中的裁定,当事人不得提起上诉。

第十三条(委托查阅的处理)

人民法院审理股东知情权纠纷案件,股东请求委托他人查阅公司有关档案材料的,应说明理由并征得公司同意。

公司不同意股东委托的他人查阅时,人民法院可以根据公司或者股东的申请指定专业人员查阅,专业人员查阅后向股东出具查阅报告。

股东拒绝人民法院指定的,人民法院应通知驳回股东委托他人查阅的申请。

人民法院指定他人查阅产生的委托费用,由股东负担,股东应在指定人开始工作之前与其协商确定具体数额及支付方法。

第十四条(行使知情权的义务–承担合理费用)

股东应承担查阅或者复制公司相关档案材料发生的合理费用,股东拒绝承担相关费用的,人民法院应驳回起诉。

第十五条(行使知情权的义务–保守商业秘密)

公司以股东行使知情权后泄露公司商业秘密、给公司造成损失为由起诉股东请求赔偿的,人民法院应当受理。公司诉讼请求成立的,人民法院应判令股东承担赔偿责任。

第十六条(档案材料不健全的处理)

公司未依法或者公司章程规定建立相关档案材料、公司建立的相关档案材料虚假或者丢失,股东起诉请求公司依法或者公司章程之规定重新建立并提供给股东查阅的,人民法院应当受理。

公司具备依法或者公司章程之规定建立相关档案材料条件的,人民法院应裁定公司在一定期限内建立相关的档案材料,并在公司住所地或者双方另行协商确定的地点提供给股东查阅。

公司不具备依法或者公司章程之规定建立相关档案材料条件,股东主张公司相关人员承担民事赔偿责任的,应另行提起诉讼。

❺ 北京市高级人民法院《关于审理公司纠纷案件若干问题的指导意见》(2008年4月21日 京高法发[2008]127号)

第十三条 有限责任公司股东未履行《公司法》第34条第2款规定的公司内部救济程序,直接向人民法院起诉要求行使会计账簿查阅权的,人民法院不予受理。

第十四条 股东知情权案件中,被告公司以原告股东出资瑕疵为由抗辩的,人民法院不予支持。

第十五条 已退出公司的股东对其任股东期间的公司经营、财务情况提起知情权诉讼的,因其已不具备股东身份,人民法院应裁定不予受理。

第十六条 公司的实际出资人在其股东身份未显名化之前,不具备股东知情权诉讼的原告主体资格,其已诉至法院的,应裁定驳回起诉。

第十七条 有限责任公司股东可以委托律师、注册会计师代为行使公司会计账簿查阅权。

第十八条 有限责任公司的股东就查阅公司会计账簿提起诉讼的,应当说明查阅会计账簿的具体目的、所查阅的内容与该目的具有何种直接关系。被告公司认为原告股东有不正当目的拒绝查阅的,应承担相应的举证责任。

第十九条 有限责任公司股东有权查阅的公司会计账簿包括记账凭证和原始凭证。

第二十条 股东在知情权诉讼中要求对公司账目进行审计的,人民法院不予支持。但公司章程规定了公司年度审计义务的除外。

❻ 北京市高级人民法院民二庭《关于新〈公司法〉适用中若干问题的调查研究》

五、对新《公司法》适用中若干问题的具体探讨及解决方案
……

(二) 知情权诉讼若干问题

新《公司法》施行后,股东知情权案件数量大幅上升,占公司诉讼全部案件的比重较大。据此次调研统计,知情权案件占全市2006年公司诉讼案件总数的11%。

1. 丧失股东身份的知情权诉讼主体资格认定

在我们所调查的知情权案件中,有公司原股东请求查阅其担任股东期间公司会计账簿的情况。此类案件往往是股东转让股权后发现公司隐瞒经营状况,导致该股东低价转让股权或者是股东在转让股权后,才发现公司曾经通过做假账等手段侵吞公司利润,损害了自己利益的情况。而新《公司法》并未对行使公司知情权

的股东是否在起诉时必须具有公司股东资格的问题作出明确规定,实践中对此问题存在不少争议。一种观点认为,股东在退出公司后,如有证据表明公司隐瞒利润,应有权查阅其作为股东期间公司的财务状况。我们的意见是:股东权的行使必须以股东资格的现实享有为基础,而且在股权转让之时或之前该股东完全有足够的机会行使查阅权,即使查阅权遭拒,其也有救济途径请求法院予以保护,其在当时怠于行使权利,丧失股东身份后不再享有。至于前股东有证据证明公司隐瞒利润的情况,则完全可以通过运用现有的证据规则,在原告所提出的终极诉讼中合理分配举证责任,在该诉讼中保护原告股东的知情权。

2. 有限责任公司股东的会计账簿查阅权的范围是否包括原始凭证

新《公司法》对这个问题没有作出规定,审判实践中的做法不一。一种观点认为,从会计法上看,原始凭证、记账凭证、会计账簿、财务会计报告是不同的概念,因而从文义解释的角度,新《公司法》规定的会计账簿查阅权不包括原始凭证。此外,从立法原意看,立法对会计账簿的查阅就已经严格限制了,而对于更加涉及公司商业秘密的原始凭证立法并没有涉及,由此可以推知,立法者的本意是原始凭证不包括在会计账簿查阅权范围内。我们的观点是,从立法目的上看,股东要想真正了解公司的经营状况,必须在法律上肯定他们查阅原始会计凭证的权利。否则股东即使通过法院确认了其查阅公司会计账簿的权利,但是其得到的会计账簿可能是所谓的"黑账",则知情权得不到实质性的保护。因此,凡是能反映公司财务与经营情况的会计账簿及相应原始凭证,都应属于股东知情权的范围。

3. 股东能否委托他人代为行使知情权

一种观点认为,股东不可能都具备财务专业知识,因此,在行使查阅权时,股东委托与案件、与公司无利害关系的具有执业资格的会计师、律师或其他人代理查阅的,应属于合理范围内的权利行使。对此我们的意见是,鉴于会计账簿和原始凭证涉及公司的商业秘密,且审判实践中股东行使知情权往往伴随着侵权等其他类型的诉讼,股东提出由他人代替查阅的,应当取得公司同意。

❼ **江苏省高级人民法院《关于审理适用公司法案件若干问题的意见(试行)》(2003年6月13日 苏高法审委[2003]2号)**

65. 股东因知情权受到侵犯而起诉的,如股东的主张成立,可判决公司向股东提供有关报告或表格供股东查阅。

66. 股份有限公司股东有权查阅的范围包括股东大会会议记录、资产负债表、损益表、财务状况变动表、财务情况说明书、利润分配表、注册会计师对财务报告出具的审验报告及监事会的检查报告。

有限责任公司股东除有权查阅前款规定所列材料外,还可以查阅董事会决议、公司账簿及相关原始凭证。但股东出于损害公司利益的不正当目的的除外。

67. 遇有重大、紧急事由,股东向法院申请对公司的账簿采取财产保全措施的,法院应予准许。

68. 公司章程或股东之间关于股东不得查阅公司文件的约定无效。

69. 公司无上述第 10 条所列文件或文件严重短缺致使查阅已无意义的,裁定驳回起诉,将有关材料移送公安机关处理。

70. 未出资的股东行使知情权的,不予支持。

❽ 山东省高级人民法院《关于审理公司纠纷案件若干问题的意见(试行)》(2007 年 1 月 15 日 鲁高法发[2007]3 号)

62. 股东要求公司提供《公司法》第三十四条第一款、第九十八条规定之文件材料供其查阅或复制,公司予以拒绝的,股东可以请求人民法院要求公司提供查阅或复制。公司以股东有不正当目的为由进行抗辩的,人民法院不予支持。

63. 有限责任公司股东起诉要求查阅公司会计账簿的,应具备以下条件,否则人民法院不予受理:

(1) 股东向公司提出书面查阅请求,公司拒绝提供查阅或在收到书面请求之日起十五日内未作答复;

(2) 有明确具体的查阅事项。

股东有权查阅的会计账簿包括记账凭证和原始凭证。

64. 股东转让股权后要求查阅任股东期间的会计账簿的,人民法院不予受理。

65. 公司章程关于股东不得查阅公司文件的规定无效。

66. 人民法院审查认为原告诉讼请求成立的,应依法作出判决。判决主文表述为:××公司于本判决生效之日起十日内将××文件提供给××股东查阅(复制)。

❾ 上海市高级人民法院《关于审理涉及公司诉讼案件若干问题的处理意见(二)》(2003 年 12 月 18 日 沪高法民二[2003]15 号)

三、处理股东权益纠纷的相关问题

1. 有限责任公司股东请求查阅公司章程、股东名册、管理人员名册、财务会计报告、股东会议和董事会会议记录的,人民法院可以判决公司限期提供。

股东请求查阅公司财务会计报告及相关账簿的,应当说明正当理由,包括查阅的原因和目的,否则人民法院不予支持。

2. 有限责任公司股东主张撤销股东会议决议或者认定股东会议决议无效的,应当自股东会议结束之日起 60 日内提起诉讼;逾期起诉的,人民法院不予受理。

❿ 江西省高级人民法院《关于审理公司纠纷案件若干问题的指导意见》(2007年12月6日赣高法[2008]4号)

52. 股东要求公司提供《公司法》第三十四条第一款、第九十八条规定之文件材料供其查阅或复制,公司予以拒绝的,股东可以请求人民法院要求公司提供查询或复制,股东应当说明查询的正当理由,包括查阅的原因和目的,否则人民法院不予支持。公司仅以股东有不正当目的为由进行抗辩的,人民法院不予支持。

53. 有限责任公司股东起诉要求查询公司会计账簿的,应具备以下条件,否则人民法院不予受理:

(1) 股东向公司提出书面查询要求,公司拒绝提供查询或在收到书面请求之日起十五日内未作答复;

(2) 有明确具体的查询事项。股东有权查询的会计账簿包括会计报表、记账凭证、原始凭证、审计报告、评估报告等。

54. 公司章程关于股东不得查阅公司文件的规定无效。

55. 人民法院审查认为原告诉讼请求成立的,应依法作出判决。判决主文表述为"××公司于本判决生效之日起十日内将××文件提供给××股东查阅(复制)"。

【典型案例】

▶ **案例6-1 何为不正当目的的股东查询**①

二审:江苏省宿迁市中级人民法院

一审:江苏省宿迁市宿城区人民法院(2009)宿城民二初字第00448号民事判决

[基本案情]

江苏佳德置业发展有限公司(以下简称"佳德公司")是一家成立于2003年10月15日的从事房地产开发的有限责任公司。截至2004年8月7日,该公司的股东持股情况为:施某某460万元、王某某250万元、张某某160万元、孙某65万元、吴某65万元。2007年9月7日,张某某将其持有的全部股份转让给李某某。

2009年4月8日,上述股东李某某、吴某、孙某、王某某向佳德公司递交申请书,称:"申请人李某某、吴某、孙某、王某作为江苏佳德置业发展有限公司股东,对公司经营现状一无所知。公司经营至今没有发过一次红利,并对外拖欠大量债务,

---

① 载司法案例研究网,http://www.njucasereview.com/web/judicial/public/court/20120607/123645.shtml,查询于2015年8月。

使四申请人的股东权益受到了严重侵害。四申请人为了了解公司实际情况,维护自己的合法权益,现依据《公司法》,依法行使股东对公司的知情权。现四申请人准备于 2009 年 4 月 23 日前,在公司住所地依据《公司法》的规定,查阅或复制公司的所有资料(含公司所有会计账簿、原始凭证、契约、通信、传票、通知等),特对公司提出书面申请。望公司准备好所有资料,以书面形式答复四申请人的委托代理人江苏联创伟业律师事务所方某律师。申请人:王某某、孙某、吴某、张某某(代)"。

2009 年 4 月 20 日,佳德公司函复四原告:本公司已于 2009 年 4 月 8 日收到……《申请书》以及《授权委托书》。因《申请书》及《授权委托书》中所述事项涉及较多法律问题,我公司已委托江苏世纪同仁律师事务所王某律师、万某律师,代表我公司依法处理。请你直接与王某、万某律师联系。

佳德公司复函之前,2009 年 4 月 14 日,四原告诉至法院,并提出上述诉求。请求判令四人对佳德公司依法行使知情权,查阅、复制佳德公司的会计账簿、议事录、契约书、通信、纳税申报书等(含会计原始凭证、传票、电传、书信、电话记录、电文等)所有公司资料。

同日,法院受理该案。2009 年 4 月 27 日,法院向佳德公司送达应诉材料。

佳德公司和广厦建设集团有限责任公司(以下简称"广厦公司")于 2005 年 5 月 26 日签订《宿迁市"颐景华庭"住宅工程建设工程施工合同》,广厦公司派驻管理工程的项目经理为张某某(佳德公司原股东,前文中转让给李某某对佳德公司 160 万元出资股权,并在查询申请中代李某某签字)。2009 年 2 月 18 日,广厦公司以佳德公司拖欠其 19 954 940.05 元工程款为由,向宿迁仲裁委员会提请裁决。

佳德公司辩称:佳德公司从未不同意四原告查阅、复制公司章程、股东会会议记录和财务会计报告,但鉴于四原告具有不正当目的,请求驳回其要求查阅、复制佳德公司会计账簿的诉讼请求。

[一审裁决]

一、四原告行使知情权的范围是否有法律依据

《公司法》第 34 条(现为《公司法》第 33 条)规定:"股东有权查阅、复制公司章程、股东会会议记录、董事会会议决议、监事会会议决议和财务会计报告。股东可以要求查阅公司会计账簿……"因此,除会计账簿及用于制作会计账簿的相关原始凭证之外,四原告的诉讼请求已超出法律规定的股东行使知情权的范围,对超出范围的部分不予审理。

二、四原告要求查阅、复制公司会计账簿是否具有不正当目的

根据《公司法》第 34 条(现为《公司法》第 33 条)第 2 款的规定,股东可以要求查阅公司会计账簿。股东要求查阅公司会计账簿的,应当向公司提出书面请求,说

明目的。公司有合理根据认为股东查阅会计账簿有不正当目的,可能损害公司合法利益的,可以拒绝提供查阅,并应当自股东提出书面请求之日起 15 日内书面答复股东并说明理由。公司拒绝提供查阅的,股东可以请求人民法院要求公司提供查阅。该条规定明确股东对公司会计账簿行使知情权的范围仅为查阅,且不能有不正当目的。但被告佳德公司原股东张某某现为"颐景华庭"工程承包人广厦公司派驻管理工程的项目经理,因佳德公司和广厦公司之间涉及巨额工程款的仲裁案件未决,与佳德公司之间存在重大利害关系。申请书和四原告的民事起诉状及授权委托书上均有张某某签字,四原告对此不能作出合理解释,证明张某某与本案知情权纠纷的发动具有直接的关联性,也证明四原告在诉讼前后与张某某之间一直保持密切交往,其提起知情权诉讼程序不能排除受人利用,为公司的重大利害关系人刺探公司秘密,进而图谋自己或第三人的不正当利益的重大嫌疑。

固然股东调查公司的财务状况是其正当权利,然而一方面从被告佳德公司的工商登记材料来看,四原告声称"对公司经营现状一无所知"显然不属实;另一方面,即便四原告查阅会计账簿具有了解公司经营状况的正当目的,但同时四原告的查阅很可能具有放任损害公司正当利益的主观故意,而目前正在审理的佳德公司的仲裁案件,标的额巨大,对比四股东的知情权,在二者发生冲突时,两害相权取其轻,应优先保护公司的权益。四原告可以在仲裁案件结案后或者在证明已经排除查阅会计账簿与张某某的关联性之后,再行主张自己对会计账簿的知情权。

此外,《公司法》第 34 条(现为《公司法》第 33 条)第 2 款还规定,股东提起知情权诉讼的前置程序,即股东必须有证据证明公司在其提出书面请求并说明目的后,公司明确拒绝其查询会计账簿,或在法定的期间内(15 日)未予答复,方能提起知情权诉讼。具体到本案而言,四原告在 2009 年 4 月 8 日递交公司的《申请书》中称:"四申请人准备于 2009 年 4 月 23 日前"至公司行使知情权。但 2009 年 4 月 14 日,四原告即至法院起诉,期间仅 6 天时间,因此,四原告的起诉不符合法定的前置要件。

综上所述,四原告要求行使知情权不仅超出了法定范围,且其关于查阅会计账簿的起诉行为,违反了法定的前置程序,同时被告佳德公司有合理根据表明四原告行使该权利可能损害公司合法利益,故对四原告的诉讼请求不予支持。据此,宿迁市宿城区人民法院判决:

驳回原告李某某、吴某、孙某、王某某的诉讼请求。

[二审裁判]

一、四上诉人提起知情权诉讼是否符合法律规定的前置条件?

关于四上诉人起诉要求行使知情权是否符合公司法规定的前置条件。股东知情权是指法律赋予股东通过查阅公司的财务会计报告、会计账簿等有关公司经营、管理、决策的相关资料,实现了解公司的经营状况和监督公司高管人员活动的权利。股东知情权分为查阅权、检查人选任请求权和质询权。本案中,四上诉人诉请的性质为查阅权。

《公司法》第34条(现为《公司法》第33条)第2款规定:"股东可以要求查阅公司会计账簿。股东要求查阅公司会计账簿的,应当向公司提出书面请求,说明目的。公司有合理根据认为股东查阅会计账簿有不正当目的的,可能损害公司合法利益的,可以拒绝提供查阅,并应当自股东提出书面请求之日起十五日内书面答复股东并说明理由。公司拒绝提供查阅的,股东可以请求人民法院要求公司提供查阅。"依据上述法律规定,股东提起账簿查阅权诉讼的前置条件是,股东向公司提出了查阅的书面请求且公司拒绝提供查阅。这一前置条件设定的目的,在于既保障股东在其查阅权受侵犯时有相应的救济途径,也防止股东滥用诉权,维护公司正常的经营。本案中,四上诉人于2009年4月8日向佳德公司提出要求查阅或复制公司的所有资料(含公司会计账簿、原始凭证、契约、通信、传票、通知等)以了解公司实际财务状况的书面请求,虽然4月14日四上诉人至一审法院起诉时佳德公司尚未作出书面回复,但佳德公司在4月20日的复函中,并未对四上诉人的申请事项予以准许,且在庭审答辩中亦明确表明拒绝四上诉人查阅、复制申请书及诉状中所列明的各项资料。至此,四上诉人有理由认为其查阅权受到侵犯进而寻求相应的法律救济途径,此时不宜再以四上诉人起诉时15天答复期未满而裁定驳回其起诉,而应对本案作出实体处理,以免增加当事人不必要的讼累。

二、关于四上诉人要求行使知情权是否具有不正当目的?

由于股东的知情权涉及股东和公司之间的利益冲突,在保护股东利益的同时也应适当照顾公司的利益,使双方利益衡平,故知情权的行使应当符合一定的条件并受有一定的限制。本案中,四上诉人向被上诉人佳德公司提出书面请求说明其行使知情权的目的,是了解公司实际经营现状,显属其作为有限责任公司股东应享有的知情权。佳德公司以四上诉人具有不正当目的为由拒绝其查阅,则应对四上诉人是否具有不正当目的并可能损害其合法利益承担举证责任。

被上诉人佳德公司认为,四上诉人查阅会计账簿的目的是为了收集并向广厦公司提供工程款纠纷仲裁一案中对佳德公司不利的证据,损害佳德公司及其他股东的合法利益,其主要证据是四上诉人提交的申请书、诉状及授权委托书中均有张某某代李某某签名,而张某某的身份系广厦公司派驻佳德公司工程的项目经理,且直接参与了广厦公司与佳德公司的仲裁一案。佳德公司所举证据,不足以证明四上诉人查阅公司会计账簿具有不正当的目的,且可能损害佳德公司合法利益。理由如下:

(1)因李某某的股份系受让自张某某,故其临时委托张某某代为签名也在情理之中。其后李某某本人在诉状及授权委托书上亲自签名,表明提起知情权诉讼系其真实意思表示。张某某之前受李某某委托在诉状及授权委托书中代为签名，其法律效力及法律后果应由李某某承担，张某某本身不是本案主张行使知情权的主体，并非如佳德公司所主张的是代替李某某行使知情权。最终能够实际行使知情权，也只能是佳德公司股东李某某，而非张某某。

（2）四上诉人合计持有佳德公司54%的股权，其与佳德公司的利益从根本上是一致的。佳德公司如在与广厦公司仲裁一案中失利，客观上将对四上诉人的股东收益权造成不利影响。且提起本案诉讼的系上诉人李某某、吴某、孙某、王某某四名股东，而非李某某一名股东，佳德公司仅以张某某代李某某签名，而认为四上诉人提起本案诉讼的目的在于为其利益冲突方广厦公司收集仲裁一案的不利证据，显然依据不足。

（3）佳德公司主张四上诉人在查阅公司会计账簿后可能会为广厦公司收集到直接导致佳德公司在仲裁一案中多支付工程款的相关证据，但未明确证据的具体指向。法院认为，《公司法》第34条（现为《公司法》第33条）规定的公司拒绝查阅权所保护的是公司的合法利益，而不是一切利益。基于诚实信用原则，案件当事人理应对法庭或仲裁庭如实陈述，并按法庭或仲裁庭要求提供自己掌握的真实证据，以拒不出示不利于己的证据为手段而获得不当利益为法律所禁止。如佳德公司持有在仲裁一案中应当提供而未提供的相关证据，不能认定股东查阅公司账簿可能损害其合法利益。综上，股东知情权是股东固有的、法定的基础性权利，无合理根据证明股东具有不正当目的，不应限制其行使。佳德公司拒绝四上诉人对公司会计账簿行使查阅权的理由和依据不足，不予采信。

三、四上诉人主张行使知情权的范围是否符合法律规定

四上诉人请求查阅、复制被上诉人佳德公司的会计账簿、议事录、契约书、通信、纳税申报书等（含会计原始凭证、传票、电传、书信、电话记录、电文等）所有公司资料。被上诉人佳德公司辩称其已向四上诉人提交了自公司成立起的全部工商设立、变更、年检登记文件及审计报告等资料，履行了配合股东行使知情权的法定义务。对此，法院认为，股东知情权是股东享有对公司经营管理等重要情况或信息真实了解和掌握的权利，是股东依法行使资产收益、参与重大决策和选择管理者等权利的基础性权利。从立法价值取向上看，其关键在于保护中小股东合法权益。《公司法》第34条（现为《公司法》第33条）第2款规定，"股东可以要求查阅公司会计账簿"。账簿查阅权是股东知情权的重要内容。股东对公司经营状况的知悉，最重要的内容之一就是通过查阅公司账簿了解公司财务状况。《中华人民共和国会计法》第9条规定："各单位必须根据实际发生的经济业务事项进行会计核算，填制会计凭证，登记会计账簿，编制财务会计报告。"第14条规定："会计凭证包括原始凭证和记账凭证。办理本法第十条所列的经济业务事务，必须填制或者取得原

始凭证并及时送交会计机构。……记账凭证应当根据经过审核的原始凭证及有关资料编制。"第15条第1款规定:"会计账簿登记,必须以经过审核的会计凭证为依据,并符合有关法律、行政法规和国家统一的会计制度的规定。"因此,公司的具体经营活动只有通过查阅原始凭证才能知晓,不查阅原始凭证,中小股东可能无法准确了解公司真正的经营状况。根据会计准则,相关契约等有关资料也是编制记账凭证的依据,应当作为原始凭证的附件入账备查。据此,四上诉人查阅权行使的范围应当包括会计账簿(含总账、明细账、日记账和其他辅助性账簿)和会计凭证(含记账凭证、相关原始凭证及作为原始凭证附件入账备查的有关资料)。对于四上诉人要求查阅其他公司资料的诉请,因超出了《公司法》第34条(现为《公司法》第33条)规定的股东行使知情权的查阅范围,不予支持。关于查阅时间和地点,公司法赋予股东知情权的目的和价值在于保障股东权利的充分行使,但这一权利的行使也应在权利平衡的机制下进行,即对于经营效率、经营秩序等公司权益不应形成不利影响。因此,四上诉人查阅的应当是和其欲知情的事项相互关联的材料,而并非对公司财务的全面审计,故查阅应当在公司正常的业务时间内且不超过10个工作日,查阅的方便地点应在佳德公司。

四、关于四上诉人要求复制被上诉人佳德公司会计账簿及其他公司资料的诉讼请求,法院认为,公司法赋予了股东获知公司运营状况、经营信息的权利,但同时也规定了股东行使知情权的范围。《公司法》第34条(现为《公司法》第33条)第1款将股东有权复制的文件限定于公司章程、股东会会议记录、董事会会议决议、监事会会议决议和财务会计报告。第2款仅规定股东可以要求查阅公司财务会计账簿,但并未规定可以复制,而佳德公司章程亦无相关规定,因此四上诉人要求复制佳德公司会计账簿及其他公司资料的诉讼请求既无法律上的规定,又超出了公司章程的约定,不予支持。

综上:

一、撤销宿迁市宿城区人民法院(2009)宿城民二初字第00448号民事判决;

二、被上诉人佳德公司于本判决生效之日起10日内提供自公司成立以来的公司会计账簿(含总账、明细账、日记账、其他辅助性账簿)和会计凭证(含记账凭证、相关原始凭证及作为原始凭证附件入账备查的有关资料)供上诉人李某某、吴某、孙某、王某某查阅。上述材料由四上诉人在佳德公司正常营业时间内查阅,查阅时间不得超过10个工作日;

三、驳回上诉人李某某、吴某、孙某、王某某的其他诉讼请求。

[简要评议]

股东知情权是指股东享有了解和掌握公司经营管理等重要信息的权利,是股东依法行使资产收益、参与重大决策和选择管理者等权利的重要基础。账簿查阅权是股东知情权的重要内容。《中华人民共和国公司法》第 34 条(现为《公司法》第 33 条)第 2 款规定:"股东可以要求查阅公司会计账簿。股东要求查阅公司会计账簿的,应当向公司提出书面请求,说明目的。公司有合理根据认为股东查阅会计账簿有不正当目的,可能损害公司合法利益的,可以拒绝提供查阅,并应当自股东提出书面请求之日起十五日内书面答复股东并说明理由。公司拒绝提供查阅的,股东可以请求人民法院要求公司提供查阅。"股东要求查阅公司会计账簿,但公司怀疑股东查阅会计账簿的目的是为公司涉及的其他案件的对方当事人收集证据,并以此为由拒绝提供查阅的,不属于上述规定中股东具有不正当目的、可能损害公司合法利益的情形。

▶ **案例 6-2　股东查阅权的委托权**[①]

　　二审:江苏省南通市中级人民法院(2014)通中商终字第 0105 号民事判决
　　一审:江苏省海安县人民法院(2013)安商初字第 0348 号民事判决

[基本案情]

　　2004 年,原告崔某某与秦某等 4 人成立南通恒诚房地产评估咨询有限公司(以下简称恒诚公司),公司注册资本 68.8 万元,其中,崔某某出资 22.84 万元,占注册资本的 33.2%,秦某出资 23.12 万元,占注册资本的 33.6%。由秦某担任公司执行董事,兼任公司经理;崔某某担任公司监事。公司成立后,未按公司章程召开股东会,崔某某通过工商部门查询得知,公司成立后召开过五次股东会议,主要讨论股权转让、增资和经营地址变更等事宜,崔某某认为股东会决议及章程中自己的签名均非本人所为。恒诚公司认为,公司成立后,4 次修改章程但未召开过股东会。崔某某要求恒诚公司提供自成立至今的会计凭证(包括记账凭证及原始凭证)供崔某某和其委托的注册会计师、律师查阅,恒诚公司未予答复,崔某某遂诉至法院,请求判令被告恒诚公司提供自成立至今的财务会计账簿(包括记账凭证及原始凭证)供崔某某和其委托的注册会计师、律师查阅。

[一审裁判]

　　根据《公司法》第 34 条(现为《公司法》第 33 条)第 2 款规定,在崔某某书面要求并说明目的的前提下,可以查阅恒诚公司的会计账簿,但崔某某要求查阅会计凭证,显然超出了《公司法》第 33 条规定的股东行使知情权的范围,且有可能损害恒

　　[①] 江苏省南通市中级人民法院法煊吴晓玲编写,载微信公众号 2014 年 8 月 1 日"法律资讯",2015 年 8 月查询。

诚公司的合法权益,影响恒诚公司的正常经营;同时,现为《公司法》第33条并未规定股东可以委托注册会计师和律师查阅会计账簿,为保护公司的商业秘密,公司可以拒绝外人查阅会计凭证。一审法院判决驳回崔某某的诉讼请求。

[二审裁决]

会计凭证是公司股东了解公司经营过程的原始依据,是公司股东知情权的重要保障,现行《公司法》第33条实际上是对股东知情权的确立和保障,其目的不在于限制股东知情权的范围,允许股东在必要时查阅会计凭证,符合保护有限责任公司股东特别是中小股东知情权的立法目的。

现行《公司法》第33条明确规定股东的查阅权,但并未禁止股东委托专业人士进行查阅。同时,根据《民法通则》第63条规定,委托代理人实施民事法律行为是公民的应有权利,除非依照法律规定或按双方当事人的约定不得委托的事项。本案中,崔某某委托注册会计师、律师查阅会计账簿等公司资料的行为显然不符合前述除外情形。南通中院判决恒诚公司将该公司成立以来至今的会计账簿、会计凭证(即记账凭证和原始凭证)置备于该公司,供崔某某及其委托的注册会计师、律师查阅。

[简要评析]

有限责任公司股东享有知情权,在不损害公司权益的前提下,股东有权查阅公司会计凭证(即记账凭证及原始凭证),并有权委托专业人员代为查阅。

本案的争议焦点包括:

(1)崔某某作为股东,是否有权查阅恒诚公司的会计凭证(即记账凭证和原始凭证);

(2)如果崔某某有权查阅恒诚公司的会计凭证,其能否委托注册会计师、律师等专业人员查阅。

一、查阅会计凭证是有限责任公司股东知情权的必要保障

根据《会计法》第9条、第14条和第15条的规定,会计账簿包括总账、明细账、日记账和其他辅助性账簿。会计账簿登记,必须以经过审核的会计凭证为依据,并符合有关法律、行政法规和国家统一的会计制度的规定,会计凭证包括原始凭证和记账凭证。可以看出,会计凭证是会计账簿的原始依据,是一个公司经营情况的最真实反映,公司的具体经营过程只有通过查阅会计凭证才能知晓,如果股东查阅权的范围仅限于会计账簿,作为公司的股东,特别是中小股东,将难以真实了解公司的经营情况,亦无法保障股东作为投资者享有收益权和管理权之权源的知情权。现行《公司法》第33条的规定,实际上是对公司股东知情权的范围进行列举式的规定,尽管没有明确会计凭证是否可以查阅,但该条赋予股东查阅权的目的,在于保障其知情权的充分行使,允许股东在必要时查阅会计凭证,契合保护有限责任公司

中小股东知情权的价值取向。

二、是否具有不正当目的或侵犯商业秘密,应由公司承担举证责任

现行《公司法》第33条明确了有限责任公司股东的知情权及其范围,根据该条规定,股东查阅公司会计账簿等资料需要满足积极和消极两个条件:积极条件为股东需提出书面请求并说明目的,消极条件为不得损害公司利益。积极条件的举证责任在于股东,而消极条件的举证责任在于公司。本案中,恒诚公司自成立以来,从未召开股东会,但多次修改公司章程,崔某某作为公司股东,函告恒诚公司要求查阅公司账簿,以便了解公司的营运状况和公司高级管理人员的业务活动,具有正当目的。如果恒诚公司认为崔某某的请求具有不正当目的或侵害公司商业秘密,应当举证证明,否则就应承担举证不能的不利后果。

三、股东有权委托专业人员查阅会计凭证

一方面,公司的会计账簿、会计凭证等财务资料具有很强的专业性和复杂性,作为股东,未必具有专业的会计知识,如果不允许股东委托专业人员进行查阅,股东知情权将无法行使,流于形式;另一方面,根据《民法通则》第63条的规定:"公民、法人可以通过代理人实施民事法律行为。代理人在代理权限内,以被代理人的名义实施民事法律行为。被代理人对代理人的代理行为,承担民事责任。依照法律规定或者按照双方当事人约定,应当由本人实施的民事法律行为,不得代理。"有限责任公司股东有权委托专业人员代为查阅,公司法亦未禁止。如恒诚公司认为允许他人代为查阅可能侵犯公司的商业秘密或影响公司的正常经营,同样需要举证证明。

第五节 股东质询建议权

【示范条款】

6.5.1 股东质询建议权

股东有权对董事、监事、高级管理人员就公司的经营提出建议或者质询。

股东会或者股东大会要求董事、监事、高级管理人员列席会议的,董事、监事、高级管理人员应当列席并就股东的质询和建议作出解释和说明。

【本节条款解读】

一、股东质询权的概念

股东质询权作为股东知情权的重要组成部分,是指公司股东有权就公司的经营情况向公司经营者提出质询,公司经营者也有义务针对股东的质询予以答复,并

说明情况。股东通过质询能够有效消除与管理层之间的信息不对称,继而减少所有权与经营权分离后的代理成本,实现合理的公司治理。

股东质询权与股东地位紧密相关,该权利自股东取得股东地位之日起取得,而且有法律明文予以保障,不依赖于公司章程、股东会决议或董事会决议的授予。如果公司章程或者股东会决议对股东质询权加以限制或剥夺,则违反了《公司法》中的强行性规定,因而是无效的。

股东质询权的行使,依赖于董事、监事、高级管理人员的说明义务,如果董事、监事、高级管理人员违反说明义务,则是对股权质询权的侵害,此时股东可直接依据公司法关于质询权的规定寻求司法救济。

二、股东日常质询权

股东日常质询权是指股东在日常经营过程中,对董事、监事、高级管理人员提出质询的权利。现行《公司法》第97条规定:"股东有权……对公司的经营提出建议或者质询。"这里规定股东的质询权不限于股东大会召开期间,但该规定仅仅限于股份公司的股东,对于有限责任公司建议能够参照适用。同时也应注意允许股东在任何时间内行使质询权,要求董事、监事、高级管理人员随时进行的过于细致和严谨的建议或质询,有可能会给公司带来较高的管理成本,或者影响公司的正常经营环境。

三、股东会议质询权

股东会议质询权是指在召开股东会议时,出席股东会议的股东请求董事、监事、高级管理人员就会议事项中的有关问题进行说明的权利。股东质询权可使股东在表决前能充分获得有关股东会议某一决议事项的真实信息,避免在不明真相的情况下盲目表决。现行《公司法》第150条规定:"股东会或者股东大会要求董事、监事、高级管理人员列席会议的,董事、监事、高级管理人员应当列席并接受股东的质询。"

股东的股东会议质询权给股东提供了参与股东会议时的程序性保障,主要解决的是股东参与股东会议获取信息的问题,以便使股东能够更好地行使其享有的表决权、建议权,避免由于股东与公司管理人员之间的信息不对称,致使股东在具体表决中意思表示失真。

第六节　异议股东回购请求权

【示范条款】

6.6.1　回购条件

有下列情况之一的,对股东会该项决议投反对票的股东可以请求公司按照合理的价格收购其股权：

1. 公司连续 5 年不向股东分配利润，而公司该 5 年连续盈利且符合公司法规定的分配利润条件的；

2. 公司合并、分立或者转让主要财产总额达到公司[总资产/净资产 50%]以上的；

3. 公司章程规定的营业期限届满或者章程规定的其他解散事由出现，股东会会议通过决议修改章程使公司存续的；

4. 章程规定的其他情形。

6.6.2 回购申请

上述股东应当在股东会决议通过后[10]日内，向公司董事会提出回购请求，说明回购依据和回购数量。

6.6.3 价格基准

回购股权的价格协商基准，由公司董事会与异议股东在以下方式中选择：

1. 以公司股东大会召开日前一个月份的公司财务报告中公司股东权益乘以异议股东持股比例；

2. 以公司股东大会召开日前一期经审计的公司财务报告中公司股东权益乘以异议股东持股比例；

3. 董事会和股东共同委托的资产评估机构评估

因股东原因不采取前述第 1、2 项价格基准方式，而适用第 3 项规定选定评估机构评估的，评估费用由要求回购的股东负担。

6.6.4 价格协商

董事会在股东会决议通过后[10]日内，与该股东协商价格和方式。

在确定价格协商基准后，由公司董事会与异议股东在价格协商基准的基础上，上下[10%]幅度的范围内，协商确认。

6.6.5 诉讼定价

公司董事会与异议股东不能就回购价格达成一致，股东可以提出诉讼。

6.6.6 回购资金

股权(股份)回购资金由公司按照未分配利润、盈余公积、资本公积的次序列支。

上述盈余资金不足以支付回购资金的，可以按照减少注册资本的程序，由实收资本列支。

6.6.7 转让与注销

已经回购的股权(股份),公司应当在 6 个月内转让或者注销。

(有限责任公司)转让股权的价格,不得低于出资资本金额,(股份有限公司)转让股份的价格不得低于面值。

在同等条件下,公司其他股东有优先购买权。多个股东行使优先购买权的,按照他们之间的持股比例分配。

【本节条款解读】

一、异议股东回购请求权的概念

异议股东回购请求权,通常指当公司发生重大资产或结构变动等影响股东利益的实质性变更时,持不同意见的股东所享有的要求公司依当时的公正价格收买其持有的股份(股权),从而退出公司的权利。

异议股东回购请求权是一项法定的股东权利,对小股东而言,异议股东回购请求权是一项弥补性权利,弥补小股东在行使表决权方面的弱势,可以为小股东提供抵抗大股东侵害的法律武器。

公司决策制度的"资本多数决原则",可以弥补"全体同意"的过于僵化导致公司经营低效率的缺陷,但其最大的弊端在于可能衍生"多数资本的暴政"。在"资本多数决"原则之下,大股东很容易滥用权利而侵害小股东利益。异议股东回购请求权制度体现的是一种利益的平衡,即少数异议股东权利的保护和公司重大决策顺利实施之间的平衡。当小股东与大股东发生利益冲突时,小股东通过主张股权回购,可以避免"多数资本暴政"下的股东会决议对自己的不利影响。少数异议股东通过行使异议股东回购请求权退出公司,既可以保证"资本多数决原则"的效率性,又可以避免衍变为"多数资本的暴政"。

二、有限责任公司的异议股东股权回购请求权

现行《公司法》第 74 条规定:"有下列情形之一的,对股东会该项决议投反对票的股东可以请求公司按照合理的价格收购其股权:(一) 公司连续五年不向股东分配利润,而公司该五年连续盈利,并且符合本法规定的分配利润条件的;(二) 公司合并、分立、转让主要财产的;(三) 公司章程规定的营业期限届满或者章程规定的其他解散事由出现,股东大会会议通过决议修改章程使公司存续的。自股东会会议决议通过之日起六十日内,股东与公司不能达成股权收购协议的,股东可以自股东会会议决议通过之日起九十日内向人民法院提起诉讼。"

规则要求"股东会该项决议投反对票的股东",可见有限责任公司只有当股东在股东会上投了反对票时才享有要求公司收购其股份的权利,未参加股东会或者

虽参加股东会但在股东会上未投反对票的股东,不享有这个权利。

三、异议股东股权回购请求权下"主要财产"的界定

如果公司财产的出售行为是在公司正常的商事活动过程中所进行的,则此种财产出售行为是公司董事的自由决定权范围内的交易,由董事会决定,无须取得股东会的批准。因此,也就无所谓持异议股东的法律保护问题。这就必然涉及那些属于有限责任公司的主要财产,我国《公司法》对此并无规定,所以《公司章程》应对公司主要财产作出一个界定。

中国证监会已经对上市公司重大资产重组作出了界定,可以作为异议股东股权回购请求权下主要财产界定的参考。

证监会《上市公司重大资产重组管理办法》

第十二条 上市公司及其控股或者控制的公司购买、出售资产,达到下列标准之一的,构成重大资产重组:

(一)购买、出售的资产总额占上市公司最近一个会计年度经审计的合并财务会计报告期末资产总额的比例达到50%以上;

(二)购买、出售的资产在最近一个会计年度所产生的营业收入占上市公司同期经审计的合并财务会计报告营业收入的比例达到50%以上;

(三)购买、出售的资产净额占上市公司最近一个会计年度经审计的合并财务会计报告期末净资产额的比例达到50%以上,且超过5 000万元人民币。

四、异议股东股份回购请求权的行使程序

1. 参加股东会议并投票反对相关法定适用事项的股东会议题

只有当股东在股东会上投了反对票的时候才享有要求公司收购其股份的权利,未参加股东会或者虽参加股东会但在股东会上未投反对票的股东,不享有这个权利。

2. 自股东会会议决议通过之日起60日内,股东与公司协商达成股权收购协议。

3. 如不能达成股权收购协议的,股东可以自股东会会议决议通过之日起90日内向人民法院提起诉讼。

法律要求"自股东会会议决议通过之日起"90日的期间,如逾期,异议股东将丧失要求公司回购其股权的权利。这一规定有利于及早消除公司股权分配和公司资产状况的不确定状态。

五、回购价格的确定

回购价格的确定是有限责任公司异议股东行使股权回购请求权的核心问题。法律仅规定"按照合理的价格收购",由于股权价格是随着公司的经营和发展在不断变化的,所以"合理的价格"只有通过协商或者诉讼来确定,但《公司章程》可以

提前约定一个合理价格的确认原则。

1. 确定价格基准

回购价格的协商基准,可以由公司董事会与异议股东在以下方式中选择:

(1) 以公司股东大会召开日前一个月份的公司财务报告中公司股东权益乘以异议股东持股比例。

(2) 以公司股东大会召开日前一期经审计的公司财务报告中公司股东权益乘以异议股东持股比例。

(3) 董事会和股东共同委托的资产评估机构评估

第(1)种方法是公司最近的一期财务报告,比较接近回购的时点;第(2)种方法是经过会计师事务所审计的财务报告兼顾了时间性和客观性。并且这两种财务报告本身是公司日常经营中本身就需要和必备的财务报告,具有选取上便利性。如果公司董事会认为这两种报告较大幅度地偏离了公司真实的价值,可以提议由资产评估机构评估,该评估是为保护公司利益而选择的,评估费用应当由公司负担。如果异议股东认为这两种报告较大幅度地偏离公司真实的价值,也可以提议由资产评估机构评估,该评估是为保护异议股东个体利益而选择的,评估费用应当由异议股东负担。同时,为保障评估机构的客观独立性,评估机构的选择应当由董事会和异议股东协商一致。

2. 商榷具体价格

在确定价格协商基准后,由公司董事会与异议股东在价格协商基准的基础上,在章程约定的上下幅度的范围内,协商确认。因为采用单一的股权转让价格是不全面的,现实中往往采用综合评估确定股权转让的基准价格。授权公司董事会与异议股东考虑公司的资产质量、公司所处行业的产业政策、公司成长性等因素经磋商确认,达成"合理的价格"。

3. 协商不成的由股东提起诉讼,按照法院裁定执行。

六、股份有限公司的异议股东股份回购请求权

股份有限公司仅要求股东对股东大会的决议持有异议即可享有股份回购请求权,而不问是否参加股东大会,或者在股东大会上投票。现行《公司法》第142条:"(股份有限)公司不得收购本公司股份。但是,有下列情形之一的除外:……股东因对股东大会作出的公司合并、分立决议持异议,要求公司收购其股份的。"

第六章 股东

【本节法律依据】

❶ 山东省高级人民法院《关于审理公司纠纷案件若干问题的意见(试行)》(2007年1月15日 鲁高法发[2007]3号)

81. 具有《公司法》第七十五条第一款(一)项之情形,如果公司连续五年未召开股东会对分配利润进行决议的,持有公司不足十分之一表决权的股东可以请求公司按照合理的价格收购其股权。

82. 股东超过《公司法》第七十五条第二款规定期限提起诉讼的,人民法院不予受理。

83. 股东依照《公司法》第七十五条之规定要求公司收购股权,但就股权收购价格不能协商一致的,股东主张以评估方式确定股权收购价格的,人民法院应予支持。

❷ 上海市高级人民法院《关于审理公司纠纷案件若干问题的解答》(2006年6月6日 沪高法民二[2006]8号)

三、股东依据新修订的公司法第七十五条规定,请求公司收购其股权的起诉期限应如何把握的问题

根据新修订的公司法第七十五条第二款规定,对符合该条第一款所列情形的,股东应自公司股东会决议通过之日起60日内,可就股权收购事宜与公司进行协商;协商不成的,股东可以自股东会决议通过之日起90日内向法院提起诉讼。因此,股东依据该条规定提起的诉讼,其起诉期限应自股东会决议通过之日起算,至90日届满。股东逾期提起诉讼的,法院不予受理。

❸ 上海市高级人民法院《关于审理涉及公司诉讼案件若干问题的处理意见(二)》(2003年12月18日 沪高法民二[2003]15号)

三、处理股东权益纠纷的相关问题

3. 有限责任公司股东会就公司合并、分立或者修改公司章程等事项形成决议,并且在决议后股东所持股份难以转让的,在股东会决议表决时投反对票的股东有权请求公司收购其股份。

公司连续多年盈利,且符合公司法规定的股东盈余分配条件,而公司不予分配利润的,符合公司法规定的持股份额的股东有权请求公司召开股东会作出决议;在股东会决议表决时投反对票的股东有权请求公司收购其股份。

在上述纠纷中,异议股东应自股东会决议之日起60日内,与公司就收购股份进行协商;逾期协商不成的,异议股东才可向人民法院提起诉讼。

❹ 江西省高级人民法院《关于审理公司纠纷案件若干问题的指导意见》(2007年12月6日 赣高法[2008]4号)

66. 具有《公司法》第七十五条第一款第(一)项之情形,如果公司连续五年未召开股东会对分配利润进行决议的,持有公司不足十分之一表决权的股东可以请求公司按照合理的价格收购其股权。

67. 股东超过《公司法》第七十五条第二款规定期限提起诉讼的,人民法院不予受理。

68. 股东依照《公司法》第七十五条之规定要求公司收购股权,但就股权收购价格不能协商一致的,股东主张以评估方式确定股权收购价格的,人民法院应予支持。

第七节 股东分红权

【示范条款】

6.7.1 股东分红权

(有限责任公司)公司股东按照实缴的出资比例分取红利;(股份有限公司)公司股东按照股东持有的股份比例分配。

[注释] (有限责任公司)经全体股东一致同意,可以自行约定按照具体的方式分配红利。(股份有限公司)可以自行在公司章程中规定按照自行选定的具体方式分配股利。

【本节条款解读】

一、通常的利润分配方式

一般来说,有限责任公司按照股东出资比例分取红利,股份有限公司按照股东持有的股份比例分配股利。《公司法》34条规定:"股东按照实缴的出资比例分取红利;公司新增资本时,股东有权优先按照实缴的出资比例认缴出资。但是,全体股东约定不按照出资比例分取红利或者不按照出资比例优先认缴出资的除外。"《公司法》166条第4款后半句规定:"股份有限公司按照股东持有的股份比例分配,但股份有限公司章程规定不按持股比例分配的除外。"体现的是"谁投资、谁受益""承担多大风险、获取多大利益"的原则。

二、有限公司的特殊分配制度

有限公司在约定不按照出资比例分取红利时,应当达到全体股东的一致同意。因为有限公司是封闭性公司,特殊情况下,某些股东对公司设立、存续、发展等有着决定性的重大作用。在这种情况下,虽然该股东的出资比例并不高,但他对公司的贡献和影响并不和出资比例正相关。这时,经全体股东达成一致,可以给该股东高出出资比例的红利分配权。

需要说明的是,这里的全体股东达成一致,是指在达成该"不按照出资比例分取红利"之约定时的全体股东,该条款达成一致,记载于公司章程,并是在工商登记机关备案之后发生的股权转让。该条款自然适用于通过股权转让受让股权的新股东。受让股东有义务在受让时了解公司在工商登记机关备案的公司章程,受让股权视为接受公司章程之约定。

三、股份公司的特殊分配制度

股份公司在公司章程规定不按持股比例分配时,并不要求全体股东同意,只需获得普通公司章程通过条件的股东同意即可。按照通常的章程审议条件,需要获得公司表决权 2/3 以上同意。

在股份公司,不按照股东持股比例分配,一般表现为公司分设不同的"类别股"时,如普通股与优先股。优先股是指依照《公司法》,在一般规定的普通种类股份之外,另行规定的其他种类股份,其股份持有人优先于普通股股东分配公司利润和剩余财产,但参与公司决策管理等权利受到限制。优先股既像债券,又像股票,其"优先"主要体现在:

(1) 通常具有固定的股息(类似债券),并须在派发普通股股息之前派发;

(2) 在破产清算时,优先股股东对公司剩余资产的权利先于普通股股东,但排在债权人之后。

优先股是相对于普通股而言的,主要指在利润分红及剩余财产分配的权利方面,优先于普通股。

(1) 优先股通常预先定明股息收益率,一般也不能参与公司的分红,但优先股可以先于普通股获得股息。

(2) 优先股的权利范围小。优先股股东一般没有选举权和被选举权,对股份公司的重大经营无投票权,但在某些情况下可以享有投票权。

(3) 如果公司股东大会需要讨论与优先股有关的索偿权,即优先股的索偿权先于普通股,而次于债权人。

【本节法律依据】

❶ 北京市高级人民法院民二庭《关于新〈公司法〉适用中若干问题的调查研究》(2007 年 11 月)

五、对新《公司法》适用中若干问题的具体探讨及解决方案

…………

(三)利润分配请求权问题

目前实践中争议较大的是,股东能否以公司存在赢利为由诉请法院强制公司分配利润? 在此次调研的案件中,几例原告股东诉至法院请求公司分配盈余的案件,受理法院在事实认定的基础上都判决支持了原告的诉请;判决分配利润的数额依据呈多样化,有的依据公司财务报表或者审计报告记载的可分配利润数,有的依据同行业平均利润标准。实践中,法院直接判决分配利润的做法,虽然有利于保护原告股东资产收益的权益,但问题在于法院代替公司股东会作出分配利润的决定是否有违公司自治的原则? 而且对于公司长期不分配利润的情况,新《公司法》第75条已通过赋予股东股权回购请求权,为请求分配利润的股东提供了救济渠道。法院应否受理强制分配利润的案件? 对此我们认为,根据《公司法》的规定,公司是否分配利润,是股东会或股东大会的职权,属于公司自治范畴事项,在公司没有作出决议之前,法院不宜直接作出分配利润的判决。没有会议决议或决议不合法的,人民法院应当裁定驳回原告请求分配利润的起诉。法院能够受理的,只能是股东依相应决议请求公司交付已经确定的股利。

❷ **江苏省高级人民法院《关于审理适用公司法案件若干问题的意见(试行)》(2003年6月13日 苏高法审委[2003]2号)**

64. 原告要求公司给付利润应具备如下条件:
(1) 原告具备股东资格。
(2) 公司依法有可供分配的利润。
(3) 公司的利润分配方案已得到股东(大)会的批准。
(4) 公司拒绝支付股利或未按已获得批准的利润分配方案支付股利。

❸ **山东省高级人民法院《关于审理公司纠纷案件若干问题的意见(试行)》(2007年1月15日 鲁高法发[2007]3号)**

67. 有限责任公司全体股东约定不按照出资比例分配利润的,该约定有效。该约定对于形成约定后新加入的股东没有约束力,但新加入的股东明确表示认可的除外。

68. 公司股东会、股东大会形成利润分配决议,但未向股东实际支付的,股东有权提起诉讼要求公司履行支付义务。

公司股东会、股东大会未形成利润分配决议,股东提起诉讼要求分配利润的,人民法院不予支持。

69. 股东以公司可分配利润大于股东会、股东大会所确认的数额为由提起诉讼,要求按照实际数额分配利润的,人民法院不予支持。

70. 股东以股东会、股东大会确认的利润分配比例错误为由提起诉讼,要求按照其他比例分配利润的,人民法院不予支持。

71. 股权转让前,公司股东会、股东大会已经形成利润分配决议的,转让人在转让股权后有权向公司要求给付相应利润。

转让人因股权转让丧失股权后,股东会、股东大会就转让前的公司利润形成分配决议,转让人要求公司给付相应利润的,人民法院不予支持。

转让人或受让人不得以其相互之间的约定对抗公司。

72. 股东瑕疵出资的,公司或者其他股东可以主张按实缴出资数额向该股东分配公司利润。

❹ 江西省高级人民法院《关于审理公司纠纷案件若干问题的指导意见》(2007年12月6日 赣高法[2008]4号)

56. 有限责任公司全体股东在公司章程外以协议方式约定不按照出资比例分配利润的,该约定有效。该约定对于形成约定后的新加入的股东没有约束力,但新加入的股东明确表示认可的除外。章程中约定不按出资比例分配利润的,视为新加入的股东认可该约定。

57. 公司股东会、股东大会、董事会形成利润分配决议,但未向股东实际支付的,股东有权提起诉讼请求公司履行支付义务。

公司股东会、股东大会未形成利润分配决议,股东提起诉讼要求分配利润的,人民法院不予支持。

58. 股权转让前,公司股东会、股东大会已经形成利润分配决议的,转让人在转让股权后有权向公司要求给付相应利润。

转让人因股权转让丧失股权后,股东会、股东大会就转让前的公司利润形成分配决议,转让人要求公司给付相应利润的,人民法院不予支持。

转让人或受让人不得以其相互之间转移利润分配请求权的约定对抗公司已经完成的利润分配行为。

59. 股东瑕疵出资的,公司或者其他股东可以主张按实缴出资数额向该股东分配利润。

第八节　征集股东投票权

【示范条款】

6.8.1　公开征集投票权

公司董事会、独立董事和符合相关规定条件的股东可以公开征集股东投票权。投票权征集应采取无偿的方式进行,禁止以有偿或者变相有偿的方式征集股东投票权。

6.8.2 征集投票权的方式

征集股东投票权应当向被征集人充分披露具体投票意向等信息,且应向被征集人说明:

1. 征集人及其主要控制人基本情况;如属一致行动,须披露相互关联关系等。
2. 征集人发起征集行动的动机和目的。
3. 征集方案,主要包括征集对象、征集时间、征集方式、和征集程序等。
4. 授权委托书的效力。委托人在充分知情的条件下,自主判断是否委托征集人行使投票权。不过,法律赋予委托人随时撤回委托的权利。如委托人本人亲自参加股东大会,则委托自动失效。
5. 授权委托书要附上选票,将股东大会拟审议的议案逐一列出,委托人要注明对各议案的授权表决内容,不得全权委托。

【本节条款解读】

征集股东投票权,又称"委托书收购",是使股权分散的中小股东联合表决,以便对抗控股股东的不良控制、调整能力欠佳的管理人员的不良管理、股权收购竞争、合理考核激励高级管理人员的一种股权表决聚合。

中国证监会 2002 年 1 月下发的《上市公司治理准则》,就明确提出公司董事会和符合条件的股东可向上市公司股东征集其在股东大会上的投票权。但投票权征集的负面效应也不容忽视,一旦投票权或投票委托书成为一种商品而被作为市场买卖标的时,它对公司治理和股东权益的损害则不言而喻。为此,中国证监会在准则中就要求,投票权征集应采取无偿的方式进行,且应向被征集人提供充分信息。公司控股股东、实际控制人及管理层有偿征集股东投票权,违背其对公司和社会公众投资者负有的诚信义务,应视为无效。

【本节法律依据】

❶《上市公司治理准则》(中国证监会 2002 年 1 月 7 日 证监发[2002]1 号)
见附录一。

❷《OECD 公司治理准则》[国际经济合作与发展组织(OECD)于 1999 年]
见附录二。

【细则示范】

▶ 细则6-1　公司征集投票权实施细则

第一章　总　　则

第一条　为切实保护股东利益,促使广大股东积极参与公司管理,完善公司法人治理结构,规范征集投票权行为,根据《公司法》等法律法规、规范性文件和公司章程的有关规定,制定《××××××公司征集投票权实施细则》(以下简称"本细则")。

第二条　本细则所称征集投票权,是指公司召开股东大会时,享有征集投票权的组织或人员在征集公司股东对议案的投票权时,以公开方式在公司指定的信息披露媒体上按照本细则规定的内容与格式向公司股东发出代为行使表决权的要约行为。

第三条　征集投票权应当采用无偿的方式进行。

第二章　享有征集投票权的主体

第四条　下述组织或人员可以向公司股东征集其在股东大会上的投票权:
(一) 公司董事会;
(二) 公司独立董事;
(三) 单独或合并持有公司已发行1%以上股份的股东。
以下该等人员统称为"征集人"。

第五条　以公司董事会的名义征集投票权,必须经董事会同意,并公告相关的董事会决议。独立董事征集投票权时,需取得独立董事的一致同意。股东可以采取单独或联合的方式,征集投票权。

第六条　征集人在征集投票权时,必须就该次股东大会审议的全部表决事项征集投票权;接受征集投票权的股东,应当将该次股东大会审议的全部表决事项的投票权委托给同一征集人。

第七条　征集人和接受征集投票权的股东,对征集、委托投票行为和与征集投票权有关的所有公示材料,负有真实、准确、完整及合法有效的责任,不得存在虚假记载、误导性陈述或重大遗漏。

第八条　征集人不得以任何方式、直接或间接损害公司或他人的人格与名誉。

第三章　征集投票权的方式及基本内容

第九条　征集人在征集投票权时,应当以公开的方式进行。

第十条　征集人应当按照有关法律、法规和《公司章程》及本细则的要求,制作征集投票权报告书。

第十一条　征集人应当按照有关法律、法规和《公司章程》和本细则第五章规定的要求,制作固定格式的征集投票授权委托书,并至少于股东大会召开15日前刊登于公司指定的信息披露媒体上。

接受征集投票的股东,可以从媒体上复制或直接向征集人、公司索取征集投票权委托书,进行填写和签署。

第十二条　征集人征集投票权报告书应当详细说明征集投票的方案,该方案中应当含有股东在委托征集人进行投票时的具体操作程序和操作步骤。

第十三条　征集人应当聘请律师事务所或国家公证机关,对征集人资格、征集方案、征集投票权委托书、征集投票权行使的真实性、有效性等事项进行审核,并发表明确的法律意见。

第四章　征集投票权报告书的内容与格式

第十四条　征集人应当至少于股东大会召开15日前,在公司指定的信息披露媒体上发布征集投票权报告书。征集投票权报告书应当包括如下内容:

(一)征集人的声明与承诺。

(二)征集人的基本情况。征集人为法人的,应当披露其名称、住所、联系方法、指定信息披露媒体(如有)、前十名股东及其股权结构、主营业务、基本财务状况、是否与公司存在关联关系等;征集人为自然人的,应当披露其姓名、住址、联系方法、任职情况、是否与公司存在关联关系等。

(三)公司基本情况(含名称、住所、联系方法、指定信息披露媒体、前十名股东及股本结构、主营业务、基本财务状况等)。

(四)该次股东大会的基本情况(含召开时间、地点、会议议题及提案、出席会议对象、会议登记办法、登记时间等)。

(五)征集投票权的目的及意义。

(六)本次征集投票权具体方案(含征集对象、征集时间、征集详细程序、被征集人需要承担的后果等)。

(七)每一表决事项的提案人。

(八)表决事项之间是否存在相互关系或互为条件。

(九)征集人、公司董事、经理、主要股东等相互之间以及与表决事项之间是否存在利害关系。

(十)征集人明确表明对每一表决事项的表决意见(同意、反对或弃权)及其理由。

（十一）征集人在征集投票权报告书中应明确表明自己对某一表决事项的表决意见，并且明示被征集人应当与自己的表决意见一致的，被征集人应当按照征集人指示表明表决意见；征集人在征集投票权报告书中明确表明自己对某一表决事项的表决意见的，但不要求被征集人应当与自己的表决意见一致的，被征集人可以按照自己的意思表明意见。

（十二）征集人聘请委托的律师事务所或国家公证机关的名称、住所；经办律师或公证员的姓名、具体的通讯方式。

第十五条　征集投票权报告书内容应当客观、真实，不得有虚假记载、误导性陈述和重大遗漏。

第五章　征集投票授权委托书的格式与内容

第十六条　征集投票授权委托书至少包含以下内容：

（一）填写须知。

（二）征集人的姓名或名称。

（三）征集人的身份及持股情况。

（四）该次股东大会召开的时间。

（五）征集人应当在征集投票授权委托书中按自己选择的实际情况，作好明确指明被征集人应如何投票方为有效的格式设计：当征集人明确表明自己对某一表决事项的投票态度的，并且明示被征集人应当与自己的投票态度一致的，被征集人应当按照征集人指示表明投票态度方为有效；当征集人在征集投票权报告书中明确表明自己对某一表决事项的投票态度的，但不要求被征集人应当与自己的投票态度一致的，被征集人可以按照自己的意思表明投票态度。

（六）列示每一表决事项内容及同意、反对或弃权等投票表格，供股东选择。

（七）对股东大会可能产生的临时提案，被征集人应向征集人作出如何行使表决权的具体指示。

（八）对于未作具体指示的表决事项，被征集人应明示征集人是否可以按照自己的意志表决。

（九）对选举董事、监事的委托书必须列出所有董事候选人和监事候选人的姓名，并按照累积投票制规定的投票方法进行投票。

（十）征集投票授权委托书的送达地址以及送达地的邮政编码和联系电话。

（十一）征集人应当亲自行使征集投票权，不得转委托。

（十二）委托行为的法律后果。

（十三）委托书签发的日期和有效期。

（十四）被征集人签章。

第十七条　被征集人出具的委托书与下列附件同时使用、且经公司股东大会签到经办人员与公司股东名册核实无误后方为有效：

（一）被征集人为自然人的，需提交被征集人身份证和股东证券账户卡的复印件、持股凭证。

（二）被征集人为法人的，需提供被征集人的《企业法人营业执照》复印件、法定代表人资格证明（或代理人的身份证复印件、法定代表人的书面委托书）、身份证复印件、股东证券账户卡复印件、持股凭证。

第十八条　被征集人的委托书及其附件，需不迟于股东大会召开前24小时送达（可以挂号信函或特快专递或委托专人或以其他可以签收确认的方式）至征集人聘请委托的律师事务所或公证机关，由其签收后进行统计、见证，就被征集人人数、所持有效表决权股份数及明细资料等事项出具律师见证书或公证书；征集人应当亲自携带征集到的授权委托书和公证书或见证意见参加股东大会。

第十九条　征集人聘请的律师事务所与公司聘请见证股东大会的律师事务所，应为不同律师事务所。

第二十条　征集人出席股东大会时，需持身份和持股证明文件（征集人为自然人股东的，需出示和提供身份证、股东证券账户卡；征集人为法人股东的，需出示和提供《企业法人营业执照》复印件、法定代表人身份证明、法定代表人依法出具的书面委托书、股东证券账户卡、代理人身份证明等必备资料；征集人为公司董事会的，需出示和提供董事会授权委托书；征集人为独立董事的，需出示和提供身份证），并按照规定办理签到登记。

第二十一条　征集人出席股东大会并行使征集投票权时，应同时提供被征集人的委托书附件、聘请律师事务所或委托公证机关出具的见证意见书或公证书，并按照规定办理签到登记后，方能行使征集投票权。

第二十二条　股东大会结束时，征集人所持有的投票授权委托书原件及附件等参会依据性资料，由公司连同股东大会会议记录、出席会议股东的签名册等会议文件一并保存。

第二十三条　本细则由公司董事会审议通过后生效，修改亦同，并由董事会负责解释和修改。

第九节　优先认股权

【示范条款】

6.9.1　优先认股权

公司新增资本时,股东有权优先按照实缴的出资比例认缴出资。

[注释]　经全体股东特别约定:公司新增资本时,可以不设优先认股权,或者对不同股东的优先认股权作不同的规定。

【本节条款解读】

优先认股权也叫优先认缴权或股票先买权,是公司增发新股时为保护老股东的利益而赋予老股东的一种特权。当公司增资发行新股票时,公司现有股东有优先根据其持有的股票按已发行股票中所占比例购买相应新股票的权利。设立优先认购权的目的是在公司有扩大总股本的融资行为时保障现有股东的持股比例和权益不被摊薄。

优先认股权的法理依据主要在于股东的比例性利益,即公司成立之初股东都按一定比例认购公司的股份,公司的经营决策权,红利的发放、各种利益的分享均按此比例进行,维持原有的股比,可使公司的利益格局保持均衡。而这种比例的维持主要在公司增发新股时,股东须按原有比例优先认购。优先认股权的主要功能是确保股权不被稀释。如前所述,维持股东的比例性利益是股权本身的要求。在公司的重大事项决策中,在选择公司高级管理人员时,股东可以按其在公司中所拥有的股份行使表决权。

在上市公司中优先认股权,又称股票先买权、配股权证,是指当上市公司为增加公司资本而决定增加发行新的股票时,原普通股股东享有的按其持股比例,以低于市价的某一特定价格优先认购一定数量新发行股票的权利,是普通股股东的一种特权。

【典型案例】

▶ 案例6-3　优先认股权的权利份额与行使时间

再审:最高人民法院(2010)民提字第48号民事判决

二审:四川省高级人民法院(2006)川民终字第515号民事判决

一审:四川省绵阳市中级人民法院(2006)绵民初字第2号民事判决

[基本案情]

绵阳高新区科创实业有限公司(以下简称"科创公司")于2001年7月成立。

2001年7月,科创公司成立。同年9月,注册资本变更为475.37万元,变更后股东为23位,其中,法人股东绵阳市红日实业有限公司(以下简称"红日公司")出资27.6万元,出资比例为5.81%;蒋某出资67.6万元,出资比例为14.22%。

科创公司的章程规定:公司新增资本时,股东有优先认缴出资的权利;公司召开股东会,于会议召开15日以前通知全体股东,通知以书面形式发送,并载明会议时间、地点、内容;股东会对公司增加、减少注册资本作出决议时,应当由代表公司股权的三分之二以上通过。

2003年12月5日,科创公司发出召开股东会的通知,开会时间定于2003年12月16日下午4:00,议题是:(1)关于吸纳陈某某为新股东的问题;(2)关于公司内部股权转让问题等。

2003年12月16日下午,蒋某、红日公司委托代表出席了股东会。该次股东代表会上,蒋某、红日公司委托代表对上述议题的第1项均投了反对票。红日公司委托代表并在意见栏中注明:"应当按照《公司法》第39条第2款规定先就增加资本拿出具体框架方案,按公司原股东所占比重、所增资本增资扩股后所占比重先进行讨论通过,再决定将来出资,要考虑原股东享有《公司法》规定的投资(出资)权利"。该次股东会会议纪要除蒋某、红日公司和投弃权票的4名股东未在会议纪要上签名外,其余股东均已在会议纪要上签名。该会议纪要中记载:应到股东代表23人,实到22人,以记名方式投票表决形成决议:(1)同意吸纳陈某某为新股东(经表决75.49%同意,20.03%反对,4.48%弃权);(2)同意科创公司内部股份转让(经表决100%同意)。会议纪要还记载了与陈某某合作方式的六点建议等。

2003年12月18日,科创公司为甲方,陈某某为乙方签订了《入股协议书》,该协议主要记载:乙方同意甲方股东大会讨论通过的增资扩股方案,即同意甲方在原股本475.37万股的基础上,将总股本扩大至1 090.75万股,由此,甲方原股东所持股本475.37万股,占总股本1 090.75万股的43.6%;乙方出资800万元人民币,以每股1.3元认购615.38万股,占总股本1 090.75万股的56.4%;科创公司的注册资金相应变更为1 090.75万元,超出注册资本的184.62万元列为资本公积金。2003年12月22日,陈某某将800万元股金汇入科创公司的指定账户。

2003年12月22日,红日公司向科创公司递交了《关于要求作为科创公司增资扩股增资认缴人的报告》,该报告的主要内容为:主张蒋某和红日公司享有优先认缴出资的权利,愿意在增资扩股方案的同等条件下,由红日公司与蒋某共同或由其中一家向科创公司认缴新增资本800万元人民币的出资。

2003年12月25日,工商部门签发的科创公司的企业法人营业执照上记载:法定代表人陈某某、注册资本1 090.75万元。变更后的章程记载:陈某某出资额615.38万元,出资比例56.42%,蒋某出资额67.6万元,出资比例6.20%,红日公司出资额27.6万元,出资比例2.53%。

2003年12月26日,红日公司向绵阳高新区工商局递交了《请就绵阳高新区科创实业有限公司新增资本、增加新股东作不予变更登记的报告》。

此后,陈某某以科创公司董事长的身份对公司进行经营管理。2005年3月30日,科创公司向工商部门申请办理公司变更登记,提交了关于章程修正案登记备案的报告、公司章程修正案、股份转让协议书、陈某某出具的将614.38万股股份转让给福建省固生投资有限公司(以下简称"固生公司")的股份增减变更证明、收据等材料。章程修正案中记载的股东名称、出资额、出资比例是:固生公司出资额615.38万元、出资比例56.42%;陈某某出资额116.24万元,出资比例10.66%;蒋某出资额67.6万元,出资比例6.20%;红日公司出资额27.6万元,出资比例2.53%。

2005年12月12日,蒋某和红日公司向一审法院提起诉讼,请求确认科创公司2003年12月16日股东会通过的吸纳陈某某为新股东的决议无效,确认科创公司和陈某某2003年12月18日签订的《入股协议书》无效,确认其对800万元新增资本优先认购,科创公司承担其相应损失。

在诉讼期间,2005年2月1日,科创公司召开股东会形成决议,通过陈某某将1万股赠与固生公司的提案,红日公司和蒋某参加会议,投弃权票。同年3月1日,陈某某将614.38万股转让给固生公司,固生公司持有科创公司股份共计615.38万股。

[一审裁决]

一、关于科创公司2003年12月16日股东会通过的吸纳陈某某为新股东的决议的效力问题

红日公司和蒋某主张无效的理由是,科创公司只提前11日通知各股东召开股东会,违反了《中华人民共和国公司法》(1999年修订,以下简称《1999年公司法》)第44条第1款"召开股东会会议,应当于会议召开十五日以前通知全体股东"的规定,且通知书也未明确增资扩股问题。从本案查明的事实反映,蒋某在本案中具有多重身份,既是原告红日公司的法定代表人,又在2003年7月2日以前是科创公司的最大股东和董事长,此后至12月16日期间,是科创公司的最大股东和董事。蒋某在任科创公司董事长期间,科创公司签订了与陈某某等就石桥铺项目进行合作的合作协议,而且参加了2003年12月16日的股东会并对会议议题行使了表决权,对其中"吸纳陈某某先生为新股东"的议题投了反对票。根据《1999

年公司法》第 39 条第 2 款关于"股东会对公司增加或者减少注册资本、分立、合并、解散或者变更公司形式作出决议,必须经代表三分之二以上表决权的股东通过"的规定,股东会决议的效力不取决于股东会议通知的时间及内容,而决定于股东认可并是否达到公司法的要求。查明的事实反映,2003 年 12 月 16 日,"吸纳陈某某先生为新股东"的决议中涉及科创公司增资扩股 800 万元和该 800 万元增资由陈某某认缴的内容,已在股东会上经科创公司 75.49% 表决权的股东通过。因此"吸纳陈某某先生为新股东"的决议符合上述规定,该决议有效。红日公司和蒋某以通知的时间不符合法律规定,内容讨论不符合议事程序主张"吸纳陈某某先生为新股东"决议无效的理由不成立。

二、关于科创公司与陈某某于 2003 年 12 月 18 日签订的《入股协议书》的效力问题

经审查,该《入股协议书》的主体适格,意思表示真实,不违反法律或者社会公共利益,应为有效协议。故红日公司和蒋某关于《入股协议书》无效的主张不成立。

三、关于红日公司和蒋某能否优先认缴科创公司 2003 年 12 月 16 日股东会通过新增的 800 万元资本,并由科创公司承担相应损失的问题

按照《1999 年公司法》第 33 条关于"股东按照出资比例分红。公司新增资本时,股东可以优先认缴出资"的规定,蒋某、红日公司作为科创公司的股东,对公司新增资本享有优先认缴权利。但《1999 年公司法》对股东优先认缴权的期间未作规定。2006 年 5 月 9 日起施行的最高人民法院《关于适用〈中华人民共和国公司法〉若干问题的规定(一)》第 2 条规定:"因公司法实施前有关民事行为或者事件发生纠纷起诉到人民法院的,如当时的法律法规和司法解释没有明确规定时,可以参照适用公司法的有关规定。"2005 年修订后的《中华人民共和国公司法》(以下简称《2005 年公司法》)也未对股东优先认缴权行使期间作规定,但《2005 年公司法》第 75 条第 1 款规定"有下列情形之一的,对股东会该项决议投反对票的股东可以请求公司按照合理的价格收购其股权",第 2 款规定:"自股东会会议决议通过之日起六十日内,股东与公司不能达成收购协议的,股东可以自股东会会议决议通过之日起九十日内向人民法院提起诉讼。"该条虽然针对的是异议股东的股权回购请求权,但按照民法精神,从对等的关系即公司向股东回购股份与股东向公司优先认缴出资看,后者也应当有一个合理的行使期间,以保障交易的安全和公平。从本案查明的事实看,红日公司和蒋某在 2003 年 12 月 22 日就向科创公司主张优先认缴新增资本 800 万元,于 2005 年 12 月 12 日才提起诉讼,这期间,陈某某又将占出资比例 56.42% 股份转让给固生公司,其个人又陆续与其他股东签订了股权转让协议,全部办理了变更登记,从 2003 年 12 月 25 日起至今担任科创公司董事长,科创公司的石桥铺项目前景也已明朗。因此红日公司和蒋某在 2005 年 12 月 12 日才提

起诉讼不合理。2003年12月16日的股东会决议、《入股协议书》合法有效,红日公司和蒋某主张优先认缴权的合理期间已过,故其请求对800万元资本优先认缴权并赔偿其损失的请求不予支持。

综上所述,2003年12月16日股东会决议和《入股协议书》合法有效。红日公司和蒋某在2003年12月22日向科创公司主张优先权时,上述两协议已经生效并已在履行过程中,但红日公司和蒋某没有及时采取进一步的法律措施实现其优先权。本案起诉前,围绕科创公司和公司股权又发生了一系列新的民事、行政关系,形成了一系列新的交易关系,为保障交易安全,红日公司和蒋某在本案中的主张不能成立。

据此四川省绵阳市中级人民法院以(2006)绵民初字第2号民事判决书判决:驳回红日公司、蒋某的诉讼请求。

[二审裁决]

一、科创公司于2003年12月16日召开的股东会议所通过的关于"吸纳陈某某先生为新股东"的决议,结合股东会讨论的《入股协议书》,其内容包括科创公司增资800万元和由陈某某通过认缴该800万元新增出资成为科创公司新股东两个方面的内容。根据《1999年公司法》第38条第1款第8项关于"股东会行使对公司增加或者减少注册资本作出决议的职权",第39条第2款关于"股东会对公司增加或者减少注册资本、分立、合并、解散或者变更公司形式作出决议,必须经代表三分之二以上表决权的股东通过"的规定,科创公司增资800万元的决议获代表科创公司75.49%表决权的股东通过,应属合法有效。

二、根据《1999年公司法》第33条关于"公司新增资本时,股东可以优先认缴出资"的规定以及科创公司章程中的相同约定,科创公司原股东蒋某和红日公司享有该次增资的优先认缴出资权。在股东会议上,蒋某和红日公司对由陈某某认缴800万元增资股份并成为新股东的议题投反对票并签注"要考虑原股东享有公司法规定的投资(出资)权利"的意见,是其反对陈某某认缴新增资本成为股东,并认为公司应当考虑其作为原股东所享有的优先认缴出资权,明确其不放弃优先认缴出资权的意思表示。紧接着在同月22日和26日,蒋某和红日公司又分别向科创公司递交了《关于要求作为科创公司增资扩股增资认缴人的报告》,向绵阳市高新区工商局递交了《请就绵阳高新区科创实业有限公司新增资本、增加新股东作不予变更登记的报告》,进一步明确主张优先认缴出资权。上述事实均表明,红日公司和蒋某从未放弃优先认缴出资权。

但是,科创公司在没有以恰当的方式征询蒋某和红日公司的意见以明确其是否放弃优先认缴出资权,也没有给予蒋某和红日公司合理期限以行使优先认缴出资权的情况下,即于同月18日与陈某某签订《入股协议书》,并于同月25日变更工商登记,将法定代表人变更成陈某某,将公司注册资本变更为1 090.75万元,其中新增资本615.38万元登记于陈某某名下。该系列行为侵犯了法律规定的蒋某和红日公司在科创公司所享有的公司新增资本时的优先认缴出资权,虽然本案所涉股东会决议经代表2/3以上表决权的股东投票通过,但公司原股东优先认缴新增出资的权利是原股东个体的法定权利,不能以股东会多数决的方式予以剥夺。故蒋某和红日公司所提股东会议决议中关于吸收陈某某为股东的内容、《入股协议书》无效,其享有优先认缴科创公司800万元新增资本的上诉理由依法成立,二审法院予以支持。

关于有限责任公司股东请求人民法院保护其认缴新增资本优先权的诉讼时效问题,现行法律无特别规定,应当适用《中华人民共和国民法通则》规定的两年普通诉讼时效。

蒋某和红日公司在2003年12月22日书面要求优先认缴新增资本800万元,至2005年12月19日提起诉讼,符合该法关于两年诉讼时效的规定,其所提应当优先认缴800万元新增资本的请求依法成立,二审法院予以支持。

判决如下:

一、撤销四川省绵阳市中级人民法院(2006)绵民初字第2号民事判决;

二、绵阳高新区科创实业有限公司于2003年12月16日作出的股东会决议中关于吸收陈某某为股东的内容无效;

三、绵阳高新区科创实业有限公司于2003年12月18日与陈某某签订的《入股协议书》无效;

四、蒋某和绵阳市红日实业有限公司享有以800万元购买绵阳高新区科创实业有限公司2003年12月16日股东会决定新增的615.38万股股份的优先权;

五、蒋某和绵阳市红日实业有限公司于本判决生效之日起15日内,将800万元购股款支付给绵阳高新区科创实业有限公司。

[再审裁决]

一、2003年12月16日,科创公司作出的股东会决议和2003年12月18日科创公司与陈某某签订的《入股协议书》是否有效

2003年12月16日科创公司作出股东会决议时,现行《公司法》尚未实施,根据最高人民法院《关于适用〈中华人民共和国公司法〉若干问题的规定(一)》第2条的规定,当时的法律和司法解释没有明确规定的,可以参照适用现行公司法的规定。《1999年公司法》第33条规定:"公司新增资本时,股东可以优先认缴出资。"根据现行《公司法》第35条的规定,公司新增资本时,股东的优先认缴权应限于其

实缴的出资比例。2003年12月16日科创公司作出的股东会决议,在其股东红日公司、蒋某明确表示反对的情况下,未给予红日公司和蒋某优先认缴出资的选择权,径行以股权多数决的方式通过了由股东以外的第三人陈某某出资800万元认购科创公司全部新增股份615.38万股的决议内容,侵犯了红日公司和蒋某按照各自的出资比例优先认缴新增资本的权利,违反了上述法律规定。现行《公司法》第22条第1款规定:"公司股东会或者股东大会、董事会的决议内容违反法律、行政法规的无效。"根据上述规定,科创公司2003年12月16日股东会议通过的由陈某某出资800万元认购科创公司新增615.38万股股份的决议内容中,涉及新增股份中14.22%和5.81%的部分,因分别侵犯了蒋某和红日公司的优先认缴权而归于无效,涉及新增股份中79.97%的部分,因其他股东以同意或弃权的方式放弃行使优先认缴权而发生法律效力。

2003年12月18日科创公司与陈某某签订的《入股协议书》,系科创公司与该公司以外的第三人签订的合同,应适用合同法的一般原则及相关法律规定认定其效力。虽然科创公司2003年12月16日作出的股东会决议部分无效,导致科创公司达成上述协议的意思存在瑕疵,但作为合同相对方的陈某某,并无审查科创公司意思形成过程的义务,科创公司对外达成协议应受其表示行为的制约。上述《入股协议书》是科创公司与陈某某作出的一致意思表示,不违反国家禁止性法律规范,且陈某某按照协议约定支付了相应对价,没有证据证明双方恶意串通损害他人利益,因此该协议不存在《中华人民共和国合同法》第52条所规定的合同无效的情形,应属有效。《入股协议书》对科创公司新一届董事会的组成及董事长、总经理人选等公司内部事务作出了约定,但上述约定,并未排除科创公司内部按照法律和章程规定的表决程序作出决定,不导致合同无效。

二、红日公司和蒋某是否能够行使对科创公司2003年新增的615.38万股股份的优先认缴权

虽然科创公司2003年12月16日股东会决议因侵犯了红日公司和蒋某按照各自的出资比例优先认缴新增资本的权利而部分无效,但红日公司和蒋某是否能够行使上述新增资本的优先认缴权还需要考虑其是否恰当地主张了权利。股东优先认缴公司新增资本的权利属于形成权,虽然现行法律没有明确规定该项权利的行使期限,但为维护交易安全和稳定经济秩序,该权利应当在一定合理期间内行使,并且,由于这一权利的行使属于典型的商事行为,对于合理期间的认定,应当比通常的民事行为更加严格。本案红日公司和蒋某在科创公司2003年12月16日召开股东会时已经知道其优先认缴权受到侵害,且作出了要求行使优先认缴权的意思表示,但并未及时采取诉讼等方式积极主张权利。在此后科创公司召开股东会、决议通过陈某某将部分股权赠与固生公司提案时,红日公司和蒋某参加了会

议,且未表示反对。红日公司和蒋某在股权变动近两年后又提起诉讼,争议的股权价值已经发生了较大变化,此时允许其行使优先认缴出资的权利将导致已趋稳定的法律关系遭到破坏,并极易产生显失公平的后果,故四川省绵阳市中级人民法院(2006)绵民初字第 2 号民事判决认定红日公司和蒋某主张优先认缴权的合理期间已过并无不妥。故本院对红日公司和蒋某行使对科创公司新增资本优先认缴权的请求不予支持。

综上,判决如下:

一、撤销四川省高级人民法院(2006)川民终字第 515 号民事判决,撤销四川省绵阳市中级人民法院(2006)绵民初字第 2 号民事判决;

二、绵阳高新区科创实业有限公司 2003 年 12 月 16 日作出的股东会决议中由陈某某出资 800 万元认购绵阳高新区科创实业有限公司新增 615.38 万股股份的内容,涉及新增股份 20.03% 的部分无效,涉及新增股份 79.97% 的部分及决议的其他内容有效;

三、驳回红日公司、蒋某的其他诉讼请求。

[简要评议]

一、公司内部的意思形成阶段的行为效力,主要适用《公司法》第 22 条,分为无效行为和可申请撤销的行为。

1. 公司股东会或者股东大会、董事会的决议内容违反法律、行政法规的无效。

2. 股东会或者股东大会、董事会的会议召集程序、表决方式违反法律、行政法规或者公司章程,或者决议内容违反公司章程的,股东可以自决议作出之日起 60 日内,请求人民法院撤销。

二、公司对外作出意思表示时,通常表现为公司对外签订的合同。这时公司的意思已经形成并对外表示,应主要适用合同法中,有关保护善意第三人和维护交易之考虑。只要不存在违反法律、行政法规之无效行为,公司就应当受其合同义务之约束。

三、在现行法律并未明确规定权利的行使期限时,应当从维护交易安全和稳定经济秩序的角度出发,结合商事行为的规则和特点,由人民法院在处理相关案件时应限定该项权利行使的合理期间,对于超出合理期间行使优先认缴权的主张不予支持。

四、自身持有的股权所享有的优先购买权为股东的自益权,侵犯该权利为违法无效行为。

▶ **案例6-4　有限公司股东优先购买权的行使**①

一审：北京市海淀区人民法院(2008)海民初字第27259号民事判决

[基本案情]

中冶集团北京房地产开发有限公司（以下简称"中冶公司"）是中国冶金科工集团公司（以下简称"科工公司"）、辽阳大地房地产开发有限公司（以下简称"大地公司"）、北京永汇丰咨询有限公司（以下简称"永汇丰公司"）三家股东投资设立的有限责任公司，其中科工公司以货币出资1 200万元，出资比例40%；永汇丰公司以货币出资800万元，出资比例26.67%；大地公司以货币出资1 000万元，出资比例33.33%。中冶公司章程规定："股东之间可以相互转让其全部或部分出资。股东向股东以外的人转让其出资时，必须经全体股东过半数同意；不同意转让的股东应当购买该转让出资，如果不购买该转让的出资，视为同意转让。"

2007年12月7日，科工公司向永汇丰公司发出通知函，内容为科工公司拟转让其持有的中冶公司40%的股权，并在产权交易所挂牌交易，故函告永汇丰公司，请永汇丰公司对其转让上述股权及是否有意购买上述股权进行回函，如通知函送达之日起30日内未回函，视为永汇丰公司同意其转让股权。后科工公司用EMS将该通知函快递至永汇丰公司的注册地址——北京市丰台区蒲黄榆二巷1楼3门401号。科工公司对上述送达过程全程进行了公证，北京市东城区某公证处对此作出(2007)京东证内字第8418号公证书。12月8日，该快递送至上述地址，永汇丰公司未签收，再投/改退栏写明："经电话联系，收件人要求退回。"

2008年2月4日，科工公司将所持有的40%中冶公司的股权在产权交易所挂牌上市，评估机构为北京中永兴资产评估有限公司（以下简称"中永兴公司"），挂牌价格1 460万元，挂牌期满日期为2008年3月7日。2008年2月18日，永汇丰公司得知科工公司将其所持有的中冶公司40%股权在产权交易所挂牌交易后，向产权交易所提交情况反映，认为科工公司的挂牌交易行为不符合法律规定，形式要件具有重大瑕疵。挂牌期间，永汇丰公司向有关行政部门反映该情况，挂牌中止。

2008年3月3日，科工公司将其所持有的中冶公司40%股权在产权交易所再次挂牌交易，挂牌期满日期为2008年3月28日。2008年3月6日，永汇丰公司得知该情况，又向产权交易所提交情况反映，请求产权交易所对科工公司的挂牌行为予以制止、纠正。

2008年4月1日，谢某（永汇丰公司职工）持永汇丰公司为其开具的介绍信前

---

① 载于微信公众号："法律资讯"，2014年12月16日，2015年8月查询。

往产权交易所了解科工公司转让中冶公司 40% 股权的事宜,并领取了通知函和空白《产权交易合同》。通知函内容为:科工公司通知永汇丰公司,其转让中冶公司股权已在产权交易所公开挂牌交易,并已经产生一家意向受让方;如永汇丰公司在同等条件下行使优先购买权,请将转让价款 1 460 万元交至产权交易所指定账户,并与科工公司签订产权交易合同;如在通知函送达之日起 20 日内未交付转让款,则视为其放弃优先购买权。

2008 年 4 月 30 日,科工公司与百诚公司就转让中冶公司 40% 股权达成一致,签订《产权交易合同》,科工公司将中冶公司 40% 的股权转让给百诚公司,价格为 1 460 万元。2008 年 5 月 7 日,产权交易所出具产权交易凭证,证明了上述交易内容。

[一审裁判]
一、科工公司转让其持有中冶公司 40% 股权交易行为的效力

根据我国法律的规定,有限公司股东向股东之外的人转让股权,应当经其他股东过半数同意。股东应就其股权转让事项书面通知其他股东征求同意,其他股东自接到书面通知之日起满 30 日未答复的,视为同意转让。其他股东半数以上不同意转让的,不同意转让的股东应当购买该转让的股权;不购买的,视为同意转让。中冶公司章程亦约定:"股东向股东以外的人转让其出资时,必须经全体股东过半数同意;不同意转让的股东应当购买该转让出资,如果不购买该转让的出资,视为同意转让。"

1. 科工公司已向永汇丰公司的法定注册地址邮寄送达了通知函,并经过了公证,但该公司要求退回,永汇丰公司拒收通知函的事实,并不能阻却该通知行为发生效力,我院对科工公司的该送达行为予以认可。

2. 谢某前往产权交易所取走通知函和空白交易合同,其认为只是领取行为,并不表示其认可转让行为。但该行为已经能够证明永汇丰公司在挂牌阶段已经知晓中冶公司股权被转让的详细情况,我院对其收到通知函这一事实予以认可,在接到该通知后法定期限内永汇丰公司并未主张其优先购买权,可视为其已经放弃。故本院对科工公司已经完成相应的通知义务予以认可,其转让程序合法有效。

二、永汇丰公司的优先购买权是否受到侵害

庭审中,永汇丰公司明确其第二项诉讼请求即维护其优先购买权,具体指科工公司在进行股权转让时应适时通知其内容。结合上述第一个问题的论述,永汇丰公司在法定期限内未主张其优先购买权,且科工公司转让中冶公司股权的价格已经确定,永汇丰公司完全可以在法定的期限内以同等条件行使其优先购买权,是其自身放弃该权利,故本院对永汇丰公司的该项诉请不予支持。

永汇丰公司的优先购买权并未受到侵害,对其该项诉请本院不予支持。

三、产权交易所是否在审查要件程序上存在重大过错

产权交易所是国有资产的交易场所,对交易主体负有相应的审查义务,本案中,产权交易所已经对科工公司转让中冶公司股权的手续进行了审查。另外,产权交易所将通知函及空白交易合同发放给永汇丰公司的事实亦表明,其已经完成了相应的义务,履行了法定程序,故产权交易所并不存在永汇丰公司主张的在审查程序上存在重大过错的事实。

综上所述,驳回原告北京永汇丰咨询有限公司的诉讼请求。

[简要评议]

有限责任公司股东对其他股东转让的本公司股权具有优先购买权,但优先购买权需在合理时间内行使。

有效地址的寄送即为有效的送达。

第十节　特殊表决权

【示范条款】

6.10.1　特殊表决权

(有限责任公司)股东[　名称/姓名　]持有的[　数字　]元出资额,占出资比例[　数字%　],在公司股东会表决时,共计持有[　数字%　]的表决权。

该特殊表决权记载在股东[　名称/姓名　]的出资证明书中。

【本节条款解读】

和通常的按照出资比例分配红利一样,股东表决权通常也是按照出资比例行使,即所谓"一股一票"。特殊情况下可以不按照出资比例分取红利,同样的特殊情况下,也可以不按照"一股一票"。

特殊的表决权制度有:超级表决权,如某股东可以对特定事项行使一票否决权。加倍表决权,股东按照所持有的股权,拥有双倍、或者多倍的表决权。限制表决权,如优先股无董事、监事的选举权等。

【典型案例】

▶ 案例6-5　全体股东可以约定不按实际出资比例持有股权

再审:最高人民法院(2011)民提字第6号民事判决

二审:河南省高级人民法院(2009)豫法民二终字第 20 号民事判决
一审:河南省开封市中级人民法院(2007)汴民初字第 69 号民事判决

[基本案情]

2006 年 9 月 18 日,刘某某为甲方,张某为乙方签订《合作建设北京师范大学珠海分校工程技术学院协议书》(以下简称《9·18 协议》),《9·18 协议》列明:协议的甲方为珠海分校工程学院项目策划和运营方,乙方为张某等。双方合作成立珠海市科美教育咨询有限公司(以下简称"科美咨询公司"),并以科美咨询公司名义与北京师范大学珠海分校(以下简称"珠海分校")签署合作协议,合作建设和运作珠海分校工程技术学院(以下简称"珠海分校工程学院")。刘某某以教育资本出资占科美咨询公司 70% 的股份,张某以 7 000 万元的资金投入珠海分校工程学院的建设和运作,占科美咨询公司 30% 的股份。在张某投入的 7 000 万回收完毕之前,双方在科美咨询公司的分配比例按照 20% 对 80%,在张某投入的 7 000 万元回收完毕之后按股份比例分配。

2006 年 9 月 30 日,国华公司将 500 万元保证金打入科美咨询公司账户。

2006 年 10 月 24 日,500 万保证金从科美咨询公司账户上被打入启迪公司账户。

2006 年 10 月 26 日,郑州国华投资有限公司(以下简称"国华公司")与深圳市启迪信息技术有限公司(以下简称"启迪公司")、开封市豫信企业管理咨询有限公司(以下简称"豫信公司")签订了《关于组建珠海科美教育投资有限公司投资协议》(以下简称《10·26 协议》),约定三方组建珠海科美教育投资有限公司(以下简称"科美投资公司"):

(1) 国华公司以现金出资人民币 300 万元,占公司注册资本 30%;豫信公司以现金出资人民币 150 万元,占公司注册资本 15%;启迪公司以现金出资人民币 550 万元,占公司注册资本 55%。并约定三方应及时将缴纳的出资打入新设立的公司筹委会账户。

(2) 对拟与珠海分校的办学合作项目的运作及利润的分配等事项作出了约定。

(3) 约定了科美投资公司的工商登记手续由启迪公司负责办理。

(4) 国华公司方张某出任科美投资公司董事长、法定代表人。

(5) 公司注册资金 1 000 万元和投资 6 000 万元,全部由国华公司负责筹集投入。

(6) 利润分配:① 在上述乙方(即国华公司)7 000 万元资金没有收回完毕之前,公司缴纳所得税并依法提取公积金、公益金后的利润,三方股东按照约定分配,即甲方(即启迪公司)享有分配公司利润的16%,乙方享有80%,丙方(即豫信公司)享有4%。②在上述乙方7000万元资金收回完毕后,公司缴纳所得税并依法提取公积金、公益金后的利润,三方股东按照三方出资比例予以分配,即甲方享有分配公司利润的55%,乙方享有30%,丙方享有15%。

2006年10月25日,应豫信公司和启迪公司要求,国华公司汇入豫信公司150万元,汇入启迪公司50万元。豫信公司将上述150万元汇入科美咨询公司账户(该账户同时为科美投资公司筹委会账户)作为其认缴出资。启迪公司将国华公司转来的50万元和10月24日从科美咨询公司账户转入的500万元保证金汇入科美咨询公司账户作为认缴出资。国华公司将300万元汇入科美咨询公司账户作为认缴出资。

2006年10月31日,经珠海市工商局核准,科美咨询公司变更为科美投资公司。注册资金由50万元变更为1000万元,股东由娄某某、刘某某、赵某某变更为国华公司、启迪公司和豫信公司。同日,科美投资公司与珠海分校签订了《合作兴办北京师范大学珠海分校工程技术学院协议书》,约定了合作办学项目的具体事项。

2006年11月28日刘某某与张某签订《合作备忘》约定:

(1)双方同意将科美咨询公司更名为科美投资公司。

(2)公司股东由法人组成,启迪公司和豫信公司代表甲方,国华公司代表乙方,注册资金全部由乙方支付。

其后,国华公司陆续投入1750万元,连同1000万元出资共计投入2750万元。启迪公司认可2006年11月2日以后国华公司才接管科美投资公司账户。在科美投资公司与珠海分校合作办学的过程中,双方产生矛盾,在是否与珠海分校继续合作上也产生了争议。

2007年7月18日,国华公司向河南省开封市中级人民法院提起诉讼称,《10·26协议》签订后,国华公司履行了出资义务,启迪公司与豫信公司未出资却滥用股东权利,损害了国华公司的权益。故请求判令:

(1)科美投资公司的全部股权归国华公司所有。

(2)如果国华公司的第一项请求不能得到支持,请依法判决解散科美投资公司,并进行清算。

启迪公司答辩称:国华公司经过充分考察,决定与启迪公司进行合作,三方约定启迪公司和豫信公司的出资均由国华公司支付的意思表示是真实的,符合《公司法》的规定,启迪公司所享有科美投资公司55%的股权是合法的。国华公司请求解散公司也缺乏事实和法律依据。应驳回国华公司的诉讼请求。

豫信公司答辩意见与启迪公司相同。

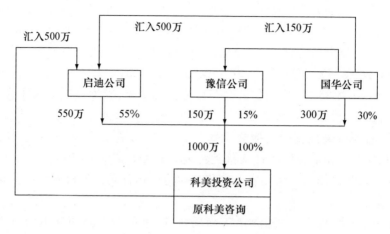

[一审裁决]

《9·18协议》关于甲方以教育资本出资，占科美咨询公司70%股份的约定显然不符合该条规定的非货币出资的条件，也没有进行评估作价。该约定对当事人不具有法律约束力。国华公司与启迪公司、豫信公司签订的《10·26协议》与《9·18协议》相比较，发生了以下变化：

（1）当事人以启迪公司和豫信公司替代了刘某某，国华公司替代了张某。但实际上，前后两份协议的当事人身份具有高度关联性，并无质的改变，对此，各方当事人亦不持异议。

（2）刘某某70%的股份变更为启迪公司和豫信公司合计占70%的股份，刘某某以教育资本形式出资变为国华公司代替启迪公司和豫信公司筹集出资资金。依此约定，启迪公司和豫信公司仍无须履行出资义务，与以教育资本出资的约定并无质的区别，但规避了相关法律法规。

国华公司代替启迪公司和豫信公司筹集出资资金的结果是作为真实投资者的国华公司仅占公司30%的股份，而未出资的启迪公司和豫信公司却占了公司70%的股份，国华公司作为真实投资者，要求确认与其出资相应的股份于法有据，于情相合。

科美投资公司所有股东签署的《公司章程》系公司全体股东的真实意思表示，且无法律禁止性内容，对公司及所有股东具有法律约束力，所有股东应缴纳其认缴的出资额，即国华公司出资300万元，豫信公司出资150万元，启迪公司出资550万元。豫信公司已将150万元汇入了科美投资公司（筹委会）账户，应视为已足额履行了出资义务，至于该150万元系国华公司汇给豫信公司属于另一个法律关系，本案不予审理。国华公司也已将300万元汇入科美投资公司账户，足额履行了出资义务，从《9·18协议》作出的关于协议签署后10日内张某应将500万元保证金打入科美咨询公司账户的约定看,刘某某控制着科美咨询公司账户,而张某任董事长的国华公司直到2006年11月2日以后才接管变更后的科美投资公司账户,据此足以认定,将500万元保证金从科美咨询公司账户打入启迪公司账户,系启迪公司所为,然后启迪公司又将该500万元打入科美投资公司账户作为验资资金,这种资金倒流再流回的做法有悖诚信,该500万元依法不应作为启迪公司的出资,由于该500万元系国华公司的投资款,国华公司又主张应认定为其出资,依法应将该500万元认定为国华公司的出资,据此,国华公司实际出资800万元,占科美投资公司80%的股份,豫信公司出资150万元,占科美投资公司15%的股份,启迪公司出资50万元,占科美投资公司5%的股份。

国华公司要求变更股权的诉讼请求成立,该院予以支持。国华公司第二项诉讼请求,即关于依法判决解散科美投资公司并进行清算的诉讼请求系选择性请求。由于其第一项诉讼请求已获支持,对于第二项请求已无审理必要,该院不予审理。

一审判决:

一、确认国华公司出资800万元,占科美投资公司80%的股份;豫信公司出资150万元,占科美投资公司15%的股份;启迪公司出资50万元,占科美投资公司5%的股份。

二、驳回国华公司其他诉讼请求。

[二审裁决]

河南省高级人民法院二审认为:启迪公司与国华公司之间争议的焦点问题是双方签订的《9·18协议》及《10·26协议》中科美咨询公司变更登记的注册资金1 000万元等,由国华公司负责筹集的约定是否有效,启迪公司依此约定没有实际出资是否享有科美投资公司的股权。上述协议的效力,决定了各方享有的股权是否合法。

《9·18协议》是刘某某代表珠海分校工程学院项目策划和运营方与张某签订的,刘某某用以出资的是教育资源,实际出资的是张某。在签订《9·18协议》后,刘某某等通过股权转让的方式将科美咨询公司的股东由刘某某等3名个人变更为启迪公司、国华公司及豫信公司。同日,启迪公司与国华公司及豫信公司达成《10·26协议》,并且签署了科美投资公司的公司章程,对各方出资及所占股权比例进行了约定,在《10·26协议》中,由《9·18协议》中约定的教育资源出资转换为现金。上述协议的签订过程,实质上是刘某某将其掌握的教育资源转换为启迪公司的资源作为出资,国华公司负责实质上的现金出资。按照教育部的相关规定,普通高等学校主要利用学校名称、知识产权、管理资源、教育教学等参与办学。社会组织或者个人主要利用资金、实物、土地使用权等参与办学。本案中刘某某等名义上是以现金出资,实质上是以教育资源作为出资。双方实际上是通过签订协议的方式规避了我国相关法律的禁止性规定,《9·18协议》应属无效协议。

在此协议的基础上,启迪公司与国华公司及豫信公司达成《10·26协议》,也违反了法律的规定,国华公司代启迪公司出资的行为,因违反法律规定而无效。原审判决确认的启迪公司占科美投资公司5%股份、豫信公司占科美投资公司15%股份该院予以确认。启迪公司上诉称按照公司法的规定完成出资,《9·18协议》及《10·26协议》是合法的商业交易行为等理由,缺乏证据予以证明,该院不予支持。

二审判决:驳回上诉,维持原判。

[再审裁决]

再审中,国华公司明确表示,放弃原审第二项,即解散并清算科美投资公司的诉讼请求。

本院认为,本案当事人争议的焦点是,以启迪公司名义对科美投资公司500万元出资形成的股权,应属于国华公司还是启迪公司?

股东认缴的注册资本是构成公司资本的基础,但公司的有效经营有时还需要其他条件或资源,因此,在注册资本符合法定要求的情况下,我国法律并未禁止股东内部对各自的实际出资数额和占有股权比例作出约定,这样的约定并不影响公司资本对公司债权担保等对外基本功能实现,并非规避法律的行为,应属于公司股东意思自治的范畴。《10·26协议》约定科美投资公司1 000万元的注册资本全部由国华公司负责投入,而该协议和科美投资公司的章程均约定股权按照启迪公司55%、国华公司35%、豫信公司15%的比例持有。《10·26协议》第14条约定,国华公司7 000万元资金收回完毕之前,公司利润按照启迪公司16%、国华公司80%、豫信公司4%分配,国华公司7 000万元资金收回完毕之后,公司利润按照启迪公司55%、国华公司30%、豫信公司15%分配。根据上述内容,启迪公司、国华公司、豫信公司约定对科美投资公司的全部注册资本由国华公司投入,而各股东分别占有科美投资公司约定份额的股权,对公司盈利分配也作出了特别约定。这是各方对各自掌握的经营资源、投入成本及预期收入进行综合判断的结果,是各方当事人的真实意思表示,并未损害他人的利益,不违反法律和行政法规的规定,属于有效约定,当事人应按照约定履行。该1 000万元已经根据《10·26协议》约定足额出资,依法进行了验资,且与其他变更事项一并经工商行政机关核准登记,故该1 000万元系有效出资。以启迪公司名义对科美投资公司的500万元出资最初是作为保证金打入科美咨询公司账户,并非注册资金,后转入启迪公司账户,又作为投资进入科美投资公司账户完成增资,当时各股东均未提出任何异议,该500万元作为 1 000 万元有效出资的组成部分,也属于有效出资。按照《10·26 协议》的约定,该 500 万元出资形成的股权应属于启迪公司。启迪公司作为科美投资公司的股东,按照《10·26 协议》和科美投资公司章程的约定持有科美投资公司 55% 股权,应当受到法律的保护。

股权确认之诉与公司解散、清算之诉是相互独立的诉讼,不具有诉讼关联性,不应合并审理,且国华公司在再审中明确表示放弃解散并清算科美投资公司的诉讼请求,故本院对该诉讼请求不予审理。

综上,原审判决认定以启迪公司名义对科美投资公司的 500 万元出资违反法律禁止性规定缺乏法律依据,启迪公司申请再审的主要理由成立,本院予以支持:

一、撤销河南省高级人民法院(2009)豫法民二终字第 20 号民事判决,撤销河南省开封市中级人民法院(2007)汴民初字第 69 号民事判决;

二、驳回郑州国华投资有限公司的诉讼请求。

[简要评议]

在公司注册资本符合法定要求的情况下,各股东的实际出资数额和持有股权比例应属于公司股东意思自治的范畴。股东持有股权的比例,一般与其实际出资比例一致,但有限责任公司的全体股东内部也可以约定不按实际出资比例持有股权,这样的约定,并不影响公司资本对公司债权担保等对外基本功能实现。如该约定是各方当事人的真实意思表示,且未损害他人的利益,不违反法律和行政法规的规定,应属有效,股东按照约定持有的股权应当受到法律的保护。

本例中,启迪公司、国华公司、豫信公司约定对科美投资公司的全部注册资本由国华公司投入,而各股东分别占有科美投资公司约定份额的股权,对公司盈利分配也作出了特别约定。这是各方对各自掌握的经营资源、投入成本及预期收入进行综合判断的结果,是各方当事人的真实意思表示,并未损害他人的利益,不违反法律和行政法规的规定,属于有效约定,当事人应按照约定履行。

▶ 案例 6-6　股东超级否决权的效力[①]

二审:上海市第二中级人民法院(2013)沪二中民四(商)终字第 851 号民事判决

一审:上海市杨浦区人民法院(2013)杨民二(商)初字第 179 号民事判决

[基本案情]

上海产联电气科技有限公司(以下简称"产联公司")于 2009 年 10 月 21 日经

---

① 载于微信公众号:"法律资讯",2014 年 8 月 8 日,2015 年 8 月查询。

上海市工商行政管理局杨浦分局注册登记成立,曾某(认缴及实缴出资额为648万元)为大股东。

2011年4月9日,曾某作为甲方、李某某作为乙方、王某作为丙方,共同签订《产联电气增资扩股事宜股东协议》(以下简称"增资扩股协议"),载明:股东各方承认甲方、乙方作为产联电气创始人的地位,根据甲乙双方协商一致或者按照股权表决后的意见(结果),享有以下特别权利:

(1)在股东会行使的职权或者按照章程董事会须报股东会批准的事项,对决定或批准事项拥有否决权。

(2)任命公司执行董事或成立董事会时任命公司董事长。

(3)董事会授权甲方、乙方决定如下事项:① 公司内部管理机构的设置;② 决定聘任或者解聘公司经理,并根据经理的提名,决定聘任或者解聘公司的副经理及其报酬事项;③ 制定公司的基本管理制度。董事会撤销上述授权须征得股东会的批准或甲方、乙方的书面同意……

2011年4月11日,曾某作为甲方、李某某作为乙方、王某作为丙方、陈某某作为丁方,共同签订《〈产联电气增资扩股事宜股东协议〉的补充协议》(以下简称"增资扩股补充协议"),约定:丁方知晓并同意原产联电气股东与丙方于2011年4月9日签订"产联电气增资扩股事宜股东协议"中的所有条款。

2011年10月8日,形成《产联公司章程》(以下简称《章程》)。其中第12条规定:股东会会议应对所议事项作出决议。股东会应当对所议事项的决定作出会议记录,出席会议的股东应当在会议记录上签名。股东另有协议约定的,按照股东协议的约定行使表决权及否决权……

2012年12月22日,产联公司通过电子邮件形式,向曾某发出《上海产联电气科技有限公司关于召开临时股东会会议的通知》,通知载明……2013年1月7日,产联公司通过电子邮件形式向曾某发出《上海产联电气科技有限公司关于召开董事会会议的通知》……同日,产联公司以电子邮件形式向曾某发出《变更临时股东会召开地点的通知》……

2013年1月9日曾某以电子邮件形式向江某某、陈某某、李某某等人发出《关于所谓上海产联电气科技有限公司2013年1月10日董事会、股东会议的回函》,表示"为解决实际问题,请股东李某某、陈某某,董事李某某、王某、杨某,于2013年1月10日9时,在上海闵行区光华路×××号13号楼上海产联电气科技有限公司办公室召开临时股东会、董事会"。

2013年1月10日,李某某、王某、袁某、曾某作为产联公司董事,于本市闵行区光华路×××号召开了产联公司董事会,并形成董事会决议一份(以下简称"涉案董事会决议")。该董事会决议打印内容显示:"根据《公司法》及本公司章程的有关规定,上海产联电气科技有限公司董事会会议于 2013 年 1 月 10 日在本公司会议室召开。本次会议由董事长召集,应到会董事 5 人,实际到会董事 4 人。会议由董事长主持,形成决议如下:

(1) 解聘原总经理曾某,聘任李某某为公司新一任总经理。

(2) 将公司研发中心的办公地点迁移至上海市闵行区光华路×××号。以上事项表决结果:同意的董事 3 人,不同意的董事 1 人,弃权的董事 1 人。"在"同意"一栏后,李某某、王某、袁某签名,曾某在空白处书写"会议非法无效。否决所有内容。曾某 2013.1.10 曾某代江某某 2013.1.10"。

同日,李某某、王某、曾某作为产联公司股东于本市闵行区光华路×××号召开了产联公司股东会,并形成股东会决议一份(以下简称"涉案股东会决议")。该股东会决议打印内容显示:"本次会议由代表十分之一以上表决权的股东李某某、陈某某提议召开,公司董事会于会议召开 15 日前以书面方式召集各股东参加会议,应到会股东 3 人,实际到会股东 3 人,代表公司 100% 股权。会议由董事长主持,形成决议如下:

(1) 继续将股东曾某涉嫌犯罪的事宜交由经侦处理;

(2) 解除曾某的股东资格;

(3) 免去曾某董事的职务,选举公司新一届董事会,新一届董事会人员组成为李某某、王某、江某某、袁某、章某某,董事长为王某……"在"同意"一栏后,李某某签名、王某书写"王某代陈某某"并签名、曾某在空白处书写"会议非法无效,否决所有内容。曾某 2013.1.10"。

曾某认为,涉案股东会及董事会的召集程序、表决方式违反法律及公司章程的规定,形成的股东会决议及董事会决议的内容违反法律及公司章程,故诉至原审法院,请求判令:

(1) 撤销产联公司于 2013 年 1 月 10 日作出的《上海产联电气科技有限公司股东会决议》;

(2) 撤销产联公司于 2013 年 1 月 10 日作出的《上海产联电气科技有限公司董事会决议》。

另查明:产联公司工商登记档案中存有两份公司章程。一份中记载有"股东另有协议约定的,按照股东协议的约定行使表决权及否决权"(即曾某在原审中提交的证据);另一份无前句记载(即产联公司认为真实的章程)。

另查明:2011 年 10 月 14 日及 2012 年 2 月 1 日,产联公司形成《上海产联电气科技有限公司关于江某某加入后增资扩股事宜股东决议》以及《上海产联电气科技有限公司关于袁某加入后增资扩股事宜股东决议》各一份(以下简称"两份新股东增资扩股决议"),其中记载有江某某、袁某作为新股东"同意遵守产联电气原有的股东协议及公司章程"等内容,曾某、王某、李某某均在该两份决议中签名。该两份决议的形成日期在2011年10月8日公司章程形成日期之后。

[一审裁判]

原审法院经审理后认为,根据相关法律规定,股东会、董事会的会议召集程序、表决方式违反法律、行政法规或者公司章程,或者决议内容违反公司章程的,股东可以自决议作出之日起60日内,请求人民法院撤销。故本案的争议焦点有两点:

(1)产联公司于2013年1月10日召开的股东会会议、董事会会议在召集程序、表决方式方面,是否违反法律、行政法规或者公司章程?

(2)该两次会议形成的股东会决议、董事会决议的内容,是否违反公司章程?

1. 产联公司于2013年1月10日召开的股东会会议、董事会会议在召集程序、表决方式方面,是否违反法律、行政法规或者公司章程?

我国《公司法》并未对董事会的通知程序作出明确规定,产联公司章程、全体股东对此亦无另行约定。即便通知的会议召开地址与实际召开地点不一致,但会议召开前曾某回函要求将股东会、董事会的开会地点统一至本市光华路×××号,且会议实际于上述地址召开。江某某作为公司董事之一,委托曾某代为参加董事会并行使相关权利,不违反相关法律规定,应属有效,曾某有权代表江某某表达意愿,对董事会决议内容进行表决。系争的董事会决议中关于表决结果的记载确与实际存在差异,但即便如曾某主张,该董事会决议事项的表决结果应记载为3人同意、2人反对,亦不能改变系争董事会决议的表决结果。

关于王某的董事长身份,曾某认为,虽然2012年11月10日的产联公司董事会会议决议中推选王某担任董事长,但根据增资扩股协议中明确的曾某对董事长任命具有的特权,曾某在2012年11月10日的董事会会议决议中明确投了反对票,且曾某曾就该董事会决议提出过撤销诉讼,后因故撤回诉讼材料,因此,王某尚未取得产联公司董事长身份。原审法院认为,即便如曾某所述,其对于董事长的任命具有特权,2012年11月10日董事会决议中关于王某担任董事长的内容因违反章程应被撤销,但根据法律规定,股东若认为公司决议内容违反公司章程的,应自决议作出之日起60日内请求人民法院予以撤销,现曾某并未于法定60日的除斥期间内请求人民法院撤销该董事会决议,故王某于2012年11月10日取得了产联公司董事长身份。

因此,原审法院认为,董事会、股东会的通知、召集程序、决议内容的记载等方面出现的瑕疵,尚不足以撤销该两份决议。

二、双方的争议集中于增资扩股协议第8条是否赋予曾某以特别权利,如果赋予其特别权利,该特别权利的效力、行使条件及范围如何?

增资扩股协议第 8 条约定:"股东各方承认甲方、乙方作为产联电气创始人的地位,根据甲乙双方协商一致或者按照股权表决后的意见(结果),享有以下特别权利……"之后的增资扩股补充协议亦明确保留了上述约定,可见,该特别权利的约定立足于对曾某、李某某创始股东地位的肯定和保护,系当事人对各自民事权利的处分,应属有效。曾某、李某某有权按照上述股东协议的约定对公司事务行使特别权利,但不得违反法律、行政法规的强制性规定以及公司章程的规定。产联公司的《章程》第 12 条第 5 款明确"股东另有协议约定的,按照股东协议的约定行使表决权及否决权",可见,产联公司在股东会的议事方式、表决程序、股东表决权方面通过公司章程对前述曾某、李某某享有的特别权利予以了确认。故涉案股东会决议因内容违反章程规定,应予撤销。但在《章程》第 13 条、第 14 条、第 16 条、第 17 条关于董事会的职权范围、议事方式、表决程序、总经理的选聘等方面均未作出特别约定,可以认为形成在后的《公司章程》缩小了之前增资扩股协议中关于创始股东特别权利的适用范围,曾某无权在董事会的职权范围、表决程序、总经理的任命等事项上行使其特权,故对曾某要求撤销涉案董事会决议的主张不予支持。

据此判决:

一、撤销产联公司 2013 年 1 月 10 日作出的关于"继续将股东曾某涉嫌犯罪的事宜交由经侦处理"等的股东会决议;

二、驳回曾某的其余诉讼请求。

[二审裁判]

争议焦点:涉案增资扩股协议及对应的增资扩股补充协议所赋予曾某作为产联公司创始股东而享有的特别权利是否依法成立;如果成立,其适用范围如何。

根据一、二审法院查明的事实,曾某作为产联公司创始股东的特别权利,首先有 2011 年 4 月 9 日公司吸纳王某为股东的增资扩股协议明确为证。此特别权利的具体内容表述为:"股东各方承认甲方(曾某)、乙方(李某某)作为产联电气创始人的地位,根据甲乙双方协商一致或者按照股权表决后的意见(结果),享有以下特别权利:

(1) 在股东会行使的职权或者按照章程董事会须报股东会批准的事项,对决定或批准事项拥有否决权。

(2) 任命公司执行董事或成立董事会时任命公司董事长。

(3) 董事会授权甲方、乙方决定如下事项:① 公司内部管理机构的设置;② 决定聘任或者解聘公司经理,并根据经理的提名决定聘任或者解聘公司的副经理及其报酬事项;③ 制定公司的基本管理制度。董事会撤销上述授权须征得股东会的批准或甲方、乙方的书面同意。"

其次，曾某的创始股东特别权利有 2011 年 4 月 11 日的公司吸纳陈某某为股东的增资扩股补充协议为证。具体内容为："丁方（陈某某）知晓并同意原产联电气股东与丙方（王某）于 2011 年 4 月 9 日签订的产联电气增资扩股事宜股东决议中的所有条款"，同时，各股东均已在该份增资扩股补充协议中签名。

最后，曾某的创始股东特别权利有 2011 年 10 月 14 日及 2012 年 2 月 1 日的公司欲吸纳江某某、袁某为新股东的两份新股东增资扩股决议为证。具体内容为："江某某（袁某）……同意遵守产联电气原有的股东协议及公司章程"等文字约定，同时，各股东均已在该两份新股东增资扩股决议中签名。故，曾某享有的特别权利，属于全体股东的合意及真实意思表示，应予保护。

至于产联公司在二审中提出的章程真伪一节，即章程中究竟有无"股东另有协议约定的，按照股东协议的约定行使表决权及否决权"的条款内容，本院认为，姑且不考虑产联公司在原审中从未对曾某所提供的章程的真实性提出过异议，而直至二审方提出的反常情形；即便章程中缺少前述约定内容，也不能据此否定曾某的特别权利。公司为资合与人合的统一体，其实质为各股东间达成的一种合作意向和合作模式，仅为通过公司这个平台得以反映并得到规范的指引和运作。故无论是股东协议抑或章程，均应属于各股东的合意表示。当然，前提是不得违反相应法律、法规的规定。故只要股东间的协议体现了各股东的真实意思表示，且不违反法律、法规以及与公司章程相冲突，即应当与公司章程具备同样的法律效力。基于本案系争增资扩股协议中关于曾某的创始股东特别权利是当时各股东达成的合意，约定亦不违法，且公司章程中亦未对此特权予以否定，故曾某的特别权利应属合法有效，并当然适用于股东会职权。故涉案股东会决议的内容因违反上述股东间的协议而应当予以撤销。原审此节判决无误，本院予以支持。

关于曾某的创始股东特别权利是否适用于董事会职权一节，本院认为，虽然《产联公司章程》第 13 条、14 条、16 条、17 条在关于董事会的职权范围、议事方式、表决程序、总经理选聘等方面未作出特别约定，看似形成在后的公司章程缩小了形成在前的增资扩股协议中关于曾某创始股东特别权利的适用范围，但由于形成在公司章程之后的两份新股东增资扩股决议中仍记载有新股东"同意遵守产联电气原有的股东协议及公司章程"等内容，且由全体股东进行了签名。虽然前述两份新股东增资扩股决议最终未履行，但仍可表明全体股东对于曾某创始股东特别权利的确认态度，故此特别权利并不因公司章程记载的不全面而缩小适用范围。基于此，本院认为，曾某的特别权利同样适用于董事会职权。鉴于涉案董事会决议的内容同样违反了各股东间的协议，故也应一并予以撤销。原审此节判决有误，本院予以纠正。

综上判决如下：

一、维持上海市杨浦区人民法院(2013)杨民二(商)初字第179号民事判决第一项；

二、撤销上海市杨浦区人民法院(2013)杨民二(商)初字第179号民事判决第二项；

三、撤销上诉人上海产联电气科技有限公司2013年1月10日作出的关于"解聘原总经理曾某"等的董事会决议。

[简要评议]

本案涉及两个问题：

(1) 股东协议与公司章程不一致时,如何处理？

(2) 股东协议约定的个别股东拥有超级否决权是否有效？

1. 股东协议约定创始股东享有特别否决权得到承认。股东协议约定公司创始人股东对股东会表决事项和董事会表决事项拥有否决权,此约定属于股东真实意思,应当有效。

2. 公司章程与股东协议约定不一致,但公司章程并未有相反意思的,股东仍可依股东协议享有约定权利。无论是股东协议抑或章程均应属于各股东的合意表示。只要股东间的协议体现了各股东的真实意思表示,且不违反法律、法规以及与公司章程相冲突,即应当与公司章程具备同样的法律效力。

3. 违法章程是撤销,不是无效。

第十一节　股东的诉权

【示范条款】

6.11.1　决议的无效与撤销

公司股东大会(股东会)、董事会决议内容违反法律、行政法规的,股东有权请求人民法院认定无效。

股东大会(股东会)、董事会的会议召集程序、表决方式违反法律、行政法规或者本章程,或者决议内容违反本章程的,股东有权自决议作出之日起60日内,请求人民法院撤销。

股东依照前款规定提起诉讼的,公司可以向人民法院请求,要求股东提供相应担保。

公司根据股东大会(股东会)、董事会决议已办理变更登记的,人民法院宣告该决议无效或者撤销该决议后,公司应当向公司登记机关申请撤销变更登记。

6.11.2 股东派生诉讼

董事、高级管理人员执行公司职务时违反法律、行政法规或者本章程的规定，给公司造成损失的，[有限责任公司的股东/股份有限公司连续180日以上单独或合并持有公司1%以上股份的股东]有权以书面形式请求监事会向人民法院提起诉讼。

监事执行公司职务时违反法律、行政法规或者本章程的规定，给公司造成损失的，前款股东可以书面形式请求董事会（执行董事）向人民法院提起诉讼。

监事会、董事会收到前款规定的股东书面请求后拒绝提起诉讼，或者自收到请求之日起30日内未提起诉讼，或者情况紧急、不立即提起诉讼将会使公司利益受到难以弥补的损害的，前款规定的股东有权为了公司的利益，以自己的名义直接向人民法院提起诉讼。

他人侵犯公司合法权益，给公司造成损失的，本条第1款规定的股东可以依照前三款的规定向人民法院提起诉讼。

6.11.3 股东直接诉讼

董事、高级管理人员违反法律、行政法规或者本章程的规定，损害股东利益的，股东有权依法提起要求停止上述违法行为或侵害行为的诉讼。

【本节条款解读】

一、会议决议的无效与可撤销

《公司法》第22条规定："公司股东会或者股东大会、董事会的决议内容违反法律、行政法规的无效。股东会或者股东大会、董事会的会议召集程序、表决方式违反法律、行政法规或者公司章程，或者决议内容违反公司章程的，股东可以自决议作出之日起六十日内，请求人民法院撤销。"

可见，公司股东会议决议、董事会决议的无效及可撤销制度，分为实体内容违反和程序违反。

其中，股东会议决议和董事会决议的实体内容违反法律、行政法规的，为"无效决议"；股东会议决议和董事会决议产生的程序违反法律、行政法规的，为"可撤销决议"，股东可在规定时限内请求法院撤销。

而对于是否违反公司章程，则不管是股东会议决议和董事会决议的实体内容违反公司章程，还是股东会议决议和董事会决议的产生程序违反公司章程，均为"可撤销决议"，股东可在规定时限内请求法院撤销。

二、股东派生诉讼

股东派生诉讼是指当公司的董事、监事和高级管理人员等主体侵害了公司权益,而公司怠于追究其责任时,符合法定条件的股东可以自己的名义代表公司提起诉讼。

在一般情况下,法律主体只能为保护自己的利益而以自己的名义主张权利并提起诉讼。也就是说,当股东利益直接受到损害时,可以以自己的名义提起诉讼;而当公司利益受到损害时,只能由公司提起诉讼。尽管公司利益受损会间接损害到股东的利益,但在传统的法理之下,股东是不能直接因为公司的利益而主张权利提起诉讼的。公司法上的股东代表诉讼制度最初形成于19世纪的英美国家,是作为衡平法上的一项特殊制度出现的,其直接目的是为了保护公司利益,但结果上间接地保护了中小股东的利益。

在公司的董事、监事和高管人员执行职务违反法律、行政法规或者公司章程的规定,给公司造成损失,而公司又怠于行使起诉权时(因为公司是需要公司机关去提起诉讼,而作为公司机关构成的董事、监事和高管人员,不会"自己"起诉"自己")。这时,符合条件的股东可以以自己的名义向法院提起损害赔偿的诉讼,由于不是直接诉权,因此被称为代表诉讼、代位诉讼、派生诉讼等。

股东派生诉讼可以有力地保护股东的利益,但同时也可能面临有人"滥诉"或者借此恶意伤害公司的情况,因此同时也需要做一些限制性规定,例如原告资格、前置程序等。

1. 原告资格

有限责任公司的任何股东、股份有限公司连续180日以上单独或者合计持有公司1%以上股份的股东可以代表公司提起诉讼。之所以对股份有限公司的原告资格增加限制性规定,是因为股份有限公司的股东由于取得股份和出售股份比较容易,为防止滥诉,新法在持股时间和持股比例两个方面给予限制性规定。

2. 被告范围

包括《公司法》第152条规定的董事、监事和高级管理人员和《公司法》第151条第3款所规定的"他人侵犯公司合法权益,给公司造成损失……"中的"他人",可以为任何人,如大股东、实际控制人等。当董事、监事、高级管理人员和"他人"侵犯公司合法权益,给公司造成损失时,符合条件的股东可以提起股东派生诉讼。

3. 责任事由

责任事由指《公司法》第149条规定的"董事、监事、高级管理人员执行公司职务时违反法律、行政法规或者公司章程的规定,给公司造成损失的……"

4. 前置程序

股东在一般情况下不能直接向法院起诉,而应先征求公司的意思,即以书面形式请求监事会/监事(起诉董事、高管人员时)或董事会/执行董事(起诉监事时)作为公司代表起诉董事、监事、高管或"他人"。

当①股东的书面请求遭到明确拒绝,或者②自收到请求之日起30日内未提起诉讼,或者③情况紧急、不立即提起诉讼将会使公司利益受到难以弥补的损害的,该股东有权为了公司的利益以自己的名义直接向人民法院提起诉讼。

5. 诉讼利益

在法理上,若原告股东胜诉,胜诉利益归于公司,而非原告股东;若原告股东败诉,不仅原告股东负担诉讼费用,而且诉讼结果对其他相同处境的股东有拘束力,其他未起诉的股东不得就同一事由再度起诉。

三、股东直接诉讼

股东直接诉讼,是指股东为自己的利益,以自己的名义向公司或者其他权利侵害人提起的诉讼。《公司法》152条规定:"董事、高级管理人员违反法律、行政法规或者公司章程的规定,损害股东利益的,股东可以向人民法院提起诉讼。"与股东派生诉讼相比,二者在产生的根据、所受的限制、维护的利益、诉讼结果的归属等方面存在不同。

【本节法律依据】

❶《中华人民共和国公司法》(2013年12月28日主席令第8号)

第二十二条 公司股东会或者股东大会、董事会的决议内容违反法律、行政法规的无效。

股东会或者股东大会、董事会的会议召集程序、表决方式违反法律、行政法规或者公司章程,或者决议内容违反公司章程的,股东可以自决议作出之日起六十日内,请求人民法院撤销。

股东依照前款规定提起诉讼的,人民法院可以应公司的请求,要求股东提供相应担保。

公司根据股东会或者股东大会、董事会决议已办理变更登记的,人民法院宣告该决议无效或者撤销该决议后,公司应当向公司登记机关申请撤销变更登记。

第一百五十一条 董事、高级管理人员有本法第一百五十条规定的情形的,有限责任公司的股东、股份有限公司连续一百八十日以上单独或者合计持有公司百分之一以上股份的股东,可以书面请求监事会或者不设监事会的有限责任公司的监事向人民法院提起诉讼;监事有本法第一百五十条规定的情形的,前述股东可以书面请求董事会或者不设董事会的有限责任公司的执行董事向人民法院提起诉讼。

监事会、不设监事会的有限责任公司的监事,或者董事会、执行董事收到前款规定的股东书面请求后拒绝提起诉讼,或者自收到请求之日起三十日内未提起诉讼,或者情况紧急、不立即提起诉讼将会使公司利益受到难以弥补的损害的,前款规定的股东有权为了公司的利益以自己的名义直接向人民法院提起诉讼。

他人侵犯公司合法权益,给公司造成损失的,本条第一款规定的股东可以依照前两款的规定向人民法院提起诉讼。

第一百五十二条　董事、高级管理人员违反法律、行政法规或者公司章程的规定,损害股东利益的,股东可以向人民法院提起诉讼。

❷ 上海市高级人民法院《关于审理公司纠纷案件若干问题的解答》(2006年6月6日　沪高法民二[2006]8号)

一、股东依据新修订的公司法第二十二条第一款规定,请求法院确认公司股东会或者股东大会、董事会决议无效,是否必须在决议作出之日起60日内行使的问题

旧公司法对此未规定。高院民二庭曾在2003年12月18日印发的沪高法民二(2003)15号《关于审理涉及公司诉讼案件若干问题的处理意见(二)》(以下简称原执法意见(二))第三条第2项规定,"有限责任公司股东主张撤销股东会议或者认定股东会决议无效的,应当自股东会议结束之日起60日内提起诉讼;逾期起诉的,人民法院不予受理"。

新修订的公司法第二十二条对股东会或股东大会、董事会决议无效和撤销情形分别作了规定。根据该条第二款的规定,符合决议撤销情形的,股东可以自决议作出之日起60日内请求法院予以撤销。超过该规定期限提起的诉讼,法院不予受理。因此,该60日的规定仅是针对股东提起决议撤销诉讼而设定。对符合决议无效的情形,新修订的公司法未对股东提起诉讼的期限作出限制规定,故对于股东依据新修订的公司法第二十二条第一款规定提起的确认股东大会或股东会、董事会决议无效的诉讼,不应受60日的限制。原执法意见(二)第三条第2项的规定已与新修订的公司法该条规定不相符合,故不再适用。

二、上市公司股东请求确认公司股东大会或董事会决议无效或要求撤销股东大会或董事会决议的纠纷是否受理的问题

我院曾在2003年6月13日印发的沪高法[2003]216号《关于审理涉及公司诉讼案件若干问题的处理意见(一)》(以下简称原执法意见(一))第二条第二项规定:"对于股东起诉上市公司股东大会或董事会决议无效的案件暂不受理。"

新修订的公司法第二十二条规定,公司股东会或者股东大会、董事会决议存在无效或撤销情形的,股东可依法提起诉讼,请求法院确认决议无效或撤销决议。因此,上市公司股东有权依照该规定,请求法院确认股东大会、董事会决议无效或撤销股东大会、董事会决议。对此,人民法院应当予以受理。原执法意见(一)第二

条第二项的规定与新修订的公司法规定不相符合,故不再适用。

鉴于上市公司股东请求确认股东大会、董事会决议无效或申请撤销决议的诉讼,属于新类型纠纷案件,且可能引发群体性诉讼和证券市场的不稳定问题,本市法院对此类案件的受理应持慎重态度,必要时应当请示上级法院后决定是否受理。上市公司股东向法院提起确认股东大会决议无效或撤销诉讼时,应当提交决议存在无效或撤销情形的相关证据,以防止股东不适当行使诉权。

❸ 江西省高级人民法院《关于审理公司纠纷案件若干问题的指导意见》(2007年12月6日 赣高法[2008]4号)

47. 股东、董事、监事申请确认股东会、股东大会、董事会决议无效,或者股东申请撤销股东会、股东大会、董事会决议的,应列公司为被告,与股东会、股东大会、董事会决议有利害关系的人可列为第三人。

公司法定代表人以股东身份对公司股东会、股东大会或董事会决议申请确认无效或撤销的,由董事会推荐认可上述决议效力的其他股东、董事或者监事代表公司参加诉讼。

48. 股东超过《公司法》第二十二条第二款规定期限申请人民法院撤销股东会、股东大会、董事会决议的,人民法院不予受理。

49. 当事人对股东会、股东大会、董事会决议申请确认无效或撤销,人民法院驳回其诉讼请求的,他人以相同的事实和理由再次起诉的,人民法院不予受理。

50. 股东丧失股东资格后对股东会、股东大会、董事会决议申请撤销的,人民法院不予受理。但剥夺其股东资格的决议除外。

51. 公司拒不按照股东会、股东大会或董事会决议办理工商登记变更手续的,股东、董事、监事等利害关系人有权提起诉讼,要求公司办理工商登记变更手续。

60. 股东代表诉讼纠纷由公司住所地人民法院管辖。

61. 有限责任公司股东可以作为原告提起股东代表诉讼。股份有限公司股东提起诉讼时,已经连续一百八十日以上持股,并单独或合计持股占公司股份百分之一以上的,人民法院应认定其具有原告资格。

诉讼中,原告丧失股东资格的,人民法院应裁定驳回起诉。

62. 股东提起代表诉讼,未将公司列为诉讼当事人的,人民法院应当通知公司作为第三人参加诉讼。公司法定代表人为被告时,由公司监事会主席或监事代表公司参加诉讼。

股东提起代表诉讼后,公司就同一事实和理由另行提起诉讼的,人民法院不予受理。但股东代表诉讼被人民法院裁定不予受理或驳回起诉的除外。

63. 股东代表诉讼中,人民法院支持原告诉讼请求的,应将诉讼请求的利益判归公司,股东因为诉讼所支出的合理费用,除判令由被告承担的外,可以向公司主张承担。人民法院不支持原告诉讼请求的,与诉讼相关费用均由提起诉讼的股东负担;部分支持的,按比例确定上述费用的负担。

64. 股东提起代表诉讼,人民法院驳回其诉讼请求的,其他股东以相同的事实和理由再次起诉的,人民法院不予受理。

65. 股东代表诉讼中,当事人达成和解协议并经公司股东会或股东大会决议通过,原告申请撤诉或者当事人申请人民法院出具调解书的,人民法院应裁定撤诉或者出具调解书。

❹ 江苏省高级人民法院《关于审理适用公司法案件若干问题的意见(试行)》(2003年6月13日 苏高法审委[2003]2号)

73. 代表公司提起诉讼的股东在公司注册资本中所占比例,有限责任公司股东的出资额不得低于公司注册资本总额的3%,股份有限公司股东的股份不得低于公司注册资本总额的1%、且持有股份时间不得少于六个月。股东对其成为公司股东之前的他人侵害公司的行为,不能提起股东代表诉讼。

提起代表诉讼的股东在诉讼中丧失股东资格的,法院应裁定终结诉讼。控制公司的董事或者其他人的原因恶意促使该起诉股东丧失股东资格的除外。

74. 股东代表公司利益提起诉讼前,应当将诉讼事项告知公司,并请求公司董事会和监事会代表公司提起诉讼。公司董事会和监事会拒绝或者在合理期限内不提起诉讼的,股东可以代表公司利益提起诉讼。

75. 对提请公司董事会和监事会代表公司提起诉讼可能超过诉讼时效的,股东可以直接代表公司利益向人民法院提起诉讼。

76. 股东代表诉讼的第一次开庭审理之前,如果有其他股东要求作为原告参加股东代表诉讼,应予准许。

77. 当事人在诉讼中提出调解的,若经查实该调解方案损害其他股东利益或公司利益的,人民法院应不予确认。

78. 人民法院支持股东代表诉讼请求的,应当将诉讼请求的利益判归公司,诉讼费用由被告方负担,因诉讼发生的其他合理费用如律师代理费、差旅费等由公司负担;人民法院不支持股东代表诉讼请求的,与诉讼相关费用均由提起诉讼的股东负担;部分支持的,按比例确定上述费用的负担。

❺ 山东省高级人民法院《关于审理公司纠纷案件若干问题的意见(试行)》(2007年1月15日 鲁高法发[2007]3号)

73. 股东依照《公司法》第一百五十二条之规定提起诉讼的,案由应确定为股东代表诉讼纠纷。

74. 股东代表诉讼纠纷由公司住所地人民法院管辖。

75. 有限责任公司股东可以作为原告提起股东代表诉讼。股份有限公司股东提起诉讼时,已经连续一百八十日以上持股,并单独或合计持股在公司股份百分之一以上的,人民法院应认定其具有原告资格。

诉讼中,原告丧失股东资格的,人民法院应裁定驳回起诉。

76. 股东提起代表诉讼,未将公司列为诉讼当事人的,人民法院应当通知公司作为第三人参加诉讼。

股东提起代表诉讼后,公司就同一事实和理由另行提起诉讼的,人民法院不予受理。但股东代表诉讼被人民法院裁定不予受理或驳回起诉的除外。

77. 股东未按照《公司法》第一百五十二条第一款、第二款规定向监事会、不设监事会的有限责任公司监事,或者董事会、不设董事会的有限责任公司的执行董事提出书面请求而直接向人民法院起诉的,人民法院不予受理。但情况紧急、不立即提起诉讼将会使公司利益受到难以弥补的损害的除外。

股东依据《公司法》第一百五十二条第三款规定起诉的,应事先向董事会或者不设董事会的有限责任公司的执行董事提出书面请求,否则人民法院不予受理。但情况紧急、不立即提起诉讼将会使公司利益受到难以弥补的损害的除外。

78. 股东代表诉讼中,人民法院支持原告诉讼请求的,应将诉讼请求的利益判归公司。

上述情形,股东因为诉讼所支出的合理费用,除判令由被告承担的外,可以向公司主张承担。

79. 股东提起代表诉讼,人民法院驳回其诉讼请求的,其他股东以相同的事实和理由再次起诉的,人民法院不予受理。

80. 股东代表诉讼中,当事人达成和解协议并经公司股东会或股东大会决议通过,原告申请撤诉或者当事人申请人民法院出具调解书的,人民法院可以裁定撤诉或者出具调解书。

【典型案例】

▶ 案例6-7　虚构的股东会决议法院判决不成立[①]
一审:江苏省南京市玄武区人民法院
原告:张某某,女,42岁,江苏煤炭物测队技术人员。
被告:江苏万某工贸发展有限公司。

---

① 参见《中华人民共和国最高人民法院公报》2007年第9期。

被告：万某，男，41岁，系原告张某某之夫。
被告：吴某某，女，27岁，住江苏省南京市洪武北路。
被告：毛某某，男，51岁，江苏省南京雪芳商贸中心业务员。

[基本案情]

张某某与万某于1988年结婚，现为夫妻。

江苏万某工贸发展有限公司（以下简称"万某工贸公司"）成立于1995年12月21日，发起人为万某、张某某和其他两名股东朱某某、沈某，注册资本为106万元，其中万某出资100万元，朱某某、沈某、张某某各出资2万元。万某工贸公司章程规定：公司股东不得向股东以外的人转让其股权，只能在股东内部相互转让，但必须经全体股东同意，等等。

被告万某工贸公司成立后，由被告万某负责公司的经营管理。

2004年4月12日，被告万某工贸公司向公司登记机关申请变更登记，具体事项为：① 将公司名称变更为江苏办公伙伴贸易发展有限公司（以下简称"伙伴贸易公司"）；② 法定代表人变更为被告吴某某，股东变更为被告万某、吴某某、毛某某及股东邢某某四人。

被告万某工贸公司申请上述变更公司登记所依据的材料为：

1. 2004年4月6日股权转让协议两份，其主要内容分别为：被告万某将其100万元出资中的80万元出资对应的公司股权转让给被告吴某某；朱某某将其出资2万元对应的公司股权转让给邢某某，沈某将其2万元出资中的1万元对应的股权转让给被告毛某某，将另1万元对应的公司股权转让给邢某某，原告张某某将2万元出资对应的公司股权转让给毛某某。上述两份股权转让协议落款处有全部转让人及受让人的签名。

2. 被告万某工贸公司章程（2004年4月6日修正）一份，该章程除记载并确认了关于公司股东、董事、监事和公司住所地、名称的变更外，还作了如下规定：公司股东有权出席股东会议，并按照出资比例行使表决权，有权选举公司的董事或监事，同时享有被选举权；公司股东有权依法及公司章程的规定转让其出资；公司股东向股东以外的人转让其股权，必须经过半数以上的股东同意，不同意的股东应当购买被转让的股权，如果不购买被转让的股权，则视为同意向股东以外的人转让股权；经公司股东同意转让的股权，在同等条件下，其他股东对该部分股权有优先购买权，等等。该章程有吴某某、毛某某、万某及股东邢某某的签名。

3. 2004年4月6日被告万某工贸公司股东会决议一份，主要内容是：全体股东一致同意上述股权转让；转让后各股东出资额及占注册资本的比例为：被告吴某某出资80万元、占75.5%，被告万某出资20万元、占18.9%，邢某某出资3万元、占2.8%,被告毛某某出资3万元、占2.8%;全体股东一致同意将公司名称变更为"江苏办公伙伴贸易发展有限公司",等等。

2006年6月,张某某查询工商登记时发现上述公司名称、公司股权、法定代表人等变更登记。

张某某表示,作为该公司股东,从未被通知参加该次股东会议,从未转让自己的股权,也未见到过该次会议的决议。该次股东会议决议以及出资转让协议中张某某的签名并非张某某本人书写。张某某既没有转让过自己的股权,也不同意万某向公司股东以外的人转让股权。万某系原告的丈夫,却与吴某某同居,二人间的股权转让实为转移夫妻共同财产,并无真实的交易。万某与吴某某之间的股权转让行为也违反了万某工贸公司章程中关于"股东不得向股东之外的人转让股权"的规定,并且未依照万某工贸公司章程告知其他股东,未征得其他股东的同意。

1999年3月12日,万某与原告张某某签订离婚协议书一份,协议约定:张某某与万某因感情不和协议离婚,夫妻二人在万某工贸公司的全部有形和无形资产、债权、债务等全部归万某所有,张某某应得财产折算为70万元,由万某分期给付。

张某某对上述证据的真实性不持异议,但认为离婚协议是她与万某夫妇二人为离婚而达成的包括财产分割内容的协议书,自1999年3月双方签订该份离婚协议后至今尚未办理离婚,因此该离婚协议并未生效。

[一审裁判]

离婚协议是原告张某某与被告万某就夫妻二人离婚及离婚后财产分割等问题达成的协议。该离婚协议签订后,张某某、万某二人并未实际办理离婚,故该离婚协议中有关离婚后财产分割的内容不发生效力。万某依据该离婚协议,主张其享有夫妻二人在被告万某工贸公司的全部权利,证据不足,法院不予采信。

根据现有证据,不能认定万某工贸公司曾通知沈某、朱某某及张某某出席了2004年4月6日的万某工贸公司股东会,也不能认定万某工贸公司于2004年4月6日召开过由万某、张某某、沈某、朱某某共同参加的股东会。万某工贸公司、万某、吴某某亦未能提供证据证明2004年4月6日形成过由万某、沈某、朱某某、张某某共同签字认可的股东会决议,以及沈某、朱某某、张某某与邢某某、被告毛某某共同签署过2004年4月6日的股权转让协议。

一、被告万某工贸公司于2004年4月6日作出的股东会决议以及涉案股权转让协议是否有效?

有限责任公司的股东会议,应当由符合法律规定的召集人依照法律或公司章程规定的程序,召集全体股东出席,并由符合法律规定的主持人主持会议。股东会议需要对相关事项作出决议时,应由股东依照法律、公司章程规定的议事方式、表决程序进行议决,达到法律、公司章程规定的表决权比例时方可形成股东会决议。有限责任公司通过股东会对变更公司章程的内容、决定股权转让等事项作出决议,其实质是公司股东通过参加股东会议行使股东权利,决定变更其自身与公司的民事法律关系的过程,因此公司股东实际参与股东会议并作出真实意思表示,是股东会议及其决议有效的必要条件。本案中,虽然被告万某享有被告万某工贸公司的绝对多数的表决权,但并不意味着万某个人利用控制公司的便利作出的个人决策过程就等同于召开了公司股东会议,也不意味着万某个人的意志即可代替股东会决议的效力。根据本案事实,不能认定2004年4月6日万某工贸公司实际召开了股东会,更不能认定就该次会议形成了真实有效的股东会决议。万某工贸公司据以决定办理公司变更登记、股权转让等事项的所谓"股东会决议",是当时该公司的控制人万某所虚构的,实际上并不存在,因而当然不能产生法律效力。

二、原告张某某对上述股东会决议和股权转让协议申请确认无效或者申请撤销,应否支持?

被告万某工贸公司、万某、吴某某主张原告张某某的起诉超过了修订后《公司法》第22条规定的申请撤销股东会决议的期限,故其诉讼请求不应支持。对此法院认为,本案发生于公司法修订前,应当适用当时的法律规定。鉴于修订后的《公司法》第22条规定股东可以对股东会决议提起确认无效之诉或者申请撤销之诉,而修订前的公司法未对相关问题作出明确规定,因此根据最高人民法院《关于适用〈中华人民共和国公司法〉若干问题的规定(一)》第2条的规定,本案可以参照适用修订后《公司法》第22条的规定。但是,修订后《公司法》第22条关于"股东会或者股东大会、董事会的会议召集程序、表决方式违反法律、行政法规或者公司章程,或者决议内容违反公司章程的,股东可以自决议作出之日起60日内,请求人民法院撤销"的规定,是针对实际召开的公司股东会议及其作出的会议决议作出的规定,即在此情况下股东必须在股东会决议作出之日起六十日内请求人民法院撤销,逾期则不予支持。而本案中,2004年4月6日的万某工贸公司股东会及其决议实际上并不存在,只要原告在知道或者应当知道自己的股东权利被侵犯后,在法律规定的诉讼时效内提起诉讼,人民法院即应依法受理,不受修订后《公司法》第22条关于股东申请撤销股东会决议的60日期限的规定限制。

股东向其他股东或股东之外的其他人转让其股权,系股东(股权转让方)与股权受让方协商一致的民事合同行为,该合同成立的前提之一是合同双方具有转让、受让股权的真实意思表示。本案中,不能认定原告张某某与被告毛某某之间实际签署了股权转让协议,亦不能认定被告万某有权代理张某某转让股权,毛某某既未实际支付受让张某某股权的对价,也没有受让张某某股权的意愿,甚至根本不知道自己已受让了张某某等人的股权,诉讼中也明确表示对此事实不予追认,因此该股权转让协议依法不能成立。据此,被告万某工贸公司、万某、吴某某关于张某某已非万某工贸公司股东,不能提起本案诉讼的主张不能成立,依法不予支持。

关于被告万某与吴某某签订的股权转让协议,根据修订前《公司法》及万某工贸公司章程的相关规定,股东向股东以外的人转让股权的,须经全体股东过半数同意。本案中,万某向吴某某转让股权既未通知其他股东,更未经过全体股东过半数同意,因此该股权转让行为无效。

综上判决如下:

一、2004年4月6日的被告万某工贸公司股东会决议不成立。

二、2004年4月6日原告张某某与被告毛某某的股权转让协议不成立。

三、2004年4月6日被告万某与被告吴某某签订的股权转让协议无效。

一审宣判后,各方当事人在法定期间内均未提出上诉,一审判决已发生法律效力。

[简要评析]

一、有限责任公司召开股东会议并作出会议决议,应当依照法律及公司章程的相关规定进行。未经依法召开股东会议并作出会议决议,而是由实际控制公司的股东虚构公司股东会议及其会议决议的,即使该股东实际享有公司绝大多数的股份及相应的表决权,其个人决策亦不能代替股东会决议的效力。在此情况下,其他股东申请确认虚构的股东会议及其决议无效的,人民法院应当支持。

二、修订后的《公司法》第22条关于"股东会或者股东大会、董事会的会议召集程序、表决方式违反法律、行政法规或者公司章程,或者决议内容违反公司章程的,股东可以自决议作出之日起60日内,请求人民法院撤销"的规定,是针对实际召开的公司股东会议及其作出的会议决议作出的规定,即在此情况下,股东必须在股东会决议作出之日起60日内请求人民法院撤销,逾期则不予支持。而对于上述虚构的股东会议及其决议,只要其他股东在知道或者应当知道自己的股东权利被侵犯后,在法律规定的诉讼时效内提起诉讼,人民法院即应依法受理,不受修订后《公司法》第22条关于股东申请撤销股东会决议的60日期限的规定限制。

▶ **案例6-8 瑕疵股东会决议并非当然无效**[①]

二审:北京市第二中级人民法院(2013)二中民终字第05629号民事判决

一审:北京市怀柔区人民法院(2012)怀民初字第00184号民事判决

[①] 参见北京市第二中级人民法院周晓莉编写:《瑕疵股东会决议并非当然无效》,载2014年8月4日《人民法院报》,http://rmfyb.chinacourt.org/paper/html/2014-08/07/content_86041.htm?div=-1#rd,2015年8月查询。

[基本案情]

原告谷某某为被告北京康弘娱乐有限责任公司(以下简称"康弘公司")股东之一。2009年8月20日,康弘公司形成第三届第一次股东会决议,并将该决议提交工商登记机关备案。该决议第1页记载的内容为:① 全体股东一致同意将公司注册资本变更为320万元;② 全体股东一致同意杨某某接受王某某转让的本公司股份1.429万元;同意杨某某接受张某某转让的本公司股份1.429万元;③ 全体股东一致同意选举杨某某、万某某、任某某为新董事;④ 全体股东一致同意公司营业期限变更为50年;⑤ 全体股东一致同意修改后的公司章程;⑥ 本决议经全体股东签字(盖章)后生效。该决议第2页无正文,由公司股东在空白页上签名。

谷某某于2012年提起诉讼称,谷某某并未出席形成此次股东会决议的股东会会议,在会议记录上股东签名处"谷某某"的签名,不是其本人所签,故请求法院确认康弘公司第三届第一次股东会决议无效。

经鉴定机构鉴定,在该股东会会议记录上股东签名处"谷某某"的签名并非谷某某本人所签。

[一审裁判]

北京市怀柔区人民法院审理认为,因康弘公司无证据证明谷某某同意该会议记录所记载事项或授权他人代为签字,故该股东会决议实为冒用谷某某名义所形成,据此判决确认康弘公司第三届第一次股东会决议无效。

[二审裁判]

北京市第二中级人民法院经审理认为,虽在该次股东会会议记录上谷某某签名非其本人所签,但经法院审查,该股东会决议内容并未违反法律、行政法规的规定,故谷某某的诉讼主张没有法律依据。判决撤销一审法院判决,改判驳回谷某某的诉讼请求。

[简要评析]

《公司法》第22条对瑕疵股东会决议区分了无效和可撤销两种情形,伪造股东签字情形并非都能导致公司决议无效,只有当被伪造的决议内容违反了法律、行政法规的情形才可以被认定为无效。

在2006年以前实施的《公司法》并未对如何认定公司决议效力问题作出明确规定,对于公司决议的无效性或可撤销性亦无区分。本案一、二审法院判决的不同思路,也反映出在审判实践中审理此类案件仍存在不同观点。现行《公司法》已对此问题进行区分并明确加以规定。

一、认定股东会决议效力应当以其内容是否违反法律、行政法规为审查要素

根据《公司法》第22条第1款规定,公司股东会或者股东大会、董事会的决议

内容违反法律、行政法规的无效。由此,对于公司决议效力性的否定仅限于决议内容违反法律、行政法规的无效,至于决议产生所依赖的程序、动机、目的等均不应在认定其效力性时作为予以审查的要素。这里的法律、行政法规规定仅指效力性、强制性的规定,而对于违反法律及行政法规的一般性、规范性规定及有违反公司章程内容的决议,不应当然被认定为无效。

案例中,结合涉案股东会决议内容来看,康弘公司作为有限责任公司,其将注册资本变更为320万元,不低于法定的注册资本最低限额,未违反法律规定;因杨某某、王某某、张某某均为康弘公司股东,其3人之间的股权相互转让,并未侵害谷某某的优先购买权,亦不违反法律规定;选举和更换董事、变更营业期限及修改公司章程的行为均为股东会行使职权,也未违反法律、行政法规。因此,康弘公司的涉案股东会决议均未有违反法律、行政法规的规定之情形,不符合被确认为无效的法定条件。

二、对于被伪造签名的股东会决议,股东可以在法定时效内行使撤销权

在审判实践中,大量被伪造签名的股东会决议都是在股东未参会的情况下形成的,这种情况通常被认定为股东会的召集程序不符合法律规定。《公司法》第41条第1款规定,召开股东会会议,应当于会议召开15日前通知全体股东。公司法中之所以规定了公司股东会的召集程序,其目的是确保有参会资格的股东能有充分的时间考虑和准备出席股东会议,以保障股东能够充分行使表决权。同时《公司法》在第22条第2款中又对公司股东会召集程序不符合法律或章程规定的情形时,股东该如何保障自己的权益作出明确规定,即股东会或者股东大会、董事会的会议召集程序、表决方式违反法律、行政法规或公司章程,或者决议内容违反公司章程的,股东可以自决议作出之日起60日内,请求人民法院撤销。

需要特别注意的是,公司法关于可撤销决议部分中规定的60日的起算点,是"自决议作出之日起",60日是不变法定期间,区别于诉讼时效,不适用诉讼时效关于中止、中断、延长的规定,无须对股东知道与否或应当知道与否的主观状态进行考量。最高人民法院《关于适用〈中华人民共和国公司法〉若干问题的规定(一)》(2014年修正)第3条规定,原告以《公司法》第22条第2款规定事由,向人民法院提起诉讼时,超过公司法规定期限的,人民法院不予受理。所以,当股东发现被伪造签名的股东会决议存在时,应当在法定期间内提起诉讼,以维护自己的权益。

▶ **案例6-9 对股东会决议行使撤销权的期间分析**①

再审:江苏省高级人民法院(2013)苏商申字第562号民事判决

---

① 转引自《人民法院报》,查询于2015年8月。

二审:南通市中级人民法院(2011)通中商终字第0116号民事判决
一审:如东县人民法院(2011)东民初字第0358号民事判决

[基本案情]

南通斯材佳建材有限公司(以下简称"斯材佳公司")的前身为江苏省如东县建材总厂,1994年8月经如东县经济体制改革委员会批准改制为有限责任公司,公司职工均具有股东身份。2000年8月11日,斯材佳公司召开股东代表大会审议通过《改革脱贫实施方案》。当日《会议纪要》记载:与会代表50人(50票)全票通过。同年9月18日,如东县经济体制改革委员会批复同意《改革脱贫实施方案》。2005年4月25日,斯材佳公司被吊销营业执照。2011年1月27日,包某某等82名股东起诉至如东县人民法院,以未接到开会通知、未参与表决、《会议纪要》不代表全体股东的真实意思、违反法律规定为由,请求确认《会议纪要》无效。

[一审裁判]

从《会议纪要》的内容来看,并无违反法律、行政法规的情形。根据2006年1月1日起施行的《公司法》(以下简称2005年《公司法》)第22条第1款规定,包某某等人关于该股东会决议无效的主张不能成立。斯材佳公司陈述以口头和电话的形式通知股东参加股东会议,且有到会50名职工(股东)的签名单和会议记录,但未能提供证据证明,可以认定股东大会的召集程序、表决方式违反了公司章程,存有瑕疵。但上述瑕疵不导致《会议纪要》无效,股东只能请求人民法院予以撤销。根据2005年《公司法》第22条第2款规定,股东请求撤销股东会决议的期限为自决议作出之日(2000年8月11日)起60日内,包某某等82人提起撤销之诉已超过60日,故驳回了包某某等82人的诉讼请求。

[二审裁判]

二审判决驳回上诉,维持原判。

[再审裁判]

包某某等人主张决议无效的理由包括召集程序、表决方式不当,此两种情形均属2005年《公司法》规定的行使撤销权事由。从2005年《公司法》施行之日起,即从2006年1月1日起计算60日的撤销权行使期间,待包某某等人于2011年1月27日提起本案诉讼对会议召集程序、表决方式提出异议时,已超过上述撤销权行使期间。江苏高院于2014年2月27日裁定驳回包某某等74人的再审申请。

[简要评析]

股东会决议撤销请求权制度,系2005年修订后的《公司法》(2006年1月1日起施行)规定的新制度,股东参照该项制度,对形成于该法施行之前的股东会决议行使撤销请求权的期间,应为自施行之日起 60 日内,而非自股东会决议作出之日起 60 日内。

关于股东会决议的效力问题,2005 年修订前的《公司法》未规定,2005 年《公司法》第 22 条作了规定。根据最高人民法院《关于适用〈中华人民共和国公司法〉若干问题的规定(一)》[以下简称《公司法解释(一)》]第 2 条,因 2005 年《公司法》实施前有关民事行为或者事件发生纠纷起诉到人民法院的,如当时的法律法规和司法解释没有明确规定时,可参照适用 2005 年《公司法》的有关规定。本案股东会决议于 2000 年 8 月 11 日作出,因此,关于本案股东会决议效力问题应当参照适用 2005 年《公司法》第 22 条处理。2005 年《公司法》第 22 条第 1 款规定:"公司股东会或者股东大会、董事会的决议内容违反法律、行政法规的无效。"第 2 款规定:"股东会或者股东大会、董事会的会议召集程序、表决方式违反法律、行政法规或者公司章程,或者决议内容违反公司章程的,股东可以自决议作出之日起六十日内,请求人民法院撤销。"依据上述规定,本案股东会决议的内容未违反国家法律、行政法规的强制性规定,因此不应当认定为无效;但本案股东会在召集程序、表决方式等方面存在瑕疵,因此股东可以请求人民法院撤销股东会决议。

对形成于 2005 年公司法施行之前的股东会决议,股东行使撤销请求权的期间起算问题,《公司法解释(一)》未作规定。如果按照决议作出之日起计算 60 日,会出现股东实际可行使权利的期间短于法律规定的 60 日,甚至按照 2005 年《公司法》规定其权利已无法行使的状况,这对于权益受到侵害的股东而言是不公平的。鉴于股东会决议撤销请求权制度系 2005 年《公司法》规定的新制度,则股东参照该项新制度对形成于 2005 年《公司法》之前的股东会决议行使撤销请求权的期间,应为自 2005 年《公司法》规定的决议施行之日起 60 日内,而非自股东会决议作出之日起 60 日内。如此处理,既能发挥股东会决议撤销请求权制度在公司治理方面的规范作用,又能有效保护股东对自身合法权益拥有的救济权,符合《公司法解释(一)》的精神。

本案股东会决议虽于 2000 年 8 月 11 日作出,股东会决议撤销请求权的行使期限应为 2006 年 1 月 1 日起 60 日内。原一、二审法院将本案股东会决议撤销请求权的行使期间认定为 2000 年 8 月 11 日起 60 日内不当,再审法院作了纠正。但包某某等 2011 年 1 月 27 日提起本案诉讼,亦已超过了股东会决议撤销请求权的行使期间,因此最终的处理结果仍然是裁定驳回了再审申请。

第十二节　控股股东行为规范

【示范条款】

6.12.1　控股股东的定义

本章程所称"控股股东",是指具备下列条件之一的股东:

1. 此人单独或者与他人一致行动时,可以行使公司[50%]以上的表决权或者可以控制公司[50%]以上表决权的行使;

2. 此人单独或者与他人一致行动时,持有公司[50%]以上的股份;

3. 此人单独或者与他人一致行动时,持有股份的比例虽然不足[50%],但依其持有的股份所享有的表决权已足以对股东大会的决议产生重大影响,或者可以以其他方式在事实上控制公司的股东。

本条所称"一致行动"是指两个或者两个以上的人以协议的方式(不论口头或者书面)达成一致,通过其中任一人取得对公司的投票权,以达到或者巩固控制公司目的的行为。

6.12.2　实际控制人的定义

实际控制人,是指虽不是公司的股东,但通过投资关系、协议或者其他安排,能够实际支配公司行为的人。

6.12.3　特殊诚信义务

控股股东对公司及其他股东负有诚信义务。控股股东对其所控股的公司应严格依法行使出资人的权利,控股股东不得利用资产重组等方式损害公司和其他股东的合法权益,不得利用其特殊地位谋取额外利益。

6.12.4　公平关联交易

公司的控股股东、实际控制人不得利用关联关系损害公司利益。违反规定给公司造成损失的,应当承担赔偿责任。公司控股股东及实际控制人对公司和公司其他股东负有诚信义务。

控股股东应严格依法行使出资人的权利,控股股东不得利用利润分配、资产重组、对外投资、资金占用、借款担保等方式损害公司和其他股东的合法权益,不得利用其控制地位损害公司和其他股东的利益。

6.12.5　不干涉公司独立性

控股股东与公司应实行人员、资产、财务分开,机构、业务的独立,各自独立核算、独立承担责任和风险。

公司人员应独立于控股股东。公司的经理人员、财务负责人、营销负责人和董事会秘书在控股股东单位不得担任除董事以外的其他职务。控股股东高级管理人员兼任公司董事的,应保证有足够的时间和精力承担公司的工作。

公司应按照有关法律、法规的要求建立健全的财务、会计管理制度,独立核算。控股股东应尊重公司财务的独立性,不得干预公司的财务、会计活动。

公司的董事、监事及其他内部机构应独立运作。控股股东及其职能部门与公司及其职能部门之间没有上下级关系。控股股东及其下属机构不得向公司及其下属机构下达任何有关公司经营的计划和指令,也不得以其他任何形式影响其经营管理的独立性。

公司业务应完全独立于控股股东。控股股东及其下属的其他单位不应从事与公司相同或相近的业务。控股股东应采取有效措施避免同业竞争。

6.12.6 合法提名董事监事

控股股东对公司董事、监事候选人的提名,应严格遵循法律、法规和公司章程规定的条件和程序。控股股东提名的董事、监事候选人应当具备相关专业知识和决策、监督能力。

控股股东不得对股东大会人事选举决议和董事会人事聘任决议履行任何批准手续;不得越过股东大会、董事会任免公司的高级管理人员。

6.12.7 合法行使决策权

公司的重大决策应由股东大会和董事会依法作出。控股股东不得直接或间接干预公司的决策及依法开展的生产经营活动,损害公司及其他股东的权益。

【本节条款解读】

一、控股股东、实际控制人、关联关系

控股股东,是指其出资额占有限责任公司资本总额50%以上或者其持有的股份占股份有限公司股本总额50%以上的股东;出资额或者持有股份的比例虽然不足50%,但依其出资额或者持有的股份所享有的表决权已足以对股东会、股东大会的决议产生重大影响的股东。

实际控制人,是指虽不是公司的股东,但通过投资关系、协议或者其他安排,能够实际支配公司行为的人。

关联关系,是指公司控股股东、实际控制人、董事、监事、高级管理人员与其直接或者间接控制的企业之间的关系,以及可能导致公司利益转移的其他关系。但是,国家控股的企业之间不认为同受国家控股而具有关联关系。

二、控股股东特殊责任

《公司法》第 21 条规定:"公司的控股股东、实际控制人、董事、监事、高级管理人员不得利用其关联关系损害公司利益。违反前款规定,给公司造成损失的,应当承担赔偿责任。"

按照中国证监会《上市公司治理准则》的规定,上市公司的控股股东需要规范以下行为:

(1) 控股股东对上市公司及其他股东负有诚信义务。控股股东对其所控股的上市公司应严格依法行使出资人的权利,控股股东不得利用资产重组等方式损害上市公司和其他股东的合法权益,不得利用其特殊地位谋取额外的利益。

(2) 控股股东对上市公司董事、监事候选人的提名,应严格遵循法律、法规和公司章程规定的条件和程序。控股股东提名的董事、监事候选人应当具备相关专业知识和决策、监督能力。控股股东不得对股东大会人事选举决议和董事会人事聘任决议履行任何批准手续;不得越过股东大会、董事会任免上市公司的高级管理人员。

(3) 上市公司的重大决策应由股东大会和董事会依法作出。控股股东不得直接或间接干预公司的决策及依法开展的生产经营活动,损害公司及其他股东的权益。

(4) 控股股东与上市公司应实行人员、资产、财务分开,机构、业务独立,各自独立核算、独立承担责任和风险。

(5) 上市公司人员应独立于控股股东。上市公司的经理人员、财务负责人、营销负责人和董事会秘书在控股股东单位不得担任除董事以外的其他职务。控股股东高级管理人员兼任上市公司董事的,应保证有足够的时间和精力承担上市公司的工作。

(6) 控股股东不得占用、支配该资产或干预上市公司对该资产的经营管理。

(7) 控股股东应尊重公司财务的独立性,不得干预公司的财务、会计活动。

(8) 上市公司的董事会、监事会及其他内部机构应独立运作。控股股东及其职能部门与上市公司及其职能部门之间没有上下级关系。控股股东及其下属机构不得向上市公司及其下属机构下达任何有关上市公司经营的计划和指令,也不得以其他任何形式影响其经营管理的独立性。

(9) 上市公司业务应完全独立于控股股东。控股股东及其下属的其他单位不应从事与上市公司相同或相近的业务。控股股东应采取有效措施避免同业竞争。

第七章 股东大会①

第一节 一般规定

【示范条款】

7.1.1 股东大会的职责

股东大会是公司的权力机构,依法行使下列职权:

1. 决定公司的经营方针和投资计划;
2. 选举和更换非由职工代表担任的董事、监事,决定有关董事、监事的报酬事项;
3. 审议批准董事会的报告;
4. 审议批准监事会报告;
5. 审议批准公司的年度财务预算方案、决算方案;
6. 审议批准公司的利润分配方案和弥补亏损方案;
7. 对公司增加或者减少注册资本作出决议;
8. 对发行公司债券作出决议;
9. 对公司合并、分立、解散、清算或者变更公司形式作出决议;
10. 修改本章程;
11. 对公司聘用、解聘会计师事务所作出决议;
12. 审议批准第7.1.2条规定的担保事项;
13. 审议公司在1年内购买、出售重大资产超过公司最近一期经审计总资产[30%]的事项;
14. 审议股权激励计划;
15. 审议法律法规或本章程规定应当由股东大会决定的其他事项。

上述股东大会的职权不得通过授权的形式由董事会或其他机构和个人代为

---

① 由于有限责任公司是一种较为封闭的公司结构,股东数量较少、股东关系较为闭锁,股东会的运行有更多的个性空间。本章主要对股份有限公司的股东大会运营拟定,所以本章通指为"股东大会"。有限责任公司的股东会运行可以根据自己的情况简化。

行使。

[注释] 其中,第8项为上市公司的特别要求,第11、12、13、14项可由制定者自行选择。

7.1.2 对外担保

公司下列对外担保行为,须经股东大会审议通过。

1. 本公司及本公司控股子公司的对外担保总额,达到或超过最近一期经审计净资产的[50%]以后提供的任何担保;

2. 公司的对外担保总额,达到或超过最近一期经审计总资产的[30%]以后提供的任何担保;

3. 为资产负债率超过[70%]的担保对象提供的担保;

4. 单笔担保额超过最近一期经审计净资产[10%]的担保;

5. 对股东、实际控制人及其关联方提供的担保。

[注释] 本条款,可由制定者自行确定是否设置及如何设置。

7.1.3 会议地点和方式

本公司召开股东大会的地点为[公司住所地/董事会召集时的指定地]。股东大会将设置会场,以现场会议形式召开。

公司还将提供[网络或其他方式]为股东参加股东大会提供便利。股东通过上述方式参加股东大会的,视为出席。

[注释] 公司章程可以规定召开股东大会的地点为公司住所地,对于董事会召集的股东大会,可以授权董事会确定召开会议的地点。但监事会召集的、股东召集的股东大会应当在公司住所地召开。

7.1.4 会议的律师见证

本公司召开股东大会时会议召集人应当聘请律师对以下问题出具法律意见:

1. 会议的召集、召开程序是否符合法律、行政法规、本章程;

2. 出席会议人员的资格、召集人资格是否合法有效;

3. 会议的表决程序、表决结果是否合法有效;

4. 应本公司要求对其他有关问题出具的法律意见。

[注释] 这是上市公司的必备条款,非上市公司可以参考适用。

【本节条款解读】

一、股东大会是公司的最高权力机关

我国公司法人治理结构为"三会制",指股东大会、董事会、监事会三会。股东大会由全体股东构成,是公司的最高权力机关,是表意机关,形成公司的意思。董事会是公司意思的执行机关,在遵守法律法规和公司章程的框架下,按照股东大会的决议指导公司业务的执行,包括任命和免职公司法定代表人、聘任和解聘总经理及其高级管理人员等。监事会是公司的监督机关,对董事会和管理层执行公司管理事务,以及公司的财务运行之状况等进行监督和审查。

股东大会是公司的最高权力机关,它由全体股东组成,对公司重大事项进行决策,有权选任和解除董事,并对公司的经营管理有广泛的决定权。股东大会既是一种定期或临时举行的由全体股东出席的会议,又是一种非常设的由全体股东所组成的公司制企业的最高权力机关。它是股东作为企业财产的所有者,对企业行使财产管理权的组织。公司一切重大的人事任免和重大的经营决策,一般都得由股东大会认可和批准方为有效。

我国《公司法》第 36 条规定:"有限责任公司股东会由全体股东组成。股东会是公司的权力机构,依照本法行使职权。"第 98 条规定:"股份有限公司股东大会由全体股东组成。股东大会是公司的权力机构,依照本法行使职权。"

1. 股东大会是体现股东意志的机关

股东大会是由全体股东组成的权力机关,它是全体股东参加的全会,而不应是股东代表大会。虽然现代大型公司股权机构分散,股东上千甚至几万,不可能全部出席股东会。但是,股东不能亲自到会时,有权委托他人代为出席投票,以体现全体股东的意志。参加股东大会的权利是股东的基本权利,公司不应阻止代理人投票或者要求股东亲自出席股东大会投票。并且应鼓励公司努力消除参加股东大会的人为障碍,如随着科技环境的发展推动网络投票、电子投票等。

2. 股东大会是企业最高权力机关

股东大会是企业经营管理和股东利益的最高决策机关,不仅要选举或任免董事会和监事会成员,而且企业的重大经营决策和股东的利益分配等都应得到股东大会的批准。但股东大会并不具体和直接介入企业生产经营管理,它既不对外代表企业与任何单位发生关系,也不对内执行具体业务,本身不能成为公司的代表人。

二、股东大会的律师见证

目前上市公司的股东大会都要求召集人聘请律师为公司的股东大会之召集、

召开、出席人员资格、表决程序与结果的有效性发表法律意见,非上市公司的股东大会可以参照适用。股东大会的律师参与能有效防范公司内部纠纷的发生。律师以法律专业人士的身份参与到公司的管理工作中去,对改进公司法人治理结构,规范公司的行为无疑会带来积极影响。而对于封闭性较强的有限公司,可以不聘请律师见证其股东会的程序合法性。

律师作为公司的法律顾问,或者作为公司股东大会聘请的律师,应本着勤勉尽责的精神,认真审核股东大会相关的资料,独立公正地出具法律意见书。

1. 委托与授权

如果律师作为公司的法律顾问,则凭公司请求律师到会见证的书面通知作为授权依据。如公司与律师事务所之间没有常年法律顾问合同,则应就该专项法律事务进行委托,签订《委托代理合同》,并另行出具书面的《授权委托书》,取得承办本法律事务的授权。

2. 会议的召集、召开程序是否符合法律、行政法规、本规则和公司章程的规定

会前的审验主要有:股东大会召集程序是否符合法律和公司章程规定,审查股东大会的通知是否依法或者依公司章程送达等等。律师审查验证上述材料主要对证据材料的真实性、合法性进行审查,辨别真伪,对委托人提供的材料如果有疑问应要求其限期补正。

3. 出席会议人员的资格、召集人资格是否合法有效

出席股东资格审查与确认主要有:

(1) 公司给股东签发的出资证明书与公司本次股权登记日之股东名册的核对;

(2) 股东本人身份证或者法人营业执照、代理人身份证、授权委托书;

(3) 核对股东姓名或名称及其所持有表决权的股份数;

(4) 检查股东出席会议的签到情况等。在会议主持人宣布现场出席会议的股东和代理人人数及所持有表决权的股份总数之前,会议登记应当终止。

4. 会议的表决程序、表决结果是否合法有效

会议表决程序审查主要有:

(1) 对审议事项应当采用表决票的形式,注意表决权股数与表决权总额之间的对应;

(2) 具体的表决票是否有效,是否构成弃权票的认定等;

(3) 根据表决情况,对照法律和公司章程的规定,判断表决事项是否获得通过;

(4) 股东大会记录是否完整,并由出席会议的董事、董事会秘书、召集人或其代表、会议主持人亲笔签名等。

5. 现场参与计票、监票

股东大会对提案进行表决时,应当由律师、股东代表与监事代表共同负责计票、监票。

6. 发表法律意见并出具法律意见书

实践当中结合不同律师事务所的内部审核流程,经办律师可以先在现场发表法律意见,之后由律师事务所和经办律师出具正式的法律意见书文本。

7. 立卷归档

将整个工作过程中收集形成资料、材料、文书进行立卷归档。

【典型案例】

▶ 案例7-1　公司分红由股东会审议批准

一审:青海省西宁市中级人民法院(2014)宁民二初字第397号民事判决

[基本案情]

青海珠峰虫草药业有限公司(以下简称"珠峰公司")自2005年成立,沈某某为珠峰公司的原始股东,原占公司15%股权,2012年4月27日沈某某15%的股权变更为0.3%。自公司成立以来,从未分红。

2011年珠峰公司未分配利润为6 982 898元。2012年珠峰公司的年检报告书证实,该年珠峰公司的净利润为25 061 538元。

沈某某提起诉讼,要求2011年度分得15%的利润为1 047 000元、2012年4月27日以前产生了4个月的收益,乘以原拥有的15%的股权,应得的红利为1 253 000元,以上共计2 300 000元,请求依法判令被告珠峰公司支付。

珠峰公司辩称,根据《公司法》的规定,股东分红的前提是由董事会提出盈余分配方案、股东会决议,无此前提不能请求分红,原告诉求分配2011年、2012年的盈余缺少法律依据。

[一审裁判]

根据《中华人民共和国公司法》第38条、第47条(现为第46条)的规定,有限责任公司利润分配方案应由公司董事会制订并由股东会审议批准。公司是否分配利润属于公司董事会、股东会决策的范畴,因此在珠峰公司董事会、股东会未就该公司2011年度、2012年度利润分配作出相关决议之前,沈某某径行请求法院判令珠峰公司分配利润,无法律依据,不属于人民法院受理民事诉讼的范围,应予驳回。

裁定:驳回原告沈某某的起诉。

[简要评析]

利润分配方案应当由董事会拟定,股东大会批准。

利润分配首先应当弥补以前年度亏损,再提取 10% 法定公积金、任意提取公益金,然后才由董事会根据《公司法》、公司章程的有关规定分配红利。

按照《公司法》第 74 条的规定,如果公司公司连续五年不向股东分配利润,而公司该五年连续盈利,并且符合本法规定的分配利润条件的,对股东会该项决议投反对票的股东,可以请求公司按照合理的价格收购其股权。

▶ 案例7-2　上市公司股东大会的律师见证

河南世纪通律师事务所关于河南银鸽实业投资股份有限公司
2005 年第一次临时股东大会法律意见书

世纪通法意字[2005]第 023 号

致:河南银鸽实业投资股份有限公司

河南世纪通律师事务所(以下简称"本所")接受河南银鸽实业投资股份有限公司(以下简称"公司")的委托,指派律师(以下简称"本所律师")出席公司于 2005 年 8 月 16 日召开的 2005 年第一次临时股东大会。本所律师依据《中华人民共和国公司法》(以下简称《公司法》)、《中华人民共和国证券法》(以下简称《证券法》)、《上市公司股东大会规范意见》(以下简称《规范意见》)、《上海证券交易所上市规则》(以下简称《上市规则》)、《关于上市公司股权分置改革试点有关问题的通知》(以下简称《股权分置通知》)、《关于上市公司股权分置改革试点业务操作指引》(以下简称《操作指引》)、《关于加强社会公众股股东权益保护若干规定》(以下简称《若干规定》)、《上市公司股东大会网络投票工作指引》(以下简称《网络投票指引》)、《关于做好第二批上市公司股权分置改革试点工作有关问题的通知》以及《河南银鸽实业投资股份有限公司章程》(以下简称公司章程),对公司本次股东大会的召集和召开程序、出席会议人员资格、表决方式、表决程序的合法性、有效性进行了认真审查。本所律师根据知悉的相关事实和法律规定,按照律师行业公认的业务标准、道德规范和勤勉尽责精神,对本次股东大会所涉及的有关事项进行审查,对公司提供的文件进行了核查和验证,并据此进行了必要判断,出具了本法律意见书。

在本法律意见书中,本所律师根据《规范意见》的要求,对公司本次股东大会的召集、召开程序是否合法以及是否符合公司章程、出席会议人员资格的合法性、有效性和股东大会表决方式、表决程序的合法性、有效性发表意见。

公司已向本所保证为出具本法律意见书所提供的资料,是真实、完整、无重大遗漏的。

本法律意见书是本所律师根据出席本次股东大会所掌握的事实及公司提供的有关资料所发表的法律意见，本所律师同意将本法律意见书作为公司2005年第一次临时股东大会必备法律文件予以公告，并依法对此法律意见承担责任。

一、本次股东大会的召集、召开程序

（一）本次股东大会的召集程序

1. 2005年7月7日，公司召开了第五届董事会第三次临时会议，审议通过了《河南银鸽实业投资股份有限公司股权分置改革方案》，决定于2005年8月16日召开2005年第一次临时股东大会。并于2005年7月8日在《上海证券报》《中国证券报》《证券日报》《证券时报》及上海证券交易所网站上刊登了《河南银鸽实业投资股份有限公司关于召开2005年第一次临时股东大会的通知》。

2. 2005年7月17日，公司召开了第五届董事会第四次临时会议，审议通过了《关于修改公司股权分置改革方案的议案》，并于2005年7月18日分别在《中国证券报》《上海证券报》《证券时报》上刊登了《河南银鸽实业投资股份有限公司第五届董事会第四次临时会议决议暨2005年第一次临时股东大会修改提案公告》。

3. 2005年7月29日、8月5日、8月12日，公司分别在《上海证券报》《中国证券报》《证券时报》和上海证券交易所网站上对本次股东大会召开的相关事宜进行了3次催告通知。

4. 2005年7月29日、8月5日、8月12日，公司分别在《上海证券报》《中国证券报》《证券时报》和上海证券交易所网站上对独立董事征集投票权事宜进行了3次催示公告。

（二）本次股东大会的召开

1. 根据公司在指定媒体上的信息披露资料，公司董事会召开本次股东大会的通知已于股东大会召开前30日在指定报纸上进行了公告。

2. 本次临时股东大会会议通知主要内容中除了上海证券交易所《上市规则》要求的内容外，还根据《股权分置通知》及《操作指引》的规定，明确载明了以下内容：

（1）流通股股东具有的权利及主张权利的时间、条件和方式以及流通股股东参加投票表决的重要性。

（2）本次股东大会提供交易系统进行网络投票；公司流通股股东可于2005年8月10日至8月16日的9:30—11:30及13:00—15:00之间通过证券交易所交易系统进行网络投票。

（3）独立董事征集投票权的相关程序，主要包括征集对象、征集时间、方式及征集程序。

（4）公司股票将于本次临时股东大会股权登记日次一个交易日（2005年8月5日）起至股权分置改革实施公告期间连续停牌。

3. 本次股东大会于2005年8月16日下午14:00在漯河市人民东路95号公司工会二楼会议室召开,会议由董事长杨松贺主持。

本所律师认为,本次股东大会的召集与召开程序符合《公司法》《规范意见》《上市规则》及其他法律、法规、规范性文件以及公司章程的有关规定。

二、出席本次股东大会人员的资格

1. 本所律师根据对出席本次股东大会股东及股东代表的身份证明资料和授权委托证明的审查,证实上述股东均为股权登记日（2005年8月5日）在中国证券登记结算有限责任公司上海分公司登记在册的公司股东或其合法授权的委托代理人。出席本次股东大会现场会议的股东、股东代理人共计16名,共代表股份232 452 308股,占公司总股份的62.55%。

2. 根据上证所信息网络有限公司提供的数据,在有效时间内参与本次股东大会网络投票的流通股股东共3 916名,代表股份27 137 851股,占公司社会公众股股份总数的18.64%,占公司总股本的7.3%。

3. 除股东或股东代理人出席本次股东大会外,与会人员有公司董事、监事、董事会秘书、高级管理人员以及公司聘请的律师、保荐机构代表。

本所律师认为:出席本次股东大会的人员符合《公司法》《规范意见》《上市规则》及其他法律、法规、规范性文件以及公司章程的有关规定,合法有效。

三、本次股东大会的表决方式和表决结果

1. 本次股东大会仅有一项议案,即《公司股权分置改革方案》。

2. 本次股东大会对该项议案进行审议,会议采取现场投票和网络投票两种方式表决。

3. 出席本次股东大会现场会议的股东以记名投票方式对该议案进行了表决,表决时按照《规范意见》、公司章程的规定分别进行了监票、验票、计票。

4. 公司股东还通过证券交易所提供网络投票平台投票表决。本次股东大会网络投票的起止时间为2005年8月10日至2005年8月16日。在本次股东大会网络投票结束后,上证所信息网络有限公司提供了本次网络投票的表决权总数和统计数。

5. 本次股东大会投票表决结束后,公司合并统计了现场投票和网络投票的表决结果:

对本次股东大会议案投票表决的股东及股东代理人共计4 547名,代表股份259 590 159股,占公司股份总数的69.86%。同意股份为256 806 846股,占出席会议所有股东所持表决权的 98.93%；反对股份为 2 640 463 股，占出席会议所有股东所持表决权的 1.02%；弃权股份为 142 850 股，占出席会议所有股东所持表决权的 0.06%。

对本次股东大会议案投票表决的流通股东 4 543 名，代表股份 33 590 159 股，其中，同意股份为 30 806 846 股，占出席会议流通股股东所持表决权的 91.71%，反对股份为 2 640 463 股，占出席会议流通股股东所持表决权的 7.86%，弃权股份为 142 850 股，占出席会议流通股股东所持表决权的 0.43%。

本次股东大会审议的议案经全体参加表决的股东所持表决权股份总数的 2/3 以上同意，并经全体参加表决的流通股股东所持表决权股份总数的 2/3 以上同意，获得通过。

会议记录及决议由出席会议的公司董事签名。

本所律师认为：本次股东大会的表决方式和表决程序符合《公司法》《规范意见》《上市规则》及其他法律、法规、规范性文件以及公司章程的有关规定，合法有效。

四、结论意见

本所律师认为：公司本次临时股东大会的召集及召开程序、出席会议人员的资格和会议的表决方式、表决程序符合《公司法》《规范意见》《上市规则》等相关法律、法规和公司章程规定，本次股东大会通过的表决结果合法有效。

本法律意见书正本一份，副本两份。

河南世纪通律师事务所（盖章）
负责人：
经办律师：
二〇〇五年八月十六日

第二节 股东大会的召集与主持

【示范条款】

7.2.1 首次股东会的召集

公司首次股东大会会议由出资最多的股东召集和主持，依照本法规定行使职权。

7.2.2 临时会议的条件

有下列情形之一的，公司在事实发生之日起 [2] 个月以内召开临时股东大会：

1. 董事人数不足《公司法》规定的法定最低人数，或者少于章程所定人数的 2/3 时；

2. 公司未弥补的亏损达股本总额的 1/3 时；

3. 单独或者合并持有公司有表决权股份总数[10%]以上的股东书面请求时；

4. 董事会认为必要时；

5. 监事会提议召开时；

6. 公司章程规定的其他情形。

前述第 3 项持股股数按股东提出书面要求日计算。

7.2.3 董事会召集

董事会应当在本章程第 7.2.2 条规定的期限内召集股东大会。

7.2.4 独立董事提议召集

独立董事有权向董事会提议召开临时股东大会。对独立董事要求召开临时股东大会的提议，董事会应当根据法律、行政法规和公司章程的规定，在收到提议后[10]日内作出同意或不同意召开临时股东大会的书面反馈意见。

董事会同意召开临时股东大会的，应当在作出董事会决议后的[5]日内发出召开股东大会的通知；董事会不同意召开临时股东大会的，应当对提议的独立董事说明理由。

7.2.5 监事会提议召集

监事会有权向董事会提议召开临时股东大会，并应当以书面形式向董事会提出。监事会应当保证提案内容符合法律、法规和章程的规定。

董事会应当根据法律、行政法规和公司章程的规定，在收到提议后[10]日内作出同意或不同意召开临时股东大会的书面反馈意见。

董事会同意召开临时股东大会的，应当在作出董事会决议后的[5]日内发出召开股东大会的通知，通知中对原提议的变更，应当征得监事会的同意。

7.2.6 监事会自行召集

经监事会提议，董事会不同意召开临时股东大会，或者在收到监事会提议后[10]日内董事会未作出书面反馈的，视为董事会不能履行或者不履行召集股东大会会议职责，监事会可以自行召集和主持，会议地点应当在公司所在地。

7.2.7 股东提议召集

单独或者合计持有公司[10%]以上股份的普通股股东有权向董事会请求

召开临时股东大会,并应当以书面形式向董事会提出。提议股东应当保证提案内容符合法律、法规和章程的规定。

董事会应当根据法律、行政法规和公司章程的规定,在收到请求后[10]日内提出同意或不同意召开临时股东大会的书面反馈意见。

董事会同意召开临时股东大会的,应当在作出董事会决议后的[5]日内发出召开股东大会的通知,通知中对原请求的变更,应当征得相关股东的同意。

7.2.8 提议监事会召集

经股东提议,董事会不同意召开临时股东大会,或者在收到请求后[10]日内董事会未作出反馈的,单独或者合计持有公司[10%]以上股份的普通股股东有权向监事会提议召开临时股东大会,并应当以书面形式向监事会提出请求。

监事会同意召开临时股东大会的,应在收到请求后[5]日内发出召开股东大会的通知,通知中对原请求的变更,应当征得相关股东的同意。

7.2.9 股东自行召集

提议股东按照第 7.2.8 条规定提出后,监事会未在规定期限内发出股东大会通知的,视为监事会不召集和主持股东大会,连续[90]日以上单独或者合计持有公司[10%]以上股份的普通股股东可以自行召集和主持。

7.2.10 自行召集的告知

股东决定自行召集股东大会的,应书面通知董事会。在股东大会决议公告前,召集股东持股比例不得低于[10%]。自行召开临时股东大会通知的内容应当符合以下规定:

1. 提案内容不得增加新的内容,否则应按上述程序重新向董事会提出召开股东大会的请求;

2. 会议地点应当为公司所在地。

7.2.11 自行召集的配合

对于监事会或股东自行召集的股东大会,董事会和董事会秘书予以配合。董事会应当提供股权登记日的股东名册,董事会秘书出席会议。

7.2.12 自行召集的费用

监事会自行召集的股东大会,会议所必需的费用应由公司承担。

股东自行召集的股东大会,会议所必需的费用由公司董事会确定是否由公司支付。董事会未同意支付的,该次股东大会可以将本次会议费用是否应由公司支付作为一项单独议案。会议决议应由公司支付会议费用的,会议所必需的费用由公司承担。

7.2.13 年度会议与临时会议

股东大会分为股东年会和临时股东大会。股东年会每年至少召开 1 次,并应当于上一个会计年度结束之后的 6 个月之内举行。

[注释] 有限责任公司的会议期限可以自行选择。

7.2.14 审议事项

年度股东大会可以讨论公司章程规定的任何事项,临时股东大会只对该次会议的会议通知中列明的事项作出决议。

【本节条款解读】

由于股东大会不是常设机关,如何启动公司的最高权力机关,即股东大会的召集权是公司治理的重要环节,股东大会在满足一定的召集条件后,还须经由法定的召集权人进行召集方可有效。这样的规定,是为了防止股东或其他人任意干涉公司的正常经营,从而也可在根本上维护全体股东的利益。

一、董事会自行召集

董事会是由股东选举产生的董事组成的公司经营决策机构,最了解公司的情况,是股东大会会议最适合的召集人。董事会为股东大会会议的法定召集人,已经成为各国股东大会召集制度的一项基本原则。《德国股份公司法》第 121 条第 2 款规定:"董事会可以简单多数作出召集股东大会的决议。"《日本商法典》规定:"股东全会的召集,除本法或章程另有规定者外,由董事会决定。"我国《公司法》第 101 条规定:"股东大会会议由董事会召集……"第 104 条规定:"本法和公司章程规定公司转让、受让重大资产或者对外提供担保等事项必须经股东大会作出决议的,董事会应当及时召集股东大会会议……"

之所以由董事会为股东大会会议的法定召集人,这与董事会在公司机关中的独特地位与职能密不可分。董事会作为公司的常设机关,对内负责公司的日常经营决策,组织协调公司的各项工作;对外则代表公司执行业务。可以说,董事会是与公司的各项工作联系最为密切,对公司及股东利益影响最大的一个机关;对股东大会定期会议来讲,与会议有关的公司年度财务报告及其他重要的材料由董事会来备置;对股东大会临时会议来讲,一些涉及公司利益诸如公司是否出现亏损,公司董事人数是否符合法律或章程所规定的人数等事实,董事会也最为清楚。因此,将股东大会的召集权原则上赋予董事会,是必然的。

二、董事会经请求召开

事实上,由于股东大会与董事会存在相互制衡的关系,后者要对前者负责。因此,在特殊情况下,尤其是当董事会由于自身因素导致公司出现不利状况时,董事会很有可能会故意拖延,甚至不进行股东大会的召集。这时公司独立董事、监事会或者单独或者合计持有公司一定比例股份的普通股股东,有权提请董事会召集股东大会,董事会应当根据法律、行政法规和公司章程的规定,在收到提议后作出同意或不同意召开临时股东大会的书面反馈意见。

三、监事会自行召集

经监事会提议,董事会不同意召开临时股东大会,或者在收到监事会提议后董事会未作出书面反馈的,视为董事会不能履行或者不履行召集股东大会会议职责,监事会可以自行召集和主持。监事会是公司的监督机关,负责监督公司的日常经营活动以及对董事、经理等人员违反法律、章程的行为予以指正。所以应赋予监事会在董事会不能履行或者不履行召集股东大会会议职责时,行使召集股东大会的补充召集权。

四、符合条件的股东自行召集

经股东提议,董事会不同意召开临时股东大会,或者在收到请求后董事会未作出反馈的,单独或者合计持有公司一定比例股份的普通股股东有权向监事会提议召开临时股东大会,并应当以书面形式向监事会提出请求。

监事会未在规定期限内发出股东大会通知的,视为监事会不召集和主持股东大会,连续一定期限以上单独或者合计持有公司一定比例以上股份的普通股股东可以自行召集和主持。

股东是公司的出资者和公司财产的最终所有者,在股东会议不正常召开的情况下,应当赋予股东召集股东会议的权力,以维护其合法权益。同时,由于股份有限公司股东人数较多、股权分散,如果赋予每一股东此项权力而不给予必要的限制,可能影响公司的正常经营,甚至导致公司组织机构和运营的混乱。因此,股份有限公司股东召集股东大会会议的限制性条件:一是必须单独或者合计持有公司10%以上股份;二是必须连续持股90日以上;三是必须是在出现应当召开股东大会的情形,而董事会、监事会均不履行其召集股东大会会议的义务时,上述股东才能自行召集。

【本节法律依据】

❶ 江苏省高级人民法院《关于审理适用公司法案件若干问题的意见(试行)》(2003年6月13日 苏高法审委[2003]2号)

71. 股东请求公司董事会召集定期股东会、股东大会年会或临时会议的,应当符合公司法第四十二条、四十三条、一百零四条或一百零五条的规定。

72. 原告的诉讼请求成立的,人民法院应判决公司董事会在规定的期限内召集股东(大)会,公司董事会拒不召集的,由原告召集股东(大)会,主持人由原告推举的股东担任,召集费用由公司负担。

第三节 股东大会的通知

【示范条款】

7.3.1 会议通知

公司召开股东大会,董事会应当在会议召开30日以前通知股东。

7.3.2 通讯表决的限制

年度股东大会和应股东或监事会的要求提议召开的股东大会,不得采取通讯表决方式:

1. 公司增加或者减少注册资本;
2. 发行公司债券;
3. 公司的分立、合并、解散和清算;
4. 公司章程的修改;
5. 利润分配方案和弥补亏损方案;
6. 董事会和监事会成员的任免;
7. 变更募股资金投向;
8. 需股东大会审议的关联交易;
9. 需股东大会审议的收购或出售资产事项;
10. 变更会计师事务所。

董事会召集的临时股东大会审议上述议案时,不得采取通讯表决方式。

[注释1] 这里的通讯方式是指不召开现场会议,在召开现场会议的同时,采取其他网络方式或快递方式的不在此列。

7.3.3 通知内容

股东大会的通知包括以下内容：

1. 会议的时间、地点、召开方式和会议期限；

2. 提交会议审议的事项和提案；

3. 以明显的文字说明：全体股东均有权出席股东大会，并可以书面委托代理人出席会议和参加表决，该股东代理人不必是公司的股东；

4. 有权出席股东大会股东的股权登记日；

5. 投票代理委托书的送达时间和地点；

6. 会务常设联系人姓名，电话号码。

[注释] 股东大会通知和补充通知中应当充分、完整披露所有提案的全部具体内容。拟讨论的事项需要独立董事发表意见的，发布股东大会通知或补充通知时，将同时披露独立董事的意见及理由。

7.3.4 网络形式应提示

股东大会采用网络或其他方式的，应当在股东大会通知中明确载明网络或其他方式的表决时间及表决程序。

7.3.5 股权登记日的选定

股权登记日与会议日期之间的间隔应当不多于[7]个工作日。股权登记日一旦确认，不得变更。

7.3.6 股东会提案

股东大会提案应当符合下列条件：

1. 内容与法律、行政法规和本章程的规定不相抵触；

2. 属于股东大会职权范围；

3. 有明确议题和具体决议事项；

4. 以书面形式提交或者送达召集人。

7.3.7 通知地址

通知以股东名册登记地址为准，不因邮件的非签收或者未能实际送达而影响会议的召开及会议决议的效力。

送达时间以邮寄送达之日为准，邮件退回的以退回之日为准，其他实际送达的以交付邮寄之日为准。

7.3.8 提案的提出

公司召开股东大会，董事会、监事会以及单独或者合并持有公司[3%]以上股份的股东,有权向公司提出提案。

单独或者合计持有公司[3%]以上股份的股东,可以在股东大会召开[10]日前提出临时提案并书面提交召集人。召集人应当在收到提案后[2]日内发出股东大会补充通知,公告临时提案的内容。除前款规定的情形外,召集人在发出股东大会通知公告后,不得修改股东大会通知中已列明的提案或增加新的提案。

股东大会通知中未列明或不符合本章程第7.4.1条规定的提案,股东大会不得进行表决并作出决议。

7.3.9 通知的时间

召集人将在年度股东大会召开[20]日前以公告方式通知各股东,临时股东大会将于会议召开[15]日前以公告方式通知各股东。

[注释] 公司在计算起始期限时,不应当包括会议召开当日。公司可以根据实际情况,决定是否在章程中规定催告程序。

7.3.10 股东会延期

发出股东大会通知后,无正当理由,股东大会不应延期或取消,股东大会通知中列明的提案不应取消。一旦出现延期或取消的情形,召集人应当在原定召开日前至少两个工作日公告并说明原因。

【本节条款解读】

股权登记日应当确定,由于公司股权的可转让性,公司的股东名单是一个变量,特别是交易活跃的上市公司,不同日期的股东名单是完全不同的。为确定具体的某一股东大会的有参会权和表决权的股东,就需要确定一个明确的股东名册时点,在该时点在册的股东具有该次股东大会的参会权和表决权。这个日期称为"股权登记日"。由于股权登记日确定后,有表决权的股东也就确定下来。如果任意地变更股权登记日,会使公司的表决权控制人一直存在一个不确定状态,利益相关者可以通过变更股权登记日,回避对自己不利的股东表决。这样也会给利益相关者营造了操纵表决权的机会,所以在确定股东大会的召开后,应当通知确定一个股东登记日,并且该股权登记日除非特殊情况,不得任意变更。

《美国标准公司法》允许在股东大会推迟超过120日时,变更股权登记日。《美国标准公司法》第7.07节[①]:A. 章程细则可以为一个或者多个类别股东确定登记日或者规定确定登记日的方法,以便决定有权获得股东会议通知、要求召开特

---

① 参见沈四宝编译:《最新美国公司法》,法律出版社2006年3月第1版,第68页。

别会议、投票表决或者有权采取任何其他行为的股东。如果章程细则没有确定股东登记日或者规定股东登记日的方法,公司董事会可以确定一个未来的日期作为登记日。B. 根据本节所确定的股东登记日不得早于要求股东决定的会议或者行为之前 70 日。C. 有权获得会议通知或者在股东会议上投票的股东作出的决定,对任何变更后的会议均有效,除非公司董事会确定新的登记日。如果变更后的会议日距前次会议原定日期超过 120 日,则董事会必须重新确定登记日。

第四节 股东大会提案

【示范条款】

7.4.1 提案要求

提案的内容应当属于股东大会职权范围,有明确议题和具体决议事项,并且符合法律、行政法规和公司章程的有关规定。

7.4.2 修改提案

股东大会会议通知发出后,董事会不得再提出会议通知中未列出事项的新提案,原有提案的修改,应当在股东大会召开的前[15]天通知,否则,会议召开日期应当顺延,保证至少有[15]天的间隔期。

7.4.3 对提案的审核

董事会在收到监事会的书面提议后应当在[15]日内发出召开股东大会的通知,召开程序应符合公司章程的规定。

对于提议股东要求召开股东大会的书面提案,董事会应当依据法律、法规和《公司章程》决定是否召开股东大会。董事会决议应当在收到前述书面提议后十五日内反馈给提议股东。

7.4.4 临时提案

召开年度股东大会,单独持有或者合并持有公司有表决权总数[5%]以上的股东或者监事会可以提出临时提案。

临时提案如果属于董事会会议通知中未列出的新事项,提案人应当在股东大会召开前[10]天将提案递交董事会,并由董事会审核后公告。

第一大股东提出新的分配提案时,应当在年度股东大会召开的前[10]天提交董事会并由董事会公告,不足[10]天的,第一大股东不得在本次年度股东大会提出新的分配提案。

除此以外的提案,提案人可以提前将提案递交董事会并由董事会公告,也可以直接在年度股东大会上提出。

7.4.5 提案审核

对于前条所述的年度股东大会临时提案,董事会按以下原则对提案进行审核:

1. 关联性。董事会对股东提案进行审核,对于股东提案涉及事项与公司有直接关系,并且不超出法律、法规和章程规定的股东大会职权范围的,应提交股东大会讨论。对于不符合上述要求的,不提交股东大会讨论。如果董事会决定不将股东提案提交股东大会表决,应当在该次股东大会上进行解释和说明。

2. 程序性。董事会可以对股东提案涉及的程序性问题作出决定。如将提案进行分拆或合并表决,需征得原提案人同意;原提案人不同意变更的,股东大会会议主持人可就程序性问题提请股东大会作出决定,并按照股东大会决定的程序进行讨论。

7.4.6 涉及资产价值的提案

提出涉及投资、财产处置和收购兼并等提案的,应当充分说明该事项的详情,包括:涉及金额、价格(或计价方法)、资产的账面值、对公司的影响、审批情况等。如果按照有关规定需进行资产评估、审计或出具独立财务顾问报告的,董事会应当在股东大会召开前至少[5]个工作日公布资产评估情况、审计结果或独立财务顾问报告。

7.4.7 利润分配方案

董事会审议通过年度报告后,应当对利润分配方案作出决议,并作为年度股东大会的提案。董事会在提出资本公积转增股本方案时,需详细说明转增原因,并在公告中披露。董事会在公告股份派送或资本公积转增方案时,应披露送转前后对比的每股收益和每股净资产以及对公司今后发展的影响。

【本节条款解读】

一、股东提案权

股东提案权是指股东可以向股东大会提出供大会审议或表决的议题或者议案的权利。该项权利能够保证少数股东将其关心的问题提交给股东大会讨论,有助于提高少数股东在股东大会中的主体地位,实现对公司经营的决策参与、监督与纠正作用。

为了保护中小股东的利益,解决实际中出现的上述问题,也为了防止大股东的任意作为,法律专门设立了中小股东股东大会提案权制度。《公司法》第102条规定:"单独或者合计持有公司3%以上股份的股东,可以在股东大会召开十日前提出临时提案并书面提交董事会。董事会应当在收到提案后二日内通知其他股东,并将该临时提案提交股东大会审议。临时提案的内容应当属于股东大会的职权范围,并有明确议题和具体决议事项。"这样既能保证小股东能够有机会提出议案,同时,也能确保股东大会及其他股东有充分的时间审议、表决议案。

二、股东大会提案的要求

提案的内容应当属于股东大会职权范围,有明确议题和具体决议事项,并且符合法律、行政法规和公司章程的有关规定。董事会应当按照以下原则对提案进行审核:

1. 关联性

董事会对股东提案进行审核,对于股东提案涉及事项与公司有直接关系,并且不超出法律、法规和章程规定的股东大会职权范围的,应提交股东大会讨论。对于不符合上述要求的,不提交股东大会讨论。如果董事会决定不将股东提案提交股东大会表决,应当在该次股东大会上进行解释和说明。

2. 程序性

董事会可以对股东提案涉及的程序性问题作出决定。如将提案进行分拆或合并表决,需征得原提案人的同意;原提案人不同意变更的,股东大会会议主持人可就程序性问题提请股东大会作出决定,并按照股东大会决定的程序进行讨论。

第五节　股东大会的召开

【示范条款】

7.5.1　会议秩序的保障

公司董事会和其他召集人应采取必要措施,保证股东大会的正常秩序。对于干扰股东大会、寻衅滋事和侵犯股东合法权益的行为,应采取措施加以制止并及时报告有关部门查处。

7.5.2　出席表决

公司股东或其代理人均有权出席股东大会,并依照有关法律、行政法规、部门规章及本章程行使表决权。

股东可以亲自出席股东大会,也可以委托代理人代为出席和表决。

7.5.3　亲自出席

个人股东亲自出席会议的,应出示本人身份证或其他能够表明其身份的有效证件或证明;委托代理他人出席会议的,应出示本人有效身份证件、股东授权委托书。

法人股东应由法定代表人或者法定代表人委托的代理人出席会议。法定代表人出席会议的,应出示本人身份证、能证明其具有法定代表人资格的有效证明;委托代理人出席会议的,代理人应出示本人身份证、法人股东单位的法定代表人依法出具的书面授权委托书。

7.5.4 委托出席

股东出具的委托他人出席股东大会的授权委托书应当载明下列内容:

1. 代理人的姓名;
2. 是否具有表决权;
3. 分别对列入股东大会议程的每一审议事项投赞成、反对或弃权票的指示;
4. 委托书签发日期和有效期限;
5. 委托人签名(或盖章)。委托人为法人股东的,应加盖法人单位印章。

委托书应当注明如果股东不作具体指示,股东代理人是否可以按自己的意思表决。

7.5.5 转委托

代理投票授权委托书由委托人授权他人签署的,授权签署的授权书或者其他授权文件应当经过公证。投票代理委托书和经公证的授权书或者其他授权文件,均需备置于公司住所或者会议通知指定的其他地方。

委托人为法人的,由其法定代表人或者董事会、其他决策机构决议授权的人作为代表出席公司的股东大会会议。

7.5.6 会议登记册

出席会议人员的会议登记册由公司负责制作。会议登记册应载明会议人员姓名(或单位名称)、身份证号码、住所地址、持有或者代表有表决权的股份数额、被代理人姓名(或单位名称)等事项。

7.5.7 参会资格验证

召集人和会议聘请的律师应依据股东名册共同对股东资格的合法性进行验证,并登记股东姓名(或名称)及其所持有表决权的股份数。在会议主持人宣布现场出席会议的股东和代理人人数及所持有表决权的股份总数之前,会议登记应当终止。

7.5.8 出席列席人员

股东大会召开时,公司董事、监事和董事会秘书应当出席会议,总经理及其他高级管理人员应当列席会议。

7.5.9 通常会议主持

股东大会会议由董事会依法召集,由董事长主持。董事长因故不能履行职务时,由董事长指定的董事主持;董事长未指定人选的,董事会指定一名董事主持会议;董事会未指定会议主持人的,由出席会议的股东共同推举一名股东主持会议;如果因任何理由,股东无法主持会议,应当由出席会议的持有最多表决权股份的股东(或股东代理人)主持。

7.5.10 会议的主持

董事会召集的股东大会由董事长主持。董事长不能履行职务或不履行职务时,由副董事长主持,副董事长不能履行职务或者不履行职务时,由半数以上董事共同推举的一名董事主持。

监事会自行召集的股东大会,由监事会主席主持。监事会主席不能履行职务或不履行职务时,由半数以上监事共同推举的一名监事主持。

股东自行召集的股东大会,由召集人推举代表主持。

7.5.11 主持人变更

召开股东大会时,会议主持人违反议事规则使股东大会无法继续进行的,经现场出席股东大会有表决权过半数的股东同意,股东大会可推举一人担任会议主持人,继续开会。

7.5.12 股东召集的特殊情况

董事会未能指定董事主持股东大会的,由提议股东主持;提议股东应当聘请律师,按照第 7.1.4 条的规定出具法律意见,律师费用由提议股东自行承担;董事会秘书应切实履行职责,其召开程序应当符合公司章程的规定。

7.5.13 会议议事规则

公司制定股东大会议事规则,详细规定股东大会的召开和表决程序,包括通知、登记、提案的审议、投票、计票、表决结果的宣布、会议决议的形成、会议记录及其签署、公告等内容,以及股东大会对董事会的授权原则,授权内容应明确具体。

股东大会议事规则应作为章程的附件,由董事会拟定,股东大会批准。

7.5.14 是否一股一票

(有限责任公司)投票权股东(包括股东代理人)以其所代表的有表决权的出资数额行使表决权,每一元出资份额享有一票表决权。

(股份有限公司)股东(包括股东代理人)以其所代表的有表决权的股份数额行使表决权,每一股份享有一票表决权。

公司持有的本公司股份没有表决权,且该部分股份不计入出席股东大会有表决权的股份总数。

[注释] 有限责任公司如在本章程第6.10.1条规定有股东的特别表决权,应当按照第6.10.1条规定。

7.5.15 网络投票

公司应在保证股东大会合法、有效的前提下,通过各种方式和途径,优先提供网络形式的投票平台等现代信息技术手段,为股东参加股东大会提供便利。

7.5.16 逐项表决

除累积投票制外,股东大会将对所有提案进行逐项表决,对同一事项有不同提案的,将按提案提出的时间顺序进行表决。除因不可抗力等特殊原因导致股东大会中止或不能作出决议外,股东大会将不会对提案进行搁置或不予表决。

7.5.17 议案的修改

股东大会审议提案时,不会对提案进行修改,因此,有关变更应当被视为一个新的提案,不能在本次股东大会上进行表决。

7.5.18 现场投票与网络投票

同一表决权只能选择现场、网络或其他表决方式中的一种。同一表决权出现重复表决的以[最后一次]投票结果为准。

[注释] 为避免股东表决频繁变化,影响公司统计的效率性,也可以不以"最后一次"投票结果为准。如规定以"第一次"投票结果为准,即投票表决不可修改、撤销。上市公司的《上市公司股东大会规则》第35条就规定:同一表决权只能选择现场、网络或其他表决方式中的一种。同一表决权出现重复表决的,以第一次投票结果为准。

7.5.19 记名投票

股东大会采取记名方式投票表决。

7.5.20 计票监票

股东大会对提案进行表决前,应当推举两名股东代表参加计票和监票。审议事项与股东有利害关系的,相关股东及代理人不得参加计票、监票。股东大会对提案进行表决时,应当由律师、股东代表与监事代表共同负责计票、监票,并当场公布表决结果,决议的表决结果载入会议记录。通过网络或其他方式投票的公司股东或其代理人,有权通过相应的投票系统查验自己的投票结果。

7.5.21 现场结束时间

股东大会现场结束时间不得早于网络或其他方式,会议主持人应当宣布每一提案的表决情况和结果,并根据表决结果宣布提案是否通过。在正式公布表决结果前,股东大会现场、网络及其他表决方式中所涉及的公司、计票人、监票人、主要股东、网络服务方等相关各方对表决情况均负有保密义务。

7.5.22 投票意见类型

出席股东大会的股东,应当对提交表决的提案发表以下意见之一:同意、反对或弃权。

未填、错填、字迹无法辨认的表决票、未投的表决票均视为投票人放弃表决权利,其所持股份数的表决结果应计为"弃权"。"弃权"不属于"同意"票。

7.5.23 投票异议

会议主持人如果对提交表决的决议结果有任何怀疑,可以对所投票数组织点票;如果会议主持人未进行点票,出席会议的股东或者股东代理人对会议主持人宣布结果有异议的,有权在宣布表决结果后立即要求点票,会议主持人应当立即组织点票。

7.5.24 决议内容

(上市公司)股东大会决议应当及时公告,公告中应列明出席会议的股东和代理人人数、所持有表决权的股份总数及占公司有表决权股份总数的比例、表决方式、每项提案的表决结果和通过的各项决议的详细内容。

7.5.25 述职报告

在年度股东大会上,董事会、监事会应当就其过去一年的工作向股东大会作出报告。每名独立董事也应作出述职报告。

7.5.26 股东质询和建议

董事、监事、高级管理人员在股东大会上应就股东的质询和建议作出解释和说明。

7.5.27 表决权出席情况

会议主持人应当在表决前宣布现场出席会议的股东和代理人人数及所持有表决权的股份总数,现场出席会议的股东和代理人人数及所持有表决权的股份总数以会议登记为准。

7.5.28 会议记录

股东大会应有会议记录,由董事会秘书负责。会议记录记载以下内容:

1. 会议时间、地点、议程和召集人姓名或名称;
2. 会议主持人以及出席或列席会议的董事、监事、高级管理人员姓名;

3. 出席会议的股东和代理人人数、所持有表决权的股份总数及占公司股份总数的比例；

4. 对每一提案的审议经过、发言要点和表决结果；

5. 股东的质询意见或建议以及相应的答复或说明；

6. 会议聘请的律师及计票人、监票人姓名；

7. 本章程规定应当载入会议记录的其他内容。

监事会、股东召集的股东大会，董事会秘书不参加会议或者参加会议但不记载会议记录的，由会议主持人指定的人员记录。

7.5.29 会议档案

召集人应当保证会议记录内容真实、准确和完整。出席会议的董事、监事、董事会秘书、召集人或其代表、会议主持人以及会议主持人指定的记录人应当在会议记录上签名。会议记录应当与现场出席股东的会议登记册及代理出席的委托书、其他方式表决情况的有效资料一并保存，保存期限为[10]年。

[注释] 公司应当根据具体情况，在章程中规定股东大会会议记录的保管期限。

7.5.30 形成决议

召集人应当保证股东大会连续举行，直至形成最终决议。

因不可抗力等特殊原因导致股东大会中止或不能作出决议的，应采取必要措施尽快恢复召开股东大会或直接终止本次股东大会，并及时通知各股东。

7.5.31 会议公证

对股东大会到会人数、参会股东持有的股份数额、授权委托书、每一表决事项的表决结果、会议记录、会议程序的合法性等事项，可以进行公证。

【本节条款解读】

1. 有限公司可以设定"到会表决权 50% 以上"之条款

由于有限公司的小型性和封闭性，为提高公司股东的到会比例，可以设定"到会表决权 50% 以上"之条款。如章程规定："拟出席股东会的股东，应当于会议召开[10]日前，将出席会议的书面回复送达公司。公司根据股东会召开前[10]日时收到的书面回复，计算拟出席会议的股东所代表的有表决权的股权额。拟出席会议的股东所代表的有表决权的股权数达到公司有表决权的股权总数[1/2]以上的，公司可以召开股东会；达不到的，公司在[5]日之内将会议拟审议的事项、开会日期和地点以公告形式再次通知股东，经公告通知，公司可以召开股东会"。

2. 股份公司不宜设定"到会表决权50%以上"之条款

由于股份公司是开放性的,股东股权可以随时转让,相比有限公司,股份公司的股东可以更方便地行使"用脚投票"①的权利。所以在实践中,股份公司在公司治理中"搭便车"现象比较普遍,公司应当允许股东的这种"搭便车"权利,即股东有出席会议的权利,也有不出席会议的权利;有参与决策的权利,也有不参与决策的权利。由于会议的议题是提前告知的,所以股东可以关心和重视他自己认为重要的议题,也可以"漠不关心"他们认为不重要的议题。在股份公司中一般也不再设定"到会表决权50%以上"之条款,这样可以兼顾股东利益的保护和公司运营的效率。

3. 董事会召集的会议由董事长主持

在股东大会会议由董事会召集时,董事长为主持人;董事长不能履行职务或者不履行职务的,由副董事长主持;副董事长不能履行职务或者不履行职务的,由半数以上董事共同推举一名董事主持。

董事会是公司的经营决策和业务执行机构,它决定了由股东大会决定以外的重要事项,所以,股东大会应当由董事会召集,即由董事会依法决定股东大会的举行及有关会议召开的各具体事项,如决定召开的时间、地点、将要作出决议的事项等,并依法通知各股东,使股东能够集中起来举行会议。

4. 监事会召集的由监事会主席主持

在董事会不能履行或者不履行召集股东大会职责时,监事会应当及时召集和主持股东大会。监事会是股份有限公司的监督机构,代表的是公司及其股东的整体利益。所以,在公司及其股东、职工的利益因股东大会无法召开而得不到有效保障时,公司的监事会应当从维护公司及其股东、职工的利益出发召集股东大会。

在监事会召集股东大会会议时,应当由监事会主席为主持人。

5. 提议股东召集的由提议股东主持

在监事会不召集和主持时,连续90日以上单独或者合计持有公司10%以上股份的股东可以自行召集和主持股东大会。股东大会的召集和主持在穷尽其他途径而未能实现时,在一定时期内持有公司一定数量股份的股东可以自行召集和主持股东大会,从而保障公司股东的利益。

在连续90日以上单独或者合计持有公司10%以上股份的股东自行召集股东大会会议时,召集会议的股东为主持人;召集会议的股东为数人时,该数人为共同

---

① "用脚投票",意指股东在对管理层不满、不同意公司的政策、不看好公司的发展时,不是通过股东表决权、诉讼权保护自己的股东利益,而是通过行使股权转让权,通过转让自己的股权的形式,脱离公司。

主持人或者推举其中一人履行主持人职责。

6. 会议地点

由于董事会召集会议是常态,所以具体的会议召开地点可以是公司办公地或者公司注册地,也可以由董事会具体另行选定。而对于监事会召集和提议股东召集,为方便全体股东,以及董事、高级管理人员的到会,应当在公司办公地或者公司注册地召开。避免在多方意见不一致的情况下,召集人通过选择会议地点给其他有权参会人员的到会制造障碍、或者带来不便。

7. 现场会议结束不得早于其他形式

在同时使用现场会议和网络会议等其他形式的会议时,现场会议的结束不得早于其他形式,保障现场会议的结束就是整体会议的结束。其中,会议的表决统计应当在现场会议宣布,对宣布有异议的股东,可以要求当场验票复核。

第六节　董事监事的选举

【示范条款】

7.6.1　候选人提案

董事、监事候选人名单以提案的方式提请股东大会决议。

持有或者合并持有公司有表决权股份总数的[5%]以上的股东,可以以提案的方式提名董事、监事候选人。提名董事、监事候选人的提案,应当在股东大会召开前[10]日内提交董事会,同时,应当向董事会提供董事、监事候选人的简历和基本情况。

董事会应当向股东提供候选董事、监事的简历和基本情况。

7.6.2　候选人简历说明

董事、监事候选人名单以提案的方式提请股东大会决议。

除涉及个人隐私的事情外,候选董事、监事应当如实陈述其简历和基本情况,但是股东不得向外泄露其情况。

7.6.3　候选人同意提名

董事候选人应在股东大会召开之前作出书面承诺,同意接受提名,承诺公开披露的董事候选人的资料真实、完整,并保证当选后切实履行董事职责。

7.6.4　候选人情况

股东大会拟讨论董事、监事选举事项的,股东大会通知中将充分披露董事、监事候选人的详细资料,至少包括以下内容:

1. 教育背景、工作经历、兼职等个人情况;
2. 与本公司或本公司的控股股东及实际控制人是否存在关联关系;
3. 披露持有本公司股份数量;
4. 是否受过有关部门的处罚和惩戒。

除采取累积投票制选举董事、监事外,每位董事、监事候选人应当以单项提案提出。

7.6.5 候选人名单

董事、监事候选人名单以提案的方式提请股东大会表决,董事会应当向股东公告候选董事、监事的简历和基本情况。

股东大会就选举董事、监事进行表决时,根据本章程的规定或者股东大会的决议,[可以]实行累积投票制。

前款所称累积投票制,是指股东大会选举董事或者监事时,每一股份拥有与应选董事或者监事人数相同的表决权,股东拥有的表决权可以集中使用。

[注释] 公司应当在章程中规定董事、监事提名的方式和程序,以及累积投票制的相关事宜。

7.6.6 候选人情况

股东大会通过有关董事、监事选举提案的,新任董事、监事就任时间在[就任时间]。

[注释] 新任董事、监事就任时间一般应为股东大会决议通过后,即行就任。其他确认方式应在公司章程中予以明确。

7.6.7 累积投票制

在累积投票制下,股东大会选举两名以上董事或监事时,股东所持的每一股份拥有与应选董事或监事总人数相等的投票权,股东既可以使用所有的投票权集中投票选举一人,也可以分散投票选举数人,按得票多少决定董事或监事人选。

若因两名或两名以上候选人的票数相同,不能决定其中当选者时,应对该票数相同的未当选候选人,按照董事会或者监事会缺额人数进行下一轮次的选举。下一轮次选举,仍为累积投票制,股东所持的每一股份拥有与该轮次选举董事会或者监事会缺额人数相等的投票权,股东既可以使用所有的投票权集中选举该票数相同的未当选候选人中一人,也可以分散选举该票数相同的未当选候选人,按得票多少决定董事或监事人选。

【本节条款解读】

1. 累积投票制的概念

累积投票制,是指在股东大会选举两名以上的董事或者监事时的一种投票权制度。这时,股东所持有的每一股份均拥有与当选的董事或者监事总人数相等的投票权票数,股东既可把所有的投票权票数集中投票选举一人,亦可以分散投票选举数人,最后按得投票权票数的多少,决定董事和监事的当选。

独立董事制度起源于20世纪30年代的美国,现在在美国上市公司的董事会席位中,独立董事席位大约为2/3。作为美国公司法代表的《美国特拉华州普通公司法》第214条①规定:"公司章程大纲可以规定,所有公司董事选举中,或者指定情形的选举中,每个股份持有人,或者任何一个或者多个类别,或者任何一个或者多个系列的股份持有人享有的表决票数,等于持有人根据其股份份额享有的董事选举的表决票数乘以持有人将选举的董事数量,且持有人可以将享有的所有票数投向一个候选人,也可以在候选人总数中分配,或者自行选择投向两个或者两个以上的候选人。"

2. 累积投票制的意义

累积投票制可以有效防止大股东利用表决权优势垄断或者操纵董事和监事的选举,矫正"一股一票、简单多数"表决制度的弊端。使小股东能够通过"确保重点、局部集中"的方式将代表其利益的代言人选入董事会或者监事会,避免大股东垄断董事会、监事会。累积投票制可以缓冲大股东对公司的优势控制,在一定程度上平衡小股东与大股东之间的利益关系,增强小股东在公司治理中的话语权,这是"一股一票、简单多数"的普通投票制所无法比拟的。

例如,某公司共100股,有甲股东持51%共51股、乙股东持49%共49股,董事会由5名董事组成。

在普通投票制中,现进行股东会选举董事,甲股东提名A、B、C共3名候选人,乙股东提名α、β共2名候选人。投票结果:甲股东提名的A得票51票当选、B得票51票当选、C得票51票当选;乙股东提名的α得票49票未当选、β得票49票未当选。缺额两名董事,需要进行第二轮选举。

在第二轮选举中,甲股东提名D、E共两名候选人,乙股东提名γ、δ共两名候选人。第二轮投票结果:甲股东提名的D得票51票当选、E得票51票当选,乙股东提名的γ得票49票未当选、δ得票49票未当选。

---

① 徐文彬等译:《特拉华州普通公司法》,中国法制出版社2010年9月第1版,第85页。

在普通投票制中最后的选举结果是,董事会由 A、B、C、D、E 5 名董事构成,均为甲股东提名,董事会成了甲股东的"一言堂"。在极端不友好的股东关系环境下,即使是持股 49% 的股东,也无法在公司中获得任何的"话语权"。

仍按照上述例子,在累积投票制中进行股东会选举董事时,甲股东提名 A、B、C 共 3 名候选人,乙股东提名 α、β 共两名候选人。按照累积投票规则,甲股东得到 $51 \times 5 = 255$ 张选票,乙股东得到 $49 \times 5 = 245$ 张选票。投票结果:甲股东提名的 A 得票 85 票、B 得票 85 票、C 得票 85 票;乙股东提名的 α 得票 123 票、β 得票 122 票。按照得票次序为 α、β、A、B、C,前五名当选。

在普通投票制中最后的选举结果是,董事会由 α、β、A、B、C 5 名董事构成,其中 A、B、C 为甲股东提名,α、β 为乙股东提名。

3. 累积投票制下选举特定董事的所需股份数

仍按照上述例子,乙股东提名的 α 得票 123 票、甲股东提名 A 得票 85 票,α 超出 A 38 票,明显的选票超额,确保 1 名董事当选,最低所需的股份数额是多少呢?

美国公司法学者威廉姆斯和康贝尔阿七 20 世纪 50 年代已经给出了选举特定董事所需股份数额的公式:[①]

最低股份数 X = (表决权总 Y 额 × 欲获得的董事席位数额 n)/(董事会董事席位总额 N + 1) + 1。

即 $X = (Y \times n)/(N+1) + 1$。

其中,X 应当取大于等于"$(Y \times n)/(N+1) + 1$"的最小整数。

仍按照上述例子,小股东乙,如欲选举得到两名董事席位,则需要最低持股 $X = (100 \times 2)/(5+1) + 1 = 34.333333$,X 应取值为 35。即乙股东只要持有 35% 的股权就可以在总股数 100 股、董事会 5 名董事席位总额的公司中,获得两名董事席位。

4. 累积投票制下既定股份数能选出的董事数目

仍按照上述例子,乙股东提名的 α 得票 123 票、甲股东提名 A 得票 85 票,α 超出 A 共计 38 票。乙股东提名 3 名候选人能否全部当选呢?乙股东在持股 49 股既定的情况下,能够获得多少席位呢?

也就是说,在股东所持有的股份,包括通过合并持股、收购委托书等方式,最后实际控制的表决权已经确定。这时股东在制定投票策略时,有必要核算一下自己能够选出的具体董事席位数。

仍按照上述公式,作一转换就可以得出既定股份情况下所能选出的董事席位。

[①] 参见刘俊海:《新公司法的制度创新:立法争点与解释难点》,法律出版社 2006 年 11 月第 1 版,第 285 页。

既定股份数能够选出的董事席位数额 Z = (董事会董事席位总额 N + 1)(实际控制的表决票数 S – 1)/ 表决权总额 Y。

即 Z = (N + 1)(S – 1)/Y。

其中,Z 应当取小于"(N + 1)(S – 1)/Y"的最大整数。

仍按照上述例子,小股东乙,在既定持股 49 股的情况下,能够获得 Z = (5 + 1)(49 – 1)/100 = 2.88,Z 应取值为 2。即乙股东在持有 49% 的股权的情况下,在总股数 100 股、董事会 5 名董事席位名额的公司中,可以获得 2 名董事席位。与我们习惯上理解的董事席位分配是一致的。

5. 累积投票制下大股东选举失败

我们对上述例子稍做改动,例如:某公司共 100 股,甲股东持 51% 共 51 股、乙股东持 1% 共 1 股、丙股东持 1% 共 1 股、丁股东持 1% 共 1 股…………(共计 49 名小股东每人 1 股),董事会由 5 名董事组成。

甲股东认为在公司持有 51% 的股权已经是很高的持股比例,认为能够全面控制董事会的选举。在董事选举中,甲股东提名 A、B、C、D、E 共 5 名董事候选人,乙股东提名 α、β、γ 共 3 名董事候选人,并联合了 49 名小股东的投票权。甲股东对 49 名小股东联合投票达成一致这一情况并不知晓。

选举投票开始,按照累积投票规则,甲股东得到 51 × 5 = 255 张选票,乙股东得到 1 × 5 = 5 张选票、丙股东得到 1 × 5 = 5 张选票、丁股东得到 1 × 5 = 5 张选票………(共计 49 名小股东每人得到 1 × 5 = 5 张选票,49 小股东总计得到 49 × 5 = 245 张选票)。

投票结果:甲股东提名的 A 得票 51 票、B 得票 51 票、C 得票 51 票、D 得票 51 票、E 得票 51 票;乙股东提名的 α 得票 82 票、β 得票 82 票、γ 得票 81 票(245 = 82 + 82 + 81)。按照得票次序为 α、β、γ 前三名当选。A、B、C、D、E 均为得票 51 票,进入第二轮选举。

第二轮选举中,补选两名董事,甲股东得到 51 × 2 = 102 张选票,49 名小股东得到 49 × 2 = 98 张选票、候选人为第一轮的 5 位票数相同者 A、B、C、D、E。

第二轮投票结果:A 得票 51 票、B 得票 51 票、E 得票 98 票。按照得票次序为 E 当选,A、B 进入第三轮选举。

第三轮投票结果:A 得票 51 票、B 得票 49 票。按照得票次序为 A 当选。

最后公司董事会构成为 α、β、γ、E、A 5 名董事,甲股东只获得了两名董事席位,并且甲股东第二次序推荐的 B 董事候选人也未能当选,甲股东的董事会筹划完全落空,因此大股东的选举失败。

【本节法律依据】

❶《上市公司治理准则》(中国证监会2002年1月7日 证监发[2002]1号)

第31条 在董事的选举过程中,应充分反映中小股东的意见。股东大会在董事会选举中应积极推行累积投票制度。控股股东控股比例在30%以上的上市公司,应当采用累积投票制。采用累积投票制度的上市公司,应在公司章程里规定该制度的实施细则。

❷《证券公司治理准则》(中国证监会2012年12月11日[2012]41号)

第17条 证券公司在董事、监事的选举中可以采用累积投票制度。

证券公司股东单独或与关联方合并持有公司50%以上股权的,董事、监事的选举应当采用累积投票制度,但证券公司为一人公司的除外。

采用累积投票制度的证券公司,应在公司章程中规定该制度的实施细则。

【细则示范】

▶ 细则7-1 董事及监事选举办法

第一条 为了进一步完善公司治理结构,保证所有股东充分行使权利,根据《公司法》等法律法规以及公司章程等有关规定,制定本办法。

第二条 按照公司章程的规定,董事会由[11]名董事组成,其中独立董事[4]名、职工董事[1]名。监事会由[5]名监事组成,其中职工监事[2]名。董事、监事任期自公司章程规定的就任之日起计算,至本届董事会、监事会任期届满时为止。董事、监事任期届满,可连选连任。

第三条 除职工董事、职工监事以外的公司董事、监事由股东大会选举产生。

职工董事、职工监事由公司职工通过职工代表大会、职工大会或者其他形式民主选举产生后,直接进入董事会、监事会。

第四条 本办法所涉及的有效表决股份数除特别说明的以外,均指出席股东大会的股东所持有效表决权的股份数。

第五条 董事候选人的提名程序

(一)公司发起人及单独或合并持有本公司发行在外有表决权股份总数3%以上的股东均有权在股东大会召开10日前提名非独立董事候选人,但其提名的非独立董事候选人人选,不得超过3名;

(二)公司发起人及单独或合并持有本公司发行在外有表决权股份总数1%以上的股东,有权在股东大会召开10日前提名独立董事候选人,但其提名的独立董事候选人人选,不得超过两名;

（三）本届董事会提名委员会提名非独立董事及独立董事候选人；

（四）新一届董事会候选人经本届董事会进行资格审查后，符合《公司法》、公司章程有关董事任职资格规定的，由本届董事会以提案的方式提交股东大会表决。

第六条 监事候选人的提名程序

（一）公司发起人及单独或合并持有本公司发行在外有表决权股份总数3%以上的股东，有权在股东大会召开10日前提名监事候选人，但其提名的监事候选人人选，不得超过两名；

（二）本届监事会提名监事候选人；

（三）新一届监事会候选人经本届监事会进行资格审查后，符合《公司法》、公司章程有关监事任职资格规定的，由本届监事会以提案的方式提交股东大会表决。

第七条 提名股东在提名前应征得被提名人的书面同意。股东大会通知中应当充分披露董事、监事候选人的详细资料，至少包括以下内容：

（一）教育背景、工作经历、兼职等个人情况；

（二）与公司或其控股股东及实际控制人是否存在关联关系；

（三）是否持有公司股份及持有公司股份及数量。

第八条 公司应在股东大会召开通知中提醒股东特别是中小投资者注意，除董事会已提名的董事、独立董事、监事候选人之外，单独或者合并持有公司3%以上有表决权股份的股东，可以在股东大会召开10日前书面提交新的董事、监事候选人提案，提名人数应符合本办法第五条、第六条的规定。

第九条 提名股东全部有效提案所提名的候选人人数多于公司章程规定或应选人数时，应当进行差额选举。

第十条 根据法律、行政法规、部门规章和公司章程的有关规定，单独或者合并持有本公司发行在外有表决权股份总数[3%]以上的股东，可以在股东大会召开10日前提出董事、监事候选人名单作为临时提案并书面提交董事会或股东大会其他合法有效的召集人。董事会或股东大会其他合法有效的召集人，应当在收到提案后2日内发出股东大会补充通知，公告该临时提案的内容。

第十一条 股东大会在选举两名以上（含两名）董事或监事时，可以采用累积投票制。累积投票制是指股东大会选举董事或监事时，每一股份都拥有与应选董事或监事人数相同的表决权，股东拥有的表决权可以集中使用。

第十二条 在累积投票制下，股东大会对董事候选人、监事候选人进行表决前，大会主持人应明确告知与会股东对候选董事或监事实行累积投票方式，董事会必须制备适合实行累积投票方式的选票。董事会秘书应对累积投票方式、选票填写方法作出说明和解释。

第十三条 在累积投票制下，为确保独立董事当选人数符合公司章程的规定，独立董事与非独立董事的选举实行分开投票方式。

选举独立董事时,每位股东有权取得的累积表决票数等于其所持有的股份数乘以应选独立董事人数的乘积数,该票数只能投向独立董事候选人。

选举非独立董事时,每位股东有权取得的累积表决票数,等于其所持有的股份数乘以应选非独立董事人数的乘积数,该票数只能投向非独立董事候选人。

第十四条 在累积投票制下,累积投票制的票数计算法

(一)每位股东持有的有表决权的股份数乘以本次股东大会应选举的董事或监事人数之积,即为该股东本次累积表决票数,所有累积表决票均代表赞成票,不设反对票、弃权票。

(二)股东大会根据本办法进行多轮选举时,应根据每轮选举应当选举的董事或监事人数,重新计算股东累积表决票数。

(三)公司董事会秘书应当在每轮累积投票表决前,宣布每位股东的累积表决票数,任何股东、公司独立董事、公司监事、本次股东大会监票人或见证律师对宣布结果有异议时,应立即进行核对。

第十五条 在累积投票制下,投票方式为

(一)所有股东均有权按照自己的意愿(代理人应遵守委托人授权书指示),将累积表决票数分别或全部集中投向任一董事候选人或监事候选人。

(二)股东对某一个或某几个董事候选人或监事候选人集中或分散行使的投票总数等于或少于其累积表决票数时,该股东投票有效,其少于的部分视为放弃。

第十六条 董事或监事当选

(一)非累积投票制下的等额选举

1. 董事候选人或监事候选人获得选票超过参加会议的股东(包括股东代理人)所持有效表决股份数的二分之一以上(不含二分之一)时,即为当选。

2. 若当选人数少于应选董事或监事人数,则应对未当选董事候选人或监事候选人进行第二轮选举。

若经第二轮选举仍未达到应选董事或监事人数,但已当选董事或监事人数超过公司章程规定的董事会或监事会成员人数三分之二以上(含三分之二)时,视为新一届董事会组建成立,缺额部分在3个月内再次召开股东大会,进行补选。

若经第二轮选举仍不足公司章程规定的董事会或监事会成员人数三分之二(不含三分之二)时,则应在本次股东大会结束后3个月内再次召开股东大会对缺额董事或监事进行选举,新一届董事会或监事会尚待当选董事或监事人数超过公司章程规定的董事会或监事会成员人数三分之二以上(含三分之二)时方可成立。

3. 在新一届董事会或监事会组建成立之前,期间由上一届董事会或监事会继续履行职责。

（二）非累积投票制下的差额选举

1. 董事候选人或监事候选人获得选票超过参加会议的股东（包括股东代理人）所持有效表决股份数的二分之一以上（不含二分之一）且该等候选人人数等于或少于应选董事或监事人数时，该等候选人即为当选。

2. 若当选人数少于应选董事或监事人数，则应对未当选董事候选人或监事候选人进行第二轮选举。

若经第二轮选举仍未达到应选董事或监事人数，但已当选董事或监事人数超过公司章程规定的董事会或监事会成员人数三分之二以上（含三分之二）时，视为新一届董事会组建成立，缺额部分在3个月内再次召开股东大会，进行补选。

若经第二轮选举仍不足公司章程规定的董事会或监事会成员人数三分之二（不含三分之二）时，则应在本次股东大会结束后三个月内再次召开股东大会，对缺额董事或监事进行选举，新一届董事会或监事会尚待当选董事或监事人数超过公司章程规定的董事会或监事会成员人数三分之二以上（含三分之二）时，方可成立。

3. 若获得超过参加会议的股东（包括股东代理人）所持有效表决股份数二分之一以上选票的董事候选人或监事候选人多于应当选董事或监事人数时，按得票数多少排序，取得票数较多者当选。若因两名或两名以上候选人的票数相同而不能决定其中当选者时，应对所有未当选候选人进行第二轮选举。第二轮选举仍不能决定当选者或当选人数不足以弥补董事会或监事会缺额人数时，应在3个月内再次召开股东大会，进行补选。

4. 在新一届董事会或监事会组建成立之前，期间由上一届董事会或监事会继续履行职责。

（三）累积投票制下的选举

1. 非独立董事、独立董事、监事应当分别投票选举。

2. 宣布需要选举的非独立董事、独立董事、监事名额，分别按照相应名额与各参加会议的股东（包括股东代理人）所持有效表决股份数的乘积，确定各参加会议的股东（包括股东代理人）的表决票数。只有赞成票，不设反对票、弃权票。

3. 分别宣布非独立董事、独立董事、监事候选人名单。

4. 参加会议的股东（包括股东代理人）对非独立董事、独立董事、监事分别投票。

选举非独立董事时，每位股东有权取得的累积表决票数等于其所持有的股份数乘以应选非独立董事人数的乘积数，该票数只能投向非独立董事候选人。选举独立董事时，每位股东有权取得的累积表决票数，等于其所持有的股份数乘以应选独立董事人数的乘积数，该票数只能投向独立董事候选人。选举监事时，每位股东有权取得的累积表决票数,等于其所持有的股份数乘以应选监事人数的乘积数,该票数只能投向监事候选人。

5. 分别按照非独立董事、独立董事、监事的得票多少排序,取得票数较多者当选。

6. 若因两名或两名以上候选人的票数相同而不能决定其中的当选者时,得票超过该票数相同数的候选人当选。对该票数相同的未当选候选人,按照非独立董事、独立董事、监事的缺额人数进行下一轮次的选举。

7. 下一轮次选举,仍为累积投票制,股东所持的每一股份拥有与该轮次选举非独立董事、独立董事、监事缺额人数相等的投票权,股东既可以使用所有的投票权集中投票选举该票数相同的未当选候选人中之一人,也可以分散投票选举该票数相同的未当选候选人,按得票多少决定非独立董事、独立董事、监事人选。

8. 按照上述轮次,直至选出需要选举的非独立董事、独立董事、监事人选。

第十七条 股东大会在进行选举投票前,应当推举两名股东代表参加计票和监票。股东大会在进行选举投票时,应当由律师、股东代表与监事代表共同负责计票、监票。

第十八条 在正式公布选举结果前,股东大会表决过程中所涉及的公司、计票人、监票人、股东等相关各方,对表决情况均负有保密义务。

第十九条 选票、投票箱由董事会制备。投票箱在投票前由监票员当众开验。

第二十条 选举人须在选票选举人栏填明选举人姓名、股东户名、股东代码、持股数,然后投入票箱内。

第二十一条 选票有下列情形之一者,视为投票人放弃表决权利,其所持股份数的表决结果应计为"弃权",在计算有效表决股份数时,扣除相应"弃权"部分:

(一)不用本办法所规定的选票的;

(二)空白的选票投入票箱的;

(三)字迹模糊无法辨认的;

(四)未填选举人姓名、股东户名、股东代码及填写内容与股东名册不符的;

(五)所填选举人姓名及股东户名、股东代码外,夹写其他文字的;

(六)适用累积投票制时,对某一个或某几个董事或监事候选人集中或分散行使的投票总数多于累积表决票数的;

(七)未按选票备注栏内的规定填写的。

第二十二条 投票完毕后当场开票,开票结果由股东大会召集人(或董事会秘书)当场宣布。

第二十三条 当选的董事及监事按公司章程的规定就任。

第二十四条 本办法未尽事宜,按有关法律、法规和规范性文件及公司章程的规定执行;本办法如与日后颁布的法律、法规或公司章程抵触,按有关法律、法规和公司章程的规定执行,并立即对本办法进行修订。

第二十五条 本办法解释权归属公司董事会。

第二十六条 本办法自股东大会决议通过之日起生效,修订时亦同。

第七节 股东大会的表决和决议

【示范条款】

7.7.1 股东大会决议

股东大会决议分为普通决议和特别决议。股东大会作出普通决议,应当由出席股东大会的股东(包括股东代理人)所持表决权的过半数通过。股东大会作出特别决议,应当由出席股东大会的股东(包括股东代理人)所持表决权的 2/3 以上通过。

7.7.2 普通决议

下列事项由股东大会以普通决议通过:

1. 董事会和监事会的工作报告,对董事会、监事会、经理的工作进行的审计;
2. 董事会拟定的利润分配方案和弥补亏损方案,修改上述方案的执行程序;
3. 董事会和监事会成员的任免、赔偿责任及其报酬和支付方法;
4. 公司年度预算方案、决算方案,对方案的执行进行的监督;
5. 公司年度报告,对报告的依据进行审计审核,要求董事会提供的合同和原始凭据;
6. 除法律、行政法规规定或者公司章程规定以外的应当以特别决议通过的其他事项。

7.7.3 特别决议

下列事项由股东大会以特别决议通过:

1. 公司成立或变更公司形式;
2. 公司增加或者减少注册资本;
3. 分立、合并、解散、清算和清算恢复;
4. 公司章程的修改;
5. 公司在一年内购买、出售重大资产或者担保金额超过公司最近一期经审计总资产[百分比]的;
6. 股权激励计划;

7. 法律、行政法规或本章程规定的，以及股东大会以普通决议认定会对公司产生重大影响的、需要以特别决议通过的其他事项。

7.7.4 非常授权管理

除公司处于危机等特殊情况外，非经股东大会以特别决议批准，公司不得与董事、经理和其他高级管理人员以外的人订立将公司全部或者重要业务的管理交予该人负责的合同；公司如要将公司事务交予某人管理的，应当以书面形式写明权限、责任以及工作方法。

7.7.5 关联交易

股东大会审议有关关联交易事项时，关联股东不应当参与投票表决，其所代表的有表决权的股份数不计入有效表决总数。

［注释］公司应当根据具体情况，在章程中制订有关关联股东的回避和表决程序。

7.7.6 真实陈述

除涉及公司商业秘密不能在股东大会上公开外，执行董事和监事应当对股东的质询和建议作出答复或说明；对于虚假说明，股东有权要求答复或者说明人承担责任。

7.7.7 利润分配

股东大会通过有关派现、送股或资本公积转增股本提案的，公司将在股东大会结束后两个月内实施具体方案。

【本节条款解读】

股东大会决议分为普通决议和特别决议。股东大会作出普通决议，应当由出席股东大会的股东（包括股东代理人）所持表决权的过半数通过。股东大会作出特别决议，应当由出席股东大会的股东（包括股东代理人）所持表决权的 2/3 以上通过。股东大会作出修改公司章程、增加或者减少注册资本的决议，以及公司合并、分立、解散或者变更公司形式的决议，以及公司章程规定的其他特别情况，应当适用特别决议。

需要注意普通决议由出席股东大会的股东（包括股东代理人）所持表决权的"过半数"通过。这里的"过半数"不是"1/2 以上"，规则制定者在规则设计时中应当注意审慎使用"1/2 以上"之类的条款设计，这是因为，当出现"50% 表决权同意、50% 表决权反对"的情况时，将会出现会议决议僵局，无法形成决议。

【本节法律依据】

❶《上市公司股东大会规则(2014年修订)》(2014年10月20日 中国证监会公告〔2014〕46号)

第一章 总 则

第一条 为规范上市公司行为,保证股东大会依法行使职权,根据《中华人民共和国公司法》(以下简称《公司法》)、《中华人民共和国证券法》(以下简称《证券法》)的规定,制定本规则。

第二条 上市公司应当严格按照法律、行政法规、本规则及公司章程的相关规定召开股东大会,保证股东能够依法行使权利。公司董事会应当切实履行职责,认真、按时组织股东大会。公司全体董事应当勤勉尽责,确保股东大会正常召开和依法行使职权。

第三条 股东大会应当在《公司法》和公司章程规定的范围内行使职权。

第四条 股东大会分为年度股东大会和临时股东大会。年度股东大会每年召开一次,应当于上一会计年度结束后的6个月内举行。临时股东大会不定期召开,出现《公司法》第一百零一条规定的应当召开临时股东大会的情形时,临时股东大会应当在两个月内召开。公司在上述期限内不能召开股东大会的,应当报告公司所在地中国证监会派出机构和公司股票挂牌交易的证券交易所(以下简称"证券交易所"),说明原因并公告。

第五条 公司召开股东大会,应当聘请律师对以下问题出具法律意见并公告:

(一)会议的召集、召开程序是否符合法律、行政法规、本规则和公司章程的规定;

(二)出席会议人员的资格、召集人资格是否合法有效;

(三)会议的表决程序、表决结果是否合法有效;

(四)应公司要求对其他有关问题出具的法律意见。

第二章 股东大会的召集

第六条 董事会应当在本规则第四条规定的期限内按时召集股东大会。

第七条 独立董事有权向董事会提议召开临时股东大会。对独立董事要求召开临时股东大会的提议,董事会应当根据法律、行政法规和公司章程的规定,在收到提议后10日内提出同意或不同意召开临时股东大会的书面反馈意见。董事会同意召开临时股东大会的,应当在作出董事会决议后的5日内发出召开股东大会的通知;董事会不同意召开临时股东大会的,应当说明理由并公告。

第八条 监事会有权向董事会提议召开临时股东大会,并应当以书面形式向董事会提出。董事会应当根据法律、行政法规和公司章程的规定,在收到提议后10日内提出同意或不同意召开临时股东大会的书面反馈意见。

董事会同意召开临时股东大会的,应当在作出董事会决议后的5日内发出召开股东大会的通知,通知中对原提议的变更,应当征得监事会的同意。董事会不同意召开临时股东大会,或者在收到提议后10日内未作出书面反馈的,视为董事会不能履行或者不履行召集股东大会会议职责,监事会可以自行召集和主持。

第九条 单独或者合计持有公司10%以上股份的普通股股东(含表决权恢复的优先股股东)有权向董事会请求召开临时股东大会,并应当以书面形式向董事会提出。董事会应当根据法律、行政法规和公司章程的规定,在收到请求后10日内提出同意或不同意召开临时股东大会的书面反馈意见。董事会同意召开临时股东大会的,应当在作出董事会决议后的5日内发出召开股东大会的通知,通知中对原请求的变更,应当征得相关股东的同意。董事会不同意召开临时股东大会,或者在收到请求后10日内未作出反馈的,单独或者合计持有公司10%以上股份的普通股股东(含表决权恢复的优先股股东)有权向监事会提议召开临时股东大会,并应当以书面形式向监事会提出请求。监事会同意召开临时股东大会的,应在收到请求5日内发出召开股东大会的通知,通知中对原请求的变更,应当征得相关股东的同意。

监事会未在规定期限内发出股东大会通知的,视为监事会不召集和主持股东大会,连续90日以上单独或者合计持有公司10%以上股份的普通股股东(含表决权恢复的优先股股东)可以自行召集和主持。

第十条 监事会或股东决定自行召集股东大会的,应当书面通知董事会,同时向公司所在地中国证监会派出机构和证券交易所备案。在股东大会决议公告前,召集普通股股东(含表决权恢复的优先股股东)持股比例不得低于10%。监事会和召集股东应在发出股东大会通知及发布股东大会决议公告时,向公司所在地中国证监会派出机构和证券交易所提交有关证明材料。

第十一条 对于监事会或股东自行召集的股东大会,董事会和董事会秘书应予配合。董事会应当提供股权登记日的股东名册。董事会未提供股东名册的,召集人可以持召集股东大会通知的相关公告,向证券登记结算机构申请获取。召集人所获取的股东名册不得用于除召开股东大会以外的其他用途。

第十二条 监事会或股东自行召集的股东大会,会议所必需的费用由公司承担。

第三章　股东大会的提案与通知

第十三条　提案的内容应当属于股东大会职权范围,有明确议题和具体决议事项,并且符合法律、行政法规和公司章程的有关规定。

第十四条　单独或者合计持有公司 3% 以上股份的普通股股东(含表决权恢复的优先股股东),可以在股东大会召开 10 日前提出临时提案并书面提交召集人。召集人应当在收到提案后两日内发出股东大会补充通知,公告临时提案的内容。除前款规定外,召集人在发出股东大会通知后,不得修改股东大会通知中已列明的提案或增加新的提案。股东大会通知中未列明或不符合本规则第十三条规定的提案,股东大会不得进行表决并作出决议。

第十五条　召集人应当在年度股东大会召开 20 日前以公告方式通知各普通股股东(含表决权恢复的优先股股东),临时股东大会应当于会议召开 15 日前以公告方式通知各普通股股东(含表决权恢复的优先股股东)。

第十六条　股东大会通知和补充通知中应当充分、完整披露所有提案的具体内容,以及为使股东对拟讨论的事项作出合理判断所需的全部资料或解释。拟讨论的事项需要独立董事发表意见的,发出股东大会通知或补充通知时应当同时披露独立董事的意见及理由。

第十七条　股东大会拟讨论董事、监事选举事项的,股东大会通知中应当充分披露董事、监事候选人的详细资料,至少包括以下内容:

(一)教育背景、工作经历、兼职等个人情况;
(二)与公司或其控股股东及实际控制人是否存在关联关系;
(三)披露持有上市公司股份数量;
(四)是否受过中国证监会及其他有关部门的处罚和证券交易所惩戒。除采取累积投票制选举董事、监事外,每位董事、监事候选人应当以单项提案提出。

第十八条　股东大会通知中应当列明会议时间、地点,并确定股权登记日。股权登记日与会议日期之间的间隔应当不多于 7 个工作日。股权登记日一旦确认,不得变更。

第十九条　发出股东大会通知后,无正当理由,股东大会不得延期或取消,股东大会通知中列明的提案不得取消。一旦出现延期或取消的情形,召集人应当在原定召开日前至少两个工作日公告并说明原因。

第四章　股东大会的召开

第二十条　公司应当在公司住所地或公司章程规定的地点召开股东大会。股东大会应当设置会场,以现场会议形式召开,并应当按照法律、行政法规、中国证监会或公司章程的规定,采用安全、经济、便捷的网络和其他方式为股东参加股东大会提供便利。股东通过上述方式参加股东大会的,视为出席。股东可以亲自出席股东大会并行使表决权,也可以委托他人代为出席和在授权范围内行使表决权。

第二十一条 公司股东大会采用网络或其他方式的,应当在股东大会通知中明确载明网络或其他方式的表决时间以及表决程序。股东大会网络或其他方式投票的开始时间,不得早于现场股东大会召开前一日下午3:00,并不得迟于现场股东大会召开当日上午9:30,其结束时间不得早于现场股东大会结束当日下午3:00。

第二十二条 董事会和其他召集人应当采取必要措施,保证股东大会的正常秩序。对于干扰股东大会、寻衅滋事和侵犯股东合法权益的行为,应当采取措施加以制止并及时报告有关部门查处。

第二十三条 股权登记日登记在册的所有普通股股东(含表决权恢复的优先股股东)或其代理人,均有权出席股东大会,公司和召集人不得以任何理由拒绝。优先股股东不出席股东大会会议,所持股份没有表决权,但出现以下情况之一的,公司召开股东大会会议应当通知优先股股东,并遵循《公司法》及公司章程通知普通股股东的规定程序。优先股股东出席股东大会会议时,有权与普通股股东分类表决,其所持每一优先股有一表决权,但公司持有的本公司优先股没有表决权:

(一) 修改公司章程中与优先股相关的内容;
(二) 一次或累计减少公司注册资本超过百分之十;
(三) 公司合并、分立、解散或变更公司形式;
(四) 发行优先股;
(五) 公司章程规定的其他情形。

上述事项的决议,除须经出席会议的普通股股东(含表决权恢复的优先股股东)所持表决权的三分之二以上通过之外,还须经出席会议的优先股股东(不含表决权恢复的优先股股东)所持表决权的三分之二以上通过。

第二十四条 股东应当持股票账户卡、身份证或其他能够表明其身份的有效证件或证明出席股东大会。代理人还应当提交股东授权委托书和个人有效身份证件。

第二十五条 召集人和律师应当依据证券登记结算机构提供的股东名册共同对股东资格的合法性进行验证,并登记股东姓名或名称及其所持有表决权的股份数。在会议主持人宣布现场出席会议的股东和代理人人数及所持有表决权的股份总数之前,会议登记应当终止。

第二十六条 公司召开股东大会,全体董事、监事和董事会秘书应当出席会议,经理和其他高级管理人员应当列席会议。

第二十七条 股东大会由董事长主持。董事长不能履行职务或不履行职务时,由副董事长主持;副董事长不能履行职务或者不履行职务时,由半数以上董事共同推举的1名董事主持。监事会自行召集的股东大会,由监事会主席主持。监事会主席不能履行职务或不履行职务时,由监事会副主席主持;监事会副主席不能履行职务或者不履行职务时,由半数以上监事共同推举的1名监事主持。股东自行召集的股东大会,由召集人推举代表主持。公司应当制定股东大会议事规则。召开股东大会时,会议主持人违反议事规则使股东大会无法继续进行的,经现场出席股东大会有表决权过半数的股东同意,股东大会可推举1人担任会议主持人,继续开会

第二十八条 在年度股东大会上,董事会、监事会应当就其过去一年的工作向股东大会作出报告,每名独立董事也应作出述职报告。

第二十九条 董事、监事、高级管理人员在股东大会上应就股东的质询作出解释和说明。

第三十条 会议主持人应当在表决前宣布现场出席会议的股东和代理人人数及所持有表决权的股份总数,现场出席会议的股东和代理人人数及所持有表决权的股份总数以会议登记为准。

第三十一条 股东与股东大会拟审议事项有关联关系时,应当回避表决,其所持有表决权的股份不计入出席股东大会有表决权的股份总数。股东大会审议影响中小投资者利益的重大事项时,对中小投资者的表决应当单独计票。单独计票结果应当及时公开披露。公司持有自己的股份没有表决权,且该部分股份不计入出席股东大会有表决权的股份总数。公司董事会、独立董事和符合相关规定条件的股东可以公开征集股东投票权。征集股东投票权应当向被征集人充分披露具体投票意向等信息。禁止以有偿或者变相有偿的方式征集股东投票权。公司不得对征集投票权提出最低持股比例限制。

第三十二条 股东大会就选举董事、监事进行表决时,根据公司章程的规定或者股东大会的决议,可以实行累积投票制。前款所称累积投票制是指股东大会选举董事或者监事时,每一普通股(含表决权恢复的优先股)股份拥有与应选董事或者监事人数相同的表决权,股东拥有的表决权可以集中使用。

第三十三条 除累积投票制外,股东大会对所有提案应当逐项表决。对同一事项有不同提案的,应当按提案提出的时间顺序进行表决。除因不可抗力等特殊原因导致股东大会中止或不能作出决议外,股东大会不得对提案进行搁置或不予表决。股东大会就发行优先股进行审议,应当就下列事项逐项进行表决:

(一)本次发行优先股的种类和数量;

（二）发行方式、发行对象及向原股东配售的安排；

（三）票面金额、发行价格或定价区间及其确定原则；

（四）优先股股东参与分配利润的方式，包括：股息率及其确定原则、股息发放的条件、股息支付方式、股息是否累积、是否可以参与剩余利润分配等；

（五）回购条款，包括回购的条件、期间、价格及其确定原则、回购选择权的行使主体等（如有）；

（六）募集资金用途；

（七）公司与相应发行对象签订的附条件生效的股份认购合同；

（八）决议的有效期；

（九）公司章程关于优先股股东和普通股股东利润分配政策相关条款的修订方案；

（十）对董事会办理本次发行具体事宜的授权；

（十一）其他事项。

第三十四条 股东大会审议提案时，不得对提案进行修改，否则，有关变更应当被视为一个新的提案，不得在本次股东大会上进行表决。

第三十五条 同一表决权只能选择现场、网络或其他表决方式中的一种。同一表决权出现重复表决的，以第一次投票结果为准。

第三十六条 出席股东大会的股东，应当对提交表决的提案发表以下意见之一：同意、反对或弃权。证券登记结算机构作为沪港通股票的名义持有人，按照实际持有人意思表示进行申报的除外。未填、错填、字迹无法辨认的表决票或未投的表决票，均视为投票人放弃表决权利，其所持股份数的表决结果应计为"弃权"。

第三十七条 股东大会对提案进行表决前，应当推举两名股东代表参加计票和监票。审议事项与股东有关联关系的，相关股东及代理人不得参加计票、监票。股东大会对提案进行表决时，应当由律师、股东代表与监事代表共同负责计票、监票。通过网络或其他方式投票的公司股东或其代理人，有权通过相应的投票系统查验自己的投票结果。

第三十八条 股东大会会议现场结束时间不得早于网络或其他方式，会议主持人应当在会议现场宣布每一提案的表决情况和结果，并根据表决结果宣布提案是否通过。在正式公布表决结果前，股东大会现场、网络及其他表决方式中所涉及的公司、计票人、监票人、主要股东、网络服务方等相关各方对表决情况均负有保密义务。

第三十九条 股东大会决议应当及时公告，公告中应列明出席会议的股东和代理人人数、所持有表决权的股份总数及占公司有表决权股份总数的比例、表决方式、每项提案的表决结果和通过的各项决议的详细内容。发行优先股的公司就本规则第二十三条第二款所列情形进行表决的,应当对普通股股东(含表决权恢复的优先股股东)和优先股股东(不含表决权恢复的优先股股东)出席会议及表决的情况分别统计并公告。发行境内上市外资股的公司,应当对内资股股东和外资股股东出席会议及表决情况分别统计并公告。

第四十条 提案未获通过,或者本次股东大会变更前次股东大会决议的,应当在股东大会决议公告中作特别提示。

第四十一条 股东大会会议记录由董事会秘书负责,会议记录应记载以下内容:

(一) 会议时间、地点、议程和召集人姓名或名称;

(二) 会议主持人以及出席或列席会议的董事、监事、董事会秘书、经理和其他高级管理人员姓名;

(三) 出席会议的股东和代理人人数、所持有表决权的股份总数及占公司股份总数的比例;

(四) 对每一提案的审议经过、发言要点和表决结果;

(五) 股东的质询意见或建议以及相应的答复或说明;

(六) 律师及计票人、监票人姓名;

(七) 公司章程规定应当载入会议记录的其他内容。

出席会议的董事、董事会秘书、召集人或其代表、会议主持人应当在会议记录上签名,并保证会议记录内容真实、准确和完整。会议记录应当与现场出席股东的签名册及代理出席的委托书、网络及其他方式表决情况的有效资料一并保存,保存期限不少于10年。

第四十二条 召集人应当保证股东大会连续举行,直至形成最终决议。因不可抗力等特殊原因导致股东大会中止或不能作出决议的,应采取必要措施尽快恢复召开股东大会或直接终止本次股东大会,并及时公告。同时,召集人应向公司所在地中国证监会派出机构及证券交易所报告。

第四十三条 股东大会通过有关董事、监事选举提案的,新任董事、监事按公司章程的规定就任。

第四十四条 股东大会通过有关派现、送股或资本公积转增股本提案的,公司应当在股东大会结束后两个月内实施具体方案。

第四十五条 公司以减少注册资本为目的回购普通股公开发行优先股,以及以非公开发行优先股为支付手段向公司特定股东回购普通股的,股东大会就回购普通股作出决议,应当经出席会议的普通股股东(含表决权恢复的优先股股东)所持表决权的三分之二以上通过。公司应当在股东大会作出回购普通股决议后的次日公告该决议。

第四十六条 公司股东大会决议内容违反法律、行政法规的无效。公司控股股东、实际控制人不得限制或者阻挠中小投资者依法行使投票权，不得损害公司和中小投资者的合法权益。股东大会的会议召集程序、表决方式违反法律、行政法规或者公司章程，或者决议内容违反公司章程的，股东可以自决议作出之日起60日内，请求人民法院撤销。

第五章 监管措施

第四十七条 在本规则规定期限内，上市公司无正当理由不召开股东大会的，证券交易所有权对该公司挂牌交易的股票及衍生品种予以停牌，并要求董事会作出解释并公告。

第四十八条 股东大会的召集、召开和相关信息披露不符合法律、行政法规、本规则和公司章程要求的，中国证监会及其派出机构有权责令公司或相关责任人限期改正，并由证券交易所予以公开谴责。

第四十九条 董事、监事或董事会秘书违反法律、行政法规、本规则和公司章程的规定，不切实履行职责的，中国证监会及其派出机构有权责令其改正，并由证券交易所予以公开谴责；对于情节严重或不予改正的，中国证监会可对相关人员实施证券市场禁入。

第六章 附 则

第五十条 对发行外资股的公司的股东大会，相关法律、行政法规或文件另有规定的，从其规定。

第五十一条 本规则所称公告或通知，是指在中国证监会指定报刊上刊登有关信息披露内容。公告或通知篇幅较长的，公司可以选择在中国证监会指定报刊上对有关内容作摘要性披露，但全文应当同时在中国证监会指定的网站上公布。本规则所称的股东大会补充通知应当在刊登会议通知的同一指定报刊上公告。

第五十二条 本规则所称"以上""内"，含本数；"过""低于""多于"，不含本数。

第五十三条 本规则由中国证监会负责解释。

第五十四条 本规则自公布之日起施行。《上市公司股东大会规则（2014年修订）》（证监会公告〔2014〕20号）同时废止。

【细则示范】

▶ 细则 7-2　股东大会议事规则

<h3 style="text-align:center">第一章　总　　则</h3>

第一条　为了完善公司法人治理结构,规范股东大会的运作程序,以充分发挥股东大会的决策作用,根据《中华人民共和国公司法》等相关法律、法规及公司章程的规定,特制定如下公司股东大会议事规则。

第二条　本规则是股东大会审议决定议案的基本行为准则。

<h3 style="text-align:center">第二章　股东大会的职权</h3>

第三条　股东大会是公司的权力机构,依法行使下列职权:

1. 决定公司经营方针和投资计划;
2. 选举和更换董事,决定有关董事的报酬事项;
3. 选举和更换由股东代表出任的监事,决定有关监事的报酬事项;
4. 审议批准董事会的报告;
5. 审议批准监事会的报告;
6. 审议批准公司的年度财务预算方案、决算方案;
7. 审议批准公司的利润分配方案和弥补亏损方案;
8. 对公司增加或者减少注册资本作出决议;
9. 对发行公司债券作出决议;
10. 对公司合并、分立、解散和清算等事项作出决议;
11. 修改公司章程;
12. 对公司聘用、解聘会计师事务所作出决议;
13. 审议单独或者合并享有公司有表决权股权总数[25]%以上的股东或者[1/3]以上董事或监事的提案;
14. 对股东向股东以外的人转让出资作出决议;
15. 审议法律、法规和公司章程规定应当由股东大会决定的其他事项。

<h3 style="text-align:center">第三章　股东大会的召开</h3>

第四条　股东大会分为年度股东大会和临时股东大会。年度股东大会每年至少召开一次,应当于上一会计年度结束后的[10]日之内举行。

第五条　有下列情形之一的,公司在事实发生之日起 1 个月以内召开临时股

东大会:

1. 董事人数不足《公司法》规定的法定最低人数,或者少于章程所定人数的[2/3]时;

2. 公司未弥补的亏损达股本总额的1/3时;

3. 单独或者合并享有公司有表决权股权总数[25]%以上的股东书面请求时;

4. [1/3]以上董事认为必要时;

5. [1/3]以上监事提议召开时;

6. 公司章程规定的其他情形。

前述第3项持股股数按股东提出书面要求日计算。

第六条 临时股东大会只对会议召开通知中列明的事项作出决议。

第七条 股东大会会议由董事会依法召集,董事长主持。董事长因故不能履行职务时,由董事长指定的副董事长或其他董事主持;董事长和副董事长均不能出席会议,董事长也未指定人选的,由董事会指定1名董事主持会议;董事会未指定会议主持人的,由出席会议的股东共同推举1名股东主持会议;如果因任何理由,该股东无法主持会议,应当由出席会议的享有最多表决权股权的股东(或股东代理人)主持。

第八条 召开股东大会,董事会应当在会议召开[15]日以前以书面方式通知公司全体股东。

第九条 股东大会会议通知包括以下内容:

1. 会议的日期、地点和会议期限;

2. 提交会议审议的事项;

3. 以明显的文字说明:全体股东均有权出席股东大会,并可以委托代理人出席会议和参加表决,该股东代理人不必是公司的股东;

4. 有权出席股东大会股东的股权登记日;

5. 投票授权委托书的送达时间和地点;

6. 会务常设联系人姓名、电话号码。

第十条 股东可以亲自出席股东大会,也可以委托代理人出席和表决。

股东应当以书面形式委托代理人,由委托人签署或者由其以书面形式委托的代理人签署;委托人为法人的,应当加盖法人印章或由其正式委托的代理人签署。

第十一条 个人股东亲自出席会议的,应出示本人身份证和持股凭证;代理人出席会议的,应出示本人身份证、授权委托书和持股凭证。

法人股东应由法定代表人或者法定代表人委托的代理人出席会议。法定代表人出席会议的,应出示本人身份证,能证明其具有法定代表人资格的有效证明和持股凭证;委托代理人出席会议的,代理人应出示本人身份证、法人股东单位的法定代表人依法出具的授权委托书和持股凭证。

第十二条 股东出具的委托他人出席股东大会的授权委托书应当载明下列内容:

1. 代理人的姓名。
2. 是否具有表决权。
3. 分别对列入股东大会议程的每一审议事项投赞成、反对或弃权票的指示。
4. 对可能纳入股东大会议程的临时提案是否有表决权,如果有表决权应行使何种表决权的具体指示。
5. 委托书签发日期和有效期限。
6. 委托人签名(或盖章)。委托人为法人股东的,应加盖法人单位印章。

委托书应当注明如果股东不作具体指示,股东代理人是否可以按自己的意思表决。

第十三条 投票代理委托书至少应当在有关会议召开前24小时备置于公司住所,或者召集会议的通知中指定的其他地方。委托书由委托人授权他人签署的,授权签署的授权书或者其他授权文件应当经过公证。经公证的授权书或者其他授权文件和投票代理委托书,均需备置于公司住所或者召集会议的通知中指定的其他地方。委托人为法人的,由其法定代表人或者董事会其他决策机构决议授权的人作为代表出席公司的股东会议。

第十四条 出席会议人员的签名册由公司负责制作。签名册载明参加会议人员姓名(或单位名称)、身份证号码、住所地址、享有或者代表有表决权的股权数额、被代理人姓名(或单位名称)等事项。

第十五条 1/3以上董事或者监事以及股东要求召集临时股东大会的,应当按照下列程序办理:

1. 签署一份或者数份同样格式内容的书面要求,提请董事会召集临时股东大会,并阐明会议议题。董事会在收到前述书面要求后,应当尽快发出召集临时股东大会的通知。
2. 如果董事会在收到前述书面要求后10日内没有发出召集会议的通告,提出召集会议的董事、监事或者股东,可以在董事会收到该要求后两个月内自行召集临时股东大会。召集的程序应当尽可能与董事会召集股东大会会议的程序相同。董事、监事或者股东因董事会未应前述要求举行会议而自行召集并举行会议的,由公司给予股东或者董事、监事必要协助,并承担会议费用。

第十六条 股东大会召开的会议通知发出后,除有不可抗力或者其他意外事件等原因,董事会不得变更股东大会召开的时间;因不可抗力确需变更股东大会召开时间的,不应因此而变更股权登记日。

第十七条 董事会人数不足《公司法》规定的法定最低人数,或者少于章程规定人数的2/3,或者公司未弥补亏损额达到股本总额的1/3,董事会未在规定期限内召集临时股东大会的,监事会或者股东可以按照本规则规定的程序自行召集临时股东大会。

第十八条 公司董事会可以聘请律师出席股东大会,对以下问题出具意见:
1. 股东大会的召集、召开程序是否符合法律法规的规定,是否符合公司章程;
2. 验证出席会议人员资格的合法有效性;
3. 验证年度股东大会提出新提案的股东的资格;
4. 股东大会的表决程序是否合法有效。

第十九条 公司董事会、监事会应当采取必要的措施,保证股东大会的严肃性和正常程序,除出席会议的股东(或代理人)、董事、监事、董事会秘书,高级管理人员、聘任律师及董事会邀请的人员以外,公司有权依法拒绝其他人士入场。

第四章 股东大会提案的审议

第二十条 股东大会的提案是针对应当由股东大会讨论的事项所提出的具体议案,股东大会应当对具体的提案作出决议。

董事会在召开股东大会的通知中应列出本次股东大会讨论的事项,并将董事会提出的所有提案的内容充分披露。需要变更前次股东大会决议涉及的事项的,提案内容应当完整,不能只列出变更的内容。

列入"其他事项"但未明确具体内容的,不能视为提案,股东大会不得进行表决。

第二十一条 股东大会提案应当符合下列条件:
1. 内容与法律、法规和章程的规定不相抵触,并且属于公司经营范围和股东大会职责范围;
2. 有明确议题和具体决议事项;
3. 以书面形式提交或送达董事会。

第二十二条 公司召开股东大会,单独或合并享有公司有表决权股权总数的[25%]以上的股东,有权向公司提出新的提案。

第二十三条 董事会应当以公司和股东的最大利益为行为准则,依法律、法规、公司章程的规定对股东大会提案进行审查。

第二十四条 董事会决定不将股东大会提案列入会议议案的,应当在该次股东大会上进行解释和说明。

第二十五条 在年度股东大会上,董事会应当就前次年度股东大会以来股东大会决议中应由董事会办理的各事项的执行情况向股东大会作出专项报告,由于特殊原因股东大会决议事项不能执行,董事会应当说明原因。

第五章　股东大会提案的表决

第二十六条　股东(包括股东代理人)以其出资比例行使表决权。

第二十七条　股东大会采取记名方式投票表决。

第二十八条　出席股东大会的股东对所审议的提案可投赞成、反对或弃权票。出席股东大会的股东委托代理人在其授权范围内对所审议的提案投赞成、反对或弃权票。

第二十九条　股东大会对所有列入议事日程的提案应当进行逐项表决,不得以任何理由搁置或不予表决。年度股东大会对同一事项有不同提案的,应以提案提出的时间顺序进行表决,对事项作出决议。

第三十条　董事、监事候选人名单以提案的方式提请股东大会决议。股东大会审议董事、监事选举的提案,应当对每一个董事、监事候选人逐个进行表决。改选董事、监事提案获得通过的,新任董事、监事在会议结束之后立即就任。

第六章　股东大会的决议

第三十一条　股东大会决议分为普通决议和特别决议。

股东大会作出普通决议,应当由代表 1/2 以上表决权的股东通过。

股东大会作出特别决议,应当由代表 2/3 以上表决权的股东通过。

第三十二条　下列事项由股东大会以特别决议通过:

1. 公司增加或者减少注册资本;
2. 发行公司债券;
3. 公司的分立、合并、解散和清算;
4. 公司章程的修改;
5. 公司章程规定和股东大会以普通决议认定会对公司产生重大影响的、需要以特别决议通过的其他事项。

上述以外其他事项由股东大会以普通决议通过。

第三十三条　股东大会决议应注明出席会议的股东(或股东代理人)人数、所代表股权的比例、表决方式以及每项提案表决结果。对股东提案作出的决议,应列明提案股东的姓名或名称、持股比例和提案内容。

第三十四条　股东大会各项决议应当符合法律和公司章程的规定。出席会议的董事应当忠实履行职责,保证决议的真实、准确和完整,不得使用容易引起歧义的表述。

第三十五条 股东大会应有会议记录。会议记录记载以下内容：
1. 出席股东大会的有表决权股权数，占公司总股本的比例；
2. 召开会议的日期、地点；
3. 会议主持人姓名、会议议程；
4. 各发言人对每个审议事项的发言要点；
5. 每一表决事项的表决结果；
6. 股东的质询意见、建议及董事会、监事会的答复或说明等内容；
7. 股东大会认为和公司章程规定应当载入会议记录的其他内容。

第三十六条 股东大会记录由出席会议的董事和记录员签名，并作为公司档案由董事会秘书保存。

公司股东大会记录的保管期限为自股东大会结束之日起3年。

第七章 附 则

第三十七条 股东大会的召开、审议、表决程序及决议内容应符合《公司法》、公司章程及本议事规则的要求。

第三十八条 对股东大会的召集、召开、表决程序及决议的合法性、有效性发生争议又无法协调的，有关当事人可以向人民法院提起诉讼。

第三十九条 本规则经股东大会批准后施行，如有与公司章程冲突之处，以公司章程为准。

第四十条 本规则由股东大会负责解释和修改。

第八章 董　　事

第一节　董事一般规定

【示范条款】

8.1.1　董事股份

公司董事为自然人,董事无须持有公司股份。

8.1.2　董事的兼职

董事最多在[8]家公司兼任董事,并确保有足够的时间和精力有效地履行董事的职责。

上述规定,担任公司董事但不在公司领取报酬的董事除外。

[注释]　建议公司在制定章程时适当限制董事的兼任,以便公司董事能够有较充沛的时间和精力履行董事职责。

8.1.3　非公司机关

每个董事只是组成公司董事会的具体成员,只有公司董事会是公司治理的机关,而董事不是公司的机关。

8.1.4　董事任期

董事由股东大会(股东会)选举或更换,任期[3]年。董事任期届满,可连选连任。董事在任期届满以前,股东大会不得无故解除其职务。

董事任期从股东大会(股东会)决议通过之日起计算,至本届董事会任期届满时为止。董事任期届满未及时改选,在改选出的董事就任前,原董事仍应当依照法律、行政法规、部门规章和本章程的规定,履行董事职务。

[注释]　公司章程应规定规范、透明的董事选聘程序。董事会成员中可以有公司职工代表,公司章程应明确本公司董事会是否可以由职工代表担任董事,以及职工代表担任董事的名额。董事会中的职工代表由公司职工通过职工(代表)大会或者其他形式民主选举产生后,直接进入董事会。

有限责任公司施行董事委派制的,按照章程第3.4.4条执行,不适用本条款。

8.1.5 职务兼任

董事可以由经理或者其他高级管理人员兼任,但兼任经理或者其他高级管理人员职务的董事以及由职工代表担任的董事,总计不得超过公司董事总数的［ 1/2 ］。

8.1.6 董事操守

董事应当遵守法律、法规和公司章程的规定,忠实履行职责,维护公司利益,履行诚信勤勉义务。当其自身的利益与公司和股东的利益相冲突时,应当以公司和股东的最大利益为行为准则,并保证:

1. 在其职责范围内行使权利,不得越权;

2. 除经公司章程规定或者股东大会在知情的情况下批准,不得同本公司订立合同或者进行交易;

3. 不得利用内幕信息为自己或他人谋取利益;

4. 不得自营或者为他人经营与公司同类的营业或者从事损害本公司利益的活动;

5. 不得利用职权收受贿赂或者其他非法收入,不得侵占公司的财产;

6. 不得挪用资金或者将公司资金借贷给他人;

7. 不得利用职务便利为自己或他人侵占或者接受本应属于公司的商业机会;

8. 未经股东大会在知情的情况下批准,不得接受与公司交易有关的佣金;

9. 不得将公司资产以其个人名义或者以其他个人名义开立账户储存;

10. 不得以公司资产为本公司的股东或者其他个人债务提供担保;

11. 未经股东大会在知情的情况下同意,不得泄露在任职期间所获得的涉及本公司的机密信息。

8.1.7 董事权利

董事应当谨慎、认真、勤勉地行使公司所赋予的权利,以保证:

1. 公司的商业行为符合国家的法律、行政法规以及国家各项经济政策的要求,商业活动不超越营业执照规定的业务范围;

2. 公平对待所有股东;

3. 认真阅读上市公司的各项商务、财务报告,及时了解公司业务经营管理状况;

4. 亲自行使被合法赋予的公司管理处置权,不得受他人操纵;非经法律、行政法规允许或者得到股东大会在知情的情况下批准,不得将其处置权转授他人行使;

5. 接受监事会对其履行职责的合法监督和合理建议。

8.1.8 董事行为

未经公司章程规定或者董事会的合法授权,任何董事不得以个人名义代表公司或者董事会行事。董事以其个人名义行事时,在第三方会合理地认为该董事在代表公司或者董事会行事的情况下,该董事应当事先声明其立场和身份。

8.1.9 董事关联关系

董事个人或者其所任职的其他企业直接或者间接与公司已有的或者计划中的合同、交易、安排有关联关系时(聘用合同除外),不论有关事项在一般情况下是否需要董事会同意,均应当尽快向董事会披露其关联关系的性质和程度。

有上述关联关系的董事在董事会会议召开时,应当主动提出回避;其他知情董事在该关联董事未主动提出回避时,有义务要求其回避。

在关联董事回避后,董事会在不将其计入法定人数的情况下,对该事项进行表决。

除非有关联关系的董事按照本条前款的要求向董事会作了披露,并且董事会在不将其计入法定人数,该董事亦未参加表决的会议上批准了该事项,公司有权撤销该合同、交易或者安排,但在对方是善意第三人的情况下除外。

8.1.10 出席会议

董事连续两次未能亲自出席,也不委托其他董事出席董事会会议,视为不能履行职责,董事会应当建议股东大会予以撤换。

8.1.11 董事辞职

董事可以在任期届满以前提出辞职。董事辞职应当向董事会提交书面辞职报告。

8.1.12 董事职位缺额

如因董事的辞职导致公司董事会参加人数低于法定最低人数时,该董事的辞职报告应当在下任董事填补因其辞职产生的缺额后方能生效。

余任董事会应当尽快召集临时股东大会,选举董事填补因董事辞职产生的空缺。在股东大会未就董事选举作出决议以前,该提出辞职的董事以及余任董事会的职权应当受到合理的限制。

8.1.13 负担义务的解除

董事提出辞职或者任期届满,其对公司和股东负有的义务在其辞职报告尚未生效或者生效后的合理期间内,以及任期结束后的合理期间内并不当然解除,其对公司商业秘密保密的义务在其任职结束后仍然有效,直至该秘密成为公开信息。

其他义务的持续期间应当根据公平的原则决定,视事件发生与离任时间的长短,以及与公司的关系在何种情况和条件下结束而定。

8.1.14　董事离职责任
任职尚未结束的董事,对因其擅自离职使公司造成的损失,应当承担赔偿责任。

8.1.15　自行纳税
公司不以任何形式为董事纳税。

8.1.16　董事监事管理层的义务
本节有关董事义务的规定,适用于公司监事、总经理和其他高级管理人员。

8.1.17　与董事的合同
公司应和董事签订聘任合同,明确公司和董事之间的权利义务、董事的任期、董事违反法律、法规和公司章程的责任以及公司因故提前解除合同的补偿等内容。

【本节条款解读】

一、董事兼任事宜

关于董事可以最多在几家公司兼任董事,我国《公司法》并没有限制性的规定,为确保董事有足够的时间和精力有效地履行董事的职责,公司章程可以限定公司董事兼任董事的数量。

《法国商事公司法》第 92 条[1]规定:"一个自然人不得同时任 8 个以上的公司住所在法国领土的股份有限公司的董事会的董事。一切自然人在担任一个新的职务时处于与前款规定相违背情形的,必须在任命后的 3 个月里辞去其中一个职务。该期限届满,自然人未主动辞去的,视为该自然人辞去其新担任的职务,并须归还已领取的报酬,但不因此影响其参加决议的有效性。"中国证监会的《关于在上市公司建立独立董事制度的指导意见》规定:"独立董事原则上最多在 5 家上市公司兼任独立董事,并确保有足够的时间和精力有效地履行独立董事的职责。"

二、董事身份

每个董事只是组成公司董事会的具体成员,只有公司董事会是公司治理的机关。每个董事只是董事会的机构成员,而不是公司的机关。[2] 未经公司章程规定或者董事会的合法授权,任何董事不得以个人名义代表公司或者董事会行事。

---

[1] 卞耀武主编:《法国公司法规范》,李萍译,法律出版社 1999 年 5 月第 1 版,第 59 页。
[2] 参见〔日〕井永敏和:《现代日本公司法》,金洪玉译,人民法院出版社 2000 年版,第 135 页。

在董事以其个人名义行事时,第三方会合理地认为该董事在是代表公司或者董事会行事的情况下,该董事应当事先声明其立场和身份。

三、董事辞职

董事辞职应向董事会提交书面辞职报告,在辞职报告中说明辞职时间、辞职原因、辞去的职务、辞职后是否继续在公司任职(如继续任职,说明继续任职的情况)等情况。

《公司法》第45条第2款规定:"董事任期届满未及时改选,或者董事在任期内辞职导致董事会成员低于法定人数的,在改选出的董事就任前,原董事仍应当依照法律、行政法规和公司章程的规定,履行董事职务。"有限责任公司董事会应当具备法定人数3人至13人,股份有限公司董事会应当具备法定人数5人至19人。这些规定表明,董事在任期内可以辞职,但是公司董事会的人数不得低于法定人数。若董事辞职不会导致公司董事会低于法定人数,就不影响公司董事会的正常运作,则董事的辞职自辞职报告送达董事会时生效;若董事辞职导致上述情形发生,则辞职报告应当在下任董事填补因其辞职产生的空缺后方能生效。在改选出的董事就任前,原董事仍应当依照法律、行政法规、部门规章和公司章程规定,履行董事职务。

董事辞职生效或者任期届满,应向董事会办妥所有移交手续,其对公司和股东承担的忠实义务,在任期结束后并不当然解除,在本章程规定的合理期限内仍然有效。

四、董事可否兼任监事

《公司法》第51条、第117条规定:"董事、高级管理人员不得兼任监事。"所以,无论是有限公司还是股份公司,董事和高级管理人员均不得兼任监事,监事不能兼任董事,也不能兼任高级管理人员。换句话说,只要是公司监事,就不可能同时为公司董事或高级管理人员。

五、董事可否兼任高级管理人员

《公司法》第68条规定:"经国有资产监督管理机构同意,董事会成员可以兼任经理。"所以,对于国有独资公司,董事如兼任经理,必须经国有资产监督管理机构同意。《公司法》第114条规定:"(股份有限)公司董事会可以决定由董事会成员兼任经理。"所以,对于股份有限公司,董事可兼任经理,但需要由董事会决定。《公司法》对有限责任公司的董事兼任经理,无相关约束性或者禁止性规定。

在我国上市公司的《上市公司章程指引》中,要求上市公司兼任经理或者其他高级管理人员职务的董事以及由职工代表担任的董事,总计不得超过公司董事总数的1/2。

结论:关于董事兼任高级管理人员,股份有限公司须经董事会决定,国有独资公司须经国有资产监督管理机构同意,上市公司总计不得超过公司董事总数的1/2,有限责任公司《公司法》未作限制。公司可以根据公司自身之情况,选择是否以及如何对董事兼任高级管理人员,作出限制性或者禁止性规定。

第二节 独立董事

【示范条款】

8.2.1 独立董事概述

公司根据需要,可以设立独立董事。独立董事不得由下列人员担任:
1. 公司股东或股东单位的任职人员;
2. 公司的内部人员(如公司的经理或者公司雇员);
3. 与公司关联人或公司管理层有利益关系的人员。

8.2.2 独立董事的特殊责任

独立董事对公司及全体股东负有诚信与勤勉义务。独立董事应按照相关法律、法规、公司章程的要求,认真履行职责,维护公司整体利益,尤其要关注中小股东的合法权益不受损害。

独立董事应独立履行职责,不受公司主要股东、实际控制人,以及其他与上市公司存在利害关系的单位或个人的影响。

【本节条款解读】

独立董事是指独立于公司股东且不在公司中内部任职,并与公司或公司经营管理者没有重要的业务联系或专业联系,对公司事务作出独立判断的董事。独立董事制度最早起源于20世纪30年代,其制度设计的目的在于防止控制股东及管理层的内部控制,损害公司整体利益。董事会结构中,有"二分法"和"三分法"两种。在二分法中,董事分为内部董事与外部董事两种,如美国公司法,外部董事与独立董事有时也相互转换。在三分法中,董事分为内部董事、有关联关系的外部董事与无关联关系的外部董事。只有无关联关系的外部董事才可被称为独立董事。其中,内部董事指兼任公司雇员的董事,也称执行董事;有关联关系的外部董事指与公司存在实质性利害关系的外部董事,也称非执行董事。

独立董事指不在公司担任董事之外的其他职务,并与公司及其大股东之间不存在可能妨碍其独立作出客观判断的利害关系(尤其是直接或者间接的财产利益关系)的董事。由于独立董事不兼任公司的经营管理人员,因此属于外部董事的范畴。又由于独立董事与公司不存在实质性利害关系,独立董事又不同于其他外部董事,尤其是股东代表董事。

我国独立董事制度始建于中国证监会在《关于在上市公司建立独立董事制度的指导意见》中的规定,上市公司独立董事是指不在上市公司担任除董事外的其他职务,并与其所受聘的上市公司及其主要股东不存在可能妨碍其进行独立客观判断关系的董事。

独立董事具有独立性。独立董事必须在人格上、经济利益上、产生程序上、权利行使上独立,不受控股股东或者公司管理层之控制。人格独立,要求独立董事在公司无其他任职、对公司无股权投资等。经济利益独立,要求独立董事除担任独立董事获得独立董事的报酬外与公司无其他重大利益关系。产生程序独立,要求独立董事的提名权要广泛,1%以上股权的股东和董事会等均有权提名独立董事候选人,选举投票时要与非独立董事分别选举。权利行使独立,要求公司应当给独立董事提供必要的工作环境和条件,在获得会议资料时,有权补充会议资料,提交董事会审议的部分议题,如关联交易等,应当先由独立董事审查。

独立董事也要具有专业性。独立董事必须具备一定的专业素质和能力,能够凭自己的专业知识和经验对公司的非独立董事和高级管理人员以及有关问题独立作出判断和发表有价值的意见。通常在公司的董事会架构中,会聘请会计专家、法律专家、金融融资专家以及本公司具体经营领域的行业专家等担任公司的独立董事。

【本节法律依据】

❶《关于在上市公司建立独立董事制度的指导意见》(中国证监会 2001 年 8 月 16 日证监发[2001]102 号)

为进一步完善上市公司治理结构,促进上市公司规范运作,现就上市公司建立独立的外部董事(以下简称"独立董事")制度提出以下指导意见:

一、上市公司应当建立独立董事制度

(一)上市公司独立董事是指不在公司担任除董事外的其他职务,并与其所受聘的上市公司及其主要股东不存在可能妨碍其进行独立客观判断的关系的董事。

(二)独立董事对上市公司及全体股东负有诚信与勤勉义务。独立董事应当按照相关法律、法规、本指导意见和公司章程的要求,认真履行职责,维护公司整体利益,尤其要关注中小股东的合法权益不受损害。独立董事应当独立履行职责,不受上市公司主要股东、实际控制人或者其他与上市公司存在利害关系的单位或个人的影响。独立董事原则上最多在 5 家上市公司兼任独立董事,并确保有足够的时间和精力,有效地履行独立董事的职责。

(三)各境内上市公司应当按照本指导意见的要求修改公司章程,聘任适当人员担任独立董事,其中至少包括1名会计专业人士(会计专业人士是指具有高级职称或注册会计师资格的人士)。在二〇〇二年六月三十日前,董事会成员中应当至少包括两名独立董事;在二〇〇三年六月三十日前,上市公司董事会成员中应当至少包括三分之一的独立董事。

(四)独立董事出现不符合独立性条件或其他不适宜履行独立董事职责的情形,由此造成上市公司独立董事达不到本《指导意见》要求的人数时,上市公司应按规定补足独立董事人数。

(五)独立董事及拟担任独立董事的人士应当按照中国证监会的要求,参加中国证监会及其授权机构所组织的培训。

二、独立董事应当具备与其行使职权相适应的任职条件

担任独立董事应当符合下列基本条件:

(一)根据法律、行政法规及其他有关规定,具备担任上市公司董事的资格;

(二)具有本《指导意见》所要求的独立性;

(三)具备上市公司运作的基本知识,熟悉相关法律、行政法规、规章及规则;

(四)具有五年以上法律、经济或者其他履行独立董事职责所必需的工作经验;

(五)公司章程规定的其他条件。

三、独立董事必须具有独立性

下列人员不得担任独立董事:

(一)在上市公司或者其附属企业任职的人员及其直系亲属、主要社会关系(直系亲属是指配偶、父母、子女等;主要社会关系是指兄弟姐妹、岳父母、儿媳女婿、兄弟姐妹的配偶、配偶的兄弟姐妹等)。

(二)直接或间接持有上市公司已发行股份1%以上或者是上市公司前十名股东中的自然人股东及其直系亲属。

(三)在直接或间接持有上市公司已发行股份5%以上的股东单位或者在上市公司前五名股东单位任职的人员及其直系亲属。

(四)最近一年内曾经具有前三项所列举情形的人员。

(五)为上市公司或者其附属企业提供财务、法律、咨询等服务的人员。

(六)公司章程规定的其他人员。

(七)中国证监会认定的其他人员。

四、独立董事的提名、选举和更换应当依法、规范地进行

(一)上市公司董事会、监事会、单独或者合并持有上市公司已发行股份1%以

上的股东可以提出独立董事候选人,并经股东大会选举决定。

(二)独立董事的提名人在提名前应当征得被提名人的同意。提名人应当充分了解被提名人职业、学历、职称、详细的工作经历、全部兼职等情况,并对其担任独立董事的资格和独立性发表意见,被提名人应当就其本人与上市公司之间不存在任何影响其独立客观判断的关系发表公开声明。

在选举独立董事的股东大会召开前,上市公司董事会应当按照规定公布上述内容。

(三)在选举独立董事的股东大会召开前,上市公司应将所有被提名人的有关材料同时报送中国证监会、公司所在地中国证监会派出机构和公司股票挂牌交易的证券交易所。上市公司董事会对被提名人的有关情况有异议的,应同时报送董事会的书面意见。

中国证监会在15个工作日内对独立董事的任职资格和独立性进行审核。对中国证监会持有异议的被提名人,可作为公司董事候选人,但不作为独立董事候选人。

在召开股东大会选举独立董事时,上市公司董事会应对独立董事候选人是否被中国证监会提出异议的情况进行说明。

对于本《指导意见》发布前已担任上市公司独立董事的人士,上市公司应将前述材料在本《指导意见》发布实施起1个月内报送中国证监会、公司所在地中国证监会派出机构和公司股票挂牌交易的证券交易所。

(四)独立董事每届任期与该上市公司其他董事任期相同,任期届满,连选可以连任,但是连任时间不得超过6年。

(五)独立董事连续3次未亲自出席董事会会议的,由董事会提请股东大会予以撤换。

除出现上述情况及《公司法》中规定的不得担任董事的情形外,独立董事任期届满前不得无故被免职。提前免职的,上市公司应将其作为特别披露事项予以披露,被免职的独立董事认为公司的免职理由不当的,可以作出公开声明。

(六)独立董事在任期届满前可以提出辞职。独立董事辞职应向董事会提交书面辞职报告,对任何与其辞职有关或其认为有必要引起公司股东和债权人注意的情况进行说明。

如因独立董事辞职导致公司董事会中独立董事所占的比例低于本《指导意见》规定的最低要求时,该独立董事的辞职报告应当在下任独立董事填补其缺额后生效。

五、上市公司应当充分发挥独立董事的作用

(一)为了充分发挥独立董事的作用,独立董事除应当具有公司法和其他相关

法律、法规赋予董事的职权外,上市公司还应当赋予独立董事以下特别职权:

1. 重大关联交易(指上市公司拟与关联人达成的总额高于300万元或高于上市公司最近经审计净资产值的5%的关联交易)应由独立董事认可后,提交董事会讨论;独立董事作出判断前,可以聘请中介机构出具独立财务顾问报告,作为其判断的依据。

2. 向董事会提议聘用或解聘会计师事务所;

3. 向董事会提请召开临时股东大会;

4. 提议召开董事会;

5. 独立聘请外部审计机构和咨询机构;

6. 可以在股东大会召开前公开向股东征集投票权。

(二)独立董事行使上述职权应当取得全体独立董事的二分之一以上同意。

(三)如上述提议未被采纳或上述职权不能正常行使,上市公司应将有关情况予以披露。

(四)如果上市公司董事会下设薪酬、审计、提名等委员会的,独立董事应当在委员会成员中占有二分之一以上的比例。

六、独立董事应当对上市公司重大事项发表独立意见

(一)独立董事除履行上述职责外,还应当对以下事项向董事会或股东大会发表独立意见:

1. 提名、任免董事;

2. 聘任或解聘高级管理人员;

3. 公司董事、高级管理人员的薪酬;

4. 上市公司的股东、实际控制人及其关联企业对上市公司现有或新发生的总额高于300万元,或高于上市公司最近经审计净资产值的5%的借款,或其他资金往来以及公司是否采取有效措施回收欠款;

5. 独立董事认为可能损害中小股东权益的事项;

6. 公司章程规定的其他事项。

(二)独立董事应当就上述事项发表以下几类意见之一:同意;保留意见及其理由;反对意见及其理由;无法发表意见及其障碍。

(三)如有关事项属于需要披露的事项,上市公司应当将独立董事的意见予以公告,独立董事出现意见分歧无法达成一致时,董事会应将各独立董事的意见分别披露。

七、为了保证独立董事有效行使职权,上市公司应当为独立董事提供必要的条件

(一)上市公司应当保证独立董事享有与其他董事同等的知情权。凡须经董

事会决策的事项,上市公司必须按法定的时间提前通知独立董事并同时提供足够的资料,独立董事认为资料不充分的,可以要求补充。当两名或两名以上独立董事认为资料不充分或论证不明确时,可联名书面向董事会提出延期召开董事会会议或延期审议该事项,董事会应予以采纳。

上市公司向独立董事提供的资料,上市公司及独立董事本人应当至少保存5年。

(二)上市公司应提供独立董事履行职责所必需的工作条件。上市公司董事会秘书应积极为独立董事履行职责提供协助,如介绍情况、提供材料等。独立董事发表的独立意见、提案及书面说明应当公告的,董事会秘书应及时到证券交易所办理公告事宜。

(三)独立董事行使职权时,上市公司有关人员应当积极配合,不得拒绝、阻碍或隐瞒,不得干预其独立行使职权。

(四)独立董事聘请中介机构的费用及其他行使职权时所需的费用,由上市公司承担。

(五)上市公司应当给独立董事适当的津贴。津贴的标准应当由董事会制订预案,股东大会审议通过,并在公司年报中进行披露。

除上述津贴外,独立董事不应从该上市公司及其主要股东或有利害关系的机构和人员取得额外的、未予披露的其他利益。

(六)上市公司可以建立必要的独立董事责任保险制度,以降低独立董事正常履行职责可能引致的风险。

❷《上市公司治理准则》(中国证监会 2002 年 1 月 7 日 证监发[2002]1 号)

第四十九条 上市公司应按照有关规定建立独立董事制度。独立董事应独立于所受聘的公司及其主要股东。独立董事不得在上市公司担任除独立董事外的其他任何职务。

第五十条 独立董事对公司及全体股东负有诚信与勤勉义务。独立董事应按照相关法律、法规、公司章程的要求,认真履行职责,维护公司整体利益,尤其要关注中小股东的合法权益不受损害。独立董事应独立履行职责,不受公司主要股东、实际控制人,以及其他与上市公司存在利害关系的单位或个人的影响。

第五十一条 独立董事的任职条件、选举更换程序、职责等,应符合有关规定。

❸《深圳证券交易所独立董事备案办法(2011 年修订)》(2011 年 12 月 20 日 深证上[2011]386 号)

略。

❹《上海证券交易所上市公司独立董事备案及培训工作指引》(2010年10月28日 上证公字[2010]60号)

略。

第三节 职 工 董 事

【示范条款】

8.3.1 职工董事的产生

公司董事会设职工董事[1]名,由公司职工(代表)大会选举产生。

[注释] 职工大会一般是指全体职工召开的会议;职工代表大会是按照工会法等要求,按照选区、职工比例等选举出的职工代表召开的会议。职工较少的企业可以不采取职工代表大会的形式,直接召开职工大会即可。

8.3.2 职工董事与工会

由职工选举产生的职工董事不得兼任公司的工会代表等职务。在选举时担任上述职务的,必须在[10]天内辞去该职务。否则,视为辞去其董事的职务。

8.3.3 职工董事的劳动权

职工董事有不丧失劳动合同的权利,职工董事作为公司雇员的薪金,不得因担任董事的职务而减少。

【本节条款解读】

《公司法》第44条第2款规定:"两个以上的国有企业或者两个以上的其他国有投资主体投资设立的有限责任公司,其董事会成员中应当有公司职工代表;其他有限责任公司董事会成员中可以有公司职工代表。董事会中的职工代表由公司职工通过职工代表大会、职工大会或者其他形式民主选举产生。"第67条规定:"国有独资公司……董事会成员中应当有公司职工代表。董事会成员中的职工代表由公司职工代表大会选举产生。"第108条规定:"股份有限公司……董事会成员中可以有公司职工代表。董事会中的职工代表由公司职工通过职工代表大会、职工大会或者其他形式民主选举产生。"

总体来说,国有独资公司和国有控股公司,应当设立职工董事,非国有公司可以设立职工董事。通常职工董事由公司工会组织职工提名候选人,候选人确定后由公司职工代表大会、职工大会或其他形式以无记名投票的方式差额选举产生,并报政府国有资产管理部门、政府企业主管部门和上级工会组织备案。

【本节法律依据】

❶《国有独资公司董事会试点企业职工董事管理办法(试行)》(国务院国有资产监督管理委员会 2006 年 3 月 3 日 国资发群工[2006]21 号)

第一章 总 则

第一条 为推进中央企业完善公司法人治理结构,充分发挥职工董事在董事会中的作用,根据《中华人民共和国公司法》(以下简称《公司法》)和《国务院国有资产监督管理委员会关于国有独资公司董事会建设的指导意见(试行)》,制定本办法。

第二条 本办法适用于中央企业建立董事会试点的国有独资公司(以下简称公司)。

第三条 本办法所称职工董事,是指公司职工民主选举产生,并经国务院国有资产监督管理委员会(以下简称国资委)同意,作为职工代表出任的公司董事。

第四条 公司董事会成员中,至少有 1 名职工董事。

第二章 任 职 条 件

第五条 担任职工董事应当具备下列条件:
(一) 经公司职工民主选举产生;
(二) 具有良好的品行和较好的群众基础;
(三) 具备相关的法律知识,遵守法律、行政法规和公司章程,保守公司秘密;
(四) 熟悉本公司经营管理情况,具有相关知识和工作经验,有较强的参与经营决策和协调沟通能力;
(五)《公司法》等法律、法规规定的其他条件。

第六条 下列人员不得担任公司职工董事:
(一) 公司党委(党组)书记和未兼任工会主席的党委副书记、纪委书记(纪检组组长);
(二) 公司总经理、副总经理、总会计师。

第三章 职工董事的提名、选举、聘任

第七条 职工董事候选人由公司工会提名和职工自荐方式产生。
职工董事候选人可以是公司工会主要负责人,也可以是公司其他职工代表。

第八条 候选人确定后由公司职工代表大会、职工大会或其他形式以无记名

投票的方式差额选举产生职工董事。

公司未建立职工代表大会的,职工董事可以由公司全体职工直接选举产生,也可以由公司总部全体职工和部分子(分)公司的职工代表选举产生。

第九条 职工董事选举前,公司党委(党组)应征得国资委同意;选举后,选举结果由公司党委(党组)报国资委备案后,由公司聘任。

第四章 职工董事的权利、义务、责任

第十条 职工董事代表职工参加董事会行使职权,享有与公司其他董事同等权利,承担相应义务。

第十一条 职工董事应当定期参加国资委及其委托机构组织的有关业务培训,不断提高工作能力和知识水平。

第十二条 董事会研究决定公司重大问题,职工董事发表意见时要充分考虑出资人、公司和职工的利益关系。

第十三条 董事会研究决定涉及职工切身利益的问题时,职工董事应当事先听取公司工会和职工的意见,全面准确反映职工意见,维护职工的合法权益。

第十四条 董事会研究决定生产经营的重大问题、制定重要的规章制度时,职工董事应当听取公司工会和职工的意见和建议,并在董事会上予以反映。

第十五条 职工董事应当参加职工代表团(组)长和专门小组(或者专门委员会)负责人联席会议,定期到职工中开展调研,听取职工的意见和建议。职工董事应当定期向职工代表大会或者职工大会报告履行职工董事职责的情况,接受监督、质询和考核。

第十六条 公司应当为职工董事履行董事职责提供必要的条件。职工董事履行职务时的出差、办公等有关待遇参照其他董事执行。

职工董事不额外领取董事薪酬或津贴,但因履行董事职责而减少正常收入的,公司应当给予相应补偿。具体补偿办法由公司职工代表大会或职工大会提出,经公司董事会批准后执行。

第十七条 职工董事应当对董事会的决议承担相应的责任。董事会的决议违反法律、行政法规或者公司章程,致使公司遭受严重损失的,参与决议的职工董事应当按照有关法律、法规和公司章程的规定,承担赔偿责任。但经证明在表决时曾表明异议并载于会议记录的,可以免除责任。

第五章 职工董事的任期、补选、罢免

第十八条 职工董事的任期每届不超过三年,任期届满,可连选连任。

第十九条 职工董事的劳动合同在董事任期内到期的,自动延长至董事任期

结束。

职工董事任职期间,公司不得因其履行董事职务的原因降职减薪、解除劳动合同。

第二十条 职工董事因故出缺,按本办法第七条、第八条规定补选。

职工董事在任期内调离本公司的,其职工董事资格自行终止,缺额另行补选。

第二十一条 职工代表大会有权罢免职工董事,公司未建立职工代表大会的,罢免职工董事的权力由职工大会行使。职工董事有下列行为之一的,应当罢免:

(一)职工代表大会或职工大会年度考核评价结果较差的;

(二)对公司的重大违法违纪问题隐匿不报或者参与公司编造虚假报告的;

(三)泄露公司商业秘密,给公司造成重大损失的;

(四)以权谋私,收受贿赂,或者为自己及他人从事与公司利益有冲突的行为损害公司利益的;

(五)不向职工代表大会或职工大会报告工作或者连续两次未能亲自出席,也不委托他人出席董事会的;

(六)其他违反法律、行政法规应予罢免的行为。

第二十二条 罢免职工董事,须由十分之一以上全体职工或者三分之一以上职工代表大会代表联名提出罢免案,罢免案应当写明罢免理由。

第二十三条 公司召开职工代表大会或职工大会,讨论罢免职工董事事项时,职工董事有权在主席团会议和大会全体会议上提出申辩理由或者书面提出申辩意见,由主席团印发职工代表或全体职工。

第二十四条 罢免案经职工代表大会或职工大会审议后,由主席团提请职工代表大会或职工大会表决。罢免职工董事采用无记名投票的表决方式。

第二十五条 罢免职工董事,须经职工代表大会过半数的职工代表通过。

公司未建立职工代表大会的,须经全体职工过半数同意。

第二十六条 职工代表大会罢免决议经公司党委(党组)审核,报国资委备案后,由公司履行解聘手续。

第六章 附则

第二十七条 各试点企业可以依据本办法制定实施细则。

第二十八条 本办法自发布之日起施行。

【示范细则】

▶ **细则8-1 职工董事和职工监事制度**

为了全面建立和完善现代企业制度,规范建立职工董事、职工监事制度,保障职工参与民主决策、民主管理、民主监督的权利,维护广大职工的合法权益,促进企业健康和谐发展,根据《公司法》和上级有关要求,结合本企业实际,制定本制度。

第一条 职工董事、职工监事制度,是依照法律规定,通过职工(代表)大会或者其他形式,民主选举一定数量的职工代表,进入董事会、监事会,代表职工行使参与企业决策权利、发挥监督作用的制度。董事会、监事会中的职工代表称为职工董事、职工监事。

第二条 职工董事、职工监事的设置

1. 公司董事会中,应有一名职工董事。监事会中,应有一名职工监事。

2. 董事会中职工董事与监事会中职工监事的人数和比例,应当在公司章程中作出明确规定。

第三条 职工董事、职工监事条件

1. 本公司职工;具有较好的群众基础,能够代表和反映职工的意见和要求;遵守法律、行政法规和公司章程;熟悉公司经营管理情况,具有相关知识和工作经验,具有较强的协调沟通、参与经营决策和财务监督的能力。法律、法规和公司章程规定的其他条件。

2. 公司高级管理人员、《公司法》中规定的不能担任或兼任董事、监事的人员,不得担任职工董事、职工监事。

3. 工会主席可以参加职工董事、职工监事的选举。

第四条 职工董事、职工监事产生程序

1. 职工董事、职工监事的候选人应当由公司工会提名,公司党支部审核确定。

2. 职工董事、职工监事必须依照《公司法》的规定,由本公司职工(代表)大会以无记名投票方式,获得应当参加会议人员的过半数同意选举产生。

3. 职工董事、职工监事选举产生后,应当报上级工会、有关部门和机构备案。

第五条 职工董事、职工监事补选和罢免

1. 职工董事、职工监事因辞职等原因出缺,应当及时进行补选,从出缺至完成补选的时间不得超过三个月。在新补选职工董事、职工监事就任前,原职工董事、职工监事在情况允许的情况下,仍应当依照法律、法规和公司章程的规定,履行其职务。

2. 职工董事、职工监事不履行职责或者有严重过错的,经三分之一以上的职工(代表)提议,可以依法通过职工(代表)大会或者其他形式进行罢免。职工董事、职工监事的补选和罢免,要经应当参加会议人员的过半数通过。

第六条 职工董事、职工监事任期

职工董事、职工监事的任期与公司其他董事和监事的任期相同,任期届满,连选可以连任。职工董事、职工监事在任期内调离公司的或者其他原因长期不在岗

的,其任职资格自行终止。

第七条 职工董事、职工监事职责

1. 职工董事、职工监事享有与公司董事、监事同等的权利,承担相应的义务。

2. 职工董事、职工监事应当经常或者定期深入到职工中听取意见和建议;在董事会、监事会研究决定公司重大问题时,应当认真履行职责,代表职工行使权利,充分发表意见。

3. 职工董事在董事会讨论决定涉及有关工资、奖金、福利、劳动安全卫生、社会保险、变更劳动关系、裁员等涉及职工切身利益的重大问题和事项时,要如实反映职工的合理要求,代表和维护职工的合法权益;在董事会研究确定公司高级管理人员的聘任、解聘时,要如实反映职工(代表)大会民主评议公司管理人员的情况。

4. 职工监事要定期监督检查职工各项保险基金、工会经费的提取、缴纳情况和职工工资、劳动保护、社会保险、福利等制度的执行情况;应当参与检查公司对涉及职工切身利益的法律、法规和公司规章制度的贯彻执行情况。

第八条 职工董事、职工监事工作制度

1. 知情制度。职工董事、职工监事可以定期调阅公司有关的经营、财务报表;列席与其职责相关的公司行政办公会议和有关生产经营工作的重要会议。公司要为职工董事、职工监事履行职责提供必要的条件,公司工会要主动为职工董事、职工监事开展工作提供服务。

2. 保密制度。职工董事、职工监事在向职工(代表)大会报告工作和接受职工(代表)质询时,要按照信息有序披露原则,遵守公司保密规定,保守董事会、监事会会议涉及的公司商业秘密。同时不得向本公司以外的人员泄露。

3. 报告制度。职工董事、职工监事在遇到工作受阻、待遇不公等情况时,有权向工会组织、有关部门和机构反映

4. 委托制度。职工董事、职工监事因故不能出席董事会、监事会会议时,可以书面委托公司其他职工董事、职工监事或者公司董事、监事代为出席,并在委托书中明确授权范围。

5. 培训制度。职工董事、职工监事要自觉加强有关专业知识的学习。公司要创造机会,安排职工董事、职工监事在职培训。

6. 述职制度。职工董事、职工监事必须向职工(代表)大会报告其履行职责的情况,每年至少一次。报告内容或者提纲应当提前一周告知职工(代表)。

7. 评议制度。职工董事、职工监事应当在认真述职的基础上,对职工(代表)提出的质询予以答复,接受职工(代表)的民主评议。评议结果要形成书面材料。

8. 奖惩制度。公司职工(代表)大会要对职工董事、职工监事进行考核,实施必要的奖惩。对履行职责好的职工董事、职工监事,应当给予表扬奖励;对不称职

或者有渎职行为的职工董事、职工监事,应当进行撤换或者罢免。

  9. 保障制度。职工董事、职工监事依照《公司法》和公司章程行使职权,任何人不得压制、阻挠或者打击报复。职工董事、职工监事在任职期间,其劳动合同期限自动延长至任期届满,除因劳动保障法律、法规规定的情形或者劳动合同约定外,公司不得与其解除劳动合同或者作出不利于其履行职责的岗位变动。职工董事、职工监事履行职务时的出差、办公等有关待遇,参照公司董事、监事执行。

第九章 董 事 会

第一节 董事会一般规定

【示范条款】

9.1.1 董事会的设立

公司设董事会,对股东大会(股东会)负责。

9.1.2 董事会的构成

董事会由[人数]名董事组成,设董事长1人,副董事长[人数]人。董事长和副董事长由公司董事担任,以全体董事的过半数选举产生和罢免。

9.1.3 董事会会议的召集和主持

董事会会议由董事长召集和主持;董事长不能履行职务或者不履行职务的,由副董事长召集和主持;未设副董事长、副董事长不能履行职务或者不履行职务的,由半数以上董事共同推举1名董事召集和主持。

9.1.4 董事长职权

董事长行使下列职权:

1. 主持股东(大)会和召集、主持董事会会议;
2. 督促、检查董事会决议的执行;
3. 签署公司股票、公司债券及其他有价证券;
4. 签署董事会重要文件;
5. 董事会授予的其他职权。

注释:董事会应谨慎授予董事长职权,例行或长期授权,须在章程中明确规定。

9.1.5 副董事长

公司副董事长协助董事长工作,董事长不能履行职务或者不履行职务的,由副董事长履行职务;副董事长不能履行职务或者不履行职务的,由半数以上董事共同推举1名董事履行职务。

9.1.6 董事会办公室

董事会下设董事会办公室,处理董事会日常事务。

董事会秘书兼任董事会办公室负责人,保管董事会和董事会办公室印章。

9.1.7 董事会议事规则

董事会制定董事会议事规则,以确保董事会落实股东大会决议,提高工作效率,保证科学决策。

[注释] 该规则规定董事会的召开和表决程序,董事会议事规则应列入公司章程或作为章程的附件,由董事会拟定,股东大会批准。

9.1.8 董事会闭会期间的授权

董事会授权董事长在董事会闭会期间行使董事会部分职权的,公司应在公司章程中明确规定授权原则和授权内容,授权内容应当明确、具体。凡涉及公司重大利益的事项,应由董事会集体决策。

9.1.9 董事会职权

董事会行使下列职权:

1. 召集股东大会(股东会),并向股东大会(股东会)报告工作。
2. 执行股东大会(股东会)的决议。
3. 决定公司的经营计划和投资方案。
4. 制订公司的年度财务预算方案、决算方案。
5. 制订公司的利润分配方案和弥补亏损方案。
6. 制订公司增加或者减少注册资本、发行债券等方案。
7. 拟订公司重大收购、收购本公司股票或者合并、分立、解散及变更公司形式的方案。
8. 在股东大会(股东会)授权范围内,决定公司对外投资、收购出售资产、资产抵押、对外担保事项、委托理财、关联交易等事项。
9. 决定公司内部管理机构的设置。
10. 聘任或者解聘公司经理、董事会秘书;根据经理的提名,聘任或者解聘公司副经理、财务负责人等高级管理人员,并决定其报酬事项和奖惩事项。
11. 制订公司的基本管理制度。
12. 制订本章程的修改方案。
13. 向股东大会提出聘请或更换为公司审计的会计师事务所。
14. 听取公司经理的工作汇报并检查经理的工作。
15. 法律、行政法规、部门规章或本章程授予的其他职权。

9.1.10 公司担保

公司可以为他人提供担保,为他人提供担保之前(或提交股东大会表决前),应当遵循以下原则:

1. 应当遵循平等、自愿、公平、诚信、互利的原则;

2. 不得以公司资产为本公司的股东、股东的控股子公司、股东的附属企业或者个人债务提供担保;

3. 应当采用反担保等必要措施防范风险;

4. 应当掌握债务人的资信状况,对该担保事项的利益和风险进行充分分析,并在董事会有关公告中详尽披露;

5. 应当订立书面合同;

6. 法律、法规、规章规定的其他要求。

9.1.11 对审计报告的说明

公司董事会应当就外部审计机构——会计师事务所对公司财务报告出具的非标准无保留意见的审计报告,向股东大会(股东会)作出说明。

非标准无保留意见的审计报告,是指带解释说明的无保留意见、有保留意见、否定意见、无法发表意见的审计报告。

9.1.12 关联交易

公司董事会应当对公司与其关联人达成的成交金额或交易标的价值在[500万元]以上,或占公司最近经审计净资产值的[1%]以上的关联交易,根据客观标准判断该关联交易是否对公司有利,必要时应当聘请中介机构就交易对全体股东是否公平出具意见。

公司拟与其关联人达成的关联交易总额或涉及的资产总额高于[5 000万元]或占公司最近经审计净资产值的[5%]以上的,应当提交股东大会批准。

9.1.13 风险投资

董事会应当确定其运用公司资产所作出的风险投资权限,建立严格的审查和决策程序;重大投资项目应当组织有关专家、专业人员进行评审,并报股东大会批准。

按照上述规定,董事会运用公司资产所作出的风险投资范围为证券、期货、房地产投资,并且该投资所需资金不得超过公司净资产的[2%]。

9.1.14 重大决策

董事会应当确定对外投资、收购出售资产、资产抵押、对外担保事项、委托理财、关联交易的权限,建立严格的审查和决策程序;重大投资项目应当组织有关专家、专业人员进行评审,并报股东大会批准。

[注释] 公司董事会应当根据相关的法律、法规及公司实际情况,在章程中确定符合公司具体要求的权限范围,以及涉及资金占公司资产的具体比例。

【本节条款解读】

一、董事会是公司法人治理结构的核心。

由于股东会议不是常设机关,决定了公司经营管理和日常管理不能也不宜由股东会议来处理。这就需要一个专门的公司机关,受股东之托行使公司的经营管理权。在现代公司治理架构下,公司的所有权与经营权分离的核心就是,除必要的重大决策事项仍由股东会议决策外,其他经营决策和经营管理事务均由公司董事会决定。董事会是公司的决策机关并对股东会议负责。《美国标准公司法》第8.01节①规定:公司的所有权力应由董事会或者在董事会授权下行使,公司的经营和事务应由董事会管理或者在其指导下管理。

二、董事会是集体会议制机关

每个董事只是组成公司董事会的具体成员,只有公司董事会是公司治理的机关。每个董事只是董事会的构成人员,而不是公司的机关。②《德国股份法》第77条③:董事会由数人组成的,只有全体董事会成员有权集体进行业务领导。

未经公司章程规定或者董事会的合法授权,任何董事不得以个人名义代表公司或者董事会行事。在董事以其个人名义行事,第三方会合理地认为该董事在是代表公司或者董事会行事的情况下,该董事应当事先声明其立场和身份。

三、董事长职责及缺位的替补

董事长行使下列职权:

1. 主持股东大会(股东会)和召集、主持董事会会议;
2. 督促、检查董事会决议的执行;
3. 签署公司股票、公司债券及其他有价证券;
4. 签署董事会重要文件;
5. 董事会授予的其他职权。

同时,对于董事长不能行使或怠于行使董事长职责时,首先是由副董事长代行职责,如果副董事长也不能或怠于行使职责,可由半数以上董事推选出的董事代行

---

① 参见沈四宝编译:《最新美国公司法》,法律出版社2006年3月第1版,第90页。
② 参见井永敏和:《现代日本公司法》,金洪玉译,人民法院出版社2000年版,第135页。
③ 参见杜景林、卢谌译:《德国股份法·德国有限责任公司法·德国公司改组法·德国参与决定法》,中国政法大学出版社2000年1月第1版,第35页。

职责,以此避免董事会制度因个人因素而陷入瘫痪。其中,董事长(副董事长)不能履行职权,是指董事长(副董事长)并非主观上不愿意召集董事会会议,而是客观因素、事件致使其无法履行职权,如董事长(副董事长)重病、失踪、被限制人身自由等。董事长(副董事长)不履行职权,是指董事长(副董事长)主观上怠于履行职权,并不存在阻碍其履行职责的客观因素。

四、董事会应当为单数

《公司法》第44条规定:"有限责任公司设董事会,其成员为三人至十三人。"第108条规定:"股份有限公司设董事会,其成员为五人至十九人。"

由于"以上"含本数,为防止会议表决僵局,规则制定者在规则设计时,应当审慎使用"1/2以上"之类的条款设计,这是因为,当出现"50%表决权同意、50%表决权反对"的情况时,将会导致会议决议僵局。通常所说的董事会僵局,也就是在董事会成员构成为双数时,一半同意,一半反对,致使董事会无法形成决议。

避免会议僵局的方法有:

1. 将条款设计为"过半数"。由于"过"不含本数,所以自然不会出现同时"过半数同意,过半数反对"的情形;

2. 将表决权总数设定为单数。如一般董事会成员构成都是单数,就是将表决权总数设计为单数,避免出现上述情况。

【交易所文件——董事会议事规则】

上海证券交易所上市公司董事会议事示范规则

2006年05月12日 上证上字〔2006〕325号

第一条 宗旨

为了进一步规范本公司董事会的议事方式和决策程序,促使董事和董事会有效地履行其职责,提高董事会规范运作和科学决策水平,根据《公司法》《证券法》《上市公司治理准则》和《上海证券交易所股票上市规则》等有关规定,制定本规则。

第二条 董事会办公室

董事会下设董事会办公室,处理董事会日常事务。

董事会秘书或者证券事务代表兼任董事会办公室负责人,保管董事会和董事会办公室印章。

第三条 定期会议

董事会会议分为定期会议和临时会议。

董事会每年应当至少在上下两个半年度各召开一次定期会议。

第四条　定期会议的提案

在发出召开董事会定期会议的通知前,董事会办公室应当充分征求各董事的意见,初步形成会议提案后交董事长拟定。

董事长在拟定提案前,应当视需要征求经理和其他高级管理人员的意见。

第五条　临时会议

有下列情形之一的,董事会应当召开临时会议:

(一)代表十分之一以上表决权的股东提议时;

(二)三分之一以上董事联名提议时;

(三)监事会提议时;

(四)董事长认为必要时;

(五)二分之一以上独立董事提议时;

(六)经理提议时;

(七)证券监管部门要求召开时;

(八)本公司《公司章程》规定的其他情形。

第六条　临时会议的提议程序

按照前条规定提议召开董事会临时会议的,应当通过董事会办公室或者直接向董事长提交经提议人签字(盖章)的书面提议。书面提议中应当载明下列事项:

(一)提议人的姓名或者名称;

(二)提议理由或者提议所基于的客观事由;

(三)提议会议召开的时间或者时限、地点和方式;

(四)明确和具体的提案;

(五)提议人的联系方式和提议日期等。

提案内容应当属于本公司《公司章程》规定的董事会职权范围内的事项,与提案有关的材料应当一并提交。

董事会办公室在收到上述书面提议和有关材料后,应当于当日转交董事长。董事长认为提案内容不明确、具体或者有关材料不充分的,可以要求提议人修改或者补充。

董事长应当自接到提议或者证券监管部门的要求后十日内,召集董事会会议并主持会议。

第七条　会议的召集和主持

董事会会议由董事长召集和主持;董事长不能履行职务或者不履行职务的,由副董事长召集和主持;未设副董事长、副董事长不能履行职务或者不履行职务的,由半数以上董事共同推举一名董事召集和主持。

第八条　会议通知

召开董事会定期会议和临时会议,董事会办公室应当分别提前十日和五日将盖有董事会办公室印章的书面会议通知,通过直接送达、传真、电子邮件或者其他方式,提交全体董事和监事以及经理、董事会秘书。非直接送达的,还应当通过电话进行确认并做相应记录。

情况紧急,需要尽快召开董事会临时会议的,可以随时通过电话或者其他口头方式发出会议通知,但召集人应当在会议上作出说明。

第九条 会议通知的内容

书面会议通知应当至少包括以下内容:

(一) 会议的时间、地点;

(二) 会议的召开方式;

(三) 拟审议的事项(会议提案);

(四) 会议召集人和主持人、临时会议的提议人及其书面提议;

(五) 董事表决所必需的会议材料;

(六) 董事应当亲自出席或者委托其他董事代为出席会议的要求;

(七) 联系人和联系方式。

口头会议通知至少应包括上述第(一)、(二)项内容,以及情况紧急需要尽快召开董事会临时会议的说明。

第十条 会议通知的变更

董事会定期会议的书面会议通知发出后,如果需要变更会议的时间、地点等事项或者增加、变更、取消会议提案的,应当在原定会议召开日之前三日发出书面变更通知,说明情况和新提案的有关内容及相关材料。不足三日的,会议日期应当相应顺延或者取得全体与会董事的认可后按期召开。

董事会临时会议的会议通知发出后,如果需要变更会议的时间、地点等事项或者增加、变更、取消会议提案的,应当事先取得全体与会董事的认可并做好相应记录。

第十一条 会议的召开

董事会会议应当有过半数的董事出席方可举行。有关董事拒不出席或者怠于出席会议,导致无法满足会议召开的最低人数要求时,董事长和董事会秘书应当及时向监管部门报告。

监事可以列席董事会会议;经理和董事会秘书未兼任董事的,应当列席董事会会议。会议主持人认为有必要的,可以通知其他有关人员列席董事会会议。

第十二条 亲自出席和委托出席

董事原则上应当亲自出席董事会会议。因故不能出席会议的,应当事先审阅会议材料,形成明确的意见,书面委托其他董事代为出席。

委托书应当载明：

（一）委托人和受托人的姓名；

（二）委托人对每项提案的简要意见；

（三）委托人的授权范围和对提案表决意向的指示；

（四）委托人的签字、日期等。

委托其他董事对定期报告代为签署书面确认意见的，应当在委托书中进行专门授权。

受托董事应当向会议主持人提交书面委托书，在会议签到簿上说明受托出席的情况。

第十三条　关于委托出席的限制

委托和受托出席董事会会议应当遵循以下原则：

（一）在审议关联交易事项时，非关联董事不得委托关联董事代为出席；关联董事也不得接受非关联董事的委托；

（二）独立董事不得委托非独立董事代为出席，非独立董事也不得接受独立董事的委托；

（三）董事不得在未说明其本人对提案的个人意见和表决意向的情况下全权委托其他董事代为出席，有关董事也不得接受全权委托和授权不明确的委托。

（四）一名董事不得接受超过两名董事的委托，董事也不得委托已经接受两名其他董事委托的董事代为出席。

第十四条　会议召开方式

董事会会议以现场召开为原则。必要时，在保障董事充分表达意见的前提下，经召集人（主持人）、提议人同意，也可以通过视频、电话、传真或者电子邮件表决等方式召开。董事会会议也可以采取现场与其他方式同时进行的方式召开。

非以现场方式召开的，以视频显示在场的董事、在电话会议中发表意见的董事、规定期限内实际收到传真或者电子邮件等有效表决票，或者董事事后提交的曾参加会议的书面确认函等计算出席会议的董事人数。

第十五条　会议审议程序

会议主持人应当提请出席董事会会议的董事对各项提案发表明确的意见。

对于根据规定需要独立董事事前认可的提案，会议主持人应当在讨论有关提案前，指定一名独立董事宣读独立董事达成的书面认可意见。

董事阻碍会议正常进行或者影响其他董事发言的，会议主持人应当及时制止。

除征得全体与会董事的一致同意外，董事会会议不得就未包括在会议通知中的提案进行表决。董事接受其他董事委托代为出席董事会会议的，不得代表其他董事对未包括在会议通知中的提案进行表决。

第十六条 发表意见

董事应当认真阅读有关会议材料，在充分了解情况的基础上独立、审慎地发表意见。

董事可以在会前向董事会办公室、会议召集人、经理和其他高级管理人员、各专门委员会、会计师事务所和律师事务所等有关人员和机构了解决策所需要的信息，也可以在会议进行中向主持人建议请上述人员和机构代表与会解释有关情况。

第十七条 会议表决

每项提案经过充分讨论后，主持人应当适时提请与会董事进行表决。

会议表决实行一人一票，以记名和书面等方式进行。

董事的表决意向分为同意、反对和弃权。与会董事应当从上述意向中选择其一，未作选择或者同时选择两个以上意向的，会议主持人应当要求有关董事重新选择，拒不选择的，视为弃权；中途离开会场不回而未作选择的，视为弃权。

第十八条 表决结果的统计

与会董事表决完成后，证券事务代表和董事会办公室有关工作人员应当及时收集董事的表决票，交董事会秘书在一名监事或者独立董事的监督下进行统计。

现场召开会议的，会议主持人应当当场宣布统计结果；其他情况下，会议主持人应当要求董事会秘书在规定的表决时限结束后下一工作日之前，通知董事表决结果。

董事在会议主持人宣布表决结果后或者规定的表决时限结束后进行表决的，其表决情况不予统计。

第十九条 决议的形成

除本规则第二十条规定的情形外，董事会审议通过会议提案并形成相关决议，必须有超过公司全体董事人数之半数的董事对该提案投赞成票。法律、行政法规和本公司《公司章程》规定董事会形成决议应当取得更多董事同意的，从其规定。

董事会根据本公司《公司章程》的规定，在其权限范围内对担保事项作出决议，除公司全体董事过半数同意外，还必须经出席会议的三分之二以上董事的同意。

不同决议在内容和含义上出现矛盾的，以形成时间在后的决议为准。

第二十条 回避表决

出现下述情形的，董事应当对有关提案回避表决：

（一）《上海证券交易所股票上市规则》规定董事应当回避的情形；

（二）董事本人认为应当回避的情形；

（三）本公司《公司章程》规定的因董事与会议提案所涉及的企业有关联关系而须回避的其他情形。

在董事回避表决的情况下,有关董事会会议由过半数的无关联关系董事出席即可举行,形成决议须经无关联关系董事过半数通过。出席会议的无关联关系董事人数不足三人的,不得对有关提案进行表决,而应当将该事项提交股东大会审议。

第二十一条　不得越权

董事会应当严格按照股东大会和本公司《公司章程》的授权行事,不得越权形成决议。

第二十二条　关于利润分配的特别规定

董事会会议需要就公司利润分配事宜作出决议的,可以先将拟提交董事会审议的分配预案通知注册会计师,并要求其据此出具审计报告草案(除涉及分配之外的其他财务数据均已确定)。董事会作出分配的决议后,应当要求注册会计师出具正式的审计报告,董事会再根据注册会计师出具的正式审计报告对定期报告的其他相关事项作出决议。

第二十三条　提案未获通过的处理

提案未获通过的,在有关条件和因素未发生重大变化的情况下,董事会会议在一个月内不应当再审议内容相同的提案。

第二十四条　暂缓表决

二分之一以上的与会董事或两名以上独立董事认为提案不明确、不具体,或者因会议材料不充分等其他事由导致其无法对有关事项作出判断时,会议主持人应当要求会议对该议题进行暂缓表决。

提议暂缓表决的董事应当对提案再次提交审议应满足的条件提出明确要求。

第二十五条　会议录音

现场召开和以视频、电话等方式召开的董事会会议,可以视需要进行全程录音。

第二十六条　会议记录

董事会秘书应当安排董事会办公室工作人员对董事会会议做好记录。会议记录应当包括以下内容:

(一)会议届次和召开的时间、地点、方式;

(二)会议通知的发出情况;

(三)会议召集人和主持人;

(四)董事亲自出席和受托出席的情况;

(五)会议审议的提案、每位董事对有关事项的发言要点和主要意见,对提案的表决意向;

(六)每项提案的表决方式和表决结果(说明具体的同意、反对、弃权票数);

（七）与会董事认为应当记载的其他事项。

第二十七条 会议纪要和决议记录

除会议记录外，董事会秘书还可以视需要安排董事会办公室工作人员对会议召开情况做成简明扼要的会议纪要，根据统计的表决结果就会议所形成的决议制作单独的决议记录。

第二十八条 董事签字

与会董事应当代表其本人和委托其代为出席会议的董事对会议记录和决议记录进行签字确认。董事对会议记录或者决议记录有不同意见的，可以在签字时作出书面说明。必要时，应当及时向监管部门报告，也可以发表公开声明。

董事既不按前款规定进行签字确认，又不对其不同意见作出书面说明或者向监管部门报告、发表公开声明的，视为完全同意会议记录和决议记录的内容。

第二十九条 决议公告

董事会决议公告事宜，由董事会秘书根据《上海证券交易所股票上市规则》的有关规定办理。在决议公告披露之前，与会董事和会议列席人员、记录和服务人员等负有对决议内容保密的义务。

第三十条 决议的执行

董事长应当督促有关人员落实董事会决议，检查决议的实施情况，并在以后的董事会会议上通报已经形成的决议的执行情况。

第三十一条 会议档案的保存

董事会会议档案，包括会议通知和会议材料、会议签到簿、董事代为出席的授权委托书、会议录音资料、表决票、经与会董事签字确认的会议记录、会议纪要、决议记录、决议公告等，由董事会秘书负责保存。

董事会会议档案的保存期限为十年以上。

第三十二条 附则

在本规则中，"以上"包括本数。

本规则由董事会制定报股东大会批准后生效，修改时亦同。

本规则由董事会解释。

【细则示范】

▶ **细则 9-1 董事会议事规则**

第一章 总 则

第一条 为维护公司及公司股东的合法权益，明确董事会的职责与权限、议事程序,确保董事会的工作效率、科学决策、规范运作,根据《中华人民共和国公司法》(以下简称《公司法》)、公司章程以及其他有关法律、法规的规定,特制定本规则。

第二章 董事和独立董事

第二条 公司董事为自然人。董事无须享有公司股权。

第三条 公司董事包括独立董事。公司参照我国有关独立董事制度的规定逐步建立以及完善独立董事制度。

第四条 有《公司法》第146条规定的情形的人不得担任公司的董事。

第五条 董事由股东大会选举或更换,任期3年。董事任期届满,连选可以连任。董事在任期届满以前,股东大会不得无故解除其职务。

第六条 董事应当遵守法律、法规和公司章程,履行诚信勤勉义务,维护公司利益。当其自身的利益与公司和股东的利益相冲突时,应当以公司和股东的最大利益为行为准则。

第七条 对于涉及公司核心技术的资料及公司其他的机密信息,董事有保密的责任,直至公司作出正式公布或者成为公开信息为止。

第八条 除非有董事会的授权,任何董事的行为均应当以董事会的名义作出方为有效。

第九条 公司不以任何形式为董事纳税或支付应由董事个人支付的费用。

第十条 下列人员不得担任独立董事:

1. 在公司或者其附属企业任职的人员及其直系亲属、主要社会关系(直系亲属是指配偶、父母、子女等;主要社会关系是指兄弟姐妹、岳父母、儿媳女婿、兄弟姐妹的配偶、配偶的兄弟姐妹等)。

2. 直接或间接享有公司股权[10%]以上,或者是公司前[5]名股东中的自然人股东及其直系亲属。

3. 在直接或间接享有公司[10%]以上股权的股东单位,或者在公司前[5]名股东单位任职的人员及其直系亲属。

4. 最近一年内曾经具有前三项所列举情形的人员。

5. 为公司或者其附属企业提供财务、法律、咨询等服务的人员。

6. 有关法律、法规以及公司章程规定的其他不得担任独立董事的人员。

第十一条 独立董事应当对以下事项向董事会或股东大会发表独立意见:

1. 提名、任免董事;

2. 聘任或解聘高级管理人员;

3. 公司董事、高级管理人员的薪酬;

4. 公司的股东、实际控制人及其关联企业对公司现有或新发生的总额高于[100万元]人民币,或高于公司最近经审计的净资产值[10%]的借款,或其他资金往来以及公司是否采取有效措施回收欠款;

5. 独立董事认为可能损害中小股东权益的事项;

6. 公司章程规定的其他事项。

第十二条 独立董事应当就第十一条所列事项发表以下几类意见之一:同意;保留意见及其理由;反对意见及其理由;无法发表意见及其障碍。

第三章 董事会和董事会的职权

第十三条 公司董事会对股东大会负责,行使法律、法规、公司章程、股东大会赋予的职权。

第十四条 董事会在行使其职权时,应当确保遵守法律、法规的规定,忠实履行职责,维护公司利益,公平对待所有股东。并承担以下义务:

1. 代表全体股东的利益,对公司勤勉、诚实地履行职责。

2. 公平对待所有的股东,不得利用内幕信息为自己或他人谋取利益。

3. 认真阅读公司的各项商务、财务报告,及时了解公司业务经营管理状况。

4. 亲自行使被合法赋予的公司管理权,不得受他人操纵;非经许可不得将其管理处置权转授他人行使。

5. 接受监事会的监督和合法建议。

6. 董事对公司承担竞业禁止义务,即董事不得为自己或他人进行属于公司营业范围内的行为,并且不能兼任其他同类业务企事业的经理人或董事(与本公司有产权关系的除外)。如果向董事会说明其行为的重要内容,并取得许可,即可以解除竞业禁止的限制。

第十五条 董事会是公司的决策机构,依法行使下列职权:

1. 负责召集股东大会,并向股东大会报告工作;

2. 执行股东大会的决议;

3. 决定公司的经营计划和投资方案;

4. 制订公司的年度财务预算方案、决算方案;

5. 制订公司的利润分配方案和弥补亏损方案;

6. 制订公司增加或者减少注册资本、发行可转换公司债券、普通公司债券或配股、增发新股及其他融资方案;

7. 拟定公司重大收购、兼并、重组方案及回购本公司股票、合并、分立、解散的方案;

8. 在股东大会的授权范围内,决定公司的风险投资、资产抵押及其他担保事项；

  9. 决定公司内部管理机构的设置；

  10. 提出董事会候选人名单；

  11. 聘任或解聘公司总经理、董事会秘书；根据总经理的提名，聘任或解聘公司副总经理、财务负责人等高级管理人员，决定其报酬和奖励事项；

  12. 制定公司的基本管理制度；

  13. 制订公司章程的修改方案；

  14. 管理公司信息披露事项；

  15. 向股东大会提请聘请或更换为公司审计的会计师事务所；

  16. 听取公司总经理的工作汇报并检查总经理工作；

  17. 提议召开临时股东大会；

  18. 法律、法规或公司章程以及股东大会授予的其他职权。

  第十六条 董事会以会议的方式行使职权。董事会对授权董事长在董事会闭会期间行使董事会部分职权的内容、权限应当明确、具体，不得进行概括授权。凡涉及公司重大利益的事项，应提交董事会以会议的方式集体决策。

  第十七条 董事会设董事长 1 人，董事长由董事会以全体董事的过半数选举产生。董事长为公司的法定代表人。

  董事会中应至少包括[两]名独立董事[其中 1 名应为具有高级职称或注册会计师资格的会计专业人士]。

  第十八条 董事会执行委员会是在董事会闭会期间代行董事会的部分职权，是董事会的常设机构，其主要任务是负责贯彻执行董事会所决定的各项决议，决定和审议公司的重大决策，并对大量日常工作和活动作出安排。

  执行委员会由公司执行董事组成。

第四章 董事会会议的召集、通知和出席

  第十九条 董事会每年至少召开两次会议，由董事长召集，于会议召开十日前以传真、信函、电子邮件等书面方式通知全体董事。

  第二十条 董事会会议的通知应当包括：

  1. 举行会议的日期；

  2. 会议地点和会议期限；

  3. 事由及议题；

  4. 发出通知的日期。

  董事会会议的通知也可附有该次董事会会议的详细议案。

  第二十一条 就董事会会议，董事会应按规定的时间事先通知所有董事（包括

独立董事),并提供足够的资料,包括会议议题的相关背景资料和有助于董事理解公司业务进展的信息和数据。当两名或两名以上独立董事认为资料不充分或论证不明确时,可联名书面向董事会提出延期召开董事会会议或延期审议该事项,董事会应予以采纳。

第二十二条　董事会会议应由二分之一以上的董事出席方可举行。

第二十三条　董事会会议由董事长主持,董事长不能履行该职责时,由董事长指定一名董事代其主持董事会会议。董事长无正当理由不主持董事会会议,亦未指定具体人员代其行使该职责时,由二分之一以上的董事共同推举一名董事负责主持会议。

第二十四条　董事有亲自出席董事会会议的义务。董事因故不能出席,可以书面委托其他董事代为出席董事会。

委托书应当载明代理人的姓名、代理事项、权限和有效期限,并由委托人签名或盖章。代为出席会议的董事应当在授权范围内行使董事的权利。

董事未出席董事会会议,亦未委托代表出席的,视为放弃在该次会议上的投票权。

第二十五条　董事连续两次不出席会议也不委托的,视为不能履行职责,董事会应当建议股东大会予以撤换。

第二十六条　独立董事不能亲自出席会议的应委托其他独立董事代为出席,独立董事不得接受其他非独立董事的委托。

第二十七条　公司的高管人员、监事列席董事会会议;会议召集人认为必要时,可以邀请公司顾问及提案人员出席会议。

第五章　董事会会议的议程与议案

第二十八条　董事会会议的议程与议案由董事长确定。除事先确定的议案以外,董事会可视具体情况在会议举行期间确定新的议案。

董事会确定新的议案,应当保证提供足够的资料,包括相关背景资料和有助于董事理解的相关信息和数据。当两名或两名以上独立董事认为资料不充分或论证不明确时,可联名书面向董事会提出不加入该新议案或在下一次董事会会议上审议该新议案,董事会应予以采纳。

第二十九条　董事如有议案或议题需交董事会会议讨论的,应预先书面递交董事会,并由董事长决定是否列入议程。如决定不予列入议程的,应在会议上说明理由。如决定列入议程的,应当参照本规则第二十八条第二款的规定。

第三十条　董事在董事会会议期间临时提出议案的,由董事长决定是否加入会议议程,如决定不予加入议程的,无需说明任何理由。如决定列入议程的,应当参照本规则第二十八条第二款的规定。

第三十一条 公司增加或者减少注册资本、配股、增发新股、发行公司债券的方案;拟定公司重大收购、回购本公司股票和合并、分立、解散的方案;公司章程的修改方案;更换审计和会计师事务所的方案,由公司的董事长提出。

第三十二条 年度经营计划和总结报告、预算决算方案、投资方案、利润分配和弥补亏损的方案、贷款和担保方案、基本管理制度,由总经理和财务负责人提出。

第三十三条 任免、投资、报酬、奖励议案由董事长、总经理按照权限分别提出。

第三十四条 董事会机构议案由董事长提出,公司管理机构及分支机构设置议案由总经理提出。

第三十五条 其他议案可由董事长、独立董事、1/3以上董事联名、监事会和总经理等分别提出。

第三十六条 各项议案要求简明、真实、结论明确,投资等议案要附可行性报告。各项议案于董事会召开前10日送交董事会秘书办公室。

第三十七条 董事会秘书和证券事务代表负责董事会会议的组织协调工作,包括安排会议议程、准备会议文件、组织安排会议召开、负责会议记录、起草会议决议和纪要。

第三十八条 董事会会议的表决可采取举手表决方式,也可采取投票表决方式。董事会作出决议,必须经全体董事过半数通过才有效。

第三十九条 董事会临时会议在保障董事充分发表意见的前提下,可以用传真方式进行并作出决议,由参会董事签字。

第四十条 会议召开期间,会议主持人有权根据会议进程和时间安排宣布暂时休会。

第六章 董事会会议的表决

第四十一条 董事会决议表决方式为举手表决,每名董事有1票表决权。

第四十二条 董事会对所有列入议事日程的议案应当进行逐项表决,其中,凡涉及关联交易的议案,关联董事应当回避表决,其享有的投票数不计入表决票数范围。

第四十三条 董事会作出决议,必须经全体董事过半数通过。董事会会议应形成书面决议。董事会会议决议由与会董事签署。

第四十四条 董事应当对董事会会议决议承担责任。董事会决议违反法律、法规或者公司章程,致使公司遭受损失的,参与决议的董事对公司负赔偿责任。但经证明在表决时曾表明异议并记载于会议记录的,该董事可以免除责任。

第四十五条 会议主持人根据具体情况,规定每人发言时间和发言次数;在规定的发言时间内,董事发言不得被中途打断,使董事享有充分的发言权,对每一议案每位董事都有 1 票表决权。

第七章 董事会会议记录

第四十六条 董事会会议应当有记录,出席会议的董事和记录人(由董事会秘书担任),应当在会议记录上签名。出席会议的董事有权要求在记录上对其在会议上的发言做出说明性记载。

第四十七条 董事会会议记录包括以下内容:

1. 会议召开的日期、地点和召集人姓名;
2. 出席会议的董事姓名以及受他人委托出席董事会的董事(代理人)姓名;
3. 会议议程;
4. 董事发言要点;
5. 每一决议事项的表决方式和结果(表决结果应载明赞成、反对或弃权的票数)。

第四十八条 董事会会议记录应当完整、真实。董事会秘书要认真组织记录和整理会议所议事项。出席会议的董事和记录人应当在会议记录上签名。董事会会议记录应作为公司重要档案妥善保存,以作为日后明确董事责任的重要依据。

第四十九条 董事会会议记录作为公司档案,由董事会秘书保存,保存期10 年。

第五十条 董事会会议记录还应载明列席会议的监事及其发表的意见,并经列席会议的监事签名。

第八章 董事会秘书

第五十一条 董事会设董事会秘书。董事会秘书是公司高级管理人员,对董事会负责。

第五十二条 董事会秘书应当具有必备的专业知识和经验,由董事会聘任。本规则第四条规定不得担任公司董事的情形适用于董事会秘书。

第五十三条 董事会秘书的主要职责是:

1. 负责准备股东会和董事会的有关报告和文件;
2. 筹备董事会会议和股东会,并负责会议记录和会议文件、记录的保管;
3. 保证有权得到公司有关记录和文件的人及时得到有关文件和记录;
4. 公司章程规定的其他职责。

第五十四条 公司董事或者其他高级管理人员可以兼任公司董事会秘书。公司聘请的会计师事务所的注册会计师和律师事务所的律师不得兼任公司董事会秘书。

第五十五条 董事会秘书由董事长提名,经董事会聘任或者解聘。董事兼任董事会秘书的,如某一行为需由董事、董事会秘书分别作出时,该兼任董事及公司董事会秘书的人不得以双重身份作出。

第九章 附 则

第五十六条 本规则将作为公司章程的附件,经公司第[ ]届董事会第[ ]次会议和[ ]年度临时股东会通过后生效执行。

第五十七条 如本规则与公司章程及其修正案有任何冲突之处,以公司章程及其修正案为准。

如本规则未予以规定的,则以公司章程及其修正案的规定为准。

第五十八条 本规则的修改权与解释权属于公司董事会。

第二节 董事会的召集与召开

9.2.1 定期董事会

董事会每年至少召开[两]次会议,由董事长召集,于会议召开[10]日前书面通知全体董事。

9.2.2 定期会议的提案

在发出召开董事会定期会议的通知前,董事会办公室应当充分征求各董事的意见,初步形成会议提案后交董事长拟定。

董事长在拟定提案前,应当视需要征求经理和其他高级管理人员的意见。

9.2.3 临时董事会

有下列情形之一的,董事长应在10个工作日内召集和主持临时董事会会议:

1. 单独持有或者合并代表公司1/10以上表决权的股东提议时;
2. 1/3以上董事联名提议时;
3. 监事会提议时;
4. 董事长认为必要时;
5. 1/2以上独立董事提议时;
6. 总经理提议时;
7. 董事会专门委员会提议时。

9.2.4 临时会议的提议程序

按照前条规定提议召开董事会临时会议的,应当通过董事会办公室或者直接向董事长提交经提议人签字(盖章)的书面提议。书面提议中应当载明下列事项:

1. 提议人的姓名或者名称;
2. 提议理由或者提议所基于的客观事由;
3. 提议会议召开的时间或者时限、地点和方式;
4. 明确和具体的提案;
5. 提议人的联系方式和提议日期等。

提案内容应当属于本公司公司章程规定的董事会职权范围内的事项,与提案有关的材料应当一并提交。

董事会办公室在收到上述书面提议和有关材料后,应当于当日转交董事长。董事长认为提案内容不明确、不具体或者有关材料不充分的,可以要求提议人修改或者补充。

董事长应当自接到提议的要求后[10]日内,召集董事会会议并主持会议。

9.2.5 董事会议通知

召开董事会定期会议和临时会议,董事会办公室应当分别提前[10]日和[5]日将盖有董事会办公室印章的书面会议通知,通过直接送达、传真、电子邮件或者其他方式,提交全体董事和监事以及经理、董事会秘书。非直接送达的,还应当通过电话进行确认并做相应记录。

情况紧急,需要尽快召开董事会临时会议的,可以随时通过电话或者其他口头方式发出会议通知,但召集人应当在会议上作出说明。

9.2.6 董事会议通知内容

董事会书面会议通知应当至少包括以下内容:

1. 会议的时间、地点;
2. 会议的召开方式;
3. 拟审议的事项(会议提案);
4. 会议召集人和主持人、临时会议的提议人及其书面提议;
5. 董事表决所需要的会议材料;
6. 董事应当亲自出席或者委托其他董事代为出席会议的要求;
7. 联系人和联系方式。

9.2.7 紧急召集

发生紧急情况时,可以省略召集程序,召集通知可以书面形式,也可以是口头形式,召集通知无须记载议题。①

紧急会议通知至少应包括上述第 **9.2.6** 条第 **1** 项、第 **2** 项内容,以及情况紧急需要尽快召开董事会临时会议的说明。

9.2.8 会议通知的变更

董事会定期会议的书面会议通知发出后,如果需要变更会议的时间、地点等事项,或者增加、变更、取消会议提案的,应当在原定会议召开日之前[3]日发出书面变更通知,说明情况和新提案的有关内容及相关材料。不足[3]日的,会议日期应当相应顺延或者取得全体与会董事的认可后按期召开。

董事会临时会议的会议通知发出后,如果需要变更会议的时间、地点等事项,或者增加、变更、取消会议提案的,应当事先取得全体与会董事的认可,并做好相应记录。

9.2.9 出席人员

每一董事享有 1 票表决权。董事会作出决议,必须经全体董事的过半数通过。

董事会会议应当有过半数的董事出席方可举行。有关董事拒不出席或者怠于出席会议导致无法满足会议召开的最低人数要求时,有关董事应当承担未能履行勤勉义务的责任。

9.2.10 列席人员

监事可以列席董事会会议。

总经理和董事会秘书未兼任董事的,应当列席董事会会议。

会议主持人认为有必要的,可以通知其他有关人员列席董事会会议。

9.2.11 董事陈述权

董事会必须在召开会议的前提下进行决议,保障每一董事对其他董事的陈述权和每一董事听取其他董事陈述的权利。

9.2.12 电话会议

董事会临时会议可以在保障董事的陈述权和听取陈述权的前提下,通过电话会议的方式,在董事充分表达意见后,用传真方式作出决议,并由参会董事签字。

9.2.13 亲自出席和委托出席

董事原则上应当亲自出席董事会会议。因故不能出席会议的,应当事先审阅会议材料,形成明确的意见,书面委托其他董事代为出席。

---

① 参见〔日〕井永敏和:《现代日本公司法》,金洪玉译,人民法院出版社 2000 年版,第 139 页。

委托书应当载明：

1. 委托人和受托人的姓名；

2. 委托人对每项提案的简要意见；

3. 委托人的授权范围和对提案表决意向的指示；

4. 委托人的签字、日期等。

委托其他董事对定期报告代为签署书面确认意见的，应当在委托书中进行专门授权。

受托董事应当向会议主持人提交书面委托书，在会议签到簿上说明受托出席的情况。受托董事应当在授权范围内行使董事的权利。

董事未出席董事会会议，亦未委托代表出席的，视为放弃在该次会议上的投票权。

9.2.14 委托出席的限制

委托和受托出席董事会会议应当遵循以下原则：

1. 在审议关联交易事项时，非关联董事不得委托关联董事代为出席；关联董事也不得接受非关联董事的委托；

2. 独立董事不得委托非独立董事代为出席，非独立董事也不得接受独立董事的委托；

3. 董事不得在未说明其本人对提案的个人意见和表决意向的情况下全权委托其他董事代为出席，有关董事也不得接受全权委托和授权不明确的委托。

4. 一名董事不得接受超过两名董事的委托，董事也不得委托已经接受两名其他董事委托的董事代为出席。

9.2.15 关联交易表决回避

董事与董事会会议决议事项所涉及的企业有关联关系的，不得对该项决议行使表决权，也不得代理其他董事行使表决权。该董事会会议由过半数的无关联关系董事出席即可举行，董事会会议所作决议须经无关联关系董事过半数通过。出席董事会的无关联董事人数不足 3 人的，应将该事项提交股东大会审议。

9.2.16 表决方式

董事会决议表决方式为［ 具体表决方式 ］。董事会临时会议在保障董事充分表达意见的前提下，可以用［ 其他方式 ］进行并作出决议，并由参会董事签字。

［注释］ 此项为选择性条款，公司可自行决定是否在其章程中予以采纳。

9.2.17 委托出席

董事会会议，应由董事本人出席；董事因故不能出席，可以书面委托其他董事代为出席,委托书中应载明代理人的姓名、代理事项、授权范围和有效期限,并由委托人签名或盖章。

代为出席会议的董事应当在授权范围内行使董事的权利。董事未出席董事会会议,亦未委托代表出席的,视为放弃在该次会议上的投票权。

【本节条款解读】

一、定期会议

《公司法》规定有限责任公司董事会的议事方式和表决程序,除《公司法》有规定的外,由公司章程规定。对董事会是否区分定期会议和临时会议,不作限制。《公司法》第110条规定:(股份有限公司)"董事会每年度至少召开两次会议,每次会议应当于会议召开十日前通知全体董事和监事。"

二、临时会议

有下列情形之一的,董事长应在10个工作日内召集和主持临时董事会会议:

1. 单独持有或者合并持有公司1/10以上表决权的股东提议时;
2. 1/3以上董事联名提议时;
3. 监事会提议时;
4. 董事长认为必要时;
5. 1/2以上独立董事提议时;
6. 总经理提议时;
7. 董事会专门委员会提议时。

三、董事会的召集和主持

《公司法》第47条规定,董事会会议由董事长召集和主持;董事长不能履行职务或者不履行职务的,由副董事长召集和主持;副董事长不能履行职务或者不履行职务的,由半数以上董事共同推举一名董事召集和主持。

作为董事长,本身就是公司股东会议选举产生的董事,又是经董事会过半数选举产生的董事会主席(有限责任公司章程允许由某股东直接委派董事长),所以董事长是召集、主持董事会的第一人选,既符合常理,也便于实际操作。同时,《公司法》对董事长不能行使召集权或怠于行使召集权的情形设置了救济途径,首先是由副董事长代行职责,如果副董事长也不能或怠于行使职责,则可由半数以上董事推选出的董事代行职责,以此避免董事会制度因个人因素而陷入瘫痪。半数以上董事主张召开董事会的,即使董事长或者副董事长持不同意见,董事会会议也能够召开,如此便能够保证董事会制度的运行。

四、股份有限公司董事应当委托公司董事参加会议

《公司法》第112条第1款规定:(股份有限公司)"董事会会议,应由董事本人出席;董事因故不能出席,可以书面委托其他董事代为出席,委托书中应载明授权范围。"

五、有限责任公司董事是否可以委托非董事参加会议

《公司法》第112条只适用于股份有限公司的董事会,是规范担任股份有限公司董事的行为,对担任有限责任公司董事的行为不能适用。

所以有限责任公司公司章程可以规定在董事不能出席董事会时,董事委托被委托人的范围。若公司章程没有规定,委托范围就不受"其他董事"这个范围的限制,受委托人可以是董事,也可以是非董事,只要具有完全民事行为能力即可。

六、列席人员

高级管理人员可以列席董事会,由于高级管理人员是公司的具体经营管理人员,他们列席董事会,便于董事会在会议进行中随时质询经营过程中的具体问题。

监事有权列席董事会,监事列席董事会,是监事行使监督权的一种形式。

董事会秘书及秘书助理人员应当列席董事会,以便进行董事会的会议记录。

基于详细介绍专业报告等的需要,董事会也可以邀请其他相关专业人员列席。

由于董事会是一种封闭性的会议,需要对公司的经营决策作出决定,具有商业保密的意义,所以非上述人员不宜列席公司董事会。

【本节法律依据】

❶《关于解决外商投资企业董事不出席企业董事会会议问题的指导意见》(对外贸易与经济合作部1998年4月20日[1998]外经贸法发第302号)

一、企业应按照有关法律、法规规定,每年至少召开一次董事会会议;董事会临时会议的召集程序,从其合同、章程或有关协议规定。

二、股东超过合资、合作企业合同规定期限不履行或不完全履行其出资义务,其他股东可依据《中外合资经营企业合营各方出资的若干规定》和《外商投资企业投资者股权变更的若干规定》,直接向企业原审批机关申请更换股东或变更股权。

三、如果企业股东在合资、合作企业合同及章程规定期限内不委派董事出席企业董事会会议,致使企业董事会会议不能作出有效决议,其他股东可依据合资、合作企业合同有关解决争议方式和程序规定,提请仲裁或诉讼解决。

四、各地外经贸部门在审批企业合同、章程时,应严格把关,注意要求投资者在合同、章程中订明企业董事会议事规则和企业解散的条件和程序,可向企业建议在合资、合作合同和章程有关条款中加入附件二内容或审批机关认为必要的其他

条款。

五、对于已批准成立的企业,因严重亏损或其他原因而无法继续经营,确需解散的,且合资、合作一方或数方股东所委派的董事二年以上不出席或不召集董事会会议,致使企业董事会不能作出解散企业的有效决议,经其他股东多次书面催告,仍无任何音信的,经中国公证机关公证或律师见证,其他股东可向企业原审批机关申请解散企业,并提交下列必要文件:

(一)其他股东关于终止合资、合作企业合同及章程的一致申请及有关详情说明;

(二)其他股东所委派的董事关于解散企业的一致决议;

(三)其他股东向不出席董事会的董事发出的催告函;

(四)其他股东对其所述有关详情真实性的保证,该保证将注明:该其他股东向审批机关所陈述的有关详情如与事实不符,将由其连带承担一切责任;

(五)中国公证机关出具的公证或律师出具的见证文件;

(六)合资、合作企业合同及章程;

(七)企业批准证书和营业执照复印件;

(八)审批机关要求报送的其他文件。

审批机关对有关文件认真审查、确认无误后,可酌情予以批准解散该企业。

各地外经贸主管部门在受理此类申请时,应从维护企业、企业股东及企业债权人利益、有利于社会安定出发,根据具体情况,谨慎处理。

六、鉴于目前各地外经贸主管部门对设立企业的审批与颁发批准证书权限有不同规制,如果原审批机关为省级以下外经贸部门,解散企业应征得省级外经贸主管部门的同意。

第三节　董事会的表决和决议

【示范条款】

9.3.1　董事会表决

董事会决议表决方式为:在决议上签字表决,每名董事有1票表决权。

9.3.2　董事会议档案

董事会应当对会议所议事项的决定做成会议记录,出席会议的董事和记录人,应当在会议记录上签名。出席会议的董事有权要求在记录上对其在会议上的发言作出说明性记载。董事会会议记录作为公司档案,由董事会秘书保存。

董事会会议记录应完整、真实。董事会秘书对会议所议事项要认真组织记录和整理。出席会议的董事、董事会秘书和记录人应在会议记录上签名。董事会会议记录应作为公司重要档案妥善保存,以作为日后明确董事责任的重要依据。

9.3.3 董事会会议记录

董事会会议记录包括以下内容:

1. 会议召开的日期、地点和召集人姓名;
2. 出席董事的姓名以及受他人委托出席董事会的董事(代理人)姓名;
3. 会议议程;
4. 董事发言要点;
5. 每一决议事项的表决方式和结果(表决结果应载明赞成、反对或弃权的票数)。

董事会会议记录作为公司档案保存,保存期限不少于 10 年。

[注释] 公司应当根据具体情况,在章程中规定会议记录的保管期限。

9.3.4 董事会决议的责任

董事应当在董事会决议上签字并对董事会的决议承担责任。董事会决议违反法律、法规或者章程,致使公司遭受损失的,参与决议的董事对公司负赔偿责任。但经证明在表决时曾表明异议并记载于会议记录的,该董事可以免除责任。

【本节条款解读】

一、董事会的"一人一票"制

《公司法》第 48 条规定:(有限责任公司)"董事会的议事方式和表决程序,除本法有规定的外,由公司章程规定。董事会应当对所议事项的决定作成会议记录,出席会议的董事应当在会议记录上签名。董事会决议的表决,实行一人一票。"第 111 条规定:(股份有限公司)"董事会会议应有过半数的董事出席方可举行。董事会作出决议,必须经全体董事的过半数通过。董事会决议的表决,实行一人一票。"

可见,有限责任公司和股份有限公司董事会均施行的是"一人一票"制,不同的是有限责任公司议事方式和表决程序,除《公司法》有要求之外,可以由公司章程自行规定;股份有限公司董事会的前提条件是出席会议的董事必须超过全体董事的半数(不包括本数)。

二、董事的表决责任

董事会对会议所议事项的决定应当作成会议记录,并由出席会议的董事在会议记录上签名。这是因为,按照法律规定,董事应当对董事会的决议承担责任。董事会的决议违反法律、行政法规或者公司章程、股东大会决议,致使公司遭受严重损失的,参与会议的董事对公司负赔偿责任。经证明在表决时曾表明异议并记载于会议记录的,该董事可以免除责任。

董事对董事会的决议承担法律责任,必须具备以下三个前提条件:

1. 董事会的决议违反了法律、行政法规或者公司章程、股东会议决议。

2. 董事会的决议致使公司遭受严重损失。虽然董事会的决议违反了法律、行政法规或者公司章程、股东会议决议时,董事应当承担相应的责任,但如果董事会决议没有使公司遭受严重损失,董事不对公司负赔偿责任。

3. 该董事不能证明其在表决时曾表示异议,并记载于会议记录上。

当然,对该决议持相反意见的董事,不对公司负赔偿责任。责任的免除需要有证据,只有证明在表决时该董事曾表示异议并记载于会议记录的,才能免除该董事的责任。

三、弃权票的责任

我国《公司法》规定董事会决议中异议董事可以免责,但是作为表决权行使方式的弃权票能不能免责没有明确规定。弃权票表明了董事对决议的不置可否的态度,其原因也基本上出于逃避法律责任或者是对待表决事项的不了解。

弃权的董事原则上要承担责任,出于逃避法律责任的弃权和对待表决事项不了解的弃权,都不是不承担责任的理由。弃权的董事可以按照具体的弃权原因,承担相应的责任。

第四节 董事会专门委员会

【示范条款】

9.4.1 专门委员会

董事会可以按照股东大会的有关决议,设立战略、审计、提名、薪酬与考核等专门委员会。专门委员会成员全部由董事组成,其中审计委员会、提名委员会、薪酬与考核委员会中独立董事应占多数并担任召集人,审计委员会中至少应有一名独立董事是会计专业人士。

9.4.2 战略委员会

战略委员会的主要职责是对公司长期发展战略和重大投资决策进行研究并提出建议。

9.4.3 审计委员会

审计委员会的主要职责是:

1. 提议聘请或更换外部审计机构;

2. 监督公司的内部审计制度及其实施；
3. 负责内部审计与外部审计之间的沟通；
4. 审核公司的财务信息及其披露；
5. 审查公司的内控制度。

9.4.4　提名委员会

提名委员会的主要职责是：
1. 研究董事、经理人员的选择标准和程序并提出建议；
2. 广泛搜寻合格的董事和经理人员的人选；
3. 对董事候选人和经理人选进行审查并提出建议。

9.4.5　薪酬与考核委员会

薪酬与考核委员会的主要职责是：
1. 研究董事与经理人员考核的标准，进行考核并提出建议；
2. 研究和审查董事、高级管理人员的薪酬政策与方案。

9.4.6　专门委员会的费用

各专门委员会可以聘请中介机构提供专业意见，有关费用由公司承担。

9.4.7　专门委员会隶属

各专门委员会对董事会负责，各专门委员会的提案应提交董事会审查决定。

【本节条款解读】

　　同样，基于所有权与经营权的分离，经营者操纵着所有者的庞大财产，董事会和由其聘任的经理成了公司的统治机关，是公司管理的中枢。一方面是董事会、经理地位日益显赫，权力日益膨胀，另一方面却是广大股东无力或无心对其加以约束。董事及董事会是作为公司的受托人而获得了对内管理公司事务、对外代表公司同第三人进行交易的权力，但董事会在获得权力的同时，也产生了滥用权力的可能。

　　如何在董事会中加强相互之间的监督和制衡，英美国家公司董事会专业委员会的设置已经取得了较多经验。这些国家公司的董事会往往下设主要由独立董事组成的提名委员会、报酬委员会和审计委员会等专业委员会。由于独立董事所具有的客观独立性，独立董事比内部董事更可能成为一名好的监督者，这样公司就倾向于在审计委员会和报酬委员会中增加独立董事的比例，以至于委员会成员全部或多数(超过50%)都由独立董事组成。

　　在我国，中国证监会的《上市公司章程指引》《关于在上市公司建立独立董事制度的指导意见》《公司治理准则》都有类似的规定,要求上市公司设立审计委员会、薪酬、提名、投资委员会等,主要由独立董事组成,并由独立董事担任主席。

一、审计委员会

审计委员会一般被认为是所有专业委员会中最重要的委员会,之所以如此,是因为独立的审计委员会能确保市场得到可靠的信息。审计委员会作为直接对董事会负责的监督机构,目的在于追求广泛意义上的审计功效。

审计委员会可以较好保证董事会的独立性。它要求至少为3名成员,基本上为独立董事,至少1名为会计专业人员。这些独立、客观的董事组成一个集体,可以共同抵御外部的干扰,同时每个成员都具备相应的财务会计知识,知道问题的症结并能妥善解决。通过审查和监督财务信息,改善公司内部的监控和风险管理,保证审计人员的独立性和活动的客观性,保障公司财务控制体系与信息提供体系的有效性和完整性,为董事会提供多元的策略和建议,从而提高公司信息的透明度,减少公司内外部沟通中的信息不对称问题,缓和公司中的代理冲突,从而提高董事会的工作效率,增强董事会的独立性。

二、提名委员会

提名委员会是负责在董事会中提出新董事会推荐人选的一个董事会下属的专业委员会。

提名委员会通过向董事会提出有能力担任董事的人选,同时也通过对现有董事会成员的业绩、资格进行评价来实现其独立性。由于独立董事在组成中占大多数,提名委员会的作用日益显著,若没有提名委员会的存在,依据《公司法》,董事就会由股东大会选举,但由于股东的无力与无心参与,现实的情况往往是董事的自我选举,董事会成了永续的组织,特别是大股东会利用提名董事的机会控制董事会,进而控制公司。提名委员会的存在可以最大限度地发挥独立董事的作用,维护董事会的独立性。

三、薪酬与考核委员会

公司董事及高级管理人员因负责进行日常经营决策和管理公司而责任重大,为了能够让董事、经理全力工作,就应当让他们获得相应的报酬,包括底薪、奖金、分红、股票期权、非股票收益等,其总额应当与公司业绩相关,不同的薪酬结构在调动董事积极性方面意义重大。但公司股东对多支付给董事报酬一般会持反对态度,这样有可能减少他们的当期收益。因为董事等公司高级管理人员不能决定自己应给自己多少报酬,所以设立薪酬与考核委员会,负责决定并监督公司董事和高级管理人员的一揽子薪酬与考核方案。

独立董事由于其所处的独立地位,由其所组成的薪酬和考核委员会可能以较为客观、独立的角度决定董事会成员及高级管理人员的报酬事项,克服高级管理人员报酬不合理过高从而损害公司利益的不良倾向。薪酬和考核委员会以其在董事会和股东之间利益冲突的解决上提供较为公平的解决方案,从而防止董事及高级管理人员大规模道德风险和股东信任危机的发生,维护董事会的独立性。

【细则示范】

▶ **细则 9-2　董事会战略委员会实施细则指引**

第一章　总　　则

第一条　为适应公司战略发展的需要,增强公司的核心竞争力,确定公司发展规划,健全投资决策程序,加强决策科学性,提高重大投资决策的效益和决策的质量,完善公司治理结构,根据《中华人民共和国公司法》、本公司《公司章程》及其他有关规定,公司特设立董事会战略委员会,并制定本实施细则。

第二条　董事会战略委员会是董事会按照股东大会决议设立的专门工作机构,主要负责对公司长期发展战略和重大投资决策进行研究并提出建议。

第二章　人员组成

第三条　战略委员会成员由 3 至 7 名董事组成,其中应至少包括一名独立董事。

第四条　战略委员会委员由董事长、1/2 以上独立董事或者全体董事的三分之一提名,并由董事会选举产生。

第五条　战略委员会设主任委员(召集人)1 名,建议由公司董事长担任。

第六条　战略委员会任期与董事会任期一致,委员任期届满,连选可以连任。期间如有委员不再担任公司董事职务,自动失去委员资格,并由委员会根据上述第三至第五条规定补足委员人数。

第七条　战略委员会下设投资评审小组,由公司总经理任投资评审小组组长,另设副组长 1—2 名。

第三章　职责权限

第八条　战略委员会的主要职责权限:

(一) 对公司长期发展战略规划进行研究并提出建议;

(二) 对《公司章程》规定须经董事会批准的重大投资融资方案进行研究并提出建议;

(三) 对《公司章程》规定须经董事会批准的重大资本运作、资产经营项目进行研究并提出建议；

（四）对其他影响公司发展的重大事项进行研究并提出建议；

（五）对以上事项的实施进行检查；

（六）董事会授权的其他事宜。

第九条 战略委员会对董事会负责，委员会的提案提交董事会审议决定。

第四章 决策程序

第十条 投资评审小组负责做好战略委员会决策的前期准备工作，提供公司有关方面的资料：

（一）由公司有关部门或控股（参股）企业的负责人上报重大投资融资、资本运作、资产经营项目的意向、初步可行性报告以及合作方的基本情况等资料；

（二）由投资评审小组进行初审，签发立项意见书，并报战略委员会备案；

（三）公司有关部门或者控股（参股）企业对外进行协议、合同、章程及可行性报告等洽谈，并上报投资评审小组；

（四）由投资评审小组进行评审，签发书面意见，并向战略委员会提交正式提案。

第十一条 战略委员会根据投资评审小组的提案召开会议，进行讨论，将讨论结果提交董事会，同时反馈给投资评审小组。

第五章 议事规则

第十二条 战略委员会每年至少召开两次会议，并于会议召开前七天通知全体委员，会议由主任委员主持，主任委员不能出席时可委托其他1名委员（独立董事）主持。

第十三条 战略委员会会议应由2/3以上的委员出席方可举行；每名委员有1票的表决权；会议作出的决议，必须经全体委员的过半数通过。

第十四条 战略委员会会议表决方式为举手表决或投票表决；临时会议可以采取通讯表决的方式召开。

第十五条 投资评审小组组长、副组长可列席战略委员会会议，必要时亦可邀请公司董事、监事及其他高级管理人员列席会议。

第十六条 如有必要，战略委员会可以聘请中介机构为其决策提供专业意见，费用由公司支付。

第十七条 战略委员会会议的召开程序、表决方式和会议通过的议案必须遵循有关法律、法规、公司章程及本办法的规定。

第十八条 战略委员会会议应当有记录，出席会议的委员应当在会议记录上签名；会议记录由公司董事会秘书保存。

第十九条 战略委员会会议通过的议案及表决结果，应以书面形式报公司董事会。

第二十条 出席会议的委员均对会议所议事项有保密义务，不得擅自披露有关信息。

第六章 附 则

第二十一条 本实施细则自董事会决议通过之日起试行。

第二十二条 本实施细则未尽事宜，按国家有关法律、法规和公司章程的规定执行；本细则如与国家日后颁布的法律、法规或经合法程序修改后的《公司章程》相抵触时，按国家有关法律、法规和公司章程的规定执行，并立即修订，报董事会审议通过。

第二十三条 本细则解释权归属公司董事会。

▶ 细则9-3 董事会提名委员会实施细则指引

第一章 总 则

第一条 为规范公司领导人员的产生，优化董事会组成，完善公司治理结构，根据《中华人民共和国公司法》、本公司《公司章程》及其他有关规定，公司特设立董事会提名委员会，并制定本实施细则。

第二条 董事会提名委员会是董事会按照股东大会决议设立的专门工作机构，主要负责对公司董事和经理人员的人选、选择标准和程序进行选择并提出建议。

第二章 人员组成

第三条 提名委员会成员由3至7名董事组成，独立董事占多数。

第四条 提名委员会委员由董事长、1/2以上独立董事或者全体董事的1/3提名，并由董事会选举产生。

第五条 提名委员会设主任委员(召集人)1名，由独立董事委员担任，负责主持委员会工作；主任委员在委员内选举，并报请董事会批准产生。

第六条 提名委员会任期与董事会任期一致，委员任期届满，连选可以连任。期间如有委员不再担任公司董事职务，自动失去委员资格，并由委员会根据上述第三条至第五条规定补足委员人数。

第三章 职责权限

第七条 提名委员会的主要职责权限：

（一）根据公司经营活动情况、资产规模和股权结构对董事会的规模和构成向董事会提出建议；

（二）研究董事、经理人员的选择标准和程序，并向董事会提出建议；

（三）广泛搜寻合格的董事和经理人员的人选；

（四）对董事候选人和经理人选进行审查并提出建议；

（五）对须提请董事会聘任的其他高级管理人员进行审查并提出建议；

（六）董事会授权的其他事宜。

第八条 提名委员会对董事会负责，委员会的提案提交董事会审议决定；控股股东在无充分理由或可靠证据的情况下，应充分尊重提名委员会的建议，否则，不能提出替代性的董事、经理人选。

第四章 决策程序

第九条 提名委员会依据相关法律法规和公司章程的规定，结合本公司实际情况，研究公司的董事、经理人员的当选条件、选择程序和任职期限，形成决议后备案并提交董事会通过，并遵照实施。

第十条 董事、经理人员的选任程序：

（一）提名委员会应积极与公司有关部门进行交流，研究公司对新董事、经理人员的需求情况，并形成书面材料；

（二）提名委员会可在本公司、控股（参股）企业内部以及人才市场等广泛搜寻董事、经理人选；

（三）搜集初选人的职业、学历、职称、详细的工作经历、全部兼职等情况，形成书面材料；

（四）征求被提名人对提名的同意，否则不能将其作为董事、经理人选；

（五）召集提名委员会会议，根据董事、经理的任职条件，对初选人员进行资格审查；

（六）在选举新的董事和聘任新的经理人员前一至两个月，向董事会提出董事候选人和新聘经理人选的建议和相关材料；

（七）根据董事会决定和反馈意见进行其他后续工作。

第五章 议事规则

第十一条 提名委员会每年至少召开两次会议，并于会议召开前七天通知全体委员,会议由主任委员主持,主任委员不能出席时可委托其他1名委员(独立董事)主持。

第十二条 提名委员会会议应由2/3以上的委员出席方可举行;每名委员有1票表决权;会议作出的决议,必须经全体委员的过半数通过。

第十三条 提名委员会会议表决方式为举手表决或投票表决;临时会议可以采取通讯表决的方式召开。

第十四条 提名委员会会议必要时可邀请公司董事、监事及其他高级管理人员列席会议。

第十五条 如有必要,提名委员会可以聘请中介机构为其决策提供专业意见,费用由公司支付。

第十六条 提名委员会会议的召开程序、表决方式和会议通过的议案,必须遵循有关法律、法规、公司章程及本办法的规定。

第十七条 提名委员会会议应当有记录,出席会议的委员应当在会议记录上签名;会议记录由公司董事会秘书保存。

第十八条 提名委员会会议通过的议案及表决结果,应以书面形式报公司董事会。

第十九条 出席会议的委员对会议所议事项有保密义务,不得擅自披露有关信息。

第六章 附 则

第二十条 本实施细则自董事会决议通过之日起试行。

第二十一条 本实施细则未尽事宜,按国家有关法律、法规和公司章程的规定执行;本细则如与国家日后颁布的法律、法规或经合法程序修改后的公司章程相抵触时,按国家有关法律、法规和公司章程的规定执行,并立即修订,报董事会审议通过。

第二十二条 本细则解释权归属公司董事会。

▶ 细则9-4 董事会审计委员会实施细则指引

第一章 总 则

第一条 为强化董事会决策功能,做到事前审计、专业审计,确保董事会对经理层的有效监督,完善公司治理结构,根据《中华人民共和国公司法》、本公司《公司章程》及其他有关规定,公司特设立董事会审计委员会,并制定本实施细则。

第二条 董事会审计委员会是董事会按照股东大会决议设立的专门工作机

构,主要负责公司内、外部审计的沟通、监督和核查工作。

第二章 人员组成

第三条 审计委员会成员由3至7名董事组成,独立董事占多数,委员中至少有1名独立董事为专业会计人士。

第四条 审计委员会委员由董事长、1/2以上独立董事或者全体董事的1/3提名,并由董事会选举产生。

第五条 审计委员会设主任委员(召集人)1名,由独立董事委员担任,负责主持委员会工作;主任委员在委员内选举,并报请董事会批准产生。

第六条 审计委员会任期与董事会一致,委员任期届满,连选可以连任。期间如有委员不再担任公司董事职务,自动失去委员资格,并由委员会根据上述第三条至第五条规定补足委员人数。

第七条 审计委员会下设审计工作组为日常办事机构,负责日常工作联络和会议组织等工作。

第三章 职责权限

第八条 审计委员会的主要职责权限:
(一)提议聘请或更换外部审计机构;
(二)监督公司的内部审计制度及其实施;
(三)负责内部审计与外部审计之间的沟通;
(四)审核公司的财务信息及其披露;
(五)审查公司内控制度,对重大关联交易进行审计;
(六)公司董事会授予的其他事宜。

第九条 审计委员会对董事会负责,委员会的提案提交董事会审议决定。审计委员会应配合监事会的监事审计活动。

第四章 决策程序

第十条 审计工作组负责做好审计委员会决策的前期准备工作,提供公司有关方面的书面资料:
(一)公司相关财务报告;
(二)内外部审计机构的工作报告;
(三)外部审计合同及相关工作报告;
(四)公司对外披露信息情况;
(五)公司重大关联交易审计报告;

（六）其他相关事宜。

第十一条 审计委员会会议,对审计工作组提供的报告进行评议,并将相关书面决议材料呈报董事会讨论:

（一）外部审计机构工作评价,外部审计机构的聘请及更换;

（二）公司内部审计制度是否已得到有效实施,公司财务报告是否全面真实;

（三）公司对外披露的财务报告等信息是否客观真实,公司重大的关联交易是否合乎相关法律;

（四）公司内财务部门、审计部门包括其负责人的工作评价;

（五）其他相关事宜。

第五章 议事规则

第十二条 审计委员会会议分为例会和临时会议,例会每年至少召开4次,每季度召开1次,临时会议由审计委员会委员提议召开。会议召开前7天须通知全体委员,会议由主任委员主持,主任委员不能出席时可委托其他1名委员(独立董事)主持。

第十三条 审计委员会会议应由2/3以上的委员出席方可举行;每名委员有1票的表决权;会议作出的决议,审计委员会会议表决方式为举手表决或投票表决;临时会议可以采取通讯表决的方式召开。

第十四条 审计工作组成员可列席审计委员会会议,必要时亦可邀请公司董事、监事及其他高级管理人员列席会议。

第十五条 如有必要,审计委员会可以聘请中介机构为其决策提供专业意见,费用由公司支付。

第十六条 审计委员会会议的召开程序、表决方式和会议通过的议案必须遵循有关法律、法规、公司章程及本办法的规定。

第十七条 审计委员会会议应当有记录,出席会议的委员应当在会议记录上签名;会议记录由公司董事会秘书保存。

第十八条 审计委员会会议通过的议案及表决结果,应以书面形式报公司董事会。

第十九条 出席会议的委员均对会议所议事项有保密义务,不得擅自披露有关信息。

第六章 附 则

第二十条 本实施细则自董事会决议通过之日起试行。

第二十一条 本实施细则未尽事宜,按国家有关法律、法规和公司章程的规定执行;本细则如与国家日后颁布的法律、法规或经合法程序修改后的公司章程相抵触时,按国家有关法律、法规和公司章程的规定执行,并立即修订,报董事会审议通过。

第二十二条 本细则解释权归属公司董事会。

▶ **细则9-5 董事会薪酬与考核委员会实施细则指引**

第一章 总 则

第一条 为进一步建立健全公司董事(非独立董事)及高级管理人员(以下简称经理人员)的考核和薪酬管理制度,完善公司治理结构,根据《中华人民共和国公司法》《上市公司治理准则》、本公司《公司章程》及其他有关规定,公司特设立董事会薪酬与考核委员会,并制定本实施细则。

第二条 薪酬与考核委员会是董事会按照股东大会决议设立的专门工作机构,主要负责制定公司董事及经理人员的考核标准并进行考核;负责制定、审查公司董事及经理人员的薪酬政策与方案,对董事会负责。

第三条 本细则所称董事是指在本公司支取薪酬的正副董事长、董事,经理人员是指董事会聘任的总经理、副总经理、董事会秘书及由总经理提请董事会认定的其他高级管理人员。

第二章 人员组成

第四条 薪酬与考核委员会成员由3至7名董事组成,独立董事占多数。

第五条 薪酬与考核委员会委员由董事长、1/2以上独立董事或者全体董事的1/3提名,并由董事会选举产生。

第六条 薪酬与考核委员会设主任委员(召集人)1名,由独立董事委员担任,负责主持委员会工作;主任委员在委员内选举,并报请董事会批准产生。

第七条 薪酬与考核委员会任期与董事会任期一致,委员任期届满,连选可以连任。期间如有委员不再担任公司董事职务,自动失去委员资格,并由委员会根据上述第四条至第六条规定补足委员人数。

第八条 薪酬与考核委员会下设工作组,专门负责提供公司有关经营方面的资料及被考评人员的有关资料,负责筹备薪酬与考核委员会会议并执行薪酬与考核委员会的有关决议。

第三章 职责权限

第九条 薪酬与考核委员会的主要职责权限：

（一）根据董事及高级管理人员管理岗位的主要范围、职责、重要性以及其他相关企业相关岗位的薪酬水平制定薪酬计划或方案；

（二）薪酬计划或方案主要包括但不限于绩效评价标准、程序及主要评价体系，奖励和惩罚的主要方案和制度等；

（三）审查公司董事（非独立董事）及高级管理人员的履行职责情况并对其进行年度绩效考评；

（四）负责对公司薪酬制度执行情况进行监督；

（五）董事会授权的其他事宜。

第十条 董事会有权否决损害股东利益的薪酬计划或方案。

第十一条 薪酬与考核委员会提出的公司董事的薪酬计划，须报经董事会同意，提交股东大会审议通过后方可实施；公司经理人员的薪酬分配方案须报董事会批准。

第四章 决策程序

第十二条 薪酬与考核委员会下设的工作组负责做好薪酬与考核委员会决策的前期准备工作，提供公司有关方面的资料：

（一）提供公司主要财务指标和经营目标完成情况；

（二）公司高级管理人员分管工作范围及主要职责情况；

（三）提供董事及高级管理人员岗位工作业绩考评系统中涉及指标的完成情况；

（四）提供董事及高级管理人员的业务创新能力和创利能力的经营绩效情况；

（五）提供按公司业绩拟订公司薪酬分配规划和分配方式的有关测算依据。

第十三条 薪酬与考核委员会对董事和高级管理人员考评程序：

（一）公司董事和高级管理人员向董事会薪酬与考核委员会作述职和自我评价；

（二）薪酬与考核委员会按绩效评价标准和程序，对董事及高级管理人员进行绩效评价；

（三）根据岗位绩效评价结果及薪酬分配政策提出董事及高级管理人员的报酬数额和奖励方式，表决通过后，报公司董事会。

第五章 议事规则

第十四条 薪酬与考核委员会每年至少召开两次会议,并于会议召开前7天通知全体委员,会议由主任委员主持,主任委员不能出席时可委托其他1名委员(独立董事)主持。

第十五条 薪酬与考核委员会会议应由2/3以上的委员出席方可举行;每名委员有1票的表决权;会议作出的决议,必须经全体委员的过半数通过。

第十六条 薪酬与考核委员会会议表决方式为举手表决或投票表决;临时会议可以采取通讯表决的方式召开。

第十七条 薪酬与考核委员会会议必要时可以邀请公司董事、监事及高级管理人员列席会议。

第十八条 如有必要,薪酬与考核委员会可以聘请中介机构为其决策提供专业意见,费用由公司支付。

第十九条 薪酬与考核委员会会议讨论有关委员会成员的议题时,当事人应回避。

第二十条 薪酬与考核委员会会议的召开程序、表决方式和会议通过的薪酬政策与分配方案必须遵循有关法律、法规、公司章程及本办法的规定。

第二十一条 薪酬与考核委员会会议应当有记录,出席会议的委员应当在会议记录上签名;会议记录由公司董事会秘书保存。

第二十二条 薪酬与考核委员会会议通过的议案及表决结果,应以书面形式报公司董事会。

第二十三条 出席会议的委员均对会议所议事项有保密义务,不得擅自披露有关信息。

第六章 附 则

第二十四条 本实施细则自董事会决议通过之日起试行。

第二十五条 本实施细则未尽事宜,按国家有关法律、法规和公司章程的规定执行;本细则如与国家日后颁布的法律、法规或经合法程序修改后的公司章程相抵触时,按国家有关法律、法规和公司章程的规定执行,并立即修订,报董事会审议通过。

第二十六条 本细则解释权归属公司董事会。

第十章　总经理及其他高级管理人员

【示范条款】

10.1.1　总经理的任免
公司设总经理一名,设副经理[　人数　]名,[　财务负责人1名　],由董事会聘任或解聘。
公司总经理、副总经理、财务负责人、董事会秘书和[　职务　]为公司高级管理人员。
[注释]　公司可以根据具体情况,在章程中规定属于公司高级管理人员的其他人选。

10.1.2　董事兼任
董事可受聘兼任总经理、副总经理或者其他高级管理人员,但兼任总经理、副总经理或者其他高级管理人员职务的董事不得超过公司董事总数的[　1/2　]。

10.1.3　总经理的资格
《公司法》第146条规定情形的人员,不得担任公司的总经理。

10.1.4　总经理的任期
总经理每届任期3年,总经理连聘可以连任。

10.1.5　总经理的职责
总经理对董事会负责,行使下列职权:
1. 主持公司的生产经营管理工作,并向董事会报告工作;
2. 组织实施董事会决议、公司年度计划和投资方案;
3. 拟定公司内部管理机构设置方案;
4. 拟定公司的基本管理制度;
5. 制定公司的具体规章;
6. 提请董事会聘任或者解聘公司副总经理、财务负责人等高级管理人员;
7. 聘任或者解聘除应由董事会聘任或者解聘以外的管理人员;
8. 拟定公司职工的工资、福利、奖惩,决定公司职工的聘用和解聘;

9. 提议召开董事会临时会议；

10. 公司章程或董事会授予的其他职权。

[注释] 公司应当根据自身的情况，在章程中制定符合公司实际要求的经理的职权和具体实施办法。

10.1.6 列席董事会议

总经理列席董事会会议，未担任公司董事的总经理，在董事会上没有表决权。

10.1.7 总经理报告

总经理应当根据董事会或者监事会的要求，向董事会或者监事会报告公司重大合同的签订、执行情况、资金运用情况和盈亏情况。总经理必须保证该报告的真实性。

10.1.8 职工待遇保障

总经理拟定有关职工工资、福利、安全生产以及劳动保护、劳动保险、解聘或开除公司职工等涉及职工切身利益的问题时，应当事先听取工会和职工(代表)大会的意见。

10.1.9 总经理工作细则

总经理应制定总经理工作细则，报董事会批准后实施。

10.1.10 工作细则的内容

总经理工作细则包括下列内容：

1. 总经理会议召开的条件、程序和参加的人员；

2. 总经理、副总经理及其他高级管理人员各自具体的职责及其分工；

3. 公司资金、资产运用，签订重大合同的权限，以及向董事会、监事会的报告制度；

4. 董事会认为必要的其他事项。

10.1.11 总经理操守

公司总经理应当遵守法律、行政法规和公司章程的规定，履行诚信和勤勉义务。

10.1.12 总经理辞职

总经理可以在任期届满以前提出辞职。有关总经理辞职的具体程序和办法由总经理与公司之间的劳务合同规定。

10.1.13 高级管理人员的责任

高级管理人员执行公司职务时违反法律、行政法规、部门规章或本章程的规定,给公司造成损失的,应当承担赔偿责任。

【本节条款解读】

一、总经理负责制

总经理负责制是指通过设立股东会议、董事会、经理层、监事会,构建不同的权力机构,划分企业内部管理机构的权责关系的制度。股东会议是全体股东所组成的公司最高权力机构,对公司的经营管理和股东利益等重大问题作出决策;董事会是由股东会议聘请的董事组成的,在股东会议闭会期间行使职权的机构,是公司常设的权力机构和经营管理决策机构,是公司对外进行业务活动的全权代表;总经理及其领导下的经理层是由董事会聘任,由总经理对董事会负责,在董事会的授权下,执行董事会的战略决策,实现董事会制定的企业经营目标,是公司章程规定范围内的业务执行机关。总经理通过组建由高级管理人员组成的经理层,形成一个以总经理为中心的组织、管理、领导体系,负责企业日常管理工作,实施对公司的有效管理;监事会是由股东会议聘请的监督人员组成的,依据公司章程履行职责、维护公司利益的监督机构。

总经理的主要职责是:负责公司日常业务的经营管理,经董事会授权,对外签订合同和处理业务;组织经营管理班子,提出任免副总经理、总经济师、总工程师及部门经理等高级职员的人选,并报董事会批准;定期向董事会报告业务情况,向董事会提交年度报告及各种报表、计划、方案,包括经营计划、利润分配方案、弥补亏损方案等。

二、总经理办公会

总经理办公会由公司总经理、副总经理、财务总监、法务总监、总会计师、总工程师等高级管理人员参加,由总经理主持。总经理办公会每月召开2~3次,具体时间由总经理确定。特殊情况下,由总经理、副总经理等高级管理人员提出,可召开临时总经理办公会。总经理办公会研究决定的问题遵循民主集中制原则,在发扬民主的基础上,由总经理集中多数成员意见作出会议决议。提交总经理办公会研究的议题,分管的副总经理等高级管理人员应事先召集有关部门进行研究,提出意见;对意见分歧较大的问题,应向会议说明。

董事长可以参加总经理办公会。

【细则示范】

▶ 细则 10-1　总经理工作细则

第一章　总　　则

第一条　为健全现代企业制度,完善公司治理结构,规范高级经理人员行为,促进公司日常经营管理工作规范、高效、有序运行,根据《中华人民共和国公司法》等法律、法规,以及公司章程,制定本细则。

第二条　本细则适用于本公司的高级经理人员,包括总经理、副总经理和[财务总监、法务总监、总工程师]等。

第三条　公司依法在董事会下设置总经理,结合公司实际情况,建立由总经理、副总经理等高级管理人员和各职能部门组成的总经理工作机构,明确相应的职权与职责,各司其职,协调配合。

第四条　公司高级管理人员应当遵循国家法律,恪守职业道德,履行忠实勤勉义务,积极合理行使职权,严格依法承担责任。

第二章　高级管理人员的任职资格与任免程序

第五条　总经理人员任职应当符合下列基本条件:
1. 具有优秀的道德品质与职业操守;
2. 具有丰富的经济理论知识、管理知识及实践经验,具有较强的经营管理能力;
3. 具有调动员工积极性、知能善任、建立合理的组织机构、协调内外关系和统揽全局的能力;
4. 熟悉公司主营业务,掌握国家有关法律和政策;
5. 有较强的使命感和积极开拓的进取精神。

第六条　有下列情形之一的,不得担任公司高级管理人员:
1. 无民事行为能力或者限制民事行为能力;
2. 因贪污、贿赂、侵占财产、挪用财产或者破坏社会经济秩序,被判处刑罚,执行期满未逾5年,或者因犯罪被剥夺政治权利,执行期满未逾5年;
3. 担任破产清算的公司、企业的董事或者厂长、经理,并对该公司、企业的破产负有个人责任的,自该公司、企业破产清算完结之日起未逾3年;
4. 担任因违法被吊销营业执照、责令关闭的公司、企业的法定代表人,并负有个人责任的,自该公司、企业被吊销营业执照之日起未逾3年;

5. 个人所负数额较大的债务到期未清偿；

6. 属于法律和行政法规规定不得在企业任职的、法律规定不得兼职公司高级管理人员的、公司的制度规定不得在公司任职或担任高级管理人员的。

公司违反前款规定进行聘任的，该聘任无效。

第七条 总经理应在公司专职任职。除下列情况外，不得在其他任何法人或非法人组织中兼职：

1. 在本公司的控股股东控制的其他企业兼任董事、监事的；

2. 在本公司的控股子公司或参股企业中兼任职务的；

3. 在合法的社会、公益、学术团体或组织中兼职的；

4. 经本公司董事会同意而出任其他与本公司不构成竞业关系的公司的董事或监事的。

第八条 本公司董事可受聘为公司高级管理人员，但兼任高级管理人员的董事人数不得超过全体董事总数的[1/2]。

第九条 董事会聘任总经理由董事会按照法律、章程和本细则采取公开透明的方式聘任或解聘，任何股东或实际控制人不得直接委派总经理，任何组织和个人不得干预公司高级管理人员的正常聘任。

第十条 总经理可由单独或合计持有[10%]以上股份的股东、董事长或1/3以上董事推荐，经董事会提名委员会考察审核后，由董事会参考董事会提名委员会的建议决定聘任。

公司设置副总经理若干名，设置[财务总监、法务总监、总工程师]等，由总经理提名，经董事会提名委员会考察审核后，由董事会参考董事会提名委员会的建议决定聘任。

第十一条 总经理每届任期不超过3年，可以连聘连任。总经理可以在任期届满以前提出辞职。有关总经理辞职的具体程序和办法，由总经理与公司之间的劳动合同约定。

第十二条 总经理出现刑事违法、行政违规、严重失职、不能胜任职务或公司规定及劳动合同约定的其他应解聘的情况时，应当解聘。

总经理的解聘应经单独或合计持有[10%]以上股份的股东、董事会或监事会提议，并经独立董事发表独立意见，由董事会审议决定。

总经理解聘后，在新任总经理就职之前，应由董事长或董事长委托的1名高级经理人员代行总经理职权与职责。副总经理和财务总监的解聘需由总经理提议，由董事会审议决定。

第三章 总经理的职权与义务

第十三条 总经理向董事会负责,根据董事会的授权,主持公司的日常经营管理工作,并接受董事会的监督和指导。

副总经理、财务总监等其他高级管理人员(不含董事会秘书)对总经理负责。

第十四条 总经理根据法律、本公司《公司章程》和董事会授权行使下列职权:

1. 主持公司的生产经营管理工作,组织实施董事会决议,并向董事会报告工作;
2. 组织实施公司年度经营计划和投资方案;
3. 拟订公司内部管理机构设置方案;
4. 拟订公司的基本管理制度;
5. 制定公司的具体规章;
6. 提请董事会聘任或者解聘公司副总经理、财务负责人;
7. 决定聘任或解聘除应由董事会决定聘任或解聘以外的负责管理人员;
8. 拟订公司中长期发展规划、年度经营计划、重大投资方案;
9. 拟订公司年度财务预算、决算、利润分配、弥补亏损、融资等方案;
10. 拟订公司增加或减少注册资本和发行公司债券的建议方案;
11. 拟订公司员工工资方案和奖惩方案,年度用工计划;
12. 根据董事会决定的投资方案,实施董事会授权额度内的投资项目;
13. 在董事会授权额度内,审批公司财务支出款项;
14. 决定公司除高级管理人员之外的员工的聘用、升级、加薪、奖惩与解聘;
15. 经总经理会议决议推荐或委派到子公司或参股企业任职的董事、监事和高级管理人员;
16. 根据公司法定代表人授权,代表公司签署合同,签发日常行政和业务文件;
17. 《公司章程》和董事会授予的其他职权。

非董事总经理,列席董事会会议。

第十五条 总经理有权决定以下交易事项:

1. 交易涉及的资产总额占公司最近一期经审计总资产的[10%]以下,该交易涉及的资产总额同时存在账面值和评估值的,以较高者作为计算数据;
2. 交易标的(如股权)在最近一个会计年度相关的营业收入占公司最近一个会计年度经审计营业收入的[10%]以下,或绝对金额未超过[1 000 万]元人民币;
3. 交易标的(如股权)在最近一个会计年度相关的净利润占公司最近一个会

计年度经审计净利润的[10%]以下,或绝对金额未超过[100 万]元人民币;

4. 交易的成交金额(含承担债务和费用)占公司最近一期经审计净资产的[10%]以下,或绝对金额未超过[1000 万]元人民币;

5. 交易产生的利润占公司最近一个会计年度经审计净利润的[10%]以下,或绝对金额未超过[300 万]元人民币。

上述交易审批权限所涉及的资产不含购买原材料、燃料和动力,以及出售产品、商品等与日常经营相关的资产,但资产置换中涉及购买、出售此类资产的,仍包含在内。

第十六条 总经理有权决定以下关联交易:

公司与关联自然人发生的交易金额在[30 万]元以下的关联交易,及公司与关联法人发生的交易金额在[300 万]元以下或占公司最近一期经审计净资产绝对值[1%]以下的关联交易。

第十七条 公司的对外担保均须经董事会审议,并经出席董事会的[1/2]以上董事签署同意。

第十八条 公司总经理和其他高级管理人员应当遵守《公司章程》,忠实履行职务,维护公司利益,并保证:

1. 在其职责范围内行使权利,不得越权;

2. 公司的商业行为符合国家法律、行政法规及国家各项经济政策的要求,商业活动不超越营业执照规定的业务范围;

3. 除经《公司章程》规定或者董事会在知情的情况下批准,不得同本公司订立合同或者进行交易;

4. 不得利用内幕信息为自己或他人谋取利益;

5. 不得自营或者为他人经营与公司同类的营业或者从事损害本公司利益的活动;

6. 不得利用职权收受贿赂或者其他非法收入,不得侵占公司的财产;

7. 不得挪用资金或者将公司的资金借贷给他人;

8. 不得利用职务便利为自己或他人侵占或者接受本应属于公司的商业机会;

9. 未经董事会在知情的情况下批准,不得在任何企业任职;

10. 不得将公司资产以其个人名义或者以其他个人名义开立账户储存;

11. 不得以公司资产为本公司的股东或者其他个人债务提供担保;

12. 未经董事会在知情的情况下同意,不得泄露在任职期间所获得的涉及本公司的机密信息;但在法律有规定、公众利益有要求时向法院或者其他政府主管机关披露该信息的除外。

13. 应当对公司定期报告签署书面确认意见。保证公司所披露的信息真实、准确、完整；

14. 应当如实向监事会提供有关情况和资料，不得妨碍监事会或者监事行使职权；

15. 法律、行政法规、部门规章及《公司章程》规定的其他勤勉义务。

第十九条 公司高级管理人员及其配偶、子女持有本公司或公司关联企业的股份(股权)时，应将持有情况及此后的变动情况，如实向董事会申报。

第五章 副总经理职权

第二十条 副总经理具体工作职责如下：

1. [销售]（副总经理）：分管公司产品推广与销售工作；

2. [生产]（副总经理）：分管公司生产计划、物资供应、设备管理工作；

……

第二十一条 副总经理就其所分管的业务和日常工作对总经理负责，并在总经理的领导下贯彻落实所负责的各项工作，定期向总经理报告工作。

第二十二条 副总经理可以向总经理提议召开总经理办公会。

第二十三条 副总经理根据业绩和表现，可以提请公司总经理解聘或聘任自己所分管业务范围内的一般管理人员和员工。

第二十四条 及时完成总经理交办或安排的其他工作。

第六章 财务总监职权

第二十五条 公司设财务总监1名，由总经理提名并由董事会聘任。财务总监对董事会负责，协助总经理进行工作。

第二十六条 财务总监具体工作职责如下：

1. 全面负责公司的日常财务工作，审查、签署重要的财务文件并向总经理报告工作；

2. 组织拟订公司的年度利润计划、资金使用计划和费用预算计划；

3. 负责公司及其下属公司的季度、中期、年度财务报告的审核，保证公司财务报告的及时披露，并对披露的财务数据负责；

4. 控制公司生产经营成本，审核、监督公司资金运用及收支平衡；

5. 按月向总经理提交财务分析报告，提出改善生产经营的建议；

6. 参与投资项目的可行性论证工作并负责新项目的资金保障；

7. 指导、检查、监督各分公司、子公司的财务工作；

8. 审核公司员工的差旅费、业务活动费以及其他一切行政费用；

9. 提出公司员工工资、奖金的发放及年终利润分配方案、资本公积金转增股本方案；

10. 财务总监对公司出现的财务异常波动情况，须随时向总经理汇报，并提出正确及时的解决方案，配合公司做好相关的信息披露工作；

11. 根据总经理的安排，协助各副总经理做好其他工作，完成总经理交办的临时任务。

第七章 总经理办公会议事规则

第二十七条 公司实行总经理负责下的总经理办公会会议制，重大问题提交总经理办公会审议，除了由股东会议、董事会审议通过的事项外，由总经理办公会会议作出最后决定。总经理办公会由总经理、副总经理、财务总监及其他高级管理人员组成。根据议题的需要，有关单位和部门的负责人可列席会议。

第二十八条 总经理办公会分为例会和临时会议，例会每月月初召开；总经理认为必要或董事会提议时，可随时召开临时会议。

第二十九条 总经理办公会会议由总经理主持，如总经理因故不能履行职责时，应当由总经理指定一名副总经理代其召集并主持会议。

第三十条 总经理办公会参会人员必须准时出席。因故不能到会的，应向总经理或主持会议的副总经理请假。

第三十一条 有下列情形之一的，总经理应在3个工作日内召开临时总经理办公会会议：

1. 总经理认为必要时；
2. 其他高级管理人员提议时；
3. 董事会提议时。

第三十二条 总经理办公室负责安排会务，总经理办公会会议议程及出席范围经总经理审定后，应于会议前3天以书面或电话的方式通知全体出席人员。公司下属公司、部门或人员需提交总经理办公会会议讨论的议题，应于会议召开前向总经理办公室申报，由总经理办公室请示总经理后予以安排。为保证会议质量，讲究会议实效，会议一般不穿插临时动议和与会议既定议题无关的内容。重要议题讨论材料须至少提前一天送达出席会议人员查阅。

第三十三条 总经理办公会会议议题包括但不限于：

1. 拟定公司中长期发展规划、重大投资项目及年度生产经营计划的方案；
2. 拟定公司年度财务预决算方案，拟订公司税后利润分配方案、弥补亏损方案等；
3. 拟定公司增加或减少注册资本和发行公司债券等建议方案；
4. 拟定公司内部经营管理机构设置方案；

5. 拟定公司员工工资和奖惩方案,拟订年度用工计划;

6. 拟定公司基本管理制度和制定公司具体规章;

7. 根据董事会决议事项,研究制订公司经营管理实施方案;

8. 根据董事会确定的公司投资计划,研究实施董事会授权额度内的投资项目;

9. 根据董事会审定的年度生产计划、投资计划和财务预决算方案,制订投融资计划;

10. 在董事会授权额度内,研究决定公司财产的处置和固定资产的购置;

11. 在董事会授权额度内,研究决定公司大额款项的调度;

12. 研究决定公司各部门负责人、分公司主要经营管理人员,研究决定公司员工的聘用、晋级、加薪、奖惩与辞退;

13. 其他需要提交总经理办公会会议讨论的议题。

第三十四条 总经理办公会会议议事程序如下:

1. 主持人提出议题;

2. 议题汇报人汇报有关事项。汇报人应提供翔实的汇报材料,并有明确的意见;

3. 与会的总经理办公会成员须发表意见,并对该议题有明确的表态;

4. 主持人应对每一个议题作出结论。

第三十五条 总经理办公会会议的决定事项以会议纪要或决议的形式作出,经主持会议的总经理或副总经理签署后,由具体负责人或部门组织实施。会议纪要的内容主要包括:会议名称;会议时间;会议地点;出席会议的人员;会议议程;会议发言要点;会议决定;与会人员签字;会议记录员签字。

会议纪要由会议主持人审定并决定是否印发及发放范围。

会议纪要由总经理秘书保管、存档。

第八章 工作报告制度

第三十六条 总经理应当根据董事会的要求,定期或不定期向董事会报告工作,包括但不限于:

1. 定期报告由证券投资部和财务部编制,在董事会的要求期限内提交。定期报告包括年度包括、半年度报告、季度报告。在年度报告编制过程中,公司经理层应向独立董事全面汇报公司本年度的生产经营情况和重大事项的进展情况;

2. 公司年度计划实施情况和生产经营中存在的问题及对策;

3. 公司重大合同签订和执行情况;

4. 资金运用和盈亏情况;

5. 重大投资项目进展情况；
6. 公司董事会决议执行情况；
7. 董事会要求的其他专题报告。

第三十七条 董事会认为必要时，总经理应根据要求报告工作。

第三十八条 公司内部审计机构的审计报告应同时报总经理、董事会审计委员会。如果总经理与审计委员会有意见分歧，上报董事会。

第三十九条 总经理应根据监事会的要求向监事会报告工作，并保证报告事项的真实性，自觉接受监事会的监督。

第九章 绩效评价与激励约束机制

第四十条 总经理及其他高级管理人员的绩效评价由董事会薪酬与考核委员会负责组织考核。

第四十一条 总经理的薪酬应同公司绩效和个人业绩相联系，并参照绩效考核指标完成情况进行发放。

第四十二条 总经理发生调离、解聘或到期离任等情形时，必须进行离任审计。

第四十三条 总经理违反法律、行政法规，或因工作失职，致使公司遭受损失，应根据情节给予经济处罚或行政处分，直至追究法律责任。

第十章 附 则

第四十四条 本细则未尽事项，按国家有关法律、法规及公司章程的有关规定执行；本条例与生效的法律、法规和公司章程相抵触的，以生效的法律、法规和公司章程为准。

第四十五条 本细则经公司董事会批准后生效，由公司董事会负责修改及解释，自董事会审议通过之日起生效实施。

第十一章 监事与监事会

第一节 监　　事

【示范条款】

11.1.1　监事概述

监事由股东代表和公司职工代表担任。公司职工代表担任的监事不得少于监事人数的[1/3]。

11.1.2　不得兼任董事和高级管理人员

董事、总经理和其他高级管理人员不得兼任监事。

11.1.3　监事任期及任命

监事每届任期**3**年。股东担任的监事由股东大会选举或更换,职工担任的监事由公司职工民主选举产生或更换,监事连选可以连任。

[注释]　有限责任公司施行监事委派制的,按照本章程第3.4.5条执行,不适用本条款。

11.1.4　监事的撤换

监事有下列情形之一的,由监事会提请股东大会予以撤换:

1. 任期内因职务变动不宜继续担任监事的;

2. 连续两次未出席监事会会议或连续两次未列席董事会会议的;

3. 任期内有重大失职行为或有违法违规行为的;

4. 法律、法规规定不适合担任监事的其他情形。

[注释]　有限责任公司施行监事委派制的,按照本章程第3.4.5条执行,不适用本条款。

11.1.5　监事撤换的禁止

除前条所述原因,公司不得随意撤换监事。

11.1.6　监事的失职

监事有下列行为之一的,可认定为失职行为,由监事会制定具体的处罚办法报

股东大会讨论通过;有严重失职行为的,有关机构将依法进行处罚:

1. 对公司存在的重大问题,没有尽到监督检查的责任或发现后隐瞒不报的;

2. 对董事会提交股东大会的财务报告的真实性、完整性未严格审核而发生重大问题的;

3. 泄露公司机密的;

4. 在履行职责过程中接受不正当利益的;

5. 由公司股东大会认定的其他严重失职行为的。

11.1.7 监事的辞职

监事可以在任期届满以前提出辞职,章程第五章有关董事辞职的规定,适用于监事。

监事任期届满未及时改选,或者监事在任期内辞职导致监事会成员低于法定人数的,在改选出的监事就任前,原监事仍应当依照法律、行政法规和本章程的规定,履行监事职务。

11.1.8 监事责任

监事执行公司职务时违反法律、行政法规、部门规章或本章程的规定,给公司造成损失的,应当承担赔偿责任。

【本节条款解读】

一、监事辞职

监事辞职应向监事会提交书面辞职报告,在辞职报告中说明辞职时间、辞职原因、辞去的职务、辞职后是否继续在公司任职(如继续任职,说明继续任职的情况)等情况。

《公司法》第52条第2款规定:"监事任期届满未及时改选,或者监事在任期内辞职导致监事会成员低于法定人数的,在改选出的监事就任前,原监事仍应当依照法律、行政法规和公司章程的规定,履行监事职务。"《公司法》第51条第1款规定:"有限责任公司设立监事会,其成员不得少于三人。"《公司法》第117条第1款规定:"股份有限公司设监事会,其成员不得少于三人。"

监事在任期内可以辞职,但是公司监事会的人数不得低于法定人数。若监事辞职不会导致公司监事会低于法定人数,就不影响公司监事会的正常运作,则监事的辞职自辞职报告送达监事会时生效;若监事辞职导致上述情形发生,则辞职报告应当在下任监事填补因其辞职产生的空缺后方能生效。在改选出的监事就任前,原监事仍应当依照法律、行政法规、部门规章和公司章程的规定,履行监事职务。

二、董事及高级管理人员不能兼任监事

《公司法》第 51 条、第 117 条规定："董事、高级管理人员不得兼任监事。"所以，无论是有限公司还是股份公司，董事和高级管理人员均不得兼任监事，监事不能兼任董事，也不能兼任公司高级管理人员。换句话说，只要是公司监事，就不可能同时为公司董事或者公司高级管理人员。

第二节 监事会

【示范条款】

11.2.1 监事会的组成

公司设立监事会。监事会由[　人数　]名监事组成，监事会设主席 1 人，可以设副主席。监事会主席和副主席由全体监事过半数选举产生。监事会主席召集和主持监事会会议；监事会主席不能履行职务或者不履行职务的，由监事会副主席召集和主持监事会会议；监事会副主席不能履行职务或者不履行职务的，由半数以上监事共同推举一名监事召集和主持监事会会议。

［注释］ 监事会成员不得少于 3 人。

11.2.2 职工监事

监事会中的职工代表由公司职工通过职工(代表)大会或者其他形式民主选举产生。

11.2.3 监事会的职权

监事会行使下列职权：

1. 检查公司的财务；

2. 对董事、总经理和其他高级管理人员执行公司职务的行为进行监督，对违反法律、行政法规、本章程或者股东大会(股东会)决议的董事、高级管理人员提出罢免的建议；

3. 当董事、总经理和其他高级管理人员的行为损害公司的利益时，要求其予以纠正，必要时向股东大会(股东会)报告；

4. 列席董事会会议；

5. 应当对董事会编制的公司定期报告进行审核并提出书面意见；

6. 提议召开临时股东大会(股东会)，在董事会不履行《公司法》规定的召集和主持股东大会(股东会)职责时召集和主持股东大会(股东会)；

7. 向股东大会提出提案；

8. 依照《公司法》第152条的规定,代表公司与董事交涉或对董事、高级管理人员提起诉讼;

9. 发现公司经营情况异常,可以进行调查;必要时,可以聘请会计师事务所、律师事务所等专业机构协助其工作,费用由公司承担;

10. 公司章程规定或股东大会(股东会)授予的其他职权。

注释:公司章程可以规定监事的其他职权。

11.2.4　对资产的监督

监事会对公司的投资、财产处置、收购兼并、关联交易、合并分立等事项,董事会、董事及高级管理人员的尽职情况等事项进行监督,并向股东大会提交专项报告。

11.2.5　对人员的监督

当公司董事及高级管理人员有重大失职行为或损害公司利益时,监事会应当要求其予以纠正,必要时可向股东大会或董事会提出罢免或解聘的提议。股东大会、董事会应就监事会的提议进行讨论和表决。

11.2.6　对制度的监督

监事会对公司内部控制制度进行监督,可以确保公司内部控制制度的有效执行,避免可能面临的风险。

11.2.7　外部协助

监事会行使职权时,必要时可以聘请律师事务所、会计师事务所等专业性机构给予帮助,由此发生的费用由公司承担。

11.2.8　监事会议

监事会每年至少召开[　两　]次会议,会议通知应当在会议召开[　10　]日以前书面送达全体监事。监事可以提议召开临时监事会会议。

11.2.9　监事会议通知

监事会会议通知包括以下内容:举行会议的日期、地点和会议期限,事由及议题,发出通知的日期。

11.2.10　监事会的议事方式

监事会的议事方式为:以会议方式进行,对有关议案经集体讨论后采取记名投票的方式表决。监事会会议应当由监事本人出席,监事因故不能出席时,可委托其他监事代为出席,委托书应明确代理事项及权限。监事会会议由监事会主席主持。监事会主席不能履行职权时,由监事会推选的其他监事主持。

11.2.11 监事会的表决程序

监事会的表决程序为：监事会表决时，采取一人一票的表决办法。

监事会决议应当由全体监事会成员过半数投票表决通过。

11.2.12 监事会的议事规则

监事会应制定《监事会议事规则》，明确监事会的议事方式和表决程序，以确保监事会的工作效率和科学决策。

[注释] 监事会议事规则规定监事会的召开和表决程序。监事会议事规则应列入公司章程或作为章程的附件，由监事会拟定，股东大会批准。

11.2.13 监事会议记录

监事会会议应有记录，出席会议的监事和记录人，应当在会议记录上签名。监事有权要求在记录上对其在会议上的发言作出某种说明性记载。

监事会会议记录作为公司档案至少保存[10]年。

[注释] 公司应当根据具体情况，在章程中规定会议记录的保管期限。

【本节条款解读】

一、监事会是公司的监督机构

监事会是公司的监督机构，直接对股东会议负责，监督董事和经理层履行职责的情况，董事和高级管理人员不得兼任监事。但监事会对内一般不参与公司业务决策和管理，对外一般也不代表公司。

从国际上看，美国没有监事，只有独立董事。德国有监事会，但监事会是董事会的上位机关，也有学者将德国模式称为两层董事会制。在我国，董事会和监事会是平行的机关，分别对股东会议负责。

二、监事会主席职责及缺位的替补

监事会设主席一人，由全体监事过半数选举产生。监事会主席召集和主持监事会会议；监事会主席不能履行职务或者不履行职务的，由半数以上监事共同推举一名监事召集和主持监事会会议。监事会主席不能履行职权，是指监事会主席并非主观上不愿意召集监事会会议，而是客观因素、事件致使其无法履行职权，如监事会主席重病、失踪、被限制人身自由等。监事会主席不履行职权，是指监事会主席主观上怠于履行职权，并不存在阻碍其履行职责的客观因素。

【交易所文件——监事会议事规则】

上海证券交易所上市公司监事会议事示范规则

2006年05月11日 上证上字〔2006〕325号

第一条 宗旨

为进一步规范本公司监事会的议事方式和表决程序，促使监事和监事会有效地履行监督职责，完善公司法人治理结构，根据《公司法》《证券法》《上市公司治理准则》和《上海证券交易所股票上市规则》等有关规定，制定本规则。

第二条 监事会办公室

监事会设监事会办公室，处理监事会日常事务。

监事会主席兼任监事会办公室负责人，保管监事会印章。监事会主席可以要求公司证券事务代表或者其他人员协助其处理监事会日常事务。

第三条 监事会定期会议和临时会议

监事会会议分为定期会议和临时会议。

监事会定期会议应当每六个月召开一次。出现下列情况之一的，监事会应当在十日内召开临时会议：

（一）任何监事提议召开时；

（二）股东大会、董事会会议通过了违反法律、法规、规章、监管部门的各种规定和要求、公司章程、公司股东大会决议和其他有关规定的决议时；

（三）董事和高级管理人员的不当行为可能给公司造成重大损害或者在市场中造成恶劣影响时；

（四）公司、董事、监事、高级管理人员被股东提起诉讼时；

（五）公司、董事、监事、高级管理人员受到证券监管部门处罚或者被上海证券交易所公开谴责时；

（六）证券监管部门要求召开时；

（七）本《公司章程》规定的其他情形。

第四条 定期会议的提案

在发出召开监事会定期会议的通知之前，监事会办公室应当向全体监事征集会议提案，并至少用两天的时间向公司员工征求意见。在征集提案和征求意见时，监事会办公室应当说明监事会重在对公司规范运作和董事、高级管理人员职务行为的监督而非公司经营管理的决策。

第五条 临时会议的提议程序

监事提议召开监事会临时会议的，应当通过监事会办公室或者直接向监事会主席提交经提议监事签字的书面提议。书面提议中应当载明下列事项：

（一）提议监事的姓名；

（二）提议理由或者提议所基于的客观事由；

（三）提议会议召开的时间或者时限、地点和方式；

（四）明确和具体的提案；

（五）提议监事的联系方式和提议日期等。

在监事会办公室或者监事会主席收到监事的书面提议后三日内，监事会办公室应当发出召开监事会临时会议的通知。

监事会办公室怠于发出会议通知的，提议监事应当及时向监管部门报告。

第六条　会议的召集和主持

监事会会议由监事会主席召集和主持；监事会主席不能履行职务或者不履行职务的，由监事会副主席召集和主持；未设副主席、副主席不能履行职务或者不履行职务的，由半数以上监事共同推举一名监事召集和主持。

第七条　会议通知

召开监事会定期会议和临时会议，监事会办公室应当分别提前十日和五日将盖有监事会印章的书面会议通知，通过直接送达、传真、电子邮件或者其他方式，提交全体监事。非直接送达的，还应当通过电话进行确认并作相应记录。

情况紧急，需要尽快召开监事会临时会议的，可以随时通过口头或者电话等方式发出会议通知，但召集人应当在会议上作出说明。

第八条　会议通知的内容

书面会议通知应当至少包括以下内容：

（一）会议的时间、地点；

（二）拟审议的事项（会议提案）；

（三）会议召集人和主持人、临时会议的提议人及其书面提议；

（四）监事表决所必需的会议材料；

（五）监事应当亲自出席会议的要求；

（六）联系人和联系方式。

口头会议通知至少应包括上述第（一）、（二）项的内容，以及情况紧急需要尽快召开监事会临时会议的说明。

第九条　会议召开方式

监事会会议应当以现场方式召开。

紧急情况下，监事会会议可以通讯方式进行表决，但监事会召集人（会议主持人）应当向与会监事说明具体的紧急情况。在通讯表决时，监事应当将其对审议事项的书面意见和投票意向在签字确认后传真至监事会办公室。监事不应当只写明投票意见而不表达其书面意见或者投票理由。

第十条 会议的召开

监事会会议应当有过半数的监事出席方可举行。相关监事拒不出席或者怠于出席会议导致无法满足会议召开的最低人数要求的,其他监事应当及时向监管部门报告。

董事会秘书和证券事务代表应当列席监事会会议。

第十一条 会议审议程序

会议主持人应当提请与会监事对各项提案发表明确的意见。

会议主持人应当根据监事的提议,要求董事、高级管理人员、公司其他员工或者相关中介机构业务人员到会接受质询。

第十二条 监事会决议

监事会会议的表决实行一人一票,以记名和书面等方式进行。

监事的表决意向分为同意、反对和弃权。与会监事应当从上述意向中选择其一,未作选择或者同时选择两个以上意向的,会议主持人应当要求该监事重新选择,拒不选择的,视为弃权;中途离开会场不回而未作选择的,视为弃权。

监事会形成决议应当全体监事过半数同意。

第十三条 会议录音

召开监事会会议,可以视需要进行全程录音。

第十四条 会议记录

监事会办公室工作人员应当对现场会议作好记录。会议记录应当包括以下内容:

(一)会议届次和召开的时间、地点、方式;

(二)会议通知的发出情况;

(三)会议召集人和主持人;

(四)会议出席情况;

(五)会议审议的提案、每位监事对有关事项的发言要点和主要意见、对提案的表决意向;

(六)每项提案的表决方式和表决结果(说明具体的同意、反对、弃权票数);

(七)与会监事认为应当记载的其他事项。

对于通讯方式召开的监事会会议,监事会办公室应当参照上述规定,整理会议记录。

第十五条 监事签字

与会监事应当对会议记录进行签字确认。监事对会议记录有不同意见的,可以在签字时作出书面说明。必要时,应当及时向监管部门报告,也可以发表公开声明。

监事既不按前款规定进行签字确认,又不对其不同意见作出书面说明或者向监管部门报告、发表公开声明的,视为完全同意会议记录的内容。

第十六条 决议公告

监事会决议公告事宜,由董事会秘书根据《上海证券交易所股票上市规则》的有关规定办理。

第十七条 决议的执行

监事应当督促有关人员落实监事会决议。监事会主席应当在以后的监事会会议上通报已经形成的决议的执行情况。

第十八条 会议档案的保存

监事会会议档案,包括会议通知和会议材料、会议签到簿、会议录音资料、表决票、经与会监事签字确认的会议记录、决议公告等,由监事会主席指定专人负责保管。

监事会会议资料的保存期限为十年以上。

第十九条 附则

本规则未尽事宜,参照本公司《董事会议事规则》有关规定执行。

在本规则中,"以上"包括本数。

本规则由监事会制订报股东大会批准后生效,修改时亦同。

本规则由监事会解释。

【细则示范】

▶ 细则11-1 监事会议事规则

第一条 为规范公司监事会的运作,根据《公司法》、本公司《公司章程》及国家有关法律、法规的规定,特制定本规则。

第二条 担任和兼任监事的任职资格应符合《公司法》、本公司《公司章程》和国家有关法律及法规的规定。

第三条 监事由股东代表和公司职工代表担任。公司职工代表担任的监事不得少于监事人数的三分之一。

第四条 公司监事应由至少1名具有会计专业知识的人员担任。

第五条 监事每届任期3年,监事连选可以连任。

股东担任的监事由股东大会(股东会)选举或更换。股东大会(股东会)决议由代表1/2以上表决权的股东通过时,方能产生或更换股东方监事。

职工担任的监事由公司职工民主选举产生或更换,公司职工民主选举监事可通过职工代表大会进行。职工代表大会决议由出席职工代表大会的职工的 1/2 以上通过时,方能产生或更换职工担任的监事。

第六条 监事会会议应当由监事本人出席,监事因故不能出席的,可以书面委托其他监事代为出席。

代为出席会议的监事应当在授权范围内行使监事的权利。监事未出席监事会会议,亦未委托代表出席的,视为放弃在该次会议上的投票权。

监事连续两次不能亲自出席监事会会议的,视为不能履行职责,股东大会(股东会)或职工代表大会应当予以撤换。

第七条 监事在任期届满前提出辞职的,遵从公司章程的有关规定。

第八条 监事会由[5]名监事组成,设监事会主席 1 名。监事会主席由监事会选举产生。

第九条 监事会主席主持监事会的工作并对监事会的工作全面负责;负责召集并主持监事会会议;代表监事会向股东大会(股东会)作工作报告。

监事会主席不能履行职权时,可指定一名监事代行其职权。

第十条 监事会行使下列职权:

1. 检查公司财务,检查公司的财务报告,并对会计师出具的审计报告进行审阅;审阅公司月份、季度财务报表;可深入公司业务部门及被投资企业了解财务状况;可要求公司高级管理人员对公司财务异常状况作出进一步的详细说明。

2. 监事列席公司董事会会议,听取董事会议事情况并可了解、咨询及发表独立意见;监督董事会依照国家有关法律、法规、《公司章程》以及《董事会议事规则》审议有关事项并按法定程序作出决议;对于董事会审议事项的程序和决议持有异议时,可于事后由监事会形成书面意见送达董事会。

3. 监事对公司董事、经理和其他高级管理人员执行公司职务时违反法律、法规及公司章程的行为进行监督;当发现有损害公司利益行为时,应向监事会报告,并由监事会书面通知有关违规人员,要求其予以纠正,必要时,监事会可以书面形式向股东大会(股东会)或国家有关主管机关报告。

4. 监事会可以在年度股东大会(股东会)上提出临时提案;提案的内容、方式和程序等,应符合《股东大会(股东会)议事规则》及国家法律、法规的规定。

5. 监事会提议召开临时股东大会(股东会)时,应提前 10 个工作日以书面形式向董事会提出会议议题和内容完整的提案,并保证提案内容符合法律、法规和《公司章程》的规定;监督董事会在收到上述书面提议后在 15 日内发出召开临时股东大会(股东会)的通知。

第十一条 监事会行使职权时,必要时可聘请律师事务所、会计师事务所等专业性机构给予帮助,由此发生的费用由公司承担。

第十二条 监事会每年至少召开一次会议,会议通知应于会议召开 10 日前书面送达全体监事。必要时,经监事会主席或 1/2 以上监事提议可召开临时会议,会议至少应提前一个工作日通知全体监事。

第十三条 监事会会议通知包括以下内容:举行会议的日期、地点、议题以及通知的日期。

第十四条 监事会的议事方式为会议方式;特殊情况下可以采取传真方式,但应将议事过程作成记录并由所有出席会议的监事签字。

第十五条 监事会会议仅在[3]名以上的监事出席时方可举行。

第十六条 监事会作出决议须经全体监事的 2/3 以上表决通过。

第十七条 监事会会议应有会议记录,出席会议的监事和记录人应当在会议记录上签名。监事有权要求在记录上对其在会议上的发言作出某种说明性记载。

第十八条 监事会会议记录作为公司档案由董事会秘书保存。监事会会议记录的保管期限为 10 年。

第十九条 监事除依法律、法规的规定或经股东大会(股东会)同意外,不得泄露公司秘密;对尚未公开的信息,负有保密的义务。

第二十条 监事应当遵守国家有关法律、法规和公司章程的规定,履行诚信和勤勉的义务,维护公司利益。监事执行公司职务时违反法律、法规或公司章程规定,给公司造成损害的,应当承担赔偿责任。

第二十一条 本规则在公司股东大会(股东会)通过后生效,与《公司章程》冲突之处,以《公司章程》为准。

第二十二条 本规则由公司监事会负责解释。

第十二章 财务与审计

第一节 财务会计制度

【示范条款】

12.1.1 财务报告的编制
公司依照法律、行政法规和国家有关部门的规定,编制公司的财务会计制度,向股东、董事、监事、高级管理人员提供财务报告。

12.1.2 财务报告的编制期限
公司在每一会计年度前 6 个月结束后[若干(不超过 60 日)]以内编制公司的中期财务报告;在每一会计年度结束后[若干(不超过 120 日)]以内编制公司年度财务报告。

12.1.3 财务报告的内容
公司年度财务报告以及进行中期利润分配的中期财务报告,包括下列内容:
1. 提要资产负债表;
2. 利润表;
3. 利润分配表;
4. 现金流量表;
5. 会计报表附注。
公司不进行中期利润分配的,中期财务报告包括上款除第(3)项以外的会计报表及附注。

12.1.4 财务报告的报送
公司应当在每一会计年度终了[15]日内将财务会计报告送交各股东。

12.1.5 财务报告的报告依据
中期财务报告和年度财务报告按照有关法律、法规的规定进行编制。

12.1.6 挪用公司资金
以下行为视为挪用公司资金,公司及公司股东有权向直接责任人追究相应的法律责任以及由此引起的一切经济损失:

1. 以任何个人名义开立账户存储公司的资产;
2. 不经股东大会(股东会)同意,以个人名义购买物品;
3. 将与公司有关的银行账号转让给其他人。

【本节条款解读】

一、财务会计报告

各单位必须根据实际发生的经济业务事项进行会计核算,填制会计凭证,登记会计账簿,编制财务会计报告。任何单位不得以虚假的经济业务事项或者资料进行会计核算。

财务会计报告应当根据经过审核的会计账簿记录和有关资料编制,并符合本法和国家统一的会计制度关于财务会计报告的编制要求、提供对象和提供期限的规定;其他法律、行政法规另有规定的,从其规定。

财务会计报告由会计报表、会计报表附注和财务情况说明书组成,应当由单位负责人和主管会计工作的负责人、会计机构负责人(会计主管人员)签名并盖章;设置总会计师的单位,还须由总会计师签名并盖章。单位负责人应当保证财务会计报告真实、完整。

会计报表是指企业以一定的会计方法和程序由会计账簿的数据整理得出,以表格的形式反映企业财务状况、经营成果和现金流量的书面文件,是财务会计报告的主体和核心。包括下列内容:

1. 资产负债表;
2. 利润表;
3. 利润分配表;
4. 现金流量表。

二、资产负债表

资产负债表是反映公司在某一特定日期(年末、季末、月末)全部资产、负债和所有者权益情况的会计报表。资产负债表的核心公式为:"总资产=总负债+所有者权益(净资产)"。

资产负债表分为左右两方,左边为资产,右边为负债和所有者权益;两方的内部按照各自的具体项目排列,资产各项目合计与负债以及所有者权益各项目合计相等。

三、利润表及利润分配表

利润表是反映企业在一定期间的经营成果及分配情况的报表。利润表的核心公式为:"收入-费用=利润(或亏损)"。利润分配表是反映企业一定期间对实现净利润的分配或亏损弥补的会计报表,是利润表的附表,说明利润表上反映的净利润的分配去向。

利润表的格式通常为:产品销售收入减产品销售成本、产品销售费用、产品销售税金及附加,等于产品销售利润;再加其他业务利润,减管理费用、财务费用,等于营业利润;再加投资收益、营业外收入,减营业外支出,等于利润总额;再减企业所得税,等于净利润。

四、现金流量表

现金流量表是反映一定时期内(如月度、季度或年度)企业经营活动、投资活动和筹资活动对其现金及现金等价物所产生影响的财务报表。现金流量表主要是反映出资产负债表中各个项目对现金流量的影响,并根据其用途划分为经营、投资及融资三个活动分类,详细描述由公司的经营、投资与筹资活动所产生的现金流。

【典型案例】

▶ **案例12-1 财务报告格式实例**

资产负债表(一)

单位名称:××××有限责任公司　　　　　　　　　　　　　　　　金额单位:元

报表项目	行次	2014年12月31日	2013年12月31日
流动资产:	1		
货币资金	2	196 682 377.73	24 441 372.23
短期投资	3		
应收票据	4		
应收股利	5		
应收利息	6		
应收账款	7	168 776 000.00	6 000 000.00
其他应收款	8	955 446 100.18	1 010 254 173.90
预付账款	9		1 006 600.00
应收补贴款	10		
存货	11	1 425 886 636.64	968 572 427.56
待摊费用	12		
一年内到期的长期债权投资	13		
其他流动资产	14		
待处理流动资产净损失	15		
	16		
流动资产合计	17	2 746 791 114.55	2 010 274 573.69
	18		
长期投资:	19		
长期股权投资	20	32 500 000.00	27 500 000.00
长期债权投资	21		—

(续表)

报表项目	行次	2014年12月31日	2013年12月31日
长期投资合计	22	32 500 000.00	27 500 000.00
	23		
固定资产:	24		
固定资产原价	25	546 503 658.52	433 972 578.71
减:累计折旧	26	43 834 766.77	32 838 849.41
固定资产净值	27	502 668 891.75	401 133 729.30
减:固定资产减值准备	28	—	—
固定资产净额	29	502 668 891.75	401 133 729.30
工程物资	30	—	
在建工程	31	290 858 527.78	936 284 833.71
固定资产清理	32		
待处理固定资产净损失	33		
固定资产合计	34	793 527 419.53	1 337 418 563.01
无形资产及其他资产:	35		
无形资产	36	1 556 597 324.11	69 126 053.44
长期待摊费用	37		
其他长期资产	38	164 531 781.54	157 308 278.85
递延资产	39		
无形资产及其他资产合计	40	1 721 129 105.65	226 434 332.29
递延税项:	41		
递延税款借项	42		
资产总计	43	5 293 947 639.73	3 601 627 468.99

公司负责人:　　　　　　　主管会计工作的负责人:　　　　　　　会计机构负责人:

资产负债表(二)

单位名称:××××有限责任公司　　　　　　　　　　　　　　　　金额单位:元

报表项目	行次	2014年12月31日	2013年12月31日
流动负债:	44		
短期借款	45		
应付票据	46		
应付账款	47	48 213 999.17	42 393 220.19
预收账款	48		
应付工资	49		
应付福利费	50		

(续表)

报表项目	行次	2014年12月31日	2013年12月31日
应付股利	51		
应交税金	52	18 784 388.35	12 089 517.26
其他未交款	53	501 759.09	172 420.00
其他应付款	54	116 376 880.37	150 759 581.46
预提费用	55		
预计负债	56		
一年内到期的长期负债	57	100 000 000.00	97 600 000.00
其他流动负债	58	24 042 222.22	
	59		
流动负债合计	60	307 919 249.20	303 014 738.91
	61		
长期负债:	62		
长期借款	63	720 680 000.00	1 026 780 000.00
应付债券	64	474 395 238.10	
长期应付款	65		
专项应付款	66		
其他长期负债	67		
	68		
长期负债合计	69	1 195 075 238.10	1 026 780 000.00
	70		
递延税项:	71		
递延税款贷项	72		
	73		
负债合计	74	1 502 994 487.30	1 329 794 738.91
少数股东权益	75		
	76		
	77		
股东权益:	78		
实收资本	79	200 000 000.00	150 000 000.00
资本公积	80	2 947 440 241.68	1 579 045 469.87
盈余公积	81	67 077 492.06	57 004 927.01
未分配利润	82	576 435 418.69	485 782 333.20
股东权益合计	83	3 790 953 152.43	2 271 832 730.08
	84		
	85		
负债及股东权益合计	86	5 293 947 639.73	3 601 627 468.99

公司负责人： 主管会计工作的负责人： 会计机构负责人：

利润及利润分配表

单位名称：××××有限责任公司　　　　　　　　　　　　　　　　　　　金额单位：元

报表项目	行次	2014 年	2013 年
一、主营业务收入	1	416 276 000.00	281 000 000.00
减：主营业务成本	2	356 335 500.00	243 287 500.00
主营业务税金及附加	3	28 816 359.98	5 699 740.00
其他	4		
二、主营业务利润	5	31 124 140.02	32 012 760.00
加：其他业务利润	6		
减：经营费用	7		
管理费用	8	22 074 443.64	12 838 358.18
财务费用	9	48 844 045.84	41 128 319.66
其他	10		
三、营业利润	11	-39 794 349.46	-21 953 917.84
加：投资收益	12		
补贴收入	13	140 520 000.00	155 733 700.00
营业外收入	14		
减：营业外支出	15		
其他支出	16		
四、利润总额	17	100 725 650.54	133 779 782.16
减：所得税	18		
*少数股东损益	19		
五、净利润	20	100 725 650.54	133 779 782.16
加：（一）年初未分配利润	21	485 782 333.20	365 380 529.26
（二）盈余公积补亏	22		
（三）其他调整因素	23		
六、可供分配的利润	24	586 507 983.74	499 160 311.42
减：（一）提取法定盈余公积	25	10 072 565.05	13 377 978.22
（二）提取法定公益金	26		
（三）提取职工奖励及福利基金	27		
（四）提取职工奖励及福利基金	28		
（五）提取职工奖励及福利基金	29		
（六）提取职工奖励及福利基金	30		
（七）提取职工奖励及福利基金	31		
七、可供投资者分配的利润	32	576 435 418.69	485 782 333.20
减：（一）应付优先股股利	33		
（二）提取任意盈余公积	34		
（三）应付利润	35		
（四）其他	36		
八、未分配利润	37	576 435 418.69	485 782 333.20

公司负责人：　　　　　　　　主管会计工作的负责人：　　　　　　　　会计机构负责人：

现金流量表(一)

项目	行次	2014 年	2013 年
一、经营活动产生的现金流量：	1		
销售商品、提供劳务收到的现金	2	255 060 000.00	287 000 000.00
收到的税费返还	3		
收到的其他与经营活动有关的现金	4	213 814 481.06	310 508 240.95
现金流入小计	5	468 874 481.06	597 508 240.95
购买商品、接受劳务支付的现金	6	315 435 031.83	11 956 168.06
支付给职工以及为职工支付的现金	7		
支付的各项税费	8	22 000 564.91	17 129 431.84
支付的其他与经营活动有关的现金	9	45 333 829.04	793 112.38
现金流出小计	10	382 769 425.78	29 878,712.28
经营活动产生的现金流量净额	11	86 105 055.28	567 629 528.67
二、投资活动产生的现金流量：	12		
收回投资所收到的现金	13		
其中：出售子公司所收到的现金	14		
取得投资收益所收到的现金	15		
处置固定资产、无形资产和其他长期资产所收回的现金净额	16		
收到的其他与投资活动有关的现金	17		
现金流入小计	18	—	—
购建固定资产、无形资产和其他长期资产所支付的现金	19	178 512 715.00	229 814 780.93
投资所支付的现金	20	5 000 000.00	2 500 000.00
其中：购买子公司所支付的现金	21		
支付的其他与投资活动有关的现金	22		
现金流出小计	23	183 512 715.00	232 314 780.93
投资活动产生的现金流量净额	24	-183 512 715.00	-232 314 780.93
三、筹资活动产生的现金流量：	25		
吸收投资所收到的现金	26	40 000 000.00	
借款所收到的现金	27	10 000 000.00	20 000 000.00
收到的其他与筹资活动有关的现金	28	586 752 588.35	51 108 400.00
现金流入小计	29	636 752 588.35	71 108 400.00
偿还债务所支付的现金	30	313 700 000.00	556 450 000.00
分配股利、利润或偿付利息所支付的现金	31	36 977 802.66	52 832 193.70
支付的其他与筹资活动有关的现金	32	16 426 120.47	8 000 000.00

（续表）

项目	行次	2014 年	2013 年
现金流出小计	33	367 103 923.13	617 282 193.70
筹资活动产生的现金流量净额	34	269 648 665.22	-546 173 793.70
四、汇率变动对现金的影响	35		
五、现金及现金等价物净增加额	36	172 241 005.50	-210 859 045.96

公司负责人：　　　　　　　　主管会计工作的负责人：　　　　　会计机构负责人：

现金流量表（二）

项目	行次	2014 年	2013 年
补充资料：	37		
1. 将净利润调节为经营活动现金流量：	38		
净利润	39	100 725 650.54	133 779 782.16
加：*少数股东损益	40		
减：*未确认的投资损失（以"+"号填列）	41		
加：计提的资产减值准备	42		
固定资产折旧	43	10 995 917.36	9 214 047.00
无形资产摊销	44	7 760 351.33	1 583 109.84
长期待摊费用摊销	45		
待摊费用减少（减：增加）	46		
预提费用增加（减：减少）	47		
处置固定资产、无形资产和其他长期资产的损失（减：收益）	48		
固定资产报废损失	49		
财务费用	50	48 844 045.84	48 395 090.36
投资损失（减：收益）	51		
递延税款贷项（减：借项）	52		
存货的减少（减：增加）	53	28 592 544.90	231 979 273.23
经营性应收项目的减少（减：增加）	54	-106 961 326.28	42 681 858.71
经营性应付项目的增加（减：减少）	55	-3 852 128.41	99 996 367.37
其他	56	—	—
经营活动产生的现金流量净额	57	86 105 055.28	567 629 528.67
2. 不涉及现金收支的投资和筹资活动：	58		
债务转为资本	59		
一年内到期的可转换公司债券	60		
融资租入固定资产	61		

(续表)

项目	行次	2014 年	2013 年
其他	62		
3. 现金及现金等价物净增加情况:	63		
现金的期末余额	64	196 682 377.73	24 441 372.23
减:现金的期初余额	65	24 441 372.23	235 300 418.19
加:现金等价物的期末余额	66		
减:现金等价物的期初余额	67		
现金及现金等价物净增加额	68	172 241 005.50	−210 859 045.96

公司负责人:　　　　　　主管会计工作的负责人:　　　　　　会计机构负责人:

第二节　利润分配制度

【示范条款】

12.2.1　利润分配顺序

公司交纳所得税后的利润,按下列顺序分配:

1. 弥补上一年度的亏损;

2. 提取法定公积金 10%;

3. 提取任意公积金;

4. 支付股东股利。

公司法定公积金累计额为公司注册资本的 50% 以上时,可以不再提取。提取法定公积金后,是否提取任意公积金,由股东大会(股东会)决定。

公司不在弥补公司亏损和提取法定公积金之前向股东分配利润。

12.2.2　公积金

公司的公积金用于弥补公司的亏损、扩大公司生产经营或者转为增加公司资本。但是,资本公积金将不用于弥补公司的亏损。

股东会或者股东大会将公积金转为股本时,按股东原有股份比例派送新股。但法定公积金转为股本时,所留存的该项公积金不得少于注册资本的 25%。

12.2.3　利润分配政策

公司弥补亏损和提取公积金后所余税后利润,(有限责任公司)股东按照实缴的出资比例分取红利,(有限责任公司)全体股东约定不按照出资比例分取红利的除外;(股份有限公司)按照股东持有的股份比例分配,但(股份有限公司)章程规定不按持股比例分配的除外。

12.2.4 分配议案的通过与执行

公司股东大会(股东会)对利润分配方案作出决议后,公司董事会须在股东大会(股东会)决议后两个月内完成股利或股份的派发事项。

12.2.5 股利分配方式

公司采取现金方式分红,股份有限公司也可以股票方式分配股利。

12.2.6 不当分配的退还义务

股东大会(股东会)或者董事会违反章程规定,在公司弥补亏损和提取法定公积金之前向股东分配利润的,股东必须将违反规定分配的利润退还公司。

12.2.7 自身持股不参与分配

公司持有的本公司股份不参与分配利润。

【本节条款解读】

一、利润分配的程序

利润分配是将公司实现的净利润,按照国家法律、法规规定的分配形式和分配顺序,在公司与公司股东之间进行的分配。利润分配的过程与结果,是关系到所有者的合法权益能否得到保护,企业能否长期、稳定发展的重要问题。

利润分配的顺序根据《公司法》等有关法律、法规的规定,公司当年实现的净利润,一般应按照下列内容、顺序和金额进行分配:

1. 计算可供分配的利润。将本年净利润(或亏损)与年初未分配利润(或亏损)合并,计算出可供分配的利润。如果可供分配的利润为负数(即亏损),则不能进行后续分配;如果可供分配利润为正数(即本年累计盈利),则进行后续分配。

2. 提取法定盈余公积金。在不存在年初累计亏损的前提下,法定盈余公积金按照税后净利润的10%提取。法定盈余公积金已达注册资本的50%时可不再提取。提取的法定盈余公积金用于弥补以前年度亏损或转增资本金。但转增资本金后留存的法定盈余公积金不得低于注册资本的25%。

3. 提取任意盈余公积金。任意盈余公积金计提标准由股东会议确定,如确因需要,经股东会议同意后,也可用于分配。

4. 向股东支付股利(分配利润)。企业以前年度未分配的利润,可以并入本年度分配。

公司股东会议或董事会违反上述利润分配顺序,在抵补亏损和提取法定公积金之前向股东分配利润的,必须将违反规定发放的利润退还公司。

二、现金分红与股票股利

公司采取现金方式分红,股份有限公司也可以股票方式分配股利。股份有限公司可以在公司章程中明确现金分红相对于股票股利在利润分配方式中的优先顺序,并载明以下内容:

1. 公司董事会、股东会议对利润分配尤其是现金分红事项的决策程序和机制,对既定利润分配政策尤其是现金分红政策作出调整的具体条件、决策程序和机制,以及为充分听取独立董事和中小股东意见所采取的措施。

2. 公司的利润分配政策尤其是现金分红政策的具体内容,利润分配的形式,利润分配尤其是现金分红的期间间隔,现金分红的具体条件,发放股票股利的条件,各期现金分红最低金额或比例(如有)等。

在上市公司中,中国证监会在肯定股票股利时,同时强调现金分红的重要性。《关于修改上市公司现金分红若干规定的决定》要求上市公司应当在章程中明确现金分红政策,利润分配政策应当保持连续性和稳定性。此外,作为上市公司申请公开增发或配股的重要前提条件,还强调公司3年以现金方式累计分配的利润不少于3年实现的年均可分配利润的30%。

【本节法律依据】

❶《中华人民共和国公司法》(全国人大常委会 2013 年 12 月 28 日修正 主席令第 8 号公布)

第一百六十六条 公司分配当年税后利润时,应当提取利润的百分之十列入公司法定公积金。公司法定公积金累计额为公司注册资本的百分之五十以上的,可以不再提取。

公司的法定公积金不足以弥补以前年度亏损的,在依照前款规定提取法定公积金之前,应当先用当年利润弥补亏损。

公司从税后利润中提取法定公积金后,经股东会或者股东大会决议,还可以从税后利润中提取任意公积金。

公司弥补亏损和提取公积金后所余税后利润,有限责任公司依照本法第三十四条的规定分配;股份有限公司按照股东持有的股份比例分配,但股份有限公司章程规定不按持股比例分配的除外。

股东会、股东大会或者董事会违反前款规定,在公司弥补亏损和提取法定公积金之前向股东分配利润的,股东必须将违反规定分配的利润退还公司。

公司持有的本公司股份不得分配利润。

第一百六十七条 股份有限公司以超过股票票面金额的发行价格发行股份所

得的溢价款以及国务院财政部门规定列入资本公积金的其他收入,应当列为公司资本公积金。

第一百六十八条 公司的公积金用于弥补公司的亏损、扩大公司生产经营或者转为增加公司资本。但是,资本公积金不得用于弥补公司的亏损。

法定公积金转为资本时,所留存的该项公积金不得少于转增前公司注册资本的百分之二十五。

❷《企业会计制度》(财政部 2000 年 12 月 29 日 财会[2000]25 号)

第一百一十条 企业当期实现的净利润,加上年初未分配利润(或减去年初未弥补亏损)和其他转入后的余额,为可供分配的利润。可供分配的利润,按下列顺序分配:

(一) 提取法定盈余公积;

(二) 提取法定公益金。

外商投资企业应当按照法律、行政法规的规定按净利润提取储备基金、企业发展基金、职工奖励及福利基金等。

中外合作经营企业按规定在合作期内以利润归还投资者的投资,以及国有工业企业按规定以利润补充的流动资本,也从可供分配的利润中扣除。

第一百一十一条 可供分配的利润减去提取的法定盈余公积、法定公益金等后,为可供投资者分配的利润。可供投资者分配的利润,按下列顺序分配:

(一) 应付优先股股利,是指企业按照利润分配方案分配给优先股股东的现金股利。

(二) 提取任意盈余公积,是指企业按规定提取的任意盈余公积。

(三) 应付普通股股利,是指企业按照利润分配方案分配给普通股股东的现金股利。企业分配给投资者的利润,也在本项目核算。

(四) 转作资本(或股本)的普通股股利,是指企业按照利润分配方案以分派股票股利的形式转作的资本(或股本)。企业以利润转增的资本,也在本项目核算。

可供投资者分配的利润,经过上述分配后,为未分配利润(或未弥补亏损)。未分配利润可留待以后年度进行分配。企业如发生亏损,可以按规定由以后年度利润进行弥补。

企业未分配的利润(或未弥补的亏损)应当在资产负债表的所有者权益项目中单独反映。

第四节　内部审计

【示范条款】

12.3.1　内部审计机构

公司实行内部审计制度,配备专职审计人员,对公司财务收支和经济活动进行内部审计监督。

12.3.2　内部审计职责

公司内部审计制度和审计人员的职责,应当经董事会批准后实施。审计负责人向董事会负责并报告工作。

【本节条款解读】

内部审计、政府审计、社会审计并列为三大类审计。政府审计是指,国家审计机关依据《审计法》对国务院各部门和地方各级人民政府及其各部门的财政收支,国有的金融机关和企业事业组织财务收支,以及其他按照规定应当接受审计的财政收支、财务收支、财务报告等的真实性、公允性,运用公共资源的经济性、效益性、效果性,以及提供公共服务的质量进行审计。社会审计,也称注册会计师审计、独立审计、事务所审计,是指注册会计师依法接受委托、独立执业、有偿为社会提供专业服务的活动。社会审计的产生源于财产所有权和管理权的分离。本章第六节说的就是社会审计。内部审计是指,组织内部的一种独立客观的监督和评价活动,它通过审查和评价经营活动及内部控制的适当性、合法性和有效性来促进组织目标的实现。

一、中国内部的审计协会

中国内部的审计协会前身为中国内部审计学会,成立于1984年,2002年经民政部批准,学会更名为协会。它是企事业单位内部审计机构和内部审计人员自愿结成的全国性的社会团体,是为所有内部审计机构和内部审计工作者服务的社团组织。

中国内部审计协会先后通过了如下的内部审计准则:《第1101号——内部审计基本准则》《第1201号——内部审计人员职业道德规范》《第2101号内部审计具体准则——审计计划》《第2102号内部审计具体准则——审计通知书》《第2103号内部审计具体准则——审计证据》《第2104号内部审计具体准则——审计工作底稿》《第2105号内部审计具体准则——结果沟通》《第2106号内部审计具体准

则——审计报告》《第 2107 号内部审计具体准则——后续审计》《第 2108 号内部审计具体准则——审计抽样》《第 2109 号内部审计具体准则——分析程序》《第 2201 号内部审计具体准则——内部控制审计》《第 2202 号内部审计具体准则——绩效审计》《第 2203 号内部审计具体准则——信息系统审计》《第 2204 号内部审计具体准则——对舞弊行为进行检查和报告》《第 2301 号内部审计具体准则——内部审计机构的管理》《第 2302 号内部审计具体准则——与董事会或者最高管理层的关系》《第 2303 号内部审计具体准则——内部审计与外部审计的协调》《第 2304 号内部审计具体准则——利用外部专家服务》《第 2305 号内部审计具体准则——人际关系》《第 2306 号内部审计具体准则——内部审计质量控制》《第 2307 号内部审计具体准则——评价外部审计工作质量》《内部审计实务指南第 1 号——建设项目内部审计》《内部审计实务指南第 2 号——物资采购审计》《内部审计实务指南第 3 号——审计报告》《内部审计实务指南第 4 号——高校内部审计》《内部审计实务指南第 5 号——企业内部经济责任审计指南》。

二、内部审计与社会审计

内部审计与社会审计(事务所审计、独立审计、注册会计师审计)相比,共同性、联系性、相互借鉴性较多。共同点为掌握基本的审计技术,审计结果可能存在相互借鉴。他们之间的不同之处有:

1. 独立性不同

内部审计的独立性包含两方面,一方面是指内审人员履职时免受威胁,另外一方面是指审计组织机构的独立,即与董事会的汇报关系的独立。相比社会审计,遵循的是《独立审计准则》等注册会计师规则,因两者的目标不同和服务对象不同,导致两者独立性不相同。

2. 两者的审计目标不同

社会审计的目标常常受到法律和服务合同的限制,如常见业务——财务报表审计的目标是对财报的合法性、公允性作出评价,而内部审计的目的是评价和改善风险管理、控制和公司治理流程的有效性,帮助企业实现其目标。

3. 两者关注的重点领域不同

社会审计的关注重点领域受到法律和合同的指定,例如财务报表审计中,社会审计的主要侧重点是会计信息的质量和合规性,也就是对财报的合法性、公允性作出评价。而内部审计主要侧重点是经济活动的合法合规、目标达成、经营效率等方面。

4. 业务范围不同

社会审计的业务范围受到法律和合同的指定,如财务报表审计、内部控制审计、鉴证审计、尽职调查等业务。而内部审计是以企业经济活动为基础,拓展到以管理领域为主的一种审计活动。

5. 审计标准不同

内部审计的标准是非法定的公认方针和程序；社会审计的标准是法定的独立审计准则和相关法律法规。

【细则示范】

▶ 细则 12-1　内部审计管理制度

第一章　总　　则

第一条　为进一步规范公司内部审计工作，提高内部审计工作质量，保护投资者合法权益，根据《审计法》等法律、法规、规范性文件及公司章程的规定，制定本制度。

第二条　本制度所称内部审计，是指由公司内部审计机构或人员，对其内部控制和风险管理的有效性、财务信息的真实性和完整性以及经营活动的效率和效果等开展的一种评价活动。

第三条　本制度所称内部控制，是指公司董事会、监事会、高级管理人员及其他有关人员为实现下列目标而提供合理保证的过程：

1. 遵守国家法律、法规、规章及其他相关规定；
2. 提高公司经营的效率和效果；
3. 保障公司资产的安全；
4. 确保公司信息披露的真实、准确、完整和公平。

第四条　公司董事会对内部控制制度的建立健全和有效负责，重要的内部控制制度应当经董事会审议通过。

第二章　内部审计的机构和人员

第五条　董事会内部设立专门委员会——审计委员会负责公司内、外部审计的沟通、监督和核查工作，对董事会负责。

公司设立内部审计部门，对公司内部控制制度的建立和实施、公司财务信息的真实性和完整性等情况进行检查监督。内部审计部门对董事会审计委员会负责，向审计委员会报告工作。

第六条　公司依据公司规模、生产经营的特点及有关规定，配置专职人员从事内部审计工作，且专职人员应不少于[3]人。

第七条　内部审计部门的负责人应当为专职，由审计委员会提名，董事会任免。内部审计部门应当保持独立性,不得置于财务部门的领导之下,或者与财务部门合署办公。

审计部负责人没有违法违规行为或其他不符合任职条件的行为时,不得随意撤换。

第八条 公司各内部机构、控股子公司以及具有重大影响的参股公司,应当配合内部审计部门依法履行职责,不得妨碍内部审计部门的工作。

第三章 审计职责

第九条 审计委员会在指导和监督内部审计部门工作时,应当履行以下主要职责:

1. 指导和监督内部审计制度的建立和实施;
2. 至少每季度召开一次会议,审议内部审计部门提交的工作计划和报告等;
3. 至少每季度向董事会报告一次,内容包括但不限于内部审计工作进度、质量以及发现的重大问题;
4. 协调内部审计部门与会计师事务所、国家审计机构等外部审计单位之间的关系。

第十条 内部审计部门应当履行以下主要职责:

1. 对公司各部门、控股子公司以及具有重大影响的参股公司的内部控制制度的完整性、合理性及其实施的有效性进行检查和评估。
2. 对公司各部门、控股子公司以及具有重大影响的参股公司的会计资料及其他有关经济资料,以及所反映的财务收支及有关的经济活动的合法性、合规性、真实性和完整性进行审计,包括但不限于财务报告、业绩快报、自愿披露的预测性财务信息等。
3. 协助建立健全反舞弊机制,确定反舞弊的重点领域、关键环节和主要内容,并在内部审计过程中合理关注和检查可能存在的舞弊行为。
4. 至少每季度向审计委员会报告一次,内容包括但不限于内部审计计划的执行情况以及内部审计工作中发现的问题。
5. 至少每季度查阅一次公司与关联人之间的资金往来情况,了解公司是否存在被董事、监事、高级管理人员、控股股东、实际控制人及其关联人占用、转移公司资金、资产及其他资源的情况,如发现异常情况,应当及时提请公司董事会采取相应措施。

第十一条 公司内部审计的种类包括:

1. 财务收支审计。对被审计单位财务收入的合法性、真实性进行监督检查。
2. 专案审计。对被审计单位及人员违反公司经济纪律问题进行审计查处。

3. 专项审计。包括：

（1）管理审计——对被审计单位管理活动的效率性进行审计。

（2）效益审计——在财务收支审计基础上，对其经济活动效益性、合理性进行审计。

（3）任期审计——对被审计单位负责人在任职期间履行职责情况进行审计，包括任期内经济责任审计和离任经济责任审计。

第十二条 审计工作组在认真贯彻执行国家的审计法规、公司章程和公司的内部控制制度基础上执行以下审计内容：

1. 财务收支计划及其预算的执行情况。
2. 资金、财产的管理情况；
3. 经营成果,财务收支的真实性,合法性,效益性；
4. 内部控制制度的健全,严密,有效性；
5. 重要经济合同,契约的签订及执行情况；
6. 重大关联交易事项；
7. 下属企业董事、监事及高级管理人员离任审计；
8. 配合外部审计机构,对公司及控股子公司、下属部门的审计；
9. 董事会、董事长布置的其他审计事项。

第十三条 内部审计部门应当在每个会计年度结束前两个月内向审计委员会提交年度内部审计工作计划，并在每个会计年度结束后两个月内向审计委员会提交年度内部审计工作报告。

内部审计部门应当将审计重要的对外投资、购买和出售资产、对外担保、关联交易、募集资金使用及信息披露事务等事项，作为年度工作计划的必备内容。

第十四条 内部审计部门应当以业务环节为基础开展审计工作,并根据实际情况,对与财务报告和信息披露事务相关的内部控制设计的合理性和实施的有效性进行评价。

第十五条 内部审计应当涵盖公司经营活动中与财务报告和信息披露事务相关的所有业务环节,包括但不限于：销货及收款、采购及付款、存货管理、固定资产管理、资金管理、投资与融资管理、人力资源管理、信息系统管理和信息披露事务管理等。内部审计部门可以根据公司所处行业及生产经营特点,对上述业务环节进行调整。

第十六条 内部审计部门工作权限如下：

1. 根据内部审计工作的需要,要求被审计部门和子公司按时报送生产、经营、财务收支计划、预算执行情况、决算、会计报表和其他有关文件、资料；
2. 审核有关的报表、凭证、账簿、预算、决算、合同、协议,以及检查公司及子公司有关生产、经营和财务活动的资料、文件和现场勘察实物，检测财务会计软件等管理软件，查阅有关文件和资料等；

3. 根据内部审计工作需要，参加有关会议，召开与审计事项有关的会议；

4. 参与研究制定有关的规章制度，提出内部审计规章制度，由公司审定公布后施行；

5. 对与审计事项有关的问题向有关部门和个人进行调查，并取得证明材料；

6. 对正在进行的严重违法违规、严重损失浪费行为，作出临时制止决定；

7. 对可能转移、隐匿、篡改、毁弃会计凭证、会计账簿、会计报表以及与经济活动有关的资料，经公司审计委员会批准，有权予以暂时封存；

8. 提出纠正、处理违法违规行为的意见以及改进经营管理、提高经济效益的建议；

9. 对违法违规和造成损失浪费的部门和人员，给予通报批评或者提出追究责任的建议。

10. 向公司董事会报告审计结果。

第四章　内部审计工作流程

第十七条　审计部应当按照有关规定实施适当的审查程序，评价公司内部控制的有效性，并至少每年向审计委员会提交一次内部控制评价报告。

第十八条　内部控制审查和评价范围应当包括与财务报告和信息披露事务相关的内部控制制度的建立和实施情况。

内部审计部门应当将大额非经营性资金往来、对外投资、购买和出售资产、对外担保、关联交易、募集资金使用、信息披露事务等事项相关内部控制制度的完整性、合理性及其实施的有效性，作为检查和评估的重点。

第十九条　内部审计部门对审查过程中发现的内部控制缺陷，应当督促相关责任部门制定整改措施和整改时间，并进行内部控制的后续审查，监督整改措施的落实情况。内部审计部门负责人应当适时安排内部控制的后续审查工作，并将其纳入年度内部审计工作计划。

第二十条　内部审计部门在审查过程中，如发现内部控制存在重大缺陷或重大风险，应当及时向审计委员会报告。审计委员会应当根据内部审计部门提交的内部审计报告及相关资料，对公司内部控制有效性出具书面的评估意见，并向董事会报告。审计委员会认为公司内部控制存在重大缺陷或重大风险的，董事会应当及时向深圳证券交易所报告并予以披露；公司应当在公告中披露内部控制存在的重大缺陷或重大风险、已经或可能导致的后果，以及已采取或拟采取的措施。

第二十一条　内部审计部门应当在重要的对外投资事项发生后及时进行审

计。在审计对外投资事项时,应当重点关注以下内容:

1. 对外投资是否按照有关规定履行审批程序;
2. 是否按照审批内容订立合同,合同是否正常履行;
3. 是否指派专人或成立专门机构负责研究和评估重大投资项目的可行性、投资风险和投资收益,并跟踪监督重大投资项目的进展情况;
4. 涉及委托理财事项的,关注公司是否将委托理财审批权力授予公司董事个人或经营管理层行使,受托方诚信记录、经营状况和财务状况是否良好,是否指派专人跟踪监督委托理财的进展情况;
5. 涉及证券投资、风险投资等事项的,关注公司是否建立专门内部控制制度,投资规模是否影响公司正常经营,资金来源是否为自有资金,投资风险是否超出公司可承受范围,是否存在相关业务规则规定的不得进行证券投资、风险投资等的情形,独立董事和保荐机构是否发表意见。

第二十二条 内部审计部门应当在重要的购买和出售资产事项发生后及时进行审计。在审计购买和出售资产事项时,应当重点关注以下内容:

1. 购买和出售资产是否按照有关规定履行审批程序;
2. 是否按照审批内容订立合同,合同是否正常履行;
3. 购入资产的运营状况是否与预期一致;
4. 购入资产有无设定担保、抵押、质押及其他限制转让的情况,是否涉及诉讼、仲裁及其他重大争议事项。

第二十三条 内部审计部门应当在重要的对外担保事项发生后及时进行审计。在审计对外担保事项时,应当重点关注以下内容:

1. 对外担保是否按照有关规定履行审批程序;
2. 担保风险是否超出公司可承受范围,被担保方的诚信记录、经营状况和财务状况是否优良;
3. 被担保方是否提供反担保,反担保是否具有可实施性;
4. 独立董事和保荐机构是否发表意见;
5. 是否指派专人持续关注被担保方的经营状况和财务状况。

第二十四条 内部审计部门应当在重要的关联交易事项发生后及时进行审计。在审计关联交易事项时,应当重点关注以下内容:

1. 是否确定关联方名单,并及时予以更新;
2. 关联交易是否按照有关规定履行审批程序,审议关联交易时关联股东或关联董事是否回避表决;
3. 独立董事是否事前认可并发表独立意见,保荐机构是否发表意见;
4. 关联交易是否签订书面协议,交易双方的权利义务及法律责任是否明确;

5. 交易标的有无设定担保、抵押、质押及其他限制转让的情况,是否涉及诉讼、仲裁及其他重大争议事项;

6. 交易对方的诚信记录、经营状况和财务状况是否良好;

7. 关联交易定价是否公允,是否已按照有关规定对交易标的进行审计或评估,关联交易是否会侵占公司利益。

第二十五条 审计人员实施审计工作时,应当按照以下规定办理:

1. 编制审计工作底稿,对审计中发现的问题作出详细、准确的记录,并注明资料来源。

2. 搜集、取得能够证明审计事项的原始资料、有关文件和实物等;不能或者不宜取得原始资料、有关文件和实物的,可以采取复制、笔录等方法取得证明材料。

3. 对与审计事项有关的会议和谈话内容作出记录,或者根据审计工作需要,要求提供会议记录材料。谈话应有2人参与和见证,谈话记录由谈话人与被谈话人共同签字确认;提供的重要材料应有提供方签字确认,并注明出处。

4. 对被审计单位的财务报表、收支项目及其他有关经济活动审计结果的资料进行筛选、归类、分析、整理,作出综合评价,撰写审计报告初稿。

5. 审计工作组在按照规定提出审计报告前,可以先征求被审计单位的意见。被审计单位如果有异议,应当自接到审计报告之日起两个工作日内提出书面意见。

第二十六条 审计人员应当审查被审计单位对审计报告的意见,进一步核实情况,根据所核实的情况对审计报告作必要的修改,并将审计报告和被审计单位书面意见一并按程序上报。

第二十七条 审计工作组应当在审计报告中对审计事项作出评价,出具审计意见书。对违反公司财务会计制度规定的财务收支行为,应当作出处理、处罚的审计决定。

第二十八条 经董事会审定的审计报告,送达被审计单位执行。审计决定自下发之日起生效。被审计单位应当执行审计决定,并于审计决定生效之日起10日内将审计决定的执行情况书面报告审计工作组。审计工作组应当自审计决定生效之日起30日内,检查审计决定的执行情况,必要时进行后续审计。

第六章 审计档案管理

第二十九条 审计工作组必须建立,健全审计档案管理制度。审计档案由审计工作组集中统一管理,做到系统、完整、安全,保存时间至少[10]年。

第三十条 审计档案管理范围

1. 审计通知书和审计方案;

2. 审计报告及其附件;

3. 审计记录、审计工作底稿和审计证据；
4. 反映被审计单位和个人业务活动的书面文件；
5. 董事长对审计事项或审计报告的指示、批复和意见；
6. 审计处理决定以及执行情况报告；
7. 被审计单位反馈意见资料；
8. 后续审计的资料；
9. 其他应保存的。

内部审计人员获取的审计证据，应当具备充分性、相关性和可靠性。内部审计人员在审计工作中应将获取审计证据的名称、来源、内容、时间等信息清晰、完整地记录在工作底稿中，按照有关规定编制与复核审计工作底稿，并在审计项目完成后，及时对审计工作底稿进行分类整理并归档。

第三十一条 审计档案按照被审计单位进行分类立卷归档，案卷内部按照审计日期顺序编排、装订，并分类填制目录。

第三十二条 审计档案不得携带外出，凡查阅、复制、摘录审计档案，应经董事长批准，并按时归还。

第三十三条 审计档案到期需销毁的，须经董事长批准；审计档案管理人员更换必须办理交接手续。

第三十四条 审计档案的经手人员负有保守秘密的义务，如有泄露审计档案秘密的，按照公司的有关规定办理。

第五章 信息披露

第三十五条 审计委员会应当根据内部审计部门出具的评价报告及相关资料，对财务报告和相关内部控制制度的建立和实施情况出具年度内部控制自我评价报告。

内部控制自我评价报告至少应当包括以下内容：
1. 董事会对内部控制报告真实性的声明；
2. 内部控制评价工作的总体情况；
3. 内部控制评价的依据、范围、程序和方法；
4. 内部控制缺陷及其认定情况；
5. 对上一年度内部控制缺陷的整改情况；
6. 对本年度内部控制缺陷拟采取的整改措施；
7. 内部控制有效性的结论。

公司董事会应当在审议年度报告的同时，对内部控制自我评价报告形成决议。监事会和独立董事应当对内部控制自我评价报告发表意见。

第三十六条 公司在聘请会计师事务所进行年度审计的同时,应当至少每两年要求会计师事务所对内部控制设计与运行的有效性进行一次审计,出具内部控制审计报告。会计师事务所在内部控制审计报告中,应当对财务报告内部控制的有效性发表审计意见,并披露在内部控制审计过程中注意到的非财务报告内部控制的重大缺陷。深圳证券交易所另有规定的除外。

第三十七条 如会计师事务所对公司内部控制有效性出具非标准审计报告或指出公司非财务报告内部控制存在重大缺陷的,公司董事会、监事会应当针对所涉及事项作出专项说明,专项说明至少应当包括下列内容:

1. 所涉及事项的基本情况;
2. 该事项对公司内部控制有效性的影响程度;
3. 公司董事会、监事会对该事项的意见;
4. 消除该事项及其影响的具体措施。

第六章 奖励与处罚

第三十八条 对公司有关部门及子公司严格遵守法律法规、经济效益显著、贡献突出的集体和个人给予表扬或奖励。

第三十九条 对违反本制度,有下列行为之一的被审计部门、子公司和个人,由公司根据情节轻重给予处分、经济处罚、解除劳动关系,或提请有关部门进行处理

1. 拒绝提供账簿、会计报表、资料和证明材料或者提供虚假资料的;
2. 阻挠审计人员行使职权,抗拒、破坏监督检查的;
3. 弄虚作假、隐瞒事实真相的;
4. 拒不执行审计意见书或审计结论和决定的;
5. 打击报复审计工作人员和检举人的。

第四十条 审计工作人员违反本制度规定,有下列行为之一,由公司根据情节轻重给予处分,给公司造成损失的,应当承担赔偿责任,构成犯罪的,依法追究刑事责任:

1. 利用职权谋取私利的;
2. 弄虚作假、徇私舞弊的;
3. 玩忽职守,给被审公司造成损失的;
4. 泄露被审公司商业机密的。

第七章 附 则

第四十一条 本制度适用于公司及控股子公司。

第四十二条 本制度未尽事宜,依照国家有关法律、法规、规范性文件以及本

公司章程的有关规定执行。

第四十三条 本制度由公司董事会负责解释和修订,自董事会审议通过之日起生效并实施。

第五节 会计师事务所的聘任

【示范条款】

12.4.1 外部独立审计

公司聘用取得经营资格的会计师事务所进行会计报表审计、净资产验证及其他相关的咨询服务等业务,聘期一年,可以续聘。

12.4.2 审计机构的聘任

公司聘用会计师事务所的议案由董事会拟定,经股东大会(股东会)审议通过后生效。

由董事会拟定公司聘用会计师事务所的议案,未能首次经股东大会(股东会)审议通过的,再次提交股东会议审议公司聘用会计师事务所的议案时,董事会、监事会、单独或者合并持有30%以上公司股权的股东均可提出聘用任一取得经营资格的会计师事务所的议案,并有权在股东大会(股东会)申明理由。股东会议以简单多数确定。

12.4.3 审计机构的权利

经公司聘用的会计师事务所享有下列权利:

1. 查阅公司财务报表、记录和凭证,并有权要求公司的董事、总经理或者其他高级管理人员提供有关的资料和说明;

2. 要求公司提供为会计师事务所履行职务所必需的其子公司的资料和说明;

3. 列席股东大会(股东会),获得股东大会(股东会)的通知或者与股东大会(股东会)有关的其他信息,在股东会议上就涉及其作为公司聘用的会计师事务所的事宜发言。

12.4.4 审计机构的空缺

非会议期间,董事会因正当理由解聘会计师事务所的,或者因其他原因会计师事务所职位出现空缺,董事会在股东大会(股东会)召开前,可以委任会计师事务所填补该空缺,但必须在下一次股东大会(股东会)上追认通过。

12.4.5 审计报酬

会计师事务所的报酬由股东大会(股东会)决定。董事会委任填补空缺的会计师事务所的报酬,由董事会确定,报股东大会(股东会)批准。

12.4.6 解聘议案

会计师事务所的解聘,由董事会提出提案,股东大会(股东会)表决通过,必要时说明更换原因。

12.4.7 审计机构的解聘

公司解聘或者不再续聘会计师事务所时,应提前[30]天通知会计师事务所,会计师事务所有权向股东大会(股东会)陈述意见。会计师事务所提出辞聘的,应当向股东大会(股东会)说明公司有无不当情事。

12.4.8 专项审计

公司董事会、监事会、单独或者合并持有公司30%以上股权的股东,均可提出对某一专项事务进行专项审计的议案,提交股东大会(股东会)审议。

议案内容应包括:专项审计范围、具体委托合法执业会计师事务所、审计费用的数额或者核算方式等。审议该议案的股东大会(股东会),应当通知董事会、监事会、高级管理人员参加,申明专项审计的合理性和必要性。

公司股东大会(股东会)通过的专项审计议案,公司管理者应当向这些审计人员提供相应的条件,使其能够正常的工作;不同审计人员的结果有差异的,股东大会(股东会)有权选择;相关人员有权将此事提交法院进行最终确定。

【本节条款解读】

注册会计师审计也叫社会审计、独立审计、外部审计,是指注册会计师依法接受委托、独立执业、有偿为社会提供专业服务的活动。注册会计师审计的产生源于财产所有权和管理权的分离,聘请注册会计师应由股东会或者股东大会决议。外部审计人员由董事会或者董事会所属的独立审计委员会等机构推荐,股东会或者股东大会以普通决议形式通过。因为它可以明确注册会计师的审计应当对股东负责,对公司负有的义务,而不是对可能与其工作上接触或合作的公司经营管理层或具体管理者。

解聘或者不再续聘注册会计师时,由董事会提出提案,股东会议表决通过,必要时说明更换原因。公司董事会应当提前30天事先通知会计师事务所,会计师事务所有权向股东会议陈述意见。会计师事务所提出辞聘的,应当向股东会议说明公司有无不当情事。

【典型案例】

▶ **案例 12-2　审计报告格式实例**

审 计 报 告

＊＊审字[2015]第＊＊＊号

北京市新天地贸易股份有限公司：

我们审计了后附的北京市新天地贸易股份有限公司(以下简称"新天地公司")财务报表，包括 2014 年 12 月 31 日、2013 年 12 月 31 日、2012 年 12 月 31 日的合并及母公司资产负债表，2014 年度、2013 年度、2012 年度的合并及母公司利润表、合并及母公司现金流量表、合并及母公司所有者权益变动表以及财务报表附注。

一、管理层对财务报表的责任

编制和公允列报财务报表是新天地公司管理层的责任。这种责任包括：(1) 按照企业会计准则的规定编制财务报表，并使其实现公允反映；(2) 设计、执行和维护必要的内部控制，以使财务报表不存在由于舞弊或错误导致的重大错报。

二、注册会计师的责任

我们的责任是在实施审计工作的基础上对财务报表发表审计意见。我们按照中国注册会计师审计准则的规定执行了审计工作。中国注册会计师审计准则要求我们遵守职业道德守则，计划和执行审计工作以对财务报表是否不存在重大错报获取合理保证。

审计工作涉及实施审计程序，以获取有关财务报表金额和披露的审计证据。选择的审计程序取决于注册会计师的判断，包括对由于舞弊或错误导致的财务报表重大错报风险的评估。在进行风险评估时，注册会计师考虑与财务报表编制和公允列报相关的内部控制，以设计恰当的审计程序，但目的并非对内部控制的有效性发表意见。审计工作还包括评价管理层选用会计政策的恰当性和作出会计估计的合理性，以及评价财务报表的总体列报。

我们相信，我们获取的审计证据是充分、适当的，为发表审计意见提供了基础。

三、审计意见

我们认为，新天地公司财务报表在所有重大方面按照企业会计准则的规定编制，公允反映了新天地公司 2014 年 12 月 31 日、2013 年 12 月 31 日、2012 年 12 月 31 日的合并及母公司财务状况以及 2014 年度、2013 年度、2012 年度的合并及母公司经营成果和现金流量。

××××会计师事务所有限公司
中国注册会计师:×××
中国·北京
中国注册会计师:×××
二〇一五年×月××日

附件:财务报表及附注(略)

第十三章 合并、分立与减资

【示范条款】

13.1.1 公司合并

公司合并可以采取吸收合并或者新设合并。一个公司吸收其他公司为吸收合并,被吸收的公司解散。两个以上公司合并设立一个新的公司为新设合并,合并各方解散。

13.1.2 公司合并告知

公司合并,应当由合并各方签订合并协议,并编制资产负债表及财产清单。公司应当自作出合并决议之日起[10]日内通知债权人,并于[30]日内在[报纸名称]上公告。债权人自接到通知书之日起[30]日内,未接到通知书的自公告之日起[45]日内,可以要求公司清偿债务或者提供相应的担保。

13.1.3 合并的债务担保

公司合并通知债权人,债权人异议时,公司应提供担保,或者提前清偿债务,并合理扣减债务利息。

公司未能与公司债权人就"提前清偿债务或者提供相应的担保"达成一致的,公司债权人可依法提起诉讼程序。未经司法禁令,公司董事会有权依据章程有关程序继续执行合并。

13.1.4 合并债务

公司合并时,合并各方的债权、债务,由合并后存续的公司或者新设的公司承继。

13.1.5 公司分立

公司分立,其财产作相应的分割。公司分立,应当编制资产负债表及财产清单。公司应当自作出分立决议之日起[10]日内通知债权人,并于[30]日内在[报纸名称]上公告。

13.1.6 公司分立的债务负担

公司分立前的债务由分立后的公司承担连带责任。但是,公司在分立前与债权人就债务清偿达成的书面协议另有约定的除外。

分立的公司在承担连带责任后,各分立的公司间对原企业债务承担有约定的,按照约定处理;没有约定或者约定不明的,根据公司分立时的资产比例分担。

13.1.7 公司减资

公司需要减少注册资本时,必须编制资产负债表及财产清单。公司应当自作出减少注册资本决议之日起[10]日内通知债权人,并于[30]日内在[报纸名称]上公告。债权人自接到通知书之日起[30]日内,未接到通知书的自公告之日起[45]日内,有权要求公司清偿债务或者提供相应的担保。公司减资后的注册资本将不低于法定的最低限额。

13.1.8 减资债务担保

减资通知债权人,债权人异议时,公司应提供担保,或者提前清偿债务,并合理扣减债务利息。

公司未能与公司债权人就"提前清偿债务或者提供相应的担保"达成一致的,公司债权人可依法提起诉讼程序。未经司法禁令,公司董事会有权依据章程有关程序继续执行减资。

13.1.9 变更登记

公司合并或者分立,登记事项发生变更的,应当依法向公司登记机关办理变更登记;公司解散的,应当依法办理公司注销登记;设立新公司的,应当依法办理公司设立登记。公司增加或者减少注册资本,应当依法向公司登记机关办理变更登记。

【本节条款解读】

一、公司合并

1. 公司合并的类型

根据《公司法》第172条的规定,公司合并可以采取吸收合并或者新设合并。一个公司吸收其他公司为吸收合并,被吸收的公司解散。两个以上公司合并设立一个新的公司为新设合并,合并各方解散。

2. 由公司董事会协商和拟定公司合并方案。

《公司法》第46条规定:"董事会对股东会负责,行使下列职权:……(七)制订公司合并、分立、解散或者变更公司形式的方案……"由于公司合并系两个以上公司的合并,公司董事会首先应当与被合并方进行磋商,达成一致,然后由公司董事会拟定合并方案。在公司合并方案中,公司董事会应当对公司合并的原因、目的、合并后股东股权比例和合并后公司章程和资产负债表及财产清单等问题做出安排。

3. 公司股东会议关于合并方案的决议

公司合并应当由股东会议以特别会议决议方式决定。根据《公司法》第 43 条的规定,股东会会议作出对公司的合并、分立的决议,必须经代表 2/3 以上表决权的股东通过。

4. 向债权人通知和公告

公司应当自作出合并决议之日起 10 日内通知债权人,并于 30 日内在报纸上公告。

《公司法》第 173 条规定,公司合并,应当由合并各方签订合并协议,并编制资产负债表及财产清单。公司应当自作出合并决议之日起 10 日内通知债权人,并于 30 日内在报纸上公告。

5. 公司合并的债务风险

公司合并通知债权人后,公司债权人自接到通知书之日起 30 日内,未接到通知书的自公告之日起 45 日内,可以要求公司清偿债务或者提供相应的担保。公司应当为公司债权人提供担保,或者提前清偿债务,并合理扣减债务利息。

公司债权人的债务是由公司的总资产以及净资产作为担保保障的,当一个公司的总债务规模大于公司的总资产规模时,我们称这时公司的净资产为负数,也叫"负资产"。负资产的公司随时有破产的可能,公司债务是不能被保障的。按照《公司法》第 174 条的规定,公司合并时,合并各方的债权、债务,应当由合并后存续的公司或者新设的公司承继。如果公司合并中被吸收公司是一个"负资产"公司,公司债权人的偿债保障就要受到不利影响。而公司债权人无义务,也通常无条件审查被吸收公司的总资产是否大于总债务,为保障公司债权人的合法利益,所以在公司合并时,公司债权人有权要求公司提前清偿债务或者提供相应的担保。

6. 合并决议的效力

为保障公司经营的效率,公司未能与公司债权人就"提前清偿债务或者提供相应的担保"达成一致的,不应影响公司合并决议的效力,公司债权人可依法提起诉讼,通过司法程序解决。而对公司来说,未经司法禁令,公司董事会有权依据章程有关程序继续执行合并决议。《法国商事公司法》381 条[1]规定:"债权人提出的异议,不具有禁止进行合并程序的效力。"

7. 依法办理变更登记

公司合并,登记事项发生变更,应当依法向公司登记机关办理变更登记。

---

[1] 参见卞耀武主编:《法国公司法规范》,李萍译,法律出版社 1999 年 5 月第 1 版,第 223 页。

二、公司分立

1. 公司分立的类型

根据《公司法》等相关法律、法规的规定,公司分立可分为派生分立和新设分立两种形式:派生分立是指公司将一部分资产分出去另设一个或若干个新的公司,原公司存续。另设的新公司应办理开业登记,存续的原公司办理变更登记;新设分立是指公司将全部资产分别划归两个或两个以上的新公司,原公司解散。原公司办理注销登记,新设的两个或两个以上的新公司办理开业登记。本节讨论的是派生分立,新设分立应当按照公司清算程序进行。

2. 由公司董事会拟定公司分立方案。

在公司分立方案中,应当对公司分立的原因、目的、分立后各公司的地位、分立后公司章程和财产及债务分割等问题做出安排。

3. 公司股东会议关于分立方案的决议

公司分立应当由股东会议以特别会议决议方式决定。股东会议决议通过方案时,特别要通过公司债务的分担协议。根据《公司法》第43条的规定,股东会会议作出公司合并、分立的决议,必须经代表2/3以上表决权的股东通过。

4. 向债权人通知和公告

公司应当自作出分立决议之日起10日内通知债权人,并于30日内在报纸上公告。

《公司法》第175条规定,公司分立,其财产作相应的分割。公司分立,应当编制资产负债表及财产清单。公司应当自作出分立决议之日起10日内通知债权人,并于30日内在报纸上公告。

5. 债务的分担与连带责任

《公司法》第176条规定:公司分立前的债务由分立后的公司承担连带责任。但是,公司在分立前与债权人就债务清偿达成的书面协议另有约定的除外。

《合同法》规定,当事人订立合同后分立的,除债权人和债务人另有约定的以外,由分立的法人或者其他经济组织对合同的权利和义务享有连带债权,承担连带债务。

6. 无须"提前清偿债务或者提供相应的担保"

由于公司分立前的债务由分立后的公司承担连带责任,分立后公司的总资产合计和净资产合计均没有减少,公司分立前的债务的安全保障并不受影响。所以公司分立无须"提前清偿债务或者提供相应的担保"。

7. 依法办理变更登记

公司分立,登记事项发生变更,应当依法向公司登记机关办理变更登记。

三、公司减资

1. 由公司董事会拟定公司减资方案。

《公司法》第 46 条规定:"董事会对股东会负责,行使下列职权:……(六) 制订公司增加或者减少注册资本以及发行公司债券的方案……"在公司减资方案中,公司董事会应当对公司减资的原因、目的、减资后公司章程和资产负债表及财产清单等问题做出安排。

2. 公司股东会议关于减资方案的决议

公司合并应当由股东会议以特别会议决议方式决定。根据《公司法》第 43 条的规定,股东会会议对公司增加或者减少注册资本作出决议,必须经代表 2/3 以上表决权的股东通过。

3. 向债权人通知和公告

公司应当自作出减资决议之日起 10 日内通知债权人,并于 30 日内在报纸上公告。

《公司法》第 177 条规定,公司应当自作出减少注册资本决议之日起 10 日内通知债权人,并于 30 日内在报纸上公告。

4. 公司减资的债务风险

公司减资通知债权人后,公司债权人自接到通知书之日起 30 日内,未接到通知书的,自公告之日起 45 日内,可以要求公司清偿债务或者提供相应的担保。公司应当为公司债权人提供担保,或者提前清偿债务,并合理扣减债务利息。

公司债权人的债务是由公司的总资产以及净资产作为担保保障的,当一个公司的总债务规模大于公司的总资产规模时,我们称这是公司的净资产负数,也叫"负资产"。当公司减资时,公司的总资产减少,公司的总债务不变,公司减资实质就是减少公司净资产,这样公司债权人的偿债保障就必然受到不利影响,为保障公司债权人的合法利益,在公司减资时,公司债权人有权要求公司提前清偿债务或者提供相应的担保。

5. 减资决议的效力

为保障公司经营的效率,公司未能与公司债权人就"提前清偿债务或者提供相应的担保"达成一致的,不影响公司减资决议的效力,公司债权人可依法提起诉讼,通过司法程序解决。而对于公司来说,未经司法禁令,公司董事会有权依据章程有关程序继续执行合并决议。

6. 依法办理变更登记

公司增加或者减少注册资本,应当依法向公司登记机关办理变更登记。

【本节法律依据】

❶《公司注册资本登记管理规定》(2014年2月20日国家工商行政管理总局令第64号)

第十条 公司增加注册资本的,有限责任公司股东认缴新增资本的出资和股份有限公司的股东认购新股,应当分别依照《公司法》设立有限责任公司和股份有限公司缴纳出资和缴纳股款的有关规定执行。股份有限公司以公开发行新股方式或者上市公司以非公开发行新股方式增加注册资本的,还应当提交国务院证券监督管理机构的核准文件。

第十一条 公司减少注册资本,应当符合《公司法》规定的程序。

法律、行政法规以及国务院决定规定公司注册资本有最低限额的,减少后的注册资本应当不少于最低限额。

第十四章 解散与清算

【示范条款】

14.1.1 公司解散的条件

公司因下列原因解散：

1. 本章程规定的营业期限届满或者本章程规定的其他解散事由出现；
2. 股东会或者股东大会决议解散；
3. 因公司合并或者分立需要解散；
4. 依法被吊销营业执照、责令关闭或者被撤销；
5. 公司经营管理发生严重困难，继续存续会使股东利益受到重大损失，通过其他途径不能解决的，持有公司全部股东表决权[10%]以上的股东，可以请求人民法院解散公司。

14.1.2 公司存续的调整

公司有本章程第 **14.1.1** 第 1 项情形的，可以通过修改本章程而存续。依照前款规定修改本章程，(有限责任公司)须经持有 2/3 以上表决权的股东通过，(股份有限公司)须经出席股东大会会议的股东所持表决权的 2/3 以上通过。

14.1.3 清算组的设立

公司因本章程第 **14.1.1** 条第 1、第 2、第 4、第 5 项规定而解散的，应当在解散事由出现之日起 15 日内成立清算组，开始清算。(有限责任公司)清算组由股东组成，(股份有限公司)清算组由董事或者股东大会确定的人员组成。逾期不成立清算组进行清算的，债权人可以申请人民法院指定有关人员组成清算组进行清算。

14.1.4 清算组的职责

清算组在清算期间行使下列职权：

1. 清理公司财产，分别编制资产负债表和财产清单；
2. 通知、公告债权人；
3. 处理与清算有关的公司未了结的业务；
4. 清缴所欠税款以及清算过程中产生的税款；

5. 清理债权、债务；
6. 处理公司清偿债务后的剩余财产；
7. 代表公司参与民事诉讼活动。

14.1.5 清算通知

清算组应当自成立之日起 **10** 日内通知债权人，并于 **60** 日内在[报纸名称]上公告。债权人应当自接到通知书之日起 **30** 日内，未接到通知书的自公告之日起 **45** 日内，向清算组申报其债权。债权人申报债权，应当说明债权的有关事项，并提供证明材料。清算组应当对债权进行登记。在申报债权期间，清算组不得对债权人进行清偿。

14.1.6 清算支付顺序

清算组在清理公司财产、编制资产负债表和财产清单后，应当制订清算方案，并报股东会、股东大会或者人民法院确认。

公司财产在分别支付清算费用、职工的工资、社会保险费用和法定补偿金，缴纳所欠税款，清偿公司债务后的剩余财产，有限责任公司按照股东的出资比例分配，股份有限公司按照股东持有的股份比例分配。

清算期间，公司存续，但不得开展与清算无关的经营活动。公司财产在未依照前款规定清偿前，不得分配给股东。

14.1.7 清算转破产

清算组在清理公司财产、编制资产负债表和财产清单后，发现公司财产不足以清偿债务的，应当依法向人民法院申请宣告破产。公司经人民法院裁定宣告破产后，清算组应当将清算事务移交给人民法院。

14.1.8 清算完成

公司清算结束后，清算组应当制作清算报告，报股东大会或者人民法院确认，并报送公司登记机关，申请注销公司登记，公告公司终止。

14.1.9 清算组成员的责任

清算组成员应当忠于职守，依法履行清算义务。

清算组成员不得利用职权收受贿赂或者获取其他非法收入，不得侵占公司财产。

清算组成员因故意或者重大过失给公司或者债权人造成损失的，应当承担赔偿责任。

14.1.10 公司破产

公司被依法宣告破产的，依照有关企业破产的法律实施破产清算。

【本节条款解读】

一、公司的解散

公司的解散,是指公司解散时,为终结现存的财产和其他法律关系,依照法定程序,对公司的财产和债权债务关系进行清理和分配,以了结其债权债务关系,从而剥夺公司法人资格的法律行为。

公司因下列原因解散:

1. 本章程规定的营业期限届满或者本章程规定的其他解散事由出现;
2. 股东会或者股东大会决议解散;
3. 因公司合并或者分立需要解散;
4. 依法被吊销营业执照、责令关闭或者被撤销;
5. 公司经营管理发生严重困难,继续存续会使股东利益受到重大损失,通过其他途径不能解决的,持有公司全部股东表决权 10% 以上的股东,可以请求人民法院解散公司。

公司有章程规定的营业期限届满或者章程规定的其他解散事由出现情形的,可以通过修改章程而存续。依照前款规定修改本章程,须经出席股东大会会议的股东所持表决权的 2/3 以上通过。

二、公司的清算

公司的清算,是指在公司解散时,为终结公司作为当事人的各种法律关系,使公司的法人资格归于消灭,而对公司未了结的业务、财产及债权债务关系等进行清理、处分的行为和程序。公司除因合并或分立而解散外,其余原因引起的解散,均须经过清算程序。

公司清算是基于公司面临终止的情况下发生的。公司终止的原因有两种,一种是公司的解散;另一种是公司的破产,即公司基于宣告破产而终止。这两种情况都会引起公司的清算,只是清算组织和清算程序有所不同。

三、非破产清算

非破产清算,是指在公司解散时,在财产足以偿还债务的情况下,依照《公司法》的规定所进行的清算。

1. 成立清算组

我国《公司法》183 条规定:"有限责任公司的清算组由股东组成,股份有限公司的清算组由董事或者股东大会确定的人员组成。逾期不成立清算组进行清算的,债权人可以申请人民法院指定有关人员组成清算组进行清算。"

2. 通知、公告债权人

《公司法》185条规定:"清算组应当自成立之日起十日内通知债权人,并于六十日内在报纸上公告。债权人应当自接到通知书之日起三十日内,未接到通知书的自公告之日起四十五日内,向清算组申报其债权。债权人申报债权,应当说明债权的有关事项,并提供证明材料。清算组应当对债权进行登记。在申报债权期间,清算组不得对债权人进行清偿。"

3. 清理公司财产,分别编制资产负债表和财产清单

清算组根据债权人的申报和调查清理公司财产的情况,分别编制公司资产负债表、财产清单和债权、债务目录。

4. 制订清算方案

编制资产负债表和财产清单之后,清算组应当制订清算方案,提出收取债权和清偿债务的具体安排。

如果清算组在清理公司财产、编制资产负债表和财产清单时,发现公司财产不足清偿债务的,清算组有责任立即向有管辖权的人民法院申请宣告破产。经人民法院裁定宣告破产后,清算组应当将清算事务移交人民法院。

5. 提交股东会通过或者报主管机关确认

公司的清算方案,股份有限公司应将清算方案提交股东大会通过;有限责任公司应交股东会通过。因违法而解散清算的公司,清算方案还要提交有关主管机关确认。

6. 处置公司资产和处理公司未了结的业务

处置资产,包括收回应收账款、变卖非货币资产等。收取公司债权。清算组应当及时向公司债务人要求清偿已经到期的公司债权。对于未到期的公司债权,应当尽可能要求债务人提前清偿,如果债务人不同意提前清偿的,清算组可以通过转让债权等方法变相清偿。

处理与清算有关的公司未了结的业务。清算期间,公司不得开展新的经营活动。但是,清算组为了清算的目的,有权处理公司尚未了结的业务。这时的公司诉讼活动,由清算组代表公司参与。

7. 清偿公司债务

清算组通过清理公司财产、编制资产负债表和财产清单后,确认公司现有的财产和债权大于所欠债务,并且足以偿还公司全部债务时,应当按照法定的顺序向债权人清偿债务。首先,应当支付公司清算费用,包括公司财产的评估、保管、变卖和分配等所需的费用,公告费用,清算组成员的报酬,委托注册会计师、律师的费用,以及诉讼费用等;其次,支付职工的工资、社会保险费用和法定补偿金;再次,缴纳所欠税款;最后是偿还其他公司债务。

8. 处理公司清偿债务后的剩余财产

公司财产在分别支付清算费用,缴纳所欠税款后,对于清偿了全部公司债务之后公司的剩余财产,有限责任公司按照股东的出资比例分配,股份有限公司按照股东持有的股份比例分配。股东取得公司剩余财产的分配权,是公司股东权益的一项重要内容,是公司股东的基本权利。清算期间,公司存续,但不得开展与清算无关的经营活动。公司财产在未依照前款规定清偿前,不得分配给股东。

9. 注销公司登记

公司清算结束后,清算组应当制作清算报告,报股东会、股东大会或者人民法院确认,并报送公司登记机关,申请注销公司登记,公告公司终止。

四、破产清算

破产清算是指在公司不能清偿到期债务的情况下,依照破产法的规定所进行的清算。《公司法》第190条规定:"公司被依法宣告破产的,依照有关企业破产的法律实施破产清算。"根据《企业破产法》第2条的规定,在企业法人不能清偿到期债务,并且资产不足以清偿全部债务或者明显缺乏清偿能力的情况下,债务人或债权人均可以向人民法院提出破产清算申请。人民法院应当自收到破产申请之日起15日内裁定是否受理。人民法院在裁定受理破产申请的同时,指定破产企业管理人,由破产企业管理人按照《企业破产法》规定的程序,进行破产清算。

【本节法律依据】

❶ 最高人民法院《关于适用〈中华人民共和国公司法〉若干问题的规定(二)》(2014年2月20日 法释[2014]2号)

为正确适用《中华人民共和国公司法》,结合审判实践,就人民法院审理公司解散和清算案件适用法律问题作出如下规定。

第一条 单独或者合计持有公司全部股东表决权百分之十以上的股东,以下列事由之一提起解散公司诉讼,并符合公司法第一百八十二条规定的,人民法院应予受理:

(一)公司持续两年以上无法召开股东会或者股东大会,公司经营管理发生严重困难的;

(二)股东表决时无法达到法定或者公司章程规定的比例,持续两年以上不能做出有效的股东会或者股东大会决议,公司经营管理发生严重困难的;

(三)公司董事长期冲突,且无法通过股东会或者股东大会解决,公司经营管理发生严重困难的;

(四)经营管理发生其他严重困难,公司继续存续会使股东利益受到重大损失的情形。

股东以知情权、利润分配请求权等权益受到损害,或者公司亏损、财产不足以偿还全部债务,以及公司被吊销企业法人营业执照未进行清算等为由,提起解散公司诉讼的,人民法院不予受理。

第二条 股东提起解散公司诉讼,同时又申请人民法院对公司进行清算的,人民法院对其提出的清算申请不予受理。人民法院可以告知原告,在人民法院判决解散公司后,依据公司法第一百八十三条和本规定第七条的规定,自行组织清算或者另行申请人民法院对公司进行清算。

第三条 股东提起解散公司诉讼时,向人民法院申请财产保全或者证据保全的,在股东提供担保且不影响公司正常经营的情形下,人民法院可予以保全。

第四条 股东提起解散公司诉讼应当以公司为被告。

原告以其他股东为被告一并提起诉讼的,人民法院应当告知原告将其他股东变更为第三人;原告坚持不予变更的,人民法院应当驳回原告对其他股东的起诉。

原告提起解散公司诉讼应当告知其他股东,或者由人民法院通知其参加诉讼。其他股东或者有关利害关系人申请以共同原告或者第三人身份参加诉讼的,人民法院应予准许。

第五条 人民法院审理解散公司诉讼案件,应当注重调解。当事人协商同意由公司或者股东收购股份,或者以减资等方式使公司存续,且不违反法律、行政法规强制性规定的,人民法院应予支持。当事人不能协商一致使公司存续的,人民法院应当及时判决。

经人民法院调解公司收购原告股份的,公司应当自调解书生效之日起六个月内将股份转让或者注销。股份转让或者注销之前,原告不得以公司收购其股份为由对抗公司债权人。

第六条 人民法院关于解散公司诉讼作出的判决,对公司全体股东具有法律约束力。

人民法院判决驳回解散公司诉讼请求后,提起该诉讼的股东或者其他股东又以同一事实和理由提起解散公司诉讼的,人民法院不予受理。

第七条 公司应当依照公司法第一百八十三条的规定,在解散事由出现之日起十五日内成立清算组,开始自行清算。

有下列情形之一,债权人申请人民法院指定清算组进行清算的,人民法院应予受理:

(一)公司解散逾期不成立清算组进行清算的;
(二)虽然成立清算组但故意拖延清算的;
(三)违法清算可能严重损害债权人或者股东利益的。

具有本条第二款所列情形,而债权人未提起清算申请,公司股东申请人民法院指定清算组对公司进行清算的,人民法院应予受理。

第八条 人民法院受理公司清算案件,应当及时指定有关人员组成清算组。

清算组成员可以从下列人员或者机构中产生:

(一)公司股东、董事、监事、高级管理人员;

(二)依法设立的律师事务所、会计师事务所、破产清算事务所等社会中介机构;

(三)依法设立的律师事务所、会计师事务所、破产清算事务所等社会中介机构中具备相关专业知识并取得执业资格的人员。

第九条 人民法院指定的清算组成员有下列情形之一的,人民法院可以根据债权人、股东的申请,或者依职权更换清算组成员:

(一)有违反法律或者行政法规的行为;

(二)丧失执业能力或者民事行为能力;

(三)有严重损害公司或者债权人利益的行为。

第十条 公司依法清算结束并办理注销登记前,有关公司的民事诉讼,应当以公司的名义进行。

公司成立清算组的,由清算组负责人代表公司参加诉讼;尚未成立清算组的,由原法定代表人代表公司参加诉讼。

第十一条 公司清算时,清算组应当按照公司法第一百八十五条的规定,将公司解散清算事宜书面通知全体已知债权人,并根据公司规模和营业地域范围在全国或者公司注册登记地省级有影响的报纸上进行公告。

清算组未按照前款规定履行通知和公告义务,导致债权人未及时申报债权而未获清偿,债权人主张清算组成员对因此造成的损失承担赔偿责任的,人民法院应依法予以支持。

第十二条 公司清算时,债权人对清算组核定的债权有异议的,可以要求清算组重新核定。清算组不予重新核定,或者债权人对重新核定的债权仍有异议,债权人以公司为被告向人民法院提起诉讼请求确认的,人民法院应予受理。

第十三条 债权人在规定的期限内未申报债权,在公司清算程序终结前补充申报的,清算组应予登记。

公司清算程序终结,是指清算报告经股东会、股东大会或者人民法院确认完毕。

第十四条 债权人补充申报的债权,可以在公司尚未分配财产中依法清偿。公司尚未分配财产不能全额清偿,债权人主张股东以其在剩余财产分配中已经取得的财产予以清偿的,人民法院应予支持;但债权人因重大过错未在规定期限内申报债权的除外。

债权人或者清算组,以公司尚未分配财产和股东在剩余财产分配中已经取得的财产,不能全额清偿补充申报的债权为由,向人民法院提出破产清算申请的,人民法院不予受理。

第十五条 公司自行清算的,清算方案应当报股东会或者股东大会决议确认;人民法院组织清算的,清算方案应当报人民法院确认。未经确认的清算方案,清算组不得执行。

执行未经确认的清算方案给公司或者债权人造成损失,公司、股东或者债权人主张清算组成员承担赔偿责任的,人民法院应依法予以支持。

第十六条 人民法院组织清算的,清算组应当自成立之日起六个月内清算完毕。

因特殊情况无法在六个月内完成清算的,清算组应当向人民法院申请延长。

第十七条 人民法院指定的清算组在清理公司财产、编制资产负债表和财产清单时,发现公司财产不足清偿债务的,可以与债权人协商制作有关债务清偿方案。

债务清偿方案经全体债权人确认且不损害其他利害关系人利益的,人民法院可依清算组的申请裁定予以认可。清算组依据该清偿方案清偿债务后,应当向人民法院申请裁定终结清算程序。

债权人对债务清偿方案不予确认或者人民法院不予认可的,清算组应当依法向人民法院申请宣告破产。

第十八条 有限责任公司的股东、股份有限公司的董事和控股股东未在法定期限内成立清算组开始清算,导致公司财产贬值、流失、毁损或者灭失,债权人主张其在造成损失范围内对公司债务承担赔偿责任的,人民法院应依法予以支持。

有限责任公司的股东、股份有限公司的董事和控股股东因怠于履行义务,导致公司主要财产、账册、重要文件等灭失,无法进行清算,债权人主张其对公司债务承担连带清偿责任的,人民法院应依法予以支持。

上述情形系实际控制人原因造成,债权人主张实际控制人对公司债务承担相应民事责任的,人民法院应依法予以支持。

第十九条 有限责任公司的股东、股份有限公司的董事和控股股东,以及公司的实际控制人在公司解散后,恶意处置公司财产给债权人造成损失,或者未经依法清算,以虚假的清算报告骗取公司登记机关办理法人注销登记,债权人主张其对公司债务承担相应赔偿责任的,人民法院应依法予以支持。

第二十条 公司解散应当在依法清算完毕后,申请办理注销登记。公司未经清算即办理注销登记,导致公司无法进行清算,债权人主张有限责任公司的股东、股份有限公司的董事和控股股东,以及公司的实际控制人对公司债务承担清偿责任的,人民法院应依法予以支持。

公司未经依法清算即办理注销登记,股东或者第三人在公司登记机关办理注销登记时承诺对公司债务承担责任,债权人主张其对公司债务承担相应民事责任的,人民法院应依法予以支持。

第二十一条 有限责任公司的股东、股份有限公司的董事和控股股东,以及公司的实际控制人为二人以上的,其中一人或者数人按照本规定第十八条和第二十条第一款的规定承担民事责任后,主张其他人员按照过错大小分担责任的,人民法院应依法予以支持。

第二十二条 公司解散时,股东尚未缴纳的出资均应作为清算财产。股东尚未缴纳的出资,包括到期应缴未缴的出资,以及依照公司法第二十六条和第八十条的规定分期缴纳尚未届满缴纳期限的出资。

公司财产不足以清偿债务时,债权人主张未缴出资股东,以及公司设立时的其他股东或者发起人在未缴出资范围内对公司债务承担连带清偿责任的,人民法院应依法予以支持。

第二十三条 清算组成员从事清算事务时,违反法律、行政法规或者公司章程给公司或者债权人造成损失,公司或者债权人主张其承担赔偿责任的,人民法院应依法予以支持。

有限责任公司的股东、股份有限公司连续一百八十日以上单独或者合计持有公司百分之一以上股份的股东,依据公司法第一百五十一条第三款的规定,以清算组成员有前款所述行为为由向人民法院提起诉讼的,人民法院应予受理。

公司已经清算完毕注销,上述股东参照公司法第一百五十一条第三款的规定,直接以清算组成员为被告、其他股东为第三人向人民法院提起诉讼的,人民法院应予受理。

第二十四条 解散公司诉讼案件和公司清算案件由公司住所地人民法院管辖。公司住所地是指公司主要办事机构所在地。公司办事机构所在地不明确的,由其注册地人民法院管辖。

基层人民法院管辖县、县级市或者区的公司登记机关核准登记公司的解散诉讼案件和公司清算案件;中级人民法院管辖地区、地级市以上的公司登记机关核准登记公司的解散诉讼案件和公司清算案件。

❷ 江苏省高级人民法院《关于审理适用公司法案件若干问题的意见(试行)》(2003年6月13日 苏高法审委[2003]2号)

略。

❸ **山东省高级人民法院《关于审理公司纠纷案件若干问题的意见(试行)》**
(2007年1月15日 鲁高法发[2007]3号)

87. 股东依照《公司法》第一百八十三条规定请求解散公司的,由公司住所地人民法院管辖。

88. 股东请求解散公司的,应以公司为被告,公司的其他有关股东为第三人。

89. 代表公司百分之十以上表决权的股东,可以请求人民法院解散公司。股东的该项诉权不受出资瑕疵的影响。

诉讼中,原告丧失股东资格或实际享有的表决权达不到百分之十的,人民法院应裁定驳回起诉。

90. 公司章程规定股东不得请求解散公司,或对解散条件作出较《公司法》第一百八十三条规定更严格的限制的,该规定无效。

91. 具有下列情形之一的,人民法院可以认定出现了《公司法》第一百八十三条规定的"公司经营管理发生严重困难":

(1) 公司在经营过程中遇到重大困难,继续经营将造成公司难以挽回的损失的;

(2) 股东之间发生严重分歧,长期无法形成有效决议的;

(3) 公司出现其他难以存续的事由的。

92. 人民法院审查认为公司符合解散条件的,应依法作出解散公司的判决。判决主文表述为:××公司于本判决生效之日解散。

93. 人民法院不得在判令解散公司同时指令和组织清算组进行清算。当事人申请指令清算组进行清算的,依照本意见第九十五条、九十八条、九十九条规定处理。

94. 人民法院审理司法解散公司案件时,应注重做好调解工作,鼓励当事人达成和解。

七、公司清算纠纷的处理

95. 股东或债权人依据《公司法》第一百八十四条规定申请人民法院指定清算组进行清算的,由公司住所地人民法院管辖。公司为县、县级市或者区工商行政管理机关核准登记的,由公司住所地基层人民法院管辖。公司为地区、地级市(含本级)以上的工商行政管理机关核准登记的,由公司住所地中级人民法院管辖。

96. 清算期间,公司具有民事权利能力和行为能力,但不得开展与清算无关的经营活动。

清算期间,公司仍应以自己的名义参加诉讼活动。依法成立清算组的,由清算组长代表公司参加诉讼。未成立清算组的,由清算义务人或清算义务人共同委托的负责人代表公司参加诉讼。

清算期间,是指公司解散事由出现之日,至公司清算完毕办理注销登记之前的期间。

97. 清算期间,公司从事的与清算无关的民事行为无效。行为相对人明知或应知公司已经进入清算期间的,对于民事行为无效所造成的损失由公司与行为相对人根据各自过错程度分担。行为相对人不知公司已经进入清算期间的,对于民事行为无效而给自己造成的损失,由公司赔偿。

98. 公司解散事由出现之日起十五日内,清算义务人应成立清算组进行清算。

清算义务人是指出现解散事由时有限责任公司的股东,股份有限公司的董事。

99. 清算义务人逾期不成立清算组的,公司股东或债权人可以根据《公司法》第一百八十四条的规定,申请人民法院指定清算组进行清算。

上述案件,应列提出申请的股东或债权人为申请人,清算义务人为被申请人,案由确定为申请人民法院指定清算组案,案号为(××××)×清字第××号。该类案件不适用《中华人民共和国民事诉讼法》有关案件审理期限的规定。

人民法院经审查申请成立的,应裁定指定有关清算义务人组成清算组,并限令其在十五日内进行清算。清算义务人下落不明或者不适合担任清算组成员的,人民法院可以指定有关中介机构进行清算。裁定主文表述为:一、指定××为××公司清算组成员(列明清算组长);二、限令清算组于本裁定生效后十五日内对××公司组织清算。该裁定当事人不得上诉。

100. 人民法院依照《公司法》第一百八十四条规定组织清算组进行清算的,有关清算事务由清算组负责。但人民法院应对清算过程进行监督,有权撤换不称职的清算组成员,并对违反清算程序的行为进行纠正。公司清算结束后,人民法院应对清算组制作的清算报告审查确认后裁定终结清算程序。

清算中所涉及的民事权利义务纠纷,按照普通民事诉讼程序由有管辖权的人民法院进行审理。

101. 清算期间,公司债权人提起诉讼,要求清算义务人履行清算义务的,人民法院不予受理。但应告知其按照《公司法》第一百八十四条规定申请人民法院指定清算组。

清算期间,公司债权人以公司和清算义务人为共同被告提起诉讼,在诉请公司清偿债务的同时,要求清算义务人履行清算义务的,人民法院应告知其按照《公司法》第一百八十四条之规定另案提出申请,对其要求清算义务人承担清算义务的诉讼请求不予支持。

102. 清算义务人未在公司出现解散事由后15日内及时成立清算组进行清算,或者拒绝、怠于向清算组移交财务账册等与清算有关的资料和文件,造成公司财产贬值、流失或灭失等情形,导致公司债权人的债权无法实现的,有过错的清算义务人应当对债权人的损失承担赔偿责任。

诉讼中,债权人应举证证明清算义务人不履行清算义务以及债权无法实现的事实,然后由清算义务人对其应当履行清算义务时公司的财产状况进行举证。清算义务人无法证明公司财产状况的,应对债权人的全部损失承担赔偿责任。

103. 清算组成员因故意或过失不履行或不适当履行清算义务,给公司或公司债权人造成损失的,应依法承担赔偿责任。

104. 清算义务人未完成清算义务,以欺诈手段骗取工商行政管理机关办理公司注销登记的,清算义务人应对公司债务承担赔偿责任。

105. 清算义务人未履行清算义务,但作出对公司债务承担偿还、保证责任等承诺,或承诺对债权债务进行处理,从而在工商行政管理机关办理公司注销登记的,清算义务人应对公司债务承担赔偿责任。

❹ 上海市高级人民法院《关于审理涉及公司诉讼案件若干问题的处理意见(一)》(2003 年 6 月 12 日 沪高法[2003]216 号)

略。

❺ 江西省高级人民法院《关于审理公司纠纷案件若干问题的指导意见》(2007 年 12 月 6 日 赣高法[2008]4 号)

略。

❻ 陕西省高级人民法院民二庭《关于公司纠纷、企业改制、不良资产处置及刑民交叉等民商事疑难问题的处理意见》(2007 年 12 月 6 日 陕高法[2007]304 号)

四、公司解散与清算

公司解散分为合意解散、行政强制解散和法院判决解散三种类型:公司法第一百八十一条第一款第(一)项至第(三)项规定的是合意解散的情形,第(四)项是行政强制解散的情形,第(五)项则是判决解散的情形。公司一旦解散,并不意味着公司法人人格的立即消灭,它只是直接导致公司营业权利能力的丧失和公司清算的开始,是导致公司人格消灭的原因。

根据公司法第一百八十一条第一款第(五)项的规定,公司解散诉讼一般限于公司法第一百八十三条规定的情形。解散公司案件审查立案时,除了应审查是否符合民事诉讼法第一百零八条的规定外,因该类诉讼的特殊性,还应同时审查是否符合公司法第一百八十三条规定的条件。审判实践中,往往存在公司股东会决议解散公司或者公司被行政机关吊销营业执照时,因公司或者相对方股东不组织进行清算,一方股东向人民法院起诉解散公司的情形。股东会决议解散或者公司被吊销营业执照均是公司的解散事由,一旦公司被决议解散或者吊销了营业执照,则意味着该公司已解散,该公司只存在解散后的组织清算问题。当事人再诉请法院判令解散公司的,属于对公司的重复解散,也缺乏相应的诉权,其起诉依法应予驳回。

在公司解散诉讼案件的审判过程中应当注意以下几个问题:

第一,准确掌握公司解散的条件。人民法院适用公司法第一百八十三条判决公司强制解散时,应当着重审查以下三个方面:

(1) 公司僵局或董事、实际控制人压迫的确存在。主要是指公司经营管理发生严重困难并陷入僵局,股东对打破这种僵局无能为力,公司僵局的继续存续将使股东和公司遭受不可弥补的重大损失;或者公司董事、实际控制人正在或将以非法的、压制的方式行事,使公司财产的管理或处分显著失策,危及公司存立等情形。

(2) 提起诉讼的股东用尽了其他救济手段,通过其他途径不能解决公司僵局。这里的其他救济手段应主要是指公司内部救济手段,即原告应当用尽公司法赋予的股东权利,穷尽公司内部自力救济,仍不能解决僵局或者欺压问题的情况下,才可选择诉讼的手段。

(3) 原告应是持有公司全部股东表决权10%以上的股东。可以是一个股东,也可以数个股东合计持有10%,以起诉之日为准。

第二,被告的适格问题。公司法规定了提起公司解散诉讼的原告的资格,但对公司解散诉讼的被告资格并未作出规定。司法实践中,各地法院做法也不尽一致:有的以公司为被告,有的以相对方股东为被告,还有的以公司为被告、相对方股东为共同被告或第三人。公司解散诉讼是有关公司组织的诉讼,关系到公司能否继续生存的问题,故公司应作为此类诉讼的被告。至于公司的其他股东是否应一并参加诉讼的问题,因公司解散诉讼主要涉及原告股东与相对方股东(如控制股东或侵权股东)间的冲突,相对方股东一般应作为被告参加诉讼;至于其他股东,可以根据案件审理需要列为第三人。

第三,将调解设置为必经程序。公司解散往往涉及公司与股东、股东之间、公司与交易第三人、公司与职工等诸多利益平衡问题,为了化解当事人间的纠纷,尽可能地以避免解散公司带来的不利影响,人民法院在公司诉讼中应把调解设为必经程序,本着非解散措施优先的原则,积极寻找强制解散公司的有效替代方案。尽量发挥股东退出机制的作用,让"股东离散"而非"公司解散",给一方股东一定的宽限期以合理价格转让股份给对方;或者允许异议股东要求对方回购股份,以达到拯救公司的目的。

第四,人民法院判决公司解散时应否一并判决公司清算的问题。有法院认为,基于公司僵局和股东欺压的现实状况,法院在判决公司解散的同时,应一并对公司清算事宜作出裁决,合理主导公司清算,以利于纠纷全面彻底地解决。实质上,根据公司法第一百八十一条的规定,人民法院依法作出解散公司的判决后,也仅仅是发生了公司解散的事由,等同于公司法第一百八十一条规定的被吊销营业执照、责令关闭或者撤销等其他四项解散事由。根据公司法第一百八十四条的规定,公司应当在解散事由出现之日起十五日内成立清算组进行清算,逾期不成立清算组进行清算的,债权人可以申请人民法院指定有关人员组成清算组进行清算。所以,判决公司解散时,公司是否能够自行清算尚无定论,人民法院不宜一并判决公司强制清算。

第五,当事人同时起诉解散及清算公司,人民法院应否受理的问题。当事人同时起诉解散及清算公司的,人民法院在立案时应予以必要释明,告知当事人应当根据公司法第一百八十一条、第一百八十三条和第一百八十四条之规定并结合公司的实际情况,选择起诉解散公司或者起诉清算公司。当事人坚持一并主张的,人民法院对其清算的诉请不予受理。已经受理的公司解散、清算纠纷案件,人民法院应当按公司解散案件进行审理,对当事人的清算请求应驳回其起诉。同时,应告知当事人如果人民法院判决解散公司,当事人可依公司法第一百八十四条之规定先行自行清算,自行清算不能时,可请求人民法院对公司进行清算。公司法第一百八十四条仅规定,在公司不能自行清算时,公司债权人有权申请人民法院进行强制清算。我们认为,公司自行清算不能时,不仅会损害公司债权人的利益,同样也会损害公司股东的利益,所以应当赋予公司股东在公司不能自行清算时,向人民法院申请启动强制清算的权利。

第十五章　通知与公告

【示范条款】

15.1.1　会议通知的形式

公司的通知以下列形式发出：

1. 以专人送出；
2. 以邮件方式送出；
3. 在公司网站[http://www.xxxxx.com]以公告方式进行；
4. 公司章程规定的其他形式。

15.1.2　通知地址

股东邮寄地址，以股东名册登记地址为准。董事、监事、高级管理人员、公司员工的邮寄地址，以在公司预留登记的地址为准。

公司董事会秘书负责公司股东、董事、监事、高级管理人员地址的登记，人力资源部负责公司员工地址的登记。

如有地址变更，应由该股东、董事、监事、高级管理人员、员工及时通知公司，并变更登记地址，未能及时变更地址的自行承担后果。

公司认为登记地址具有不准确的可能性时，公司可以同时以股东、董事、监事、高级管理人员、员工的身份证地址、护照地址或者法人执照注册地址等地址作为邮寄地址的补充，双重邮寄。

15.1.3　股东会会议通知

公司召开股东大会的会议通知，以邮寄或者公告方式进行。

15.1.4　董事会会议通知

公司召开董事会的会议通知，以专人、邮寄或传真送达书面通知的方式进行。

15.1.5　监事会会议通知

公司召开监事会的会议通知，以专人、邮寄或传真送达书面通知的方式进行。

15.1.6　通知的送达

公司通知以专人送出的，由被送达人在送达回执上签名（或盖章），被送达人签收日期为送达日期。

公司通知以邮件送出的,自交付公司通知已交由合法快递公司之日(或者"自交付公司通知已交由合法快递公司之日起第[二]日")为送达日期。

公司通知以公告方式送出的,自第一次公告刊登日(或者"自第一次公告刊登日起第[五]日")为送达日期。

15.1.7 会议通知的遗漏

因意外遗漏未向某有权得到通知的人送出会议通知或者因意外等原因,致使受通知人没有收到会议通知,会议及会议作出的决议并不因此无效。

15.1.8 公司信息披露

公司以在[报纸名称]为刊载公司公告和其他需要披露信息的媒体。

15.1.9 指定披露媒体

公司以在[http://www.xxxxx.com]为刊载公司公告和其他需要披露信息的网络媒体。

【本节条款解读】

一、会议通知的瑕疵,可能构成决议的撤销

会议通知的意义是告知受通知人,通常也是会议的有权参加人、表决权人,给予受通知人以通知,是会议召集人的义务。只有受通知人收到,并且按时在会议前收到会议通知,受通知人才能有合理的审查会议议案、安排出席会议以及选择适当的委托代理人的时间。

由于会议通知是一种程序性规定,当发生通知瑕疵时,可能直接导致股东会议决议因程序存在瑕疵而被撤销。《公司法》第 22 条规定:"公司股东会或者股东大会、董事会的决议内容违反法律、行政法规的无效。股东会或者股东大会、董事会的会议召集程序、表决方式违反法律、行政法规或者公司章程,或者决议内容违反公司章程的,股东可以自决议作出之日起六十日内,请求人民法院撤销。"

二、通知的地址应当是预留于公司的地址

基于发出通知的时间性和效率性,不应增加召集人核实受通知人地址的义务。受通知人地址的变动,本身就有及时通知公司的义务,受通知人应当在自己的地址变动时及时通知公司,由公司进行地址变更登记。

召集人在认为登记地址具有不准确的可能性时,可以同时以该股东、董事、监事、高级管理人员、员工的身份证地址、护照地址或者法人执照注册地址等地址作为邮寄地址的补充,双重邮寄。这是基于召集人补充通知方式的一种选择权。

三、不应仅以受通知人未收到通知、影响会议决议的效力

依照章程规定的程序发出会议通知,是召集人的义务,收受有关通知是受通知人的权利,而对于由于其他原因受通知人未收到通知时,基于会议的效率性和对其他受通知人的公平性,不应仅以受通知人未收到通知、影响会议决议的效力。并且在现实实践中,也多有受通知人拒收或者规避收受通知之现象。所以考虑到其他受通知人的权利,以及公司运营的效率性要求,不应仅以受通知人未收到通知而影响会议决议的效力。

四、关于上市公司,中国证监会的指定信息披露媒体有:巨潮资讯网、中证网、中国证券网、证券时报网、中国资本证券网和中国证券报、上海证券报、证券时报、证券日报等

中国证监会对上市公司及有关信息披露义务人还要求:

1. 信息披露义务人在网络媒体发布信息的时间不得先于证监会指定媒体,不得以新闻发布或者答记者问等任何形式替代应当履行的报告、公告义务;

2. 网络媒体发布、传播上市公司信息导致股票交易异常波动的,证券交易所将依法核查所涉上市公司股票交易是否涉嫌内幕交易或操纵市场;

3. 当上市公司相关信息被网络媒体关注、转载,并可能或已经对公司股票及其衍生品种价格造成重大影响时,上市公司应当启动快速反应机制,并通过指定媒体及时披露澄清公告非上市公司可以参考适用。

五、提倡网络公告通知

由于现代网络的发展,提倡网络公告通知,运用网络公告的方式,可以化解专属送达的不便。

第十六章 修改章程

【示范条款】

16.1.1 章程修改的条件
有下列情形之一的,公司应当修改章程:
1. 《公司法》或有关法律、行政法规修改后,章程规定的事项与修改后的法律、行政法规的规定相抵触;
2. 公司的情况发生变化,与章程记载的事项不一致;
3. 股东大会决定修改章程。

16.1.2 章程修改议案
董事会依照股东大会修改章程的决议和有关主管机关的审批意见修改本章程。

16.1.3 章程修改的生效
本章程的修改议案经股东大会决议特别决议通过后生效。对公司、股东、董事、监事、高级管理人员等产生法律约束力。有关修改依法律规定应当办理登记的,由董事会秘书负责依法办理变更登记。
修改后的章程文本,应及时通知未参加该次会议的股东、董事、监事以及高级管理人员。
在完成工商登记变更之前对第三人的公示效力,依法律认定之。

16.1.4 章程修改的公告
章程修改事项属于法律、法规要求公开披露的,按规定予以公告。

【本节条款解读】

根据我国《公司法》的规定,公司章程的修改应依照以下程序进行:
1. 由公司董事会作出修改公司章程的决议,并提出章程修改草案。
2. 股东会议对章程修改条款进行表决。有限责任公司修改公司章程,须经代表2/3以上表决权的股东通过;股份有限公司修改章程,须经出席股东会议的股东所持表决权的 2/3 以上通过。

3. 公司章程的修改涉及需要审批的事项时,报政府主管机关批准。

4. 公司章程的修改涉及需要登记事项的,报公司登记机关核准,办理变更登记;未涉及登记事项,送公司登记机关备案。

5. 公司章程的修改涉及需要公告事项的,应依法进行公告。如公司发行新股募足股款后,必须依法定或公司章程规定的方式进行公告。

6. 修改章程需向公司登记机关提交"股东会议决议"及"章程修正案",若涉及登记事项,须有公司法人签章方可完成变更。

第十七章　附　　则

【示范条款】

17.1.1　章程附件及细则

本章程附件包括股东大会(股东会)议事规则、董事会议事规则和监事会议事规则等。

董事会可依照章程的规定,制定章程细则。章程细则不得与章程的规定相抵触。

17.1.2　章程语种

本章程以中文书写,其他任何语种或不同版本的章程有歧义时,以最近一次股东大会(股东会)审议通过的中文版章程为准。法律、法规有不同规定的以法律、法规规定为准。

17.1.3　章程中的数字

本章程所称"以上""以内""以下"都含本数;"过""超过""以外""低于""多于"不含本数。

17.1.4　章程解释

本章程由公司董事会负责解释。

股东、监事、董事以及高级管理人员对董事会的章程解释有异议的,可以经由单独或者合并持有公司10%以上表决权的股东或者监事会,按照公司章程规定的提案程序向股东大会(股东会)提案,由股东大会(股东会)通过决议对争议条款及事项予以解释。

17.1.5　关联关系释义

关联关系,是指公司控股股东、实际控制人、董事、监事、高级管理人员与其直接或者间接控制的企业之间的关系,以及可能导致公司利益转移的其他关系。但是,国家控股的企业之间具有关联关系。

17.1.6　章程的实施

本章程自公布之日起施行 。

【本节条款解读】

一、关于应当以在工商登记机关备案、还是以最近一次股东会议通过的版本为准

股东会议通过公司章程就对公司股东、董事、监事、公司职员(含高级管理人员)发生效力,但对第三人的效力应当以完成工商登记机关的变更登记为准。

具体见本章程的"章程的修改"部分

二、章程中的数字

由于"以上"含本数,为防止会议表决僵局,规则制定者在规则设计时应当注意审慎使用"二分之一以上"之类的条款设计,这是因为当出现"50%表决权同意、50%表决权反对"的情况时,将会出现会议决议僵局。避免会议僵局的方法有:

1. 将条款设计为"过半数"。由于"过"不含本数,所以自然不会出现同时"过半数同意、过半数反对"的情况。

2. 将表决权总数设定为单数。如一般董事会成员构成都是单数,就是将表决权总数设计为单数,避免出现上述情况。通常所说的董事会僵局,是在董事会成员构成为双数时,一半同意、一半反对,致使董事会无法形成决议的情形。

三、章程解释

公司章程由公司股东会议制定和修改,其解释权也应属于股东会议。但是,很多公司在制定章程时已经将章程由董事会解释写进章程,这是股东会对董事会的授权。因此,在发生争议时,如果章程有明确授权,则董事会有解释权;反之,没有解释权。

在章程授予董事会解释权的情况下,如果股东或者监事会等对董事会的解释有不同意见,可以通过召集股东(大)会,就该解释议题作为一项股东会议议案表决,通过股东会议决议纠正董事会的不同解释。这里的股东会议决议应当是2/3以上票数通过,因为:(1) 该议案本身就是章程的补充或者修正;(2) 授予董事会的解释权本身是股东会议2/3以上表决通过授予的。

附录一

关于发布《上市公司治理准则》的通知

证监发〔2002〕1号

各上市公司:

　　为推动上市公司建立和完善现代企业制度,规范上市公司运作,促进我国证券市场健康发展,现发布《上市公司治理准则》,请遵照执行。

证　监　会
国家经贸委
二〇〇二年一月七日

上市公司治理准则

导　　言

　　为推动上市公司建立和完善现代企业制度,规范上市公司运作,促进我国证券市场健康发展,根据《公司法》《证券法》及其他相关法律、法规确定的基本原则,并参照国外公司治理实践中普遍认同的标准,制定本准则。

　　本准则阐明了我国上市公司治理的基本原则,投资者权利保护的实现方式,以及上市公司董事、监事、经理等高级管理人员所应当遵循的基本的行为准则和职业道德等内容。

　　本准则适用于中国境内的上市公司。上市公司改善公司治理,应当贯彻本准则所阐述的精神。上市公司制定或者修改公司章程及治理细则,应当体现本准则所列明的内容。本准则是评判上市公司是否具有良好的公司治理结构的主要衡量标准,对公司治理存在重大问题的上市公司,证券监管机构将责令其按照本准则的要求进行整改。

第一章　股东与股东大会

第一节　股东权利

第一条　股东作为公司的所有者,享有法律、行政法规和公司章程规定的合法权利。上市公司应建立能够确保股东充分行使权利的公司治理结构。

第二条　上市公司的治理结构应确保所有股东,特别是中小股东享有平等地位。股东按其持有的股份享有平等的权利,并承担相应的义务。

第三条　股东对法律、行政法规和公司章程规定的公司重大事项,享有知情权和参与权。上市公司应建立和股东沟通的有效渠道。

第四条　股东有权按照法律、行政法规的规定,通过民事诉讼或其他法律手段保护其合法权利。股东大会、董事会的决议违反法律、行政法规的规定,侵犯股东合法权益,股东有权依法提起要求停止上述违法行为或侵害行为的诉讼。董事、监事、经理执行职务时违反法律、行政法规或者公司章程的规定,给公司造成损害的,应承担赔偿责任。股东有权要求公司依法提起要求赔偿的诉讼。

第二节　股东大会的规范

第五条　上市公司应在公司章程中规定股东大会的召开和表决程序,包括通知、登记、提案的审议、投票、计票、表决结果的宣布、会议决议的形成、会议记录及其签署、公告等。

第六条　董事会应认真审议并安排股东大会审议事项。股东大会应给予每个提案合理的讨论时间。

第七条　上市公司应在公司章程中规定股东大会对董事会的授权原则,授权内容应明确具体。

第八条　上市公司应在保证股东大会合法、有效的前提下,通过各种方式和途径,包括充分运用现代信息技术手段,扩大股东参与股东大会的比例。股东大会时间、地点的选择应有利于让尽可能多的股东参加会议。

第九条　股东既可以亲自到股东大会现场投票,也可以委托代理人代为投票,两者具有同样的法律效力。

第十条　上市公司董事会、独立董事和符合有关条件的股东可向上市公司股东征集其在股东大会上的投票权。投票权征集应采取无偿的方式进行,并应向被征集人充分披露信息。

第十一条　机构投资者应在公司董事选任、经营者激励与监督、重大事项决策等方面发挥作用。

第三节　关联交易

第十二条　上市公司与关联人之间的关联交易应签订书面协议。协议的签订应当遵循平等、自愿、等价、有偿的原则,协议内容应明确、具体。公司应将该协议的订立、变更、终止及履行情况等事项按照有关规定予以披露。

第十三条　上市公司应采取有效措施防止关联人以垄断采购和销售业务渠道等方式干预公司的经营,损害公司利益。关联交易活动应遵循商业原则,关联交易的价格原则上应不偏离市场独立第三方的价格或收费的标准。公司应对关联交易的定价依据予以充分披露。

第十四条　上市公司的资产属于公司所有。上市公司应采取有效措施防止股东及其关联方以各种形式占用或转移公司的资金、资产及其他资源。上市公司不得为股东及其关联方提供担保。

第二章　控股股东与上市公司

第一节　控股股东行为的规范

第十五条　控股股东对拟上市公司改制重组时应遵循先改制、后上市的原则,并注重建立合理制衡的股权结构。

第十六条　控股股东对拟上市公司改制重组时应分离其社会职能,剥离非经营性资产,非经营性机构、福利性机构及其设施不得进入上市公司。

第十七条　控股股东为上市公司主业服务的存续企业或机构可以按照专业化、市场化的原则改组为专业化公司,并根据商业原则与上市公司签订有关协议。从事其他业务的存续企业应增强其独立发展的能力。无继续经营能力的存续企业,应按有关法律、法规的规定,通过实施破产等途径退出市场。企业重组时具备一定条件的,可以一次性分离其社会职能及分流富余人员,不保留存续企业。

第十八条　控股股东应支持上市公司深化劳动、人事、分配制度改革,转换经营管理机制,建立管理人员竞聘上岗、能上能下,职工择优录用、能进能出,收入分配能增能减、有效激励的各项制度。

第十九条　控股股东对上市公司及其他股东负有诚信义务。控股股东对其所控股的上市公司应严格依法行使出资人的权利,控股股东不得利用资产重组等方式损害上市公司和其他股东的合法权益,不得利用其特殊地位谋取额外的利益。

第二十条　控股股东对上市公司董事、监事候选人的提名,应严格遵循法律、法规和公司章程规定的条件和程序。控股股东提名的董事、监事候选人应当具备相关专业知识和决策、监督能力。控股股东不得对股东大会人事选举决议和董事会人事聘任决议履行任何批准手续；不得越过股东大会、董事会任免上市公司的高级管理人员。

第二十一条 上市公司的重大决策应由股东大会和董事会依法作出。控股股东不得直接或间接干预公司的决策及依法开展的生产经营活动，损害公司及其他股东的权益。

第二节 上市公司的独立性

第二十二条 控股股东与上市公司应实行人员、资产、财务分开，机构、业务独立，各自独立核算、独立承担责任和风险。

第二十三条 上市公司人员应独立于控股股东。上市公司的经理人员、财务负责人、营销负责人和董事会秘书在控股股东单位不得担任除董事以外的其他职务。控股股东高级管理人员兼任上市公司董事的，应保证有足够的时间和精力承担上市公司的工作。

第二十四条 控股股东投入上市公司的资产应独立完整、权属清晰。控股股东以非货币性资产出资的，应办理产权变更手续，明确界定该资产的范围。上市公司应当对该资产独立登记、建账、核算、管理。控股股东不得占用、支配该资产或干预上市公司对该资产的经营管理。

第二十五条 上市公司应按照有关法律、法规的要求建立健全的财务、会计管理制度，独立核算。控股股东应尊重公司财务的独立性，不得干预公司的财务、会计活动。

第二十六条 上市公司的董事会、监事会及其他内部机构应独立运作。控股股东及其职能部门与上市公司及其职能部门之间没有上下级关系。控股股东及其下属机构不得向上市公司及其下属机构下达任何有关上市公司经营的计划和指令，也不得以其他任何形式影响其经营管理的独立性。

第二十七条 上市公司业务应完全独立于控股股东。控股股东及其下属的其他单位不应从事与上市公司相同或相近的业务。控股股东应采取有效措施避免同业竞争。

第三章 董事与董事会

第一节 董事的选聘程序

第二十八条 上市公司应在公司章程中规定规范、透明的董事选聘程序，保证董事选聘公开、公平、公正、独立。

第二十九条 上市公司应在股东大会召开前披露董事候选人的详细资料，保证股东在投票时对候选人有足够的了解。

第三十条 董事候选人应在股东大会召开之前作出书面承诺,同意接受提名,承诺公开披露的董事候选人的资料真实、完整,并保证当选后切实履行董事职责。

第三十一条 在董事的选举过程中,应充分反映中小股东的意见。股东大会在董事选举中应积极推行累积投票制度。控股股东控股比例在30%以上的上市公司,应当采用累积投票制。采用累积投票制度的上市公司,应在公司章程里规定该制度的实施细则。

第三十二条 上市公司应和董事签订聘任合同,明确公司和董事之间的权利义务、董事的任期、董事违反法律法规和公司章程的责任,以及公司因故提前解除合同的补偿等内容。

第二节 董事的义务

第三十三条 董事应根据公司和全体股东的最大利益,忠实、诚信、勤勉地履行职责。

第三十四条 董事应保证有足够的时间和精力履行其应尽的职责。

第三十五条 董事应以认真负责的态度出席董事会,对所议事项表达明确的意见。董事确实无法亲自出席董事会的,可以书面形式委托其他董事按委托人的意愿代为投票,委托人应独立承担法律责任。

第三十六条 董事应遵守有关法律、法规及公司章程的规定,严格遵守其公开作出的承诺。

第三十七条 董事应积极参加有关培训,以了解作为董事的权利、义务和责任,熟悉有关法律法规,掌握作为董事应具备的相关知识。

第三十八条 董事会决议违反法律、法规和公司章程的规定,致使公司遭受损失的,参与决议的董事对公司承担赔偿责任。但经证明在表决时曾表明异议并记载于会议记录的董事除外。

第三十九条 经股东大会批准,上市公司可以为董事购买责任保险。但董事因违反法律法规和公司章程规定而导致的责任除外。

第三节 董事会的构成和职责

第四十条 董事会的人数及人员构成应符合有关法律、法规的要求,确保董事会能够进行富有成效的讨论,作出科学、迅速和谨慎的决策。

第四十一条 董事会应具备合理的专业结构,其成员应具备履行职务所必需的知识、技能和素质。

第四十二条 董事会向股东大会负责。上市公司治理结构应确保董事会能够按照法律、法规和公司章程的规定行使职权。

第四十三条 董事会应认真履行有关法律、法规和公司章程规定的职责,确保公司遵守法律、法规和公司章程的规定,公平对待所有股东,并关注其他利益相关者的利益。

第四节 董事会议事规则

第四十四条 上市公司应在公司章程中规定规范的董事会议事规则,确保董事会高效运作和科学决策。

第四十五条 董事会应定期召开会议,并根据需要及时召开临时会议。董事会会议应有事先拟定的议题。

第四十六条 上市公司董事会会议应严格按照规定的程序进行。董事会应按规定的时间事先通知所有董事,并提供足够的资料,包括会议议题的相关背景材料和有助于董事理解公司业务进展的信息和数据。当2名或2名以上独立董事认为资料不充分或论证不明确时,可联名以书面形式向董事会提出延期召开董事会会议或延期审议该事项,董事会应予以采纳。

第四十七条 董事会会议记录应完整、真实。董事会秘书对会议所议事项要认真组织记录和整理。出席会议的董事、董事会秘书和记录人应在会议记录上签名。董事会会议记录应作为公司重要档案妥善保存,以作为日后明确董事责任的重要依据。

第四十八条 董事会授权董事长在董事会闭会期间行使董事会部分职权的,上市公司应在公司章程中明确规定授权原则和授权内容,授权内容应当明确、具体。凡涉及公司重大利益的事项应由董事会集体决策。

第五节 独立董事制度

第四十九条 上市公司应按照有关规定建立独立董事制度。独立董事应独立于所受聘的公司及其主要股东。独立董事不得在上市公司担任除独立董事外的其他任何职务。

第五十条 独立董事对公司及全体股东负有诚信与勤勉义务。独立董事应按照相关法律、法规、公司章程的要求,认真履行职责,维护公司整体利益,尤其要关注中小股东的合法权益不受损害。独立董事应独立履行职责,不受公司主要股东、实际控制人以及其他与上市公司存在利害关系的单位或个人的影响。

第五十一条 独立董事的任职条件、选举更换程序、职责等,应符合有关规定。

第六节　董事会专门委员会

第五十二条　上市公司董事会可以按照股东大会的有关决议,设立战略、审计、提名、薪酬与考核等专门委员会。专门委员会成员全部由董事组成,其中审计委员会、提名委员会、薪酬与考核委员会中独立董事应占多数并担任召集人,审计委员会中至少应有一名独立董事是会计专业人士。

第五十三条　战略委员会的主要职责是对公司长期发展战略和重大投资决策进行研究并提出建议。

第五十四条　审计委员会的主要职责是:(1)提议聘请或更换外部审计机构;(2)监督公司的内部审计制度及其实施;(3)负责内部审计与外部审计之间的沟通;(4)审核公司的财务信息及其披露;(5)审查公司的内控制度。

第五十五条　提名委员会的主要职责是:(1)研究董事、经理人员的选择标准和程序并提出建议;(2)广泛搜寻合格的董事和经理人员的人选;(3)对董事候选人和经理人选进行审查并提出建议。

第五十六条　薪酬与考核委员会的主要职责是:(1)研究董事与经理人员考核的标准,进行考核并提出建议;(2)研究和审查董事、高级管理人员的薪酬政策与方案。

第五十七条　各专门委员会可以聘请中介机构提供专业意见,有关费用由公司承担。

第五十八条　各专门委员会对董事会负责,各专门委员会的提案应提交董事会审查决定。

第四章　监事与监事会

第一节　监事会的职责

第五十九条　上市公司监事会应向全体股东负责,对公司财务以及公司董事、经理和其他高级管理人员履行职责的合法合规性进行监督,维护公司及股东的合法权益。

第六十条　监事有了解公司经营情况的权利,并承担相应的保密义务。监事会可以独立聘请中介机构提供专业意见。

第六十一条　上市公司应采取措施保障监事的知情权,为监事正常履行职责提供必要的协助,任何人不得干预、阻挠。监事履行职责所需的合理费用应由公司承担。

第六十二条　监事会的监督记录以及进行财务或专项检查的结果应成为对董

事、经理和其他高级管理人员绩效评价的重要依据。

第六十三条 监事会发现董事、经理和其他高级管理人员存在违反法律、法规或公司章程的行为,可以向董事会、股东大会反映,也可以直接向证券监管机构及其他有关部门报告。

第二节 监事会的构成和议事规则

第六十四条 监事应具有法律、会计等方面的专业知识或工作经验。监事会的人员和结构应确保监事会能够独立有效地行使对董事、经理和其他高级管理人员及公司财务的监督和检查。

第六十五条 上市公司应在公司章程中规定规范的监事会议事规则。监事会会议应严格按规定程序进行。

第六十六条 监事会应定期召开会议,并根据需要及时召开临时会议。监事会会议因故不能如期召开,应公告说明原因。

第六十七条 监事会可要求公司董事、经理及其他高级管理人员、内部及外部审计人员出席监事会会议,回答所关注的问题。

第六十八条 监事会会议应有记录,出席会议的监事和记录人应当在会议记录上签字。监事有权要求在记录上对其在会议上的发言作出某种说明性记载。监事会会议记录应作为公司重要档案妥善保存。

第五章 绩效评价与激励约束机制

第一节 董事、监事、经理人员的绩效评价

第六十九条 上市公司应建立公正透明的董事、监事和经理人员的绩效评价标准和程序。

第七十条 董事和经理人员的绩效评价由董事会或其下设的薪酬与考核委员会负责组织。独立董事、监事的评价应采取自我评价与相互评价相结合的方式进行。

第七十一条 董事报酬的数额和方式由董事会提出方案报请股东大会决定。在董事会或薪酬与考核委员会对董事个人进行评价或讨论其报酬时,该董事应当回避。

第七十二条 董事会、监事会应当向股东大会报告董事、监事履行职责的情况、绩效评价结果及其薪酬情况,并予以披露。

第二节　经理人员的聘任

第七十三条　上市公司经理人员的聘任，应严格按照有关法律、法规和公司章程的规定进行。任何组织和个人不得干预公司经理人员的正常选聘程序。

第七十四条　上市公司应尽可能采取公开、透明的方式，从境内外人才市场选聘经理人员，并充分发挥中介机构的作用。

第七十五条　上市公司应和经理人员签订聘任合同，明确双方的权利义务关系。

第七十六条　经理的任免应履行法定的程序，并向社会公告。

第三节　经理人员的激励与约束机制

第七十七条　上市公司应建立经理人员的薪酬与公司绩效和个人业绩相联系的激励机制，以吸引人才，保持经理人员的稳定。

第七十八条　上市公司对经理人员的绩效评价应当成为确定经理人员薪酬以及其他激励方式的依据。

第七十九条　经理人员的薪酬分配方案应获得董事会的批准，向股东大会说明，并予以披露。

第八十条　上市公司应在公司章程中明确经理人员的职责。经理人员违反法律、法规和公司章程规定，致使公司遭受损失的，公司董事会应积极采取措施追究其法律责任。

第六章　利益相关者

第八十一条　上市公司应尊重银行及其他债权人、职工、消费者、供应商、社区等利益相关者的合法权利。

第八十二条　上市公司应与利益相关者积极合作，共同推动公司持续、健康地发展。

第八十三条　上市公司应为维护利益相关者的权益提供必要的条件，当其合法权益受到侵害时，利益相关者应有机会和途径获得赔偿。

第八十四条　上市公司应向银行及其他债权人提供必要的信息，以便其对公司的经营状况和财务状况作出判断和进行决策。

第八十五条　上市公司应鼓励职工通过与董事会、监事会和经理人员的直接沟通和交流，反映职工对公司经营、财务状况以及涉及职工利益的重大决策的意见。

第八十六条　上市公司在保持公司持续发展、实现股东利益最大化的同时，应关注所在社区的福利、环境保护、公益事业等问题，重视公司的社会责任。

第七章 信息披露与透明度

第一节 上市公司的持续信息披露

第八十七条 持续信息披露是上市公司的责任。上市公司应严格按照法律、法规和公司章程的规定,真实、准确、完整、及时地披露信息。

第八十八条 上市公司除按照强制性规定披露信息外,应主动、及时地披露所有可能对股东和其他利益相关者决策产生实质性影响的信息,并保证所有股东有平等的机会获得信息。

第八十九条 上市公司披露的信息应当便于理解。上市公司应保证使用者能够通过经济、便捷的方式(如互联网)获得信息。

第九十条 上市公司董事会秘书负责信息披露事项,包括建立信息披露制度、接待来访、回答咨询、联系股东,向投资者提供公司公开披露的资料等。董事会及经理人员应对董事会秘书的工作予以积极支持。任何机构及个人不得干预董事会秘书的工作。

第二节 公司治理信息的披露

第九十一条 上市公司应按照法律、法规及其他有关规定,披露公司治理的有关信息,包括但不限于:(1)董事会、监事会的人员及构成;(2)董事会、监事会的工作及评价;(3)独立董事工作情况及评价,包括独立董事出席董事会的情况、发表独立意见的情况及对关联交易、董事及高级管理人员的任免等事项的意见;(4)各专门委员会的组成及工作情况;(5)公司治理的实际状况,及与本准则存在的差异及其原因;(6)改进公司治理的具体计划和措施。

第三节 股东权益的披露

第九十二条 上市公司应按照有关规定,及时披露持有公司股份比例较大的股东以及一致行动时可以实际控制公司的股东或实际控制人的详细资料。

第九十三条 上市公司应及时了解并披露公司股份变动的情况以及其他可能引起股份变动的重要事项。

第九十四条 当上市公司控股股东增持、减持或质押公司股份,或上市公司控制权发生转移时,上市公司及其控股股东应及时、准确地向全体股东披露有关信息。

第八章 附　　则

第九十五条 本准则自发布之日起施行。

附录二

OECD 公司治理准则

前　　言

　　OECD《公司治理准则》在 1999 年发布以来,已经成为全球政策制定者、投资者、企业和其他利益相关者的一个国际性基准。在 OECD 和非 OECD 国家,都在为改善公司治理纪录,主动对法律和规章制定指导细节。"金融稳定论坛"已经将本准则作为衡量"健全的金融系统的十二个基本标准"之一。本准则也为 OECD 和非 OECD 国家企业的各种应对方案提供了一个基础,并构成了世界银行(World Bank)和国际货币基金组织(IMF)的《关于标准和规范遵守情况的报告》(ROSC)中有关公司治理的一部分。

　　本准则完整地重审并考虑到了近来的发展和 OECD 成员及非成员国家的经验。政策制定者现在已经更深刻地认识到,良好的公司治理对金融市场稳定和对投资以及经济成长的贡献。企业更好地理解了良好的公司治理对他们竞争能力提升的帮助。投资者,特别是机构投资者和养老金的信托代理机构,明白了他们在达到良好的公司治理实践中扮演着怎样的角色,而这将支撑他们的投资价值。在今日的经济社会中,公司治理的重要性要超过股东在个别公司中的作用。企业在我们的经济社会中扮演了一个关键角色,同时我们也日益依赖私人部门的机构管理个人储蓄和保护退休金,正因为这样,面对人口的日益增加,良好的公司治理就显得非常重要了。

　　在 2002 年由 OECD 部长委托下的 OECD 指导团队开始着手重新审核本准则。重审得到了 OECD 成员国为应对公司治理挑战而进行的广泛的研究进展所支撑。它也汲取了 OECD 以外经济体的经验,也得到了 OECD、世界银行和其他赞助人、组织、地区性的公司治理圆桌会议的改革成就的支持。

　　重审的过程得益于许多团体的贡献。关键的国际性机构,同时也包括私人部门、劳工、市民和非 OECD 国家的代表广泛的参与并提供了咨询意见。在这一过程中,也得益于许多国际知名专家的洞察力,他们参与了我所召集的两个高层次的非正式会议。最后,本准则的草稿在网络上引起公开讨论时,许多建设性的意见也被吸收进来。

本准则是一个活生生的工具,它提供了一个可以不断修正的标准,在执行过程中可以很好地指导实践,它能够适应各个国家、地区的各种不同和特殊的环境。OECD为成员国家和非成员国家提供了一个论坛,以便他们进行对话和交换各自的经验。与不断变化的环境同步,OECD将紧密地跟上公司治理的发展,把握它的方向,为迎接挑战而寻找解决的药方。

这一切将促进和加强近年来OECD在世界各地巩固公司治理结构上的集体努力所承担的义务和贡献。当然,这项工作不能根除犯罪行为,但是这些行为却会因为合乎本准则的规则和制度的采用而变得越来越困难。

更重要的是,我们的努力将有助于推广一种专业化的、符合道德伦理行为的价值文化,形成市场所依赖的健康机能。如果能够为了商业上的好处和将来的繁荣,在经济生活中扮演一个诚实和正直的角色,那我们可以确信,他们一定能够得到自己应得的回报。

秘书长 Donald J. Johnston,OECD

OECD公司治理准则简介

《OECD公司治理准则》最初起源于对1998年4月27—28日的部长级理事会所作呼吁的反应,并在融合了各国政府、其他有关的国际组织和私人部门相关进展后,发展并制定了公司治理的标准和指导方针。自从1999年本准则被议定以后,它们已经成为OECD国家和非OECD国家进行公司治理的共同标准。而且它们已经成为"金融稳定论坛"认定"健全的金融系统的十二个基本标准"之一。因此,它们也构成了世界银行和国际货币基金组织《关于标准和规范遵守情况的报告》(ROSC)中有关的公司治理结构的基础。

OECD部长级理事会在2002年同意调查OECD国家的进展,同时评估本准则在公司治理进展中得到的新理念。这项任务委托给了OECD的公司治理指导团队,其中包括来自OECD国家的代表。另外,世界银行(World Bank)、国际结算银行(BIS)、世界货币基金组织(IMF)都是这个团队的观察员。为了全面评估,指导团队也邀请了金融稳定论坛(Financial Stability Forum)、巴塞尔委员会(Basel Committee)、国际证监会组织(IOSCO)作为特别观察员。

在重审本准则的过程中,指导团队承诺广泛咨询和准备协助参与"OECD国家发展调查"(Survey of Developments in OECD Countries)的成员。参加咨询的包括许许多多多来自各国的专家,他们有OECD组织在俄国、亚洲、南部东欧、拉丁美洲的已经参与"公司治理地区圆桌会议"(Regional Corporate Governance Roundtables)的专家,以及欧亚大陆支撑"全球公司治理论坛"(Global Corporate Governance Forum)的其他专家,有世界银行的合作者,也有非OECD国家的专家。而且,指导团队也与广泛的利益团体进行了协商,比如:商业部门、投资者、专业团体、在国家和国际层面上的贸易联合体、市民社会组织和国际标准制定机关,等等。本准则的草案被放到OECD的网站上已引起公开的讨论,结果引起了大量反馈。这些已经在OECD的网站上公开发布。

在指导团队讨论的基础上,各方面的调查和注解结果在广泛的协商中被吸收。这决定了1999年的准则将被修改,以适应新的发展和利益关系。这些修订应该在开放状态中不断完善以接近准则基本点,承认多样化的经济法律和文化环境的不同需要,以便采取适合的执行方法,以上的观念已被认可。本准则的这些修改包含在这些文档中,因而,它们不仅建立在OECD地区的丰富经验上,也包含在非OECD国家的广泛经验中。

导　　言

本准则的目的在于对OECD和非OECD国家政府在努力评估和改善他们国家公司治理的相关法律、规章制度框架等方面提供帮助,并为证券交易所、投资者、企业和其他在推进公司治理过程中扮演一定角色的团体提供指导和建议。本准则集中于公众公司、包括金融和非金融企业。当然,从更宽广的角度上讲,它们被认为适用于,也可以成为譬如像私人和国家独资的企业等非公众公司改进公司治理的一个有用工具。本准则可以成为OECD成员国家改进治理中确定基本原则的一个公共平台。本准则尽力做到简明、易懂并为国际社会所接受。但它并不想成为政府、准政府和私人部门的替代物,在公司治理上这些部门应该主动发展出更多更详尽的"最佳做法"。

OECD及其成员政府越来越认识到在完成基本政策目标中协同整个经济和政策制度的重要。公司治理是改善经济效率和促进投资者信心增长的一个关键性因素。公司治理涉及整个的有关公司经营管理层、董事会、股东和其他利益相关者之间关系。公司治理也提供了一个框架而有助于确定公司发展目标、实现目标的手段、对执行过程的监控。对董事会和经营管理层推动公司和股东利益目标的实现,良好的公司治理将提供适当的激励并采用有效的监控。现已存在的有效公司治理系统,无论对个别公司还是整个经济,都能够帮助提高信用程度,而这是市场经济正常运行所必需的。这样做的结果是,资金成本降低、企业被鼓励更有效地使用资源,因而基础更扎实了。

公司治理只是诸如企业运转、宏观经济政策以及产品和要素市场的竞争水平等诸多经济范畴的一部分。公司治理结构也依赖法律、规章和制度环境。此外还有也能够在公司运作中影响其信誉和长远成功的诸多因素，诸如商业道德伦理、环境协调意识、社会公众利益等。

当然有多种因素影响企业的治理和决策过程，而且这对于公司的长远成功也至关重要，本准则集中于关注因所有权和控制权分离而引起的治理问题。尽管这是一个核心要素，但公司治理却不仅仅是一个股东和管理层关系的问题那样简单。在一定的范围内，治理问题也源于一些控股股东所有的权力超过了小股东。而在另外一些国家，员工却具有重要且合法的非所有者权利。因此本准则必须补充修改以便在操作检查和平衡关系上留有充分的余地。另外，诸如环境、反腐败、公司伦理等有关公司决策过程的一些问题，将被充分重视；但是在其他OECD提供的工具（包括《跨国企业指引》《国际事务中的外国公务人员反贿赂公约》）和其他国际组织提供的工具中，对此会表述得更加明确。

公司治理受到治理系统中其他参与者之间关系的影响。控股股东——可能是个体、家族股东、集团联盟，或者其他通过持股公司或交叉持股的代理人企业——能够显著地影响企业的行为。和权益所有者相似，在一些市场上机构投资者对公司治理发出了日益苛刻的声音。个体股东通常并不寻求行使治理的权利，却对从控股股东和管理层那里获得公平待遇高度关注。在一个治理系统中，债权人扮演了一个重要角色，它能够超越企业的绩效而提供一个外部的监控功能。虽然政府为公司治理制定整体的制度和法律框架，然而员工和其他利益相关者在企业的长远利益和业绩上扮演着重要角色。每一个参与者的角色和他们的作用，在OECD和非OECD国家中差异同样非常大。这些角色之间的关系，部分取决于法律和规章、部分取决于自律、更重要的是取决于市场力量而起的作用。

对于投资决策来说，企业遵守公司治理准则的水准高低将成为日益重要的参考因素。公司治理的实践和投资信誉的日益国际化之间有一种特殊的关联。资本流动的国际化使得企业能够通过更广泛的渠道筹措资金。如果国家要获得全球资本市场的所有好处，如果他们想要吸引长期的"宽限"资本，公司治理安排必须是让人可信的、边界必须是清楚的、国际公认的原则必须被遵守。即使企业并不主要依靠国外资本来源，但坚持好的公司治理行为，也将对提高国内投资者的信心有所帮助，并将降低资金成本，健全金融市场的机能，最终吸引更稳定的金融源流。

好的公司治理没有一个单一的模式。然而，在OECD和非OECD国家和OECD组织机构内部的工作，已经确定了一些构建良好的公司治理的通用性的原则。本准则就是建立在这些通用性的原则基础上，并且对于已经存在的不同模式也作了明确的描述。例如，本准则并不倡导任何特殊的董事会结构和术语上的"董事会",这种术语上的"董事会"在这些文件中被引用,意味着涵盖了建立在 OECD 和非 OECD 国家的不同国家模式的董事会结构。在某些国家建立的典型的双层系统中,当"关键的经营层"被专指为"管理的董事会"时,在本准则中使用的"董事会"一词就可以解释为"监督的董事会"。在董事会由内部的审计人员监管的单一系统中,本准则使用的"董事会"一词已包括两者的含义。"企业"和"公司"两个词在文本中也可以替换使用。

本准则对国家立法没有约束,也不开详细的处方。它更愿意寻求并确定目标并建议用多种手段去实现它们。本准则的意图是提供一种参考性的服务。它们能够用于政策制定,为了适合自己经济、社会、法律和文化环境的公司治理而检查和改进法律、规章制度;同时也可以被市场参与者用于推动他们的实践。

本准则在自然演进,同时在不同环境的变迁中被检验。要在一个千变万化的世界中保持竞争力,企业必须变革创新他们的公司治理行为,以便面对新的需求,及时抓住新的机会。同样,政府在形成一个有效的规章制度中负有重要的责任,在准许市场有效作用、响应股东和其他利益相关者的预期上,这个规章制度将提供充分的弹性。在推动公司治理结构发展、考虑规章制度的成本和效益上,决定如何实施这些准则,要依靠政府和市场参与者的共同努力。

以下的文件被分为两个部分。第一部分介绍的本准则涵盖了以下几个方面:
(1)有效的公司治理结构所要确保的基础;
(2)股东的权利和所有权作用的关键;
(3)股东的公平待遇;
(4)利益相关者的角色;
(5)信息披露和透明度;
(6)董事会的责任。

每一部分都在标题下用斜体字标识出简要的原则作为副标题。在第二部分,主要是对本准则所作的补充说明。它包含对本准则的注释以便帮助读者理解其中的原理,这也包括了主流趋势的描述、对可供选择的运作方法的建议,以及在具体执行准则过程中的有用的例子。

第一部分 OECD 公司治理准则

1. 有效的公司治理结构所要确保的基础

公司治理结构将促进市场的透明化和高效率,并对法律的规范,以及监管权、制定规则权和执行权各自责任的明确界定之间进行协调。

(1)公司治理结构随着这样一个观念而发展:它的影响波及整个经济的成效

和市场的完善,促进市场参与者提高市场的透明度和效率。

（2）在一定的范围内影响到公司治理结构实践的法律和规章要求,应当在法律规定、透明度、可操作性上协调一致。

（3）在一定范围内划分不同职权的责任,应该是明确无误的,并确保公众利益的实现。

（4）监管的、制定规则的、实施操作的职权,应当具有各自的权威、完整性和资源,以便用专业化和客观的方式来完成他们各自的职责,而且它们之间的划分应该是及时的、透明的和有充分说明的。

2. 股东的权利和所有权作用的关键

公司治理结构应当保护和促进股东权利的行使

（5）基本的股东权利应该包括以下几个方面：

① 所有权注册的安全方法；

② 转让和交易股票；

③ 及时、定期从企业得到相关和真实的信息资料；

④ 参加股东大会和参与投票表决；

⑤ 选举和撤换董事会成员；

⑥ 分享企业利润。

（6）股东应该具有参与权、充分告知权、有关企业重大改变的决策权。这些重大改变包括：

① 修改法规、公司章程、其他类似的公司管理文件；

② 授权增发股份；

③ 特别交易,包括转让全部或大部分资产,而这将造成公司被出售的结果。

（7）股东应具备有效的参与机会,能够在股东大会上投票,应当被告知投票规则包括投票程序,这将决定股东大会的正常举行。

① 股东应当及时收到关于股东大会举行的日期、地点、议程等充分的信息,也包括关于会议决定的事项的充分及时的信息。

② 股东应当有机会对董事会提出问题,包括对于年度审计报告、在股东大会议程中增加项目、对提议的决议案、对于适当的限制条件等问题。

③ 在公司治理决策的关键点上,例如选举和任命董事会成员,有效的股东参与应该被推进。在董事会成员和关键经理人员的薪酬政策上,股东应该能够使他们的观点被大家知道。对董事会成员和员工的报酬安排的公正程度,应当是股东核准的前提。

④ 股东可以亲自投票,也可以缺席投票,两者都赋予投票结果以同等效力。

（8）使某些股东获得与他们所有权不成比例的控制地位的资本结构和安排,

应当被披露。

(9) 公司控制权市场应被允许以有效率和高透明的方式运作。

① 用来规范在资本市场上获得公司控制权和非常规交易,如购并、公司主要资产的出售等的规则和程序,应该明确制定和披露,以便投资者理解他们的权利和追索权。交易应该在透明的价格和公平的条件下进行,以便所有股东依照他们的类别保护他们的权利。

② 反购并机制不应用于使经营层和董事会免受监督。

(10) 所有股东、包括机构投资者,行使自己的所有权应当变得更容易。

① 机构投资者在受托人的地位上的行为,应该公开他们涉及投资的全部公司治理和投票的策略,包括决定使用他们投票权的适当程序。

② 机构投资者在受托人的地位上的行为,应该披露他们如何应对那些具体的利益冲突,而这些冲突可能影响到他们投资的关键所有权的行使。

(11) 股东、包括机构股东,除了防止滥用之外,应当准许对有关股东的基本权利在诸如本准则中的定义等方面进行相互协商。

3. 股东的公平待遇

公司治理结构应当保证所有股东的公平待遇,包括少数股东和国外的股东。所有的股东都应该在他们的权利受损时,有获得有效补偿的机会。

(1) 同一类别、同一系列的股东应当得到同样的公平待遇

① 在同一类别任何系列内,所有的股份都应该具有同样的权利。所有的投资者在他们购买之前,都应该获得有关全部类别和系列股份所赋予的权利的信息。在投票权上的任何改变都应该由受到负面影响的股份类别核准。

② 对于控股股东滥用行为造成的利益上的直接或间接伤害,小股东应当受到保护,并且应该有有效的补偿方法。

③ 选举应该在有表决权的股权所有者协商同意的方式上由托管人和代理人投票。

④ 对远程投票的妨碍应当被去除。

⑤ 普通股东大会的过程和程序应该对所有股东都公平对待。公司程序不应使投票过分复杂困难和花费昂贵。

(2) 内部交易和滥用的私利交易应该被禁止。

(3) 在直接影响到企业的任何交易或事件中,无论董事会成员和关键经营人员直接、间接或在第三方利益上对于董事会具有实质性利益的,都应当被要求公开。

4. 利益相关者的角色

公司治理结构将认可法律和互相协商赋予利益相关者的权利,并且鼓励企业

和利益相关者在创造财富、工作机会和持续推动企业财务健康等方面积极合作。

（1）通过法律和互相协议,赋予利益相关者的权利受到尊重。

（2）利益相关者的利益受到法律的保护,在他们的权利受到损害时,应有获得有效补偿的机会。

（3）提高员工参与程度的机制应当被允许发展。

（4）在公司治理过程中利益相关者参与的地方,在及时和有规则的基础上,他们应该有渠道获得恰当的、充分的、可靠的信息。

（5）利益相关者,包括个别员工和他们的代表,应该能够自由地交换他们关于对董事会违法和不道德行为的看法,在做这些时,他们的权利不受到损害。

（6）公司治理结构应当被一个有效的破产机制和债权实施机制所补充。

5．信息披露和透明度

公司治理结构应该保证公司所有重大事件及时地、准确地得到披露,包括财务状况、业绩、所有权和公司治理的情况。

（1）披露将包括,但不限制于以下重要信息：

① 公司财务和业绩状况；

② 公司经营目标；

③ 主要股权和投票权；

④ 对董事会成员和关键经营人员的薪酬政策,和董事会成员的信息,包括他们的资格、选择程序、在其他公司兼任董事情况以及他们是否被董事会确认为独立董事；

⑤ 关联交易；

⑥ 可预期的风险因素；

⑦ 关于员工和其他利益相关者的问题；

⑧ 治理结构和政策,包括公司治理规范或政策的详细内容,以及它们实施的程序。

（2）信息应该按照高质量的会计、财务和非财务公告的标准制作和披露。

（3）年度审计报告应当由独立的、有能力的、有资格的审计师制作,以便给董事会和股东提供一个外部的客观的保证,财务报告应在尊重事实的基础上公正地描绘公司的财务状况和业绩。

（4）外部审计师应对股东负责,并对公司负有义务,在审计中具备专业审慎的素养。

（5）信息传播的途径应确保信息使用者能够平等、及时、便捷地获取信息。

（6）公司治理结构应当被一个有效的方法所补充,这就是提供和推广分析报告,或者由分析员、经纪人、评估中介等提供建议。由于这些分析报告和建议关系到投资者的决策,因此在其中不应该出现有损于其公正性的重大利益冲突。

6. 董事会的责任

公司治理结构应确保董事会对公司的战略指导和对经营管理层的有效监督,同时确保董事会对公司和股东的责任和忠诚。

(1) 董事会成员的行为应当建立在一个充分可靠信息的基础上,忠实诚信、勤勉尽责、根据公司和股东的最大利益履行职责。

(2) 如果董事会的决策可能对不同的股东团体产生不同影响,董事会应该平等地对待所有股东。

(3) 董事会应该具有很高的伦理标准。它应当充分考虑到利益相关者的利益。

(4) 董事会应该履行以下一些关键职能:

① 审查和指导制定公司战略、重要的行动计划、风险对策、年度预算和商业计划、制定绩效目标、监督目标的执行和企业绩效的实现、监督重要的资金支出、收购和出售等行为。

② 监控公司的治理实践成效,在需要的时候加以方向上的干预。

③ 选择、确定报酬、监控关键的经营主管人员,在必要的时候,更换关键的经营主管人员;监督更替计划。

④ 协调关键经营主管人员和董事会的薪酬,使之与公司和股东长期利益保持一致。

⑤ 保证董事会的选聘和任命过程的正规化、透明性。

⑥ 监管经营层、董事会成员和股东之间的潜在的利益冲突,包括公司财产的滥用和关联交易中的舞弊行为。

⑦ 确保公司的会计、财务(包括独立的审计)报告的真实性,确保恰当的控制系统到位,特别是风险管理系统、财务和运作控制,确保按照法律和相关标准执行。

⑧ 监督信息披露和对外沟通的过程。

(5) 董事会对公司事务,应该能够行使客观独立的判断:

① 董事会应该考虑指派足够数量的、有能力的非执行董事,对潜在的利益冲突的事项行使客观独立判断的权力。这些关键的责任例子是确保财务和非财务报告的完整性、审核关联交易、任命董事会成员、确定关键经营主管人员和董事会的报酬等。

② 当董事会专业委员会设立时,他们的任命、构成和工作程序应该定义明确并由董事会公告。

③ 董事会成员应该承诺有效地履行他们的职责。

(6) 为了履行他们的职责,董事会成员应该有渠道掌握准确的、关键的、及时的信息。

第二部分　OECD公司治理准则注解

1. 有效的公司治理结构所要确保的基础

公司治理结构将促进市场的透明化和高效率，并对法律的规范，以及监管权、制定规则权和执行权各自责任的明确界定之间进行协调。

一个有效的公司治理结构所要确保的必要条件是：所有市场参与者在建立他们私人的契约关系时都是可信赖的，适当和有效的法律、规章和制度都构筑于这个基础之上。一个典型的公司治理结构包括法律的基本原理、规章制度、自律机制、主动的承诺，以及由一个国家特殊的环境、历史和传统形成的商业习惯。这些法律、规章、自律、自发的标准等，它们之间理想化的融合，在这个领域里将因不同的国家产生不同的变化。当新的经验的积累增长和商业环境的变化迁移，这个结构的内容和构造就可能需要调整。

寻求履行本准则的国家，应当带着以下的目标来监控他们的公司治理结构，包括规章、上市条件及商业习惯等，目标是保持和巩固它对市场诚信及经济效能的贡献。作为其中的一部分，考虑到不同的公司治理结构的基本原则和它对促进公司治理实践的道德伦理、责任感和透明性的全面作用之间的相互作用和补充，这是十分重要的。在形成一个有效的公司治理结构中，这样的分析应当被看做是一个重要的工具。最后，有效的和持续的公开协商成为一个基本的要素、被广泛认可为良好的做法。此外，在各个地方形成的公司治理结构，国家的立法者和监管者应该充分地考虑到国际对话与合作的需要和结果。如果遇到这些情形，治理系统就可能避免过度管制、支持企业家能力的运用和减少公共机构和私人部门利益冲突损害的风险。

（1）公司治理结构将随着这样一个观念而发展：它的影响波及整个经济的成效和市场的完善，促进市场参与者提高市场的透明度和效率

作为经济行为的组织形式的公司，它是增长的一个强大推动力。因此，企业运作的内部规章和法律环境是全部经济成果的关键。政策制定者有责任把一个结构置于适当的位置，这个结构必须灵活得足以应对广泛的不同环境的企业运作的需要，推动它们发展新的机会去创造价值并确定最有效地使用资源。要达到这些目标，政策制定者应该充分关注经济的最终成果，并且在考虑政策的选择时，他们将需要对影响市场机能的关键的可变量进行效果分析，比如激励结构、自律系统的效率和系统利益冲突的交易。透明有效的市场，有利于锻炼市场参与者并提升责任性。

（2）在一定的范围内影响到公司治理结构实践的法律和规章要求,应当在法律规定、透明度、可操作性上协调一致

如果新的法律和规章是必需的,比如对于明显不完整市场的案例,它们应该被设计成一个针对所有团体的有效的强制执行的方式,甚至是高压手段。向政府和其他企业监管机构、它们的组织代表和其他利益相关者请教,是做这件事的一个有效方法,也应该建立保护不同团体权力的机制。为了避免超越规则的不能执行的法律和可能妨碍、扭曲市场动力的无意结果,政策措施应该带着针对全部成本和收益的观念来设计。对于有效的强制,这样的估计应该考虑是必需的,包括阻止不诚实的行为和对于违反者采用有效的处罚等的权威能力。

公司治理的目标也被自愿的规范和不带有法律规章性质的标准来阐明。当这样的规范在改善公司治理安排中扮演一个重要角色时,它们可能使股东和其他利益相关者对它们的身份地位和执行产生怀疑。当规范和准则被用做一个国家性的标准,或如一个法律规章条款的明确的替代品时,诸如细则范围的法律地位、执行、遵守和处罚等有关市场信誉的要求,应该被明确指定说明。

（3）在一定范围内划分不同职权的责任,应该是明确无误的,并确保公众利益的实现

公司治理的要求和实践,受到一系列法律的明显影响,这包括公司法、证券规章、会计和审计标准、破产法、合同法、劳工法以及税法等。在这样的环境下,法律变化的影响可能招致无意识的重叠,甚至是冲突,这样的风险可能阻碍对公司治理的关键目标的推进。政策制定者意识到这样的风险和采取措施去防止它,这将是非常重要的。有效的执行需要在不同的部门中划分监控、实施和执行的责任,而这种划分必须是被清楚定义的,这样才能使有相互补充资格的机关和机构得到尊重并提供更高的效率。在国家的法规权限之间,重叠和可能矛盾的规章也是一个应该被关注的问题,这样才没有规章的真空被利用(例如在没有权限赋予明确的责任中造成的疏漏问题),以及对多重系统服从的成本被忽视。

当制定规则的责任和监督被授权给不公开的主体时,它需要明确地评估为什么,以及在什么环境下这样的授权是适当的？对于所有这样透明的被授权机构和包含公共利益的治理结构来说,这也是最基本的。

（4）监管的、制定规则的、实施操作的职权,应当具有各自的权威、完整性和资源,以便用专业化和客观的方式来完成他们各自的职责,而且它们之间的划分应该是及时的、透明的和有充分说明的

制定规则的责任应当被授予那些能够不带利益冲突地行使他们职能、服从公正判断的主体。对于越来越多的公众公司、企业实践和披露增长的数量来讲,监管、制定规则和执行部门的资源可能变得紧张。结果就是,为了跟上发展,他们将

需要完全有资格的员工提供有效的监控,并为这些员工提供适当的调查研究地位。这种把员工吸引到竞争关系上来的能力,将增强监督和执行的质量与独立性。

2. 股东的权利和所有权作用的关键

公司治理结构应当保护和促进股东权利的行使

股权投资者具有当然的所有者权利。比如,在一个公众公司的一股股票可以被买进、卖出或转让。一股股票也赋予投资者根据投资数量的有限责任而能够参与企业的利润分享。另外,一个股份的所有权,提供了对企业的知情权和对企业的影响权,而首先是参加股东大会和投票的权利。

在现实中,企业无论如何不可能由股东投票来管理。股东是由利益、目标、投资水平和能力不同的个人和机构组成的。而企业的管理必须能够迅速地作出经营决定。有鉴于在迅速变动和转换的市场中公司事务的复杂性和现实性,股东不可能期望承担起管理企业行为的责任。企业战略和运作的责任,明显地落在董事会和一个由董事会选择、推动、在必要时由董事会替换的管理团队身上。

股东影响公司的权利集中在一些基本的问题上,比如选择董事会成员,或其他影响公司董事会组成的方法、修改公司的组织文件、批准特别的交易,以及其他基本的问题如说明公司的规章和内部条律。这些部分可以看成是大多数股东基本权利的一个描述,事实上,在所有OECD成员国家,这些都是被法律所承认的。另外,像选择和批准审计师、直接任命董事会成员、抵押股份的能力、批准利润分配方案等的权利,在不同的权限内也能够被确立。

(1) 基本的股东权利应该包括以下几个方面:

① 所有权注册的安全方法;

② 转让和交易股票;

③ 及时、定期地从企业得到相关和真实的信息资料;

④ 参加股东大会和参与投票表决;

⑤ 选举和撤换董事会成员;

⑥ 分享企业利润。

(2) 股东应该具有参与权、充分告知权、有关企业重大改变的决策权。这些重大改变包括:

① 修改公司章程、其他类似的公司管理文件;

② 授权增发股份;

③ 特别交易,包括转让全部或大部分资产,而这将造成公司被出售的结果。

公司组建合伙公司和关联公司、转让运作资产的能力,在联合机构内,对于经营的灵活性和委托的责任性来讲,现金流动权和其他权利及责任对它们来讲是很重要的。它也允许一个公司摆脱运营资产并变成一个控股公司,可是如果没有适当的检查和平衡,这种权利也可能会被滥用。

(3) 股东应具备有效的参与机会、能够在股东大会上投票、应当被告知投票规则包括投票程序,这将决定股东大会的正常举行。

① 股东应当及时收到关于股东大会举行的日期、地点、议程等充分的信息,也包括关于会议决定的事项的充分及时的信息。

② 股东应当有机会对董事会提出问题,包括对年度审计报告、在股东大会议程中增加项目、对提议的决议案、适当的限制条件等问题。

为了在股东大会上鼓励股东参与,一些公司用文件修正案和决议案的简单程序增进了股东在议程中提出条款的能力。改进也会使股东在股东大会前提出疑问,使得到经营管理层和董事会成员的回复变得更容易。股东也应该能够对外部的审计报告提出质询。公司可以对保证不出现权力滥用的可能为自己辩解。如果对股东在议程中提出的决议,他们要求股东持有一个指定的市场价值或股份比例或投票权的支持,这将是合理的。

这个最低限度取决于所有权的集中程度,这个程度能保证小股东在议程中提出任何条款不被有效地阻止。已批准的、在股东大会能力范围内的股东决议案,应当交由董事会处理。

③ 在公司治理决策的关键点上,例如选举和任命董事会成员,有效的股东参与应该被推进。在董事会成员和关键经理人员的薪酬政策上,股东应该能够使他们的观点被大家知道。对董事会成员和员工的报酬安排的公正程度,应当是股东核准的前提。

选举董事会成员是股东的基本权利之一。为了选举程序的有效性,股东应该能够参与董事会成员的提名过程,对个别被提名者或不同的其他提名者进行投票。尽管有时候以防止滥用为先决条件,但最终,在许多国家,股东具有获得公司发送给股东的委托代理材料的权利。说到候选人提名,许多国家的董事会已经设立了提名委员会,以保证正确地遵守确定的提名程序,以便协调寻找到一个和谐与合格的董事会。在这个委员会里,独立董事具有关键的作用,这在许多国家里日益被关注。选择过程的进一步改进,本准则也要求为董事会和提名程序详尽披露候选人的经历和背景,这将为每一个候选人提供一个能力和适宜性的、有信息内容的评估。

本准则要求公开董事会的薪酬政策。特别是,让股东了解公司业绩和薪酬之间关系的细节是很重要的,当他们评估董事会的能力和品质时,他们应该为董事会寻找候选人。董事会和经营层的契约由股东大会批准并不十分适当,但应使股东能够把他们的观点表达出来,却是不错的方法。一些国家引进了选举顾问,他在不危及雇用合同的前提下,将表达股东情绪的声音和力量转达给董事会。在公平基准方案中,对不是为个人就是为全体的政策安排,董事会的潜在地位稀释了股东的资本力量,并强有力地决定了经营管理层的激励手段,而这些手段原本是应该由股东批准的。在权限范围逐渐增长中,对现有安排的任何重大改变也必须得到批准。

④ 股东可以亲自投票,也可以缺席投票,两者都赋予投票结果以同等效力。

本准则推荐一般公认的代理投票。对促进和保护股东权利来说,投资者能够信赖定向代理投票确实是重要的。公司治理结构应当保证,代理人的投票与被代理人的意向一致,并保证对如何进行非定向代理投票作出公开的规定。在准许获得代理的这些公司权限内,披露会议主席(如通常获得公司股东代理委托的接收者)将如何实行附加的非直接代理投票权,这将是十分重要的。由公司董事会或经营管理层所掌握的公司养老基金和员工持股计划的代理权,其投票意向应该被披露。

促进股东参与的目标,建议公司考虑在投票中如何更有利扩大信息技术的使用,包括在缺席时采用的安全电子投票。

(4) 使某些股东获得与他们所有权不成比例的控制地位的资本结构和安排,应当被披露

有些资本结构允许一个股东行使超过在公司的所有权比例的控制权。金字塔结构、交叉持股、限制性股份或加倍投票权等,都能够用来减小非控股股东影响公司政策的能力。

除所有权关系外,其他策略也能够影响对公司的控制权。股东协议是股东团体常用的手段,个别股东可能只持有总股数中很少的股份,但一致的行动会组成一个有效的多数,甚至在最后成为一个最大的单一团体股东。股东协议通常给与他们的参与者以协议的优先权,以便在协议的其他参与者想要出售他们的股份时,可以优先购买这些股份。这些协议也可以包括这样的条款,要求这些接受协议的人为了一个指定的时段而暂时不出售他们的股份。股东协议能够涵盖如何选择董事会和董事长这样的问题。协议也能够要求参与者集体投票。一些国家已经建立一些机制,以便在必要时精确地监控这些协议,并限制它们的持续时间。

投票上限限制了股东投票的数量,而不管股东可能在实际上持有股份数量的多少。投票上限因而重新分配了对公司的控制权,并可能会影响股东参与股东大会的意愿。

由于这些机制具有重新分配股东影响公司政策的能力,股东有理由期望所有这些资本结构和安排的信息被披露。

(5) 公司控制权市场应被允许以有效率和高透明的方式运作

① 用来规范在资本市场上获得公司控制权和非常规交易,如购并、公司主要资产的出售等的规则和程序,应该明确制定和披露,以便投资者理解他们的权利和

追索权。交易应该在透明的价格和公平的条件下进行,以便所有股东依照他们的类别保护他们的权利。

②反购并机制不应用于使经营层和董事会免受监督。在一些国家,有公司采用反购并机制。然而,投资者和证券交易所都认为这些反购并机制被超越公司能力地在使用,有可能对公司控制权市场的功能产生严重影响。在一些案例中,防御购并的机制甚至使经营管理层或董事会逃避股东的监督。在执行了任何反购并机制以及在带有购并建议的交易中,董事会对股东和公司的受托人责任必须放在第一位。

(6) 所有股东,包括机构投资者,行使自己的所有权应当变得更容易

正如投资者可以追求不同的投资目标,本准则并不推荐任何特定的投资策略,也不企图开出最佳投资行为的处方。然而,考虑到行使所有权的成本和收益,许多投资者喜欢得出这样的结论:正面的财务回报和增长,能够被合理的数量分析承诺和使用他们的权利获得。

① 机构投资者在受托人的地位上的行为,应该公开他们涉及投资的全部公司治理和投票的策略,包括决定使用他们投票权的适当程序。

机构投资者持有股份日益普遍。全部公司治理系统和公司监管的有效性和可靠性,将因此更多依靠机构投资者,他们能够得到对他们股东权益更有用的信息、更有效地在他们投资的公司里行使他们的所有权职能。虽然本准则不对机构投资者用他们的股份投票有要求,但它要求披露他们出于什么样的成本效益的正当考虑来行使他们的所有权。对于在一个受托人地位的机构行为,譬如个人养老基金、集体的投资安排和一些保险公司行为,投票权可能被投资所承担的客户利益价值部分考量过。错误地行使所有权,可能导致投资者的损失,但他们应该因此而弄明白他们跟从的是机构投资者的什么样的政策。

在一些国家,对机构介入一个公司,公司治理政策对市场的公开性要求是相当细致的,包括涉及环境的外在策略要求;他们用于介入的方法、如何评估策略的效果等。在某些国家,机构投资者不是被要求公开真实的投票记录,就是按照良好的实践来期望,在"应用或说明性"的基础上来执行。公开化或者针对他们的客户(只有对每一个客户证券的重视),或者针对市场(在投资顾问申请注册投资公司的案例中),将简化昂贵的手续和程序。在股东大会上一个补充的参与方式,是建立一个与证券公司持续对话的机制。尽管对于公司公平地对待所有的投资者以及不对机构投资者泄露可用于市场的信息是其职责所在,但这种在机构投资者和公司之间的对话还是应该被提倡,特别是规章的障碍被提高到不必要的程度时。因此由公司提供的附加信息通常包括:常规的背景、关于公司正在运作和将来的经营远景等市场信息,这些信息已经在市场上发挥作用了。

当作为受托人的机构投资者已经揭示和披露公司治理政策时,有效的执行就需要他们留出适当的人选和财物资源、按照他们的收益人和资产组合公司的期望的方式来推动这个政策。

② 机构投资者在受托人的地位上的行为,应该披露他们如何应对那些具体的利益冲突,而这些冲突可能影响到他们投资的关键所有权的行使。

中介所有者用他们的股份投票和行使关键的所有权行为时,他们的动机在某些场合可能不同于直接的所有者。这种不同,有时可能有商业上的合理性,但也有可能源于利益上的冲突。在受托人机构是一个子公司,或者是另一个金融机构的关联企业,特别是一个完整的金融集团时,这种利益的冲突就表现得非常明显。当这样的冲突产生于实质性的商业关系时,比如,通过一个协议管理证券公司的基金,这种冲突应该被确认和披露。

同时,机构应该披露他们在行使关键的所有权中采取了哪些行动最大程度地减小潜在的消极影响。这些行为包括,剥离那些给基金管理层的红利与来自组织之外的新的商业收益之间的关系。

(7) 股东、包括机构股东,除了防止滥用之外,应当准许对有关股东的基本权利在诸如本准则中的定义等方面进行相互协商。

公司所有权的分散化已有很长时间,对在公司保证采取行动的成本或者在监控作用上所作的投资来讲,单个股东可能只有太小的股份。而且,如果小股东将资源投资于这样的行为上,其他人没有贡献也将有收益(例如"搭便车者"free riders)。这种处于较低监控地位的结果,对机构投资者,尤其处于受托人地位的金融机构的行为上来讲,决定宁可在一个数量十分巨大的股份上对个人公司增加所有权还是完全多样化投资,并不是一个很大的问题。然而,持有一个数量十分巨大的股份的其他成本可能仍旧很高。在许多案例中,机构投资者被防止这样做,因为这超过了他们的能力,或可能比谨慎性的要求更多地把他们的资产投资在一个公司里。要克服这种有利于多样化的不对称,他们应该在提名和选择董事会成员、在议程中提出建议、为了促进一个公司的公司治理而保持对一个公司的直接讨论等方面,被准许甚至被鼓励合作和协调他们的行为。更通常的,股东应该被允许相互交流而不拘泥于代理请求的形式。

无论如何,必须承认,投资者之间的合作也能够用来操纵市场,并不受任何购并规则制约地获得对某一公司的控制权。而且这种合作也可能用于规避竞争法律的目的。基于这个理由,一些国家对机构投资者在他们投票策略上的合作能力,不是采取限制措施就是完全禁止。股东协议也可以严密监控。然而,如果合作不涉及公司控制问题,或者与公司的市场效益和公平不相抵触,更多有效的所有权收益可以仍旧获取。机构或其他方面的投资者之间的合作公开的必要性,也许只能用有关规定来补充,从而避免操纵市场可能性的产生。

3. 股东的公平待遇

公司治理结构应当保证所有股东的公平待遇,包括少数股东和国外的股东。所有的股东都应该在他们的权利受损时获得有效补偿的机会。

投资人对他们所提供的资金不被公司经理层、董事会成员或控股股东滥用和侵占的信心,是资本市场的重要因素。公司董事会、经理层和控股股东可能有机会从事损害非控股股东的利益而使自己获利的行为。在保护投资者的规定中,一个特征能够有效地区分"事前"和"事后"的股东权利。"事前"的权利,指先发制人的权利和对某些决策的合格多数。"事后"的权利,指在一旦权利被侵害时准许寻求赔偿。在法律和规章制度的执行很弱的地方,一些国家建立了适当强化股东"事前"权利的措施,比如为了在股东大会议程放置条款而降低股份所有权的门槛,或者在某些重要的决策中要求有超过50%股东通过。本准则支持在公司治理中公平对待外国股东和国内股东。但这并不涉及政府如何管理外国直接投资的政策问题。

股东可执行其权利的途径之一,是能够对经营管理层和董事会成员发起法律和行政诉讼程序。经验显示,决定股东权利受保护程度的重要因素,是能否找到一个有效的方法,可以用合理的成本并且避免过多拖延地获得被损害权益的补偿。当少数股东有合理的依据相信他们的权利已经受到侵害,法律制度能够提供给他们提起诉讼的机制,可以强化中小投资者的信心。提供这样的执行机制,是立法者和监管者的关键职责。

鼓励投资者在法庭质询公司的行为,这样的法律制度存在着一定的风险,也许会造成滥诉。因而许多法律系统引进了保护经营管理层和董事会成员免受滥诉的规定,包括监测股东申诉的充分性、对经营管理层和董事会成员行为(如商业判断规则)的所谓安全港,以及信息披露的安全港等。最终必须在允许投资者对所遭受损害的所有权寻求法律救济与防止滥诉之间求得平衡。许多国家发现,其他可供选择的裁决程序,例如有证券监管机构或其他监管主体举行的行政听证会或仲裁程序,是解决争端的有效方法,至少在争议的最初阶段是这样。

(1) 同一类别、同一系列的股东应当得到同样的公平待遇

① 在同一类别的任何系列内,所有的股份都应该具有同样的权利

所有的投资者在他们购买之前都应该获得有关全部类别和系列股份所赋有的权利的信息。在投票权上的任何改变,都应该被受到负面影响的股份类别核准。

公司最理想的资本结构,最好由经营层和董事会决定,并由股东批准。一些公司发行优先股,这些优先股在分配公司利润方面有优先权,但它通常没有投票权。公司也可以发行参与凭证或无投票权股股份,它们与具有投票权的股份交易价格

可能不同。所有这些制度在分散风险和分配报酬上是很有效的,而且被认为是符合公司利益和成本效益的最佳筹资方式。本准则对"一股一票"不置立场,然而许多机构投资者和股东协会支持这样的观念。

投资者在投资前有权被告知有关投票权的信息。一旦他们投资以后,他们的权利不应该被改变,除非这些持有投票权的股份已经有机会参与决策。改变不同系列和类别股份投票权的提案应该被提交股东大会,由受到影响部分的投票股份的一个特定多数同意才能通过。

② 对于控股股东滥用行为造成的利益上的直接或间接伤害,小股东应当受到保护,并且应该有有效的补偿方法

许多公众公司都有一位大的控股股东。虽然控股股东的存在,能够通过更密切的管理监控减少代理人问题,但是在法律和监管结构方面的不足,可能导致不公正对待公司其他股东。潜在的不公正对待在于,控股股东通过采取合法机制,比如金字塔结构或多重投票权,将所有权和控制权分离,使他们得以行使与他们承担的风险程度不相称的控制力,且被法律允许、被市场接受。这样的不公正对待,能通过不同的方法得以解决,包括通过提取直接的个人收益给员工的家庭成员和公司成员以高额报酬和奖金、不相称关联团体的交易、商业决策中有意的偏向,以及通过特别发行股票促使控股股东改变资本结构等。

除了公开性,保护小股东的方法还包括董事会成员向公司和所有股东明确忠诚义务。事实上,对小股东的不公正对待,主要来自那些在这方面法律和监管结构不完善的国家。在那些集团公司比较流行、董事会成员的忠诚责任模糊不清甚至被曲解成小团体利益的地方,这种问题特别容易发生。在这些案例中,一些国家现在明确规定,有利于其他集团公司的交易,必须用获得的相应收益来抵消,并通过这种方法来控制负面效应。

其他经常使用并证明是有效的保护小股东的规定还包括,在有关股票发行问题上的先发制人的权利,对某些股东决策采用有效多数的方式,以及在选举董事会成员时采用累积投票制度。在某些情况下,一些法规要求或允许控股股东以通过独立估价计算得出的股价收购剩余股东的股票。当控股股东决定将一个股份公司改变为除牌独资控股企业的时候,这个举措就特别重要了。其他改善小股东权利的方法包括派生和集团诉讼。为了改善市场信誉的公共目标,选择和最终设计各种条款来保护小股东,必须依赖整体的监管结构和国家法律体系。

③ 选举应该在有表决权的股权所有者协商同意的方式上由托管人和代理人投票

在一些 OECD 国家,那些为投资者保管股份的金融机构,通常会以那些股份投票。拥有证券的托管人,如银行和经纪公司,作为代理人,有时候被要求投票支持

经营管理层的意愿,除非股东明确表示作其他的选择。

OECD 国家现在的趋势是,废除那些自动让托管机构为股东投票的条例。一些国家的法规最近已经被修订,它要求托管机构为股东提供关于是否选择使用他们的投票权的信息。股东可以选择将所有的投票权委托给托管人。股东可以选择被告知所有预定投票的股东的表决信息,也可以在将一些投票权委托给托管人的同时,自己也决定参与部分投票。保证股东的投票权在未得到其同意的情况下不得由托管人代为投票,以及不至于因为托管人在投票表决前为取得股东核准而增加过多负担,在这两者之间取得平衡是必要的。向股东充分说明而没有得到反对的指示,托管人将按照自己所认为的符合股东利益的方式进行投票。

我们必须注意,这个原则不适用于托管人或其他特殊法律委任托管的人执行投票权(比如,破产接管人和财产执行人)。

存托凭证持有人应该被提供和优先股股东相同的最终权和参与公司治理的实践机会。在直接股票持有人可能使用代理投票权的地方,存托公司、信托机构或相似的其他机构,应该及时向存托凭证持有人提供代理投票服务。存托凭证持有人应该能够发出与他的股份相等的约束投票指示,使存托公司、信托机构就像他们自己持有这些权益一样。

④ 对远程投票的妨碍应当被去除

国外投资者常常通过中介的连锁企业持有股份。当上市公司所在地是第三国,典型的做法是股份由有财务关系的证券中介持有,在其他地方也会轮流由其他中介机构和中央证券存托机构所持有。这种远程连锁企业,在决定国外投资者的投票权和与这些投资者的交流过程方面遇到了特殊的挑战。由于只提供非常短暂的告知期的商业惯例带来的是,持股人通常也只有非常有限的时间对公司的召集告知作出反应,并对需要作出决定的事项作出决策,这就使远程投票变得困难。法律和监管制度应该明确谁被授权在这种情况下控制投票权,并且简化存托连锁环节。除此之外,告知期也应该保证国外投资者与国内投资者具有相同的机会来行使他们的所有权。为了让国外投资者更容易地投票,法律、规章和公司惯例应该通过使用现代化技术让他们参与进来。

⑤ 普通股东大会的过程和程序,应该对所有股东都公平对待。公司程序不应使投票过分复杂困难和花费昂贵

参加普通股东大会的权利是股东的基本权利。经营管理层和控股投资者有时会阻碍非控股投资者或外国投资者影响公司的方向。一些公司要求负担投票费用。其他障碍还包括阻止代理人投票和要求亲自出席普通股东大会投票。还有一些其他程序可能让股东在实际上无法行使投票权。代理人材料可能仅在股东大会之前被发送,以至于投资者没有充足的时间思考和咨询。在 OECD 国家的许多公

司,正在寻找发展更好地与股东交流和决策的渠道,鼓励公司努力去消除参加普通股东大会的人为障碍,而且当股东缺席时,公司治理结构应该推动使用电子投票。

(2) 内部交易和滥用的私利交易应该被禁止

当与公司有密切关系的个人,包括控股股东,利用那些关系来损害公司和投资人的利益时,滥用的私利交易就发生了。当内部交易导致操纵资本市场时,在大多数OECD国家,这种行为被证券规章、公司法和/或刑法严厉禁止。然而,不是所有的地方都禁止这种行为,而且在一些情况下,强制也并不是非常有力。这些情况可能造成公司治理的漏洞,因为它们违背了股东的公平待遇原则。

本准则重申,投资者对禁止滥用内部权利的期待是合理的。在这种滥用未被立法明确禁止或强制力并不有效的地方,政府采取措施去除所有这种漏洞,就变得尤其重要。

(3) 在直接影响到企业的任何交易或事件中,无论董事会成员和关键经营人员直接、间接或在第三方利益上对于董事会具有实质性利益的,都应当被要求公开

当董事会成员和关键经营人员在所从事的商业活动中,他们的家庭成员或公司外其他特殊关系可能影响他们对某项特定交易或影响与公司相关事件的判断的,有义务通知董事会。这种特殊的关系包括,经营人员和董事会成员通过与有控制权的股东的勾结,与公司产生利害关系。在实质性利益被揭示的情况下,最好的办法就是将那个人排除在这项交易或事件的决策之外。

4. 利益相关者的角色

公司治理结构将认可法律和互相协商赋予利益相关者的权利,并且鼓励企业和利益相关者在创造财富、工作机会和持续推动企业财务健康等方面积极合作。

公司治理关注的一个关键方面是,确保外部资金流以公平和诚信的方式进入公司。公司治理也关注寻找一种方法,以便鼓励公司里的各种利益相关者对企业特有的人力和物质资本担负起经济的最佳投资水平。一个公司的竞争力和最终的成功,来自包括投资者、员工、债权人和供货商等不同资源提供者的具体贡献的协同努力的结果。对利益相关者为公司的竞争力和盈利性所组成的有价值的资源,公司应当承认他们的贡献。因此,在利益相关者中鼓励价值创造合作,这是公司的长远利益之所在。治理结构应该认可,公司利益是由承认利益相关者的利益和他们对于公司的长远成功的贡献所构成的。

(1) 通过法律和互相协议赋予利益相关者的权利受到尊重

在所有的OECD国家,利益相关者的权利是由法律(例如劳工法、商法、贸易法和破产法)或者契约关系所确定的。甚至在利益相关者的利益没有被立法的地区,许多公司也对利益相关者制定了附加的约定,并且,关注公司的声誉和业绩常常要求对广泛利益的重视。

（2）利益相关者的利益受到法律的保护，在他们的权利受到损害时应当获得有效补偿的机会

法律框架和程序应当是透明的，并不能对利益相关者在权利受损时沟通能力和获得补偿能力的作用产生阻碍。

（3）提高员工参与程度的机制应当被允许发展

在公司治理中员工的参与程度，依赖于国家的法律和实际状况，可能在公司和公司之间也有所不同。在公司治理的环境中，提高参与程度的机制，使员工掌握公司特殊技能的途径更简化便捷，从而使公司直接和间接获益。员工参与机制的例子包括：在董事会中的员工代表，以及在某些关键决策中考虑到员工观点的、像劳工理事会那样的治理程序。至于提高参与性的机制，员工持股计划，或其他利润分享机制在许多国家被建立。养老金投入对于公司与过去及现在的员工之间的关系来说也是一个基本要素。这类投入包括建立一个独立的基金，它的托管人应该独立于公司的经营管理层，并为所有的受益人管理基金。

（4）在公司治理过程中利益相关者参与的地方，在及时和有规则的基础上，他们应该有渠道获得恰当的、充分的、可靠的信息。

在公司治理系统的法律和实践中提供给利益相关者参与的地方，利益相关者是否具有履行责任的信息渠道，这是十分重要的。

（5）利益相关者，包括个别员工和他们的代表，应该能够自由地交换他们关于对董事会违法和不道德行为的看法，在做这些时，他们的权利不应受到损害

公司官员的不道德和违法行为，可能不仅侵害了利益相关者的权利，而且也会在财产信誉期限和增加未来金融责任风险上对公司和它的股东造成损害。相对于因违法和不道德行为而被员工亲自或者他们的代表、被公司外部的其他人起诉，公司和他们的股东建立一套程序和安全措施将是有利的。在许多国家，董事会被法律或其他准则鼓励，保护这些员工个人和他们的代表人；并常常赋予一个审计成员，或者是一个道德委员会建立独立于董事会的秘密的直接渠道。针对带有投诉的交易，一些公司设立了一个调查公司官员舞弊的职务。作为某种调节手段，也设立了保密电话和电子邮件设施来接收辩解。而在一些国家，当员工代表承担了向公司传递信息的任务时，个别员工应当不被排除在外，或者在单独行动时应得到充分保护。当一个违反法律的申诉得到了不适当的反应时，OECD《跨国企业指引》鼓励他们将"善意"申诉提交给胜任的公共管理机构。公司应该杜绝针对这些员工和代表的歧视和惩戒行为。

（6）公司治理结构应当被一个有效的破产机制和债权实施机制所补充

特别是在市场化过程中，债权人是利益相关者的关键，公司将主要依靠他们的权利和法律的可执行性来提升自己信用的期限、数量和形式。具有良好公司治理

纪录的公司,经常能够比那些有不良记录的、带有不透明市场运作的企业借到更多数量和更优惠期限的资金。公司破产制度在不同国家有广泛的变化。在一些国家,当公司接近破产时,法律制度将通过对董事的征税来保护债权人的利益,使之在公司的治理中扮演突出的角色。在其他国家有这样的机制,督促债务人及时披露有关公司困难的信息,以便债务人和债权人双方能够找到都能接受的解决办法。

债权人的权利常在安全的合同持有者和不安全的债权人之间改变。破产程序通常需要有效的机制,来调解不同类别的债权人的利益。在许多司法规定中,制定了特别的权利,像通过用激励/保护方式对"债务人财产"进行金融运作,使企业破产时新的赔偿基金的建立成为可能。

5. 信息披露和透明度

公司治理结构应该保证公司所有重大事件及时、准确地得到披露,包括财务状况、业绩、所有权和公司治理的情况。

在大部分 OECD 成员国,大量强制和自愿披露的信息都是在上市公司及大型未上市公司中汇集和编撰的,这些信息随后散布到广大的信息使用者手中。国际上一般规定公司至少每年度公开披露信息,还有一些国家规定公司每半年或每季度披露信息,甚至在一些事件的出现影响到企业的重大发展时,要求更频繁的信息披露。企业经常自愿披露比最低披露标准更丰富的信息,以回应市场的需求。

一个强有力的、能促进真正信息透明化的信息披露体制,是以市场为基础的公司监管体系的重要特征,它对股东能在知情基础上行使所有权至关重要。来自一些拥有大规模的、活跃的证券市场的国家的经验表明,信息披露可以成为影响公司行为和保护投资者的有效工具。强有力的信息披露体制可以在资本市场中吸引资金并保持投资者的信心。与之相反,无效的披露体制以及不透明的操作惯例,将可能导致缺乏职业道德的行为,并可能给整个市场带来巨大损失,这种损失不仅针对某个公司和它的股东,而且将影响整个经济。股东和潜在投资者需要规范、可靠、可比较的完备的信息,从而了解公司的经营管理情况,然后在此基础上就估值定价、所有权、选举权等问题作出决策。不完备或不明确的信息,可能阻碍市场的运行,增加资本成本,并可能导致资源的无效配置。

信息披露还能帮助增强公众对企业结构和行为、对关乎环境和道德标准的公司政策,以及对公司及其相关团体间的关系的理解。OECD《跨国企业指引》就与此相关。

对信息披露的要求,并不会给企业带来管理负担或增加成本,企业也不会被要求披露那些危及企业竞争地位的信息,除非这种披露对提供全面的投资决策的信息是必须的,或披露这些信息可以避免对投资者的误导。在判断哪些信息必须披露的问题上,许多国家都采用了重要性的概念。具有重要性的信息可以定义为那些如果遗漏或误陈便可能影响信息使用者的经济决策的信息。

本准则要求企业及时披露发生在定期报告之间的重要事项发展。本准则还要求同时对所有股东发布信息,以确保股东受到平等对待。企业在保持与投资者和市场参与者密切关系的同时,必须不能违背平等对待的基本原则。

(1) 披露将包括、但不限制于以下重要信息

① 公司财务和业绩状况

审计后的财务报表(一般包括资产负债表、损益表、现金流量表以及财务报表注释)显示了公司的财务业绩和财务状况,是最为广泛使用的企业信息来源。就现行的财务报表形式,应用财务报表有两个主要的目标:一是使开展合理的监管成为可能;二是提供证券估价的基础。经营管理层对公司运营情况的讨论和分析通常在年报中予以叙述,如果结合相应的财务报表对此进行分析阅读,这些信息将十分有用。投资者尤其对那些可能预示公司前景的信息感兴趣。

事实表明,公司治理的失败通常与披露的信息未能展示企业全貌有关,尤其是在用资产负债表外的项目为关联企业提供担保或类似的委托事项的情况。因此在高质量的国际标准下对与整个集团公司相关的交易情况予以披露十分重要,其中包括披露或有负债、表外交易、特殊利益实体的信息。

② 公司经营目标

除公司的商业目标以外,公司还被鼓励披露与商业道德、环境及其他与公众责任相关的政策。这些信息可能使投资者和其他信息使用者,更好地评价公司在为实现经营目标所做的努力中与其所在的社会之间的关系。

③ 主要股权和投票权

投资者的一项基本权利是了解公司的所有权结构和他们与其他股权所有者权利的相对关系。这项知情权可以扩展到对一个集团公司结构以及集团内部关系的了解。这些信息的披露可以保证集团的经营目标、性质和结构透明公开。国家通常规定在某些所有权变更时披露所有权信息,包括披露主要股东及其他对公司有控制力,或可能通过特别投票权、股东协议、持有大量股权、具有重大交叉持股关系或交叉担保等方式直接或间接控制公司的股东。

为确保投资者的上述权利,并为发现潜在的利益冲突及相关的关联交易和内部交易,历史股权记录必须包含由于股权变更而受益的股权所有者的信息。对于主要股权由中介机构持有的情况,有关受益的股权所有者的信息,应该至少可以通过制定规章的机构或执行机构,或通过评判裁决过程获取。对于希望获得受益股权所有者的信息的国家来说,OECD的格式样本《获得有利的所有权及控制信息的选择性》是它们进行自我评价的有效工具。

④ 对董事会成员和关键经营人员的薪酬政策，和董事会成员的信息，包括他们的资格、选择程序、在其他公司兼任董事情况以及他们是否被董事会确认为独立董事

投资者需要了解董事会成员和主要经营人员的情况，来评估他们的经验、资格并判断他们之间是否存在潜在的可能影响判断力的利益冲突。对于董事会成员来说，还应披露他们的资格、在公司的股份、是否兼任其他公司董事以及公司是否确认他们是独立董事。披露是否兼任其他公司董事是非常重要的，它不仅可以表明该董事会成员经验资历和其安排时间时可能受到的限制，同时也可以显示潜在的利益冲突，以及在何种程度上各公司的董事会间存在关联。

一些国家的准则，甚至一些法律，规定独立董事承担特别的义务，还有准则鼓励大多数的董事会成员都是独立董事。在许多国家，董事会负有义务陈述其某位成员可以视为独立董事的原因，由股东，最终是市场，来判定这些理由是否合理。有些国家认为公司应该披露选举过程，尤其是这一过程是否面向范围广大的候选者。这些信息必须在股东大会作出任何决定之前予以披露，当情况有重要变化时应该追踪披露。

董事会成员和经营人员的报酬也是股东关心的问题，尤其受到关注的是他们的报酬和公司业绩之间的联系。公司一般会披露董事会成员和主要经营人员的薪酬信息，这样投资者可以评判薪酬计划的成本收益性以及激励政策，比如期权计划、业绩评估。个人情况的披露（包括合约期满和退休的规定）正逐渐为公司应用，目前某些国家已对此作出强制性规定。其中有些国家要求披露最高级别薪酬的经营人员的报酬，另一些国家则要求披露一些特定职位的报酬。

⑤ 关联交易

对于市场来说，了解公司在经营过程中是否平等对待所有股东的利益很重要。为此公司必须向市场全面披露所有个人性质或集团性质的关联交易，包括这些交易是以内部价格成交还是以一般市场价格为基础。一些地方甚至将此列为法律规定。关联方包括对公司达到控制或共同控制的实体、重要股东及其家庭成员以及主要管理人员。

涉及主要股东（或其密切的家庭成员）的交易，无论是直接交易还是间接交易，是最难处理的交易类型。一些地方要求持股5％及其以上的股东有义务披露其交易。披露的信息内容应该包括控制关系的性质，关联交易及类似交易的性质和规模。由于许多交易的不透明性，可能需要交易的受益方向董事会通告交易，再由董事会向市场披露。董事会的一项重要任务是防止企业躲避自我监督。

⑥ 可预期的风险因素

财务信息的使用者和市场参与者需要合理预期重大风险的信息,包括:行业及地域的特定风险;对经营产品的依赖性的风险;金融市场的风险,包括利率和汇率;与衍生产品和表外交易有关的风险;对环境责任的相关风险。

本准则并不认为企业需要披露过多的信息,只要可以使投资者充分了解企业的重大的可预见风险即可。符合行业特殊性的风险披露是最有效的。对监管系统的风险的披露越来越被重视。

⑦ 关于员工和其他利益相关者的问题

公司被鼓励、甚至在一些国家被规定为有义务,提供那些可能对公司业绩有重大影响的、与员工和其他利益相关者有关的重大事件的信息。披露的信息应包括经营管理层和员工的关系,与其他利益相关者的关系,如贷款人、供货商和当地其他社会团体。

一些国家要求广泛披露公司人力资源管理的信息。人力资源管理政策,如人力资源发展和培训的计划、员工轮换的速度,以及员工持股计划,等等,这些可以传递公司与其市场竞争者之间竞争力强弱的相关信息。

⑧ 治理结构和政策,包括公司治理规范或政策的详细内容,以及它们实施的程序

公司应该披露其公司治理方法,这些信息的披露在一些国家已被规定为日常公告的一部分。在一些国家,公司必须贯彻由权威部门制定或认可的公司治理准则,这些准则基于"遵守或解释"的强制规定。对公司治理结构和制度的披露,特别对权利在股东、经营管理层和董事会成员间的分布情况的披露对评价公司的治理水平非常重要。

根据透明性原则,股东大会的举办程序应该保证选票恰当的计数和记录,并保证选举结果及时公开。

(2) 信息应该按照高质量的会计、财务和非财务公告的标准制作和披露

高质量的信息披露标准的采用,可以使公司提供可靠性、可比较性更强的报告,使投资者可以深入了解公司的业绩,从而提高投资者对公司的监管能力。信息披露的质量很大程度上依赖信息编制、披露的标准。本准则致力于发展高质量、国际承认的信息标准,这些标准可以提高不同国家间财务报表的透明性和可比性。这些标准的编制过程应该是公开、独立、公众化的,私营部门和其他利益团体,如行业协会和独立专家都应参与到这一编制过程中来。各国国内的信息质量标准可以在与国际承认的会计准则一致的基础上编制。许多国家规定上市公司采用上述标准。

(3) 年度审计报告应当由独立的、有能力的、有资格的审计师制作,以便给董

事会和股东提供一个外部的客观的保证,财务报告应在尊重事实的基础上,公正地描绘公司的财务状况和业绩。

审计报告可以证明财务报表是否真实反映了公司的财务状况,除此之外,审计报告中还应陈述其对公司编制撰写财务报表方法的看法。这可以给公司提供一个良好的管理环境。

许多国家引进了不同的方法来增强审计人员的独立性和其对股东而言的可信度。其中一些通过引入其他独立机构或人员来加强对审计人员的监督。2002年,国际证监会组织(IOSCO)发布的《审计人员监督准则》认为,有效的审计人员监督工作应包括互相制约的机制:"……需要代表公众利益的一方对审计的质量和执行情况进行监督,并提供评判的职业道德标准以及审计质量控制环境";以及"……要求审计人员必须遵从审计监督机构制定的规章,该监督机构可以视为独立的审计行业从业者,或者是,一个如监管机构的专业机构、同时被独立机构所监管"。上述审计监督机构,最好能代表公众的利益,由适当的成员组成,具有完善的责任权利的规定和不受审计方面控制的充足资金,以便更好地开展工作。

越来越普遍的情况是,外部审计人员由董事会所属的独立审计委员会或与之相当的机构推荐,并由那个委员会/机构任命,或者由股东直接任命。国际证监会组织(IOSCO)《关于审计人员独立性及公司治理在监督审计人员独立性中作用的准则》中有如下叙述:"应构建一个有关审计人员独立性标准的框架,其中包括各种禁令、限制和其他的程序、制度和披露方法,以防止下述可能威胁审计人员独立性的因素:个人利益、自我监督、热心主张、亲密关系及恐吓威胁。"

审计委员会或与之相当的机构的职责在于监督内部审计工作,并负责公司与外部审计人员的总体关系,其中包括外部审计人员向公司提供的非审计性服务。外部审计人员向公司提供非审计性服务,可能会显著削弱其独立性并影响到其审计工作。为防止审计人员可能产生的这种不良倾向,一些国家现在要求披露向外部审计人员支付的非审计性服务报酬。另一些加强审计人员独立性条款的例子包括:全面禁止或严格控制审计人员向其客户提供非审计性工作,强制性的轮换审计人员(为其合作伙伴,或一些情况下是其合伙的审计企业),被审计公司暂时不能雇用其外部审计者,禁止审计者及其家属收受公司的经济好处或在公司担当管理职务。一些国家制定了更直接的规定,限制审计人员从某一客户获得的非审计性收入的比例,或限制其审计收入中来自某单一客户的比例。

人们逐渐意识到,保证审计人员具备足够的专业能力成为一种迫切的需要。在一些情况下,需要一个注册过程帮助审计人员确认他们的资格。然而仍需要后续的培训以及工作经历的监控来保证审计人员具备适当水准的专业能力,以胜任其职业。

(4) 外部审计师应对股东负责,并对公司负有义务,在审计中具备专业审慎的素养

外部审计人员由董事会所属的独立审计委员会或与之相当的机构推荐,并由其或由股东大会直接任命是一种很好的方法,因为它可以明确外部审计人员应对股东负责。它同时强调了外部审计人员应具备应有的职业素养和谨慎态度,这是其对公司负有的义务,而不是对可能与其工作上接触或合作的公司经营管理层或具体管理者。

(5) 信息传播的途径应确保信息使用者能够平等、及时、便捷地获取信息

信息的传播渠道与信息本身同等重要。信息的披露通常有法可依,然而将信息归档及获取信息却可能成为麻烦和成本高昂的问题。一些国家采用电子化信息存档和数据修复系统储存公司的法定公告。还有一些国家更进一步,将包括股东情况的公司各种信息整合后存档。互联网和其他信息科技提供了增进信息传播的可能。

一些国家增设了持续性信息披露的条款(通常为法律规定或上市公司规范),包括定期的信息披露,和在特别的基点上被明确规定的持续的或即时的信息披露。对于持续性/即时性信息披露,无论表述为"尽可能快的"或是规定一个最大时间期限,最好的方法是"立即"披露所有重大事态发展。国际证监会组织(IOSCO)《关于上市公司持续性披露及重大事态发展报告的原则》,阐明了上市公司对持续性披露及重大事态发展报告的一般性原则。

(6) 公司治理结构应当被一个有效的方法所补充,这就是提供和推广分析报告,或者由分析员、经纪人、评估中介等提供建议

由于这些分析报告和建议关系到投资者的决策,因此在其中不应该出现有损于其公正性的重大利益冲突。

除了对审计师的独立性和专业能力的要求、信息发布的及时便捷以外,在很多国家,还同时采取措施确保中介服务的真实可信,这包括专业化的和活跃的对市场分析和建议报告等中介服务。如果这些中介服务诚实守信,并且在利益冲突中保持中立,则会有力地激励和促进公司董事会遵循良好的公司治理原则。

但我们也应该注意到,利益冲突经常发生,并且影响到决策判断,比如提供意见的人还想争取到该公司更多的业务,或者是他们与该公司或其竞争对手存在直接的重大利益。同时也发现,公司和企业的信息披露与透明度,常常是为了迎合证券市场的分析师、评级机构、投资银行的专业标准。

经验表明,最好的解决办法是披露所有的利益冲突和处理过程。尤其重要的是,披露为了消除利益冲突而对员工采取的激励措施。这些披露可以使投资者得以判断在市场建议报告和信息中潜在的风险和可能存在的偏差。国际证监会组织

(IOSCO)已经制定了关于分析师和评级机构的原则框架,即国际证监会组织(IOSCO)《关于销售方证券分析人员利益冲突的处理准则》和《关于信用评级机构行为的指导准则》。

6. 董事会的责任

公司治理结构应确保董事会对公司的战略指导和对经营管理层的有效监督,同时确保董事会对公司和股东的责任和忠诚。

董事会结构和运作程序无论在OECD成员国内部还是成员国间都存在差异。一些国家采用将监督职能与管理职能分离的二级董事会结构,一般来说,此结构包括由非执行董事组成的"监督董事会"和全部由执行董事组成的"管理董事会"。另外一些国家则采用既包括执行董事又包括非执行董事的"单级"董事会。在一些国家还具有司职审计的部门。本准则的目标是普遍适用于各种企业治理职能和经营管理层监督职能下的董事会结构。

董事会除了指导公司战略,还主要负责监督经营管理层和确保股东回报,同时避免各种利益冲突,平衡各方需求。为了有效地完成以上职责,董事会必须具备客观独立的判断力。董事会另外的重要职责是,监督确保公司运作符合现行法律法规,这些法律、法规涵盖多个方面,包括税收、竞争、劳资、环境、公平发展、健康和安全,等等。在一些国家中,公司和企业发现清晰准确地描述和划分董事会和经营管理层职责会带来很多益处。

董事会不仅要对公司和股东负责,同时有义务将其利益最大化。董事会还被寄希望于承担起兼顾和公平对待其他利益相关者利益的职责,这些利益相关者包括员工、债权人、客户、供应商和当地社会。在这个范围内,他们还必须遵守环境和社会的标准。

(1) 董事会成员的行为应当建立在一个充分可靠信息的基础上,忠实诚信、勤勉尽责、根据公司和股东的最大利益履行职责

一些国家的法律规定,董事会应该根据公司利益行事,同时兼顾股东、员工和公共事务等,防止经营管理层侵占公司最大利益。

本准则阐述了董事会成员受托责任的两个重要方面:谨慎和忠实。谨慎责任要求董事会成员基于完全信息,忠实、诚信、勤勉和审慎地履行职责。一些法律法规涉及在特定或类似环境中,谨慎行为的衡量尺度。只要董事会成员没有过分的疏忽,并且勤勉地履行职责,绝大多数法律、法规都会不把他们在商业决策中的失误和谨慎责任相联系。本准则要求董事会成员履行完全的信息披露义务,实践表明,董事会成员应当乐于看到关键和符合公司实际的信息被原原本本地披露,他们也应该加强本准则倡导的董事会监管职能。很多法律、法规已经将此视为谨慎责任的要素,还有一些则用证券监管法规和会计准则等来约束。忠实责任至关重要,

因为它是本文件中相关的一些其他准则有效实行的前提和基础,这些原则包括平等对待股东、监管关联交易和建立合理的关键的经营人员及董事会成员的薪酬体制。忠实责任对在一个集团公司结构内的董事会成员也非常重要,即使一家公司被其他的企业控制,忠实原则要求董事会成员对本公司和本公司股东负责,而非对控制方负责。

(2) 如果董事会的决策可能对不同的股东团体产生不同影响,董事会应平等地对待所有股东。

在履行其职责时,董事会不应被视作,也不应被当做不同支持者的个别代表的集合体。尽管个别董事会成员可能确系部分股东提名选出(有时候被其他股东争夺),让董事会成员承担起他们的职责而以一个尊重所有股东的公平方式履行他们的义务,这确实是董事会工作的一个重要作用。如果控股股东存在,而他又能够在事实上选取所有董事会成员,该原则就尤为重要。

(3) 董事会应该具有很高的伦理标准,它应当充分考虑到利益相关者的利益

董事会在塑造整个公司的道德伦理形象中发挥着关键性作用,他们不仅要身体力行,同时还要约束和监督关键经营人员和整个经营管理层。高度的道德伦理标准符合公司的长远利益,它会在日常运作和长期合作中为公司赢得信誉和诚信。为了使董事会目标清楚而且切实可行,很多公司建立了基于专业标准和更广泛行为准则的规章制度。更广泛的行为准则可能包括公司和他的下属企业自愿遵守OECD《跨国企业指引》,该指引体现了国际劳工组织(ILO)的《劳动者基本权利宣言》中所包含的四项核心准则。

公司的这些规章制度,为解决不同股东间的矛盾冲突提供了原则,也为董事会和关键经营人员的行为提供了标准。至少,这些道德伦理规范会明确限制包括在公司股份交易上的某些攫取个人利益行为。尽管法律约束是根本性的约束,但道德伦理行为框架本身已经超越了仅仅遵守法律的界限。

(4) 董事会应该履行以下一些关键职能

① 审查和指导制定公司战略、重要的行动计划、风险对策、年度预算和商业计划、制定绩效目标、监督目标的执行和企业绩效的实现、监督重要的资金支出、收购和出售等行为

风险对策不仅与公司战略密切相关,而且越来越受到董事会的关注。该对策包括确认公司为了达到其目标而能够接受的风险类别和程度,因而对进行风险管理使风险不超出预期水平的管理者来说非常重要。

② 监控公司的治理实践成效,在需要的时候加以方向上的干预

董事会对公司治理的监督包括:不断地审核公司内部制度,以确保所有管理者的责任清晰。很多国家除了要求定期对公司治理实际情况的监督和公开披露外,

还建议甚至规定董事会要对自身运作、董事会成员以及首席执行官或董事长进行评估。

③ 选择、确定报酬、监控关键的经营主管人员,在必要的时候、更换关键的经营主管人员;监督更替计划

在二级结构的董事会中,监督董事会同时负责指定一般情况下有大多数主要经营人员组成的管理董事会。

④ 协调关键经营主管人员和董事会的薪酬,使之与公司和股东长期利益保持一致

在越来越多的国家中,董事会制定和披露董事以及关键经营人员的薪酬政策被视为有益的实践。该薪酬政策明确了管理者业绩和报酬间的关系,同时制定了强调长期利益而非短期绩效的评价标准,在通常情况下,对公司董事从事咨询服务等与董事会无关活动的酬劳,设置了一定的条件。该政策还常常对董事会成员和关键经营人员持有和交易公司股票指定需要遵守的期限,以及明确对期权授予和重定价的过程。在某些国家里,还包含与高管人员解除合同的给付政策。

在越来越多的国家中,由全部或大部分独立董事组成的委员会来管理薪酬政策和对董事和关键经营人员的聘请,被视为有益的实践。同时,也要求薪酬委员会拒绝不同公司的关键经营人员相互担任对方薪酬委员会委员,因为这将导致利益冲突。

⑤ 保证董事会的选聘和任命过程的正规化、透明性

这些准则促进了股东在提名和选举董事会成员中的积极作用。董事会在确保提名和选举过程在普遍认可方面发挥着至关重要的作用。首先,尽管各个国家的提名过程有所不同,但董事会或提名委员会有特殊的义务确保提名过程透明并受到普遍认可。其次,在发掘具有合适知识水平、竞争力和专业知识,能够为公司增加价值的董事会成员方面,董事会也起到了核心作用。在一些国家,要求在更大的范围内公开寻找合适的被提名者。

⑥ 监管经营层、董事会成员和股东之间的潜在的利益冲突,这包括公司财产的滥用和关联交易中的舞弊行为

监督包含财务报告和公司资产的使用在内的内部控制系统,避免关联交易中的舞弊行为也是董事会的重要职能。该职能有时由直接向董事会负责的内部审计人员来执行。但这也是十分重要的,就是当其他的企业官员有责任提出一般性建议时,他们同样具有像内部审计人员一样向董事会报告相关问题的重要职责。

为了完成其有效控制的职责,董事会鼓励不怕报复、举报非法和不道德行为将是十分重要的。公司有关于道德方面的规章制度,应该支持这种举报行为,同时对

个人予以法律保护。在很多公司,是由审计委员会或道德委员会直接受理员工关于非法和不道德行为举报的,有时这些报告还关乎财务报告的可信性。

⑦ 确保公司的会计、财务(包括独立的审计)报告的真实性,确保恰当的控制系统到位,特别是风险管理系统、财务和运作控制,确保按照法律和相关标准的执行

为了确保基本报告和监督系统的真实性,董事会要在整个机构内明确和执行清晰的责任义务。董事会也要接受高级管理人员的适当监督。一种方式是通过直接向董事会负责的内部审计系统,内部审计人员直接向董事会的一个独立审计委员会报告,或者向类似协调外部审计关系的机构报告,这些机构有时可以作出和董事会类似的反馈。审计委员会或类似机构审阅并向董事会报告作为财务报告基础的关键会计政策,也被视为有益的实践,然而,董事会应该对确保财务报告系统的真实性承担最终责任。一些国家要求董事长对内部控制过程负责。

公司还被鼓励建立一些内部程序,用以强化其遵守法律、法规和相关标准。这还包括OECD《反腐败协定》规定的禁止向国外官员行贿条款,和一些其他的旨在防止行贿受贿的条款。除此之外,还要遵守关于证券、竞争、工作和安全条件等一系列法律、法规。这些程序的建立,也加强了公司用以强化道德观念的规章制度。为了有效地实施,激励体系一定要给予遵守这些道德观念和职业标准的行为以奖励,让违背者承担后果并受到惩罚。这些内部程序还应尽可能地在子公司实施。

⑧ 监督信息披露和对外沟通的过程

董事会需要明确建立其自身和经营管理层关于信息披露和交流的职能与责任。在一些公司中,现在已设立直接向董事会汇报的投资关系专员。

(5) 董事会对公司事务,应该能够行使客观独立的判断

为了执行其监督经营管理层、防止利益冲突、平衡公司内部各种需求的职能,董事会要有能力作出客观判断。首先这意味着董事会在组成和结构上,对经营管理层的独立性和客观性。在这种条件下,董事会的独立性要求有足够数量的董事会成员独立于经营管理层。在很多国家的单一董事会体系中,董事长和首席执行官的角色分离,或是在不分离的条件下,指定一名非执行管理人员或外部人员为首席董事召集董事会,这种做法有助于董事会对经营管理层的独立性和客观性。这种角色分离,可以帮助平衡权力,强化董事会的责任和独立于经营管理层的判断能力,从而被认为是有价值的实践。上述指定首席董事的做法,也被视为另一种有价值的实践。这些措施也可以同时帮助建立高质量的公司治理和确保董事会职能的有效实施。一些国家中,董事长或首席董事的工作会得到公司秘书的支持。在双层董事会体系中,当管理董事会的最高掌权者退休后成为监督董事会的董事长的做法成为传统时,人们更关注这是否会对公司治理产生影响。

董事会的客观性还取决于公司的所有权结构。一个控股股东在董事会和经营管理层的人事安排上有很大的影响力,然而,即使在此种情况下,董事会仍然要对整个公司和包括小股东在内的所有股东恪职尽责。

在不同的国家所具有的不同董事会结构、公司所有权形式和不同的实践方式,需要通过不同的途径达到客观性要求。很多情况下,为了保证客观性,则要求一定数量的董事会成员不得被本公司或分支机构雇用,不得通过重要商业的、家庭的及其他的连带关系与本公司或其经营管理层发生紧密联系。这并不制止股东成为董事会成员。在其他情况下,尤其是如果小股东的权利被削弱、获得补偿的机会被限制的情况下,相对于控股股东和控股机构的独立性则尤为重要。这也促成了要求一些董事会成员独立于控股股东的法律与法规的制定,在这些法律法规中,独立性不仅要求董事会不能仅仅作为控股股东利益的代表,而且不能与之有紧密的经济关系。在其他一些情况下,诸如特殊的债权人群体也具有较大的影响力。在对公司有特殊影响的团体存在之处,更要有严格的考核制度来确保董事会的客观决策。

在定义独立董事时,一些国家的公司治理准则制定了非常详尽的细则,用所罗列的要求推断经常需要反省的非独立性。只有建立了必要的条件,当某些个人被视为独立性不足时,这种"负面的"标准定义才能够有效地被"正面的"品质范例所补救,从而增加独立性的有效比例。

独立董事可以对董事会的决策产生重大影响。并对于评价董事会和经营管理层的业绩表现带来客观的视角。他们还在经营管理层、公司和股东利益发生分歧时发挥重要作用,这些分歧包括经营人员的薪酬、经营管理层交替计划、公司控制权的改变、反收购行为、大规模的收购和审计等。为了使独立董事发挥好这些关键作用,董事会需要公布独立董事名单以及挑选独立董事的标准。

① 董事会应该考虑指派足够数量的、有能力的非执行董事,对潜在的利益冲突的事项行使客观独立判断的任务

这些关键的责任例子是确保财务和非财务报告的完整性、审核关联交易、任命董事会成员、确定关键经营主管人员和董事会的报酬等。

当关于财务报告、薪酬和提名任命等责任集于董事会一身时,独立非执行董事往往可以为市场参与者的利益提供额外保障。董事会还可以成立专门的委员会处理潜在的利益冲突。此委员会中的委员如果不是全部也至少要达到一定数量的非执行成员。在一些国家当中,对提名和选举特殊职能的非执行董事,股东具有直接责任。

② 当董事会专业委员会设立时,他们的任命、构成和工作程序应该定义明确,并由董事会公告

尽管一些特殊的委员会有助于董事会的工作,但是它们也会给董事会和董事会成员带来麻烦。为了评估这些专门委员会,市场需要清晰地了解他们的目标、职责和组成。尤其当董事会建立独立的审计委员会,并赋予越来越多的权限范围和越来越大的权力来审查与外部审计人员关系和在许多案例中独立行动时,这些信息的披露尤为重要。其他类似的委员会包括,处理提名和赔偿的委员会等。董事会部分的和整体的责任应当被区分明确。信息披露不应扩展到委员会提供的商业交易秘密等事项。

③ 董事会成员应该承诺有效地履行他们的职责

在过多的董事会中任职,会影响董事会成员履行职责。公司会考虑董事的多重身份是否会影响董事会的有效运作,并向股东披露有关信息。在一些国家中,董事会成员的数量受到限制,这种限制仍保持着。但这些限制仍不及董事会成员的合法性和在股东眼中的信任重要。公开披露董事参加董事会的记录(他们是否缺席重要的董事会议)、董事作为公司董事会代表的行为以及他们的薪酬情况,都有助于合法性的实现。

为了改善董事会的运作及其成员的绩效,越来越多的公司正在鼓励培训其董事会成员,并在个别公司中鼓励董事会成员进行自我评定。培训包括董事会成员获得适应其职位的技能、熟知法律的变化和规章制度的调整、识别和控制不断变化的商业风险,这些培训有时在内部进行,有时通过外部授课或辅导来实现。

(6) 为了履行他们的职责,董事会成员应该有渠道掌握准确的、关键的、及时的信息

董事会成员需要掌握及时、关键的信息以作出市场决策。非执行董事和重要管理人员相比并不熟知企业信息。让他们和诸如公司秘书、内部审计人员等的重要管理者接触,并借助于公司外部对公司开支的独立建议,有助于非执行董事发挥作用。为了履行他们的职能,董事会成员要确保其信息的准确、切中要点披露和及时。